新发展模式下的住房租赁

——2023 中国住房租赁发展论坛论文集

中国房地产估价师与房地产经纪人学会　主编

中国城市出版社

图书在版编目（CIP）数据

新发展模式下的住房租赁：2023中国住房租赁发展论坛论文集 / 中国房地产估价师与房地产经纪人学会主编. —北京：中国城市出版社，2023.12
ISBN 978-7-5074-3656-3

Ⅰ.①新… Ⅱ.①中… Ⅲ.①住宅市场—租赁市场—中国—文集 Ⅳ.①F299.233.5-53

中国国家版本馆CIP数据核字（2023）第226282号

责任编辑：陈夕涛　徐昌强
责任校对：芦欣甜
校对整理：张惠雯

新发展模式下的住房租赁
——2023中国住房租赁发展论坛论文集
中国房地产估价师与房地产经纪人学会　主编

*

中国城市出版社出版、发行（北京海淀三里河路9号）
各地新华书店、建筑书店经销
华之逸品书装设计制版
建工社（河北）印刷有限公司印刷

*

开本：787毫米×1092毫米　1/16　印张：23　字数：498千字
2023年12月第一版　　2023年12月第一次印刷
定价：78.00元
ISBN 978-7-5074-3656-3
（904670）

版权所有　翻印必究
如有内容及印装质量问题，请联系本社读者服务中心退换
电话：（010）58337283　QQ：2885381756
（地址：北京海淀三里河路9号中国建筑工业出版社604室　邮政编码：100037）

代 序

住房租赁推动房地产业向新发展模式平稳过渡
——在 2023 中国住房租赁发展论坛上的致辞

中国房地产估价师与房地产经纪人学会会长　柴　强

尊敬的各位嘉宾，各位代表：

大家好！

很高兴又与大家相聚一堂，共话我国住房租赁发展。首先，我谨代表论坛主办方之一的中国房地产估价师与房地产经纪人学会，欢迎并感谢大家参加！

中国住房租赁发展论坛是我国住房租赁行业高层次的交流研讨、思想碰撞、建言献策活动，每年举办一次，一年接着一年，希望每次都能在上次的基础上推动我国住房租赁发展向前一步。

一、关于本次论坛的主题

每次论坛都结合当时的情况确定一个主题。本次论坛的主题是"新发展模式下的住房租赁"。2022 年 12 月，习近平总书记在中央经济工作会议上指出："要坚持房子是用来住的、不是用来炒的定位，深入研判房地产市场供求关系和城镇化格局等重大趋势性、结构性变化，抓紧研究中长期治本之策，消除多年来'高负债、高杠杆、高周转'发展模式弊端，推动房地产业向新发展模式平稳过渡。"

本次论坛主题中的"新发展模式"，主要指房地产业的新发展模式。住房租赁行业是房地产业的重要组成部分。本次论坛的主题旨在把住房租赁放到房地产业向新发展模式平稳过渡这个大背景下，来思考其重要地位、作用、机遇和下一步发展。

过去，我国城镇住房短缺、快速城镇化、大规模房屋拆迁等不断产生大量的住房需求，招拍挂出让的高地价推高了房价，房价过快上涨拉高了地价，房企"高负债、高杠杆、高周转"可快速做大甚至"弯道超车"，形成了以"三高"为主要特征的"数量扩张型"发展模式。近年来，支撑房地产业快速增长的原有动力减弱，"三高"发展模式难以为继。

我们认为，房地产业新发展模式的核心内容包括以下方面：从解决住房"有没有"转向解决住房"好不好"，实行租购并举，兼顾好住房市场和住房保障，有效盘活存量和优化增量，平衡好开发建设和运营管理，开发投资和租赁投资均有合理回报，能良性循环，可持续发展。在房地产业的新发展模式中，住房租赁将唱主角，特别是房地产开发建设不再都是一卖了之，而是逐渐增加长期持有、出租经营的比重。搞好住房租赁，有助于推动房地产业向新发展模式平稳过渡。

二、中房学在住房租赁方面的使命

2020年12月，中国房地产估价师与房地产经纪人学会（简称中房学）换届时，根据业务主管部门住房和城乡建设部的要求，经修改章程中的业务范围并报登记管理机关民政部核准，正式承担了包括住房租赁在内的房地产租赁行业自律管理职能。从此，我国住房租赁企业和从业人员有了自己的全国性自律性组织。

住房租赁行业需要自律性组织。一是作为政府和企业之间的桥梁纽带，起着反映行业、企业诉求等重要作用；二是与企业共同制定相关标准规则，促进行业规范有序发展；三是搭建多层次沟通交流平台，引导行业、企业更好发展。总之，住房租赁企业和从业人员加入行业自律性组织，可深度参与到反映诉求和制定行业政策、标准、规则等活动中，更好地维护自身利益和权益。

中房学自承担住房租赁行业自律管理职能以来，致力于推动住房租赁行业发展，提升行业社会形象，主要做了以下几件事：一是成立房地产租赁专业委员会；二是联系政府部门与企业座谈交流；三是组织开展系列课题研究；四是参与行业相关法规政策制定；五是举办中国住房租赁发展论坛；六是组织企业公开承诺稳租金等活动。

未来，中房学还将加强住房租赁团体标准体系建设，积极推动住房租赁国家标准建设，探索开展住房租赁企业资信评价、住房租赁产品评价和从业人员教育培训，更好地为住房租赁企业和从业人员服务。

三、我国住房租赁发展还有很大空间

城镇化带来的人口流动是未来城镇住房租赁需求的重要影响因素。2022年年末，我国常住人口城镇化率为65.22%。我们认为，我国常住人口城镇化率到75%才基本饱和，未来还有10个百分点的提升空间，约1.4亿农业人口转移到城镇。

未来新市民和青年人大多需要租房住。此外，人口越来越多地在城镇之间流动，越来越向大城市聚集，因大城市就业机会多、收入较高。而城市越大，租住率越高。我们研究表明，未来10年至15年，我国常住人口城镇化率达到75%左右时，全国城镇中近1/3的居民将其可支配收入的1/3左右用于租房消费。

城镇化是现代化的必由之路。搞好城镇住房租赁，反过来可推动新型城镇化进程，推动农业转移人口市民化，进而又促进城镇住房租赁发展。

四、希望住房租赁企业稳健规范发展

目前住房租赁处在支持政策和舆论环境的最好时期，未来住房租赁市场前景还很广阔。可以说住房租赁行业正加速进入黄金时期。同时，希望广大住房租赁企业要十分珍惜，要汲取过去房地产中介机构和开发企业的教训，不仅不把自己的名声搞坏，还要努力提升美誉度。为此，我们倡导住房租赁企业：

一要坚持做优做久做强做大的发展路径。要立足长远，要"放长线钓大鱼"。实际上，做优做久了，自然就会做强做大。反之，急于做大，盲目快速扩张，不仅难以"弯道超车"，甚至会"弯道翻车"。

二要走职业化专业化发展道路。住房租赁企业负责人以及从业人员，都应把住房租赁视为一个专门的职业，并当作自己的长久职业乃至终身职业，而不是匆匆过客，更不是临时赚钱的工具，不是"捞一把就走"。

三要始终诚信经营服务。要谨记"大商谋道，小商求利。谋道者，道与利兼得。求利者，道与利俱失。"要实行租金明码标价，说明租金构成和调整规则，合理确定租金水平和涨幅，使租户有稳定感、获得感、幸福感。

还要特别强调和提醒的是，住房租赁企业掌握了大量的客户（包括租户和业主）个人信息，要重视和加强客户个人信息保护工作，严格按照个人信息保护法的规定，做好客户个人信息的收集、存储、使用、提供、删除等工作，不得非法买卖、提供或者公开客户个人信息；不得从事危害国家安全、公共利益的个人信息处理活动。中房学将加强这方面的研究，适时发布相关个人信息保护指引。

最后，预祝本次论坛圆满成功！大家收获满满。谢谢！

目　录

代　序　住房租赁推动房地产业向新发展模式平稳过渡
　　——在2023中国住房租赁发展论坛上的致辞 ……………………………………Ⅲ

第一篇　住房租赁行业发展方向与机遇

深化住房租赁产融结合，推动行业高质量发展 ………………………………… 吕作龙 / 002
房地产新发展模式下的住房租赁市场发展 ……………………………………… 陈　杰 / 006
识变・应变・求变
　　——住房租赁发展的方向与机遇、突破与创新 …………………………… 柳　佳 / 014
构建多部门联动协作机制，实现住房租赁行业高质量发展 …………………… 徐早霞 / 020
住房租赁行业如何高质量发展 ………… 赵晓英　潘雪佳　张洋子　陈方博　丁林涛 / 029
住房租赁融资模式及金融服务创新实践
　　………………………………………… 王　燊　潘雪佳　丁林涛　陈方博　张洋子 / 037
住房租赁领域规范化发展研究 …………………………………………………… 孔碧君 / 048
租赁住房公募REITs发展实践 …………………………………………………… 刘辰翔 / 054
基于共同缔造理念的租赁型社区治理模式初探 ………… 文家武　黄丽娟　李　倩 / 061
住房租赁项目市场定位方法及难点分析 ………………………………… 黄　卉　赵　丹 / 069
科技赋能构建租赁住房新体系 …………………………………………………… 王昱杰 / 077
绿色低碳背景下住房租赁发展新路径 …………………………………………… 曹　玥 / 082
高质量绿色发展：中国住房租赁行业ESG的建设 ……………………… 赵　然　邹永洁 / 087
城市更新背景下分散式租赁住房的发展路径探索 ……………………………… 刘一琴 / 102
浅析城市更新背景下产业园区内非居住存量用地新建和非居住建筑改建租赁住房
　　………………………………………… 王　凯　李　松　龚秋平　王　鑫　陈晓秋 / 110

第二篇　长租房市场发展

跨越长租房市场发展的陷阱 ……………………………………………………… 严　荣 / 118

长租公寓客户群体分层与产品发展趋势 ……………………………………… 罗　意 / 123
浅谈长租房市场发展现状及未来趋势 ………………………………… 伍　艳　洪丹丹 / 130
长租房发展的瓶颈及政策堵点研究
　　——以上海为例 ……………………… 汤婷婷　张　韵　王　萍　戚丹璎　程筱艾 / 137
一主多元：长租公寓客户群体分层与产品发展趋势刍议 ………………… 姚晓雪 / 144
分散式长租公寓运营中存在的问题及对策分析 …………………………… 刘　伟 / 157
中职阶段如何创建长租公寓管理学及其相关策论 ………………………… 张　斌 / 163

第三篇　保障性租赁住房发展

租赁住房 REITs 现状与展望 ………………………………………………… 张　峥 / 168
我国城市青年群体居住状况及租赁型住房保障优化研究 ……… 陈　杰　张　宇 / 172
基于新市民需求特征的保障性租赁住房发展探究 ………………………… 薛秋艳 / 183
保障性租赁住房，为国企盘活低效不动产打开了一条通路
　　………………………………………………………… 袁　艺　于京博　魏　蓝 / 189
保障性租赁住房发展问题及建议 ……………………………… 董　峰　韩　斌 / 193
我国公共租赁住房发展研究 ………………………………………………… 刘煜彤 / 202
论保障性租赁住房之综合性保险体系构建 …………… 顾　呈　谷年松　丘　杰 / 207
保障性租赁住房公募 REITs 的实践与发展
　　——以中金厦门安居保障性租赁住房 REIT 为例 ……………………… 杨慧玲 / 217

第四篇　住房租赁市场分析

落实落细、加快住房租赁市场健康发展 …………………………………… 虞晓芬 / 226
租赁住房建设运营经验分享 ………………………………………………… 孙雪鹏 / 233
自如三年的"质变"历程 …………………………………………………… 熊　林 / 239
什么影响了住房租金回报率？
　　——基于存量住房交易数据的实证分析与现实启示
　　………………………………… 黄佳琳　刘方媛　王欣怡　宋一祎　张英杰 / 243
北京住房租赁市场的主要特征与发展趋势 ………………………………… 宋俊梅 / 261
我国稳租金政策体系发展、实践效果与优化方向 ……… 孙　毅　刘　刚　刘　莉 / 271
上海合租房户型租金价格特征分析 …………………………………… 李　婧　黄　海 / 279

第五篇　境外住房租赁市场发展经验借鉴

从政府积极干预视角浅谈新加坡住房市场发展经验 …… 贺　静　王志伟　周思庭 / 294
中德住房租赁体系比较与借鉴 …………………………………………… 郭朝英 / 300
发展住房租赁市场之国际经验借鉴 ………………………………………… 王　萍 / 306
国外典型住房租赁经营模式的发展现状及启示 ………… 黄　卉　赵　丹　杨琳琳 / 314
国外住房租赁市场的经验与启示 …………………………………………… 陈晓玲 / 322
德国住房租赁市场发展特点及管理经验借鉴 …………… 许　军　钱佳琦　陈　敏 / 328
英国住房租赁市场融资机制及其启示 ………………………………… 吴　佳　江　莉 / 340
我国住房租赁市场发展之德国经验借鉴探讨 ……………………………… 胡永强 / 352

第一篇

住房租赁行业发展方向与机遇

深化住房租赁产融结合，推动行业高质量发展

吕作龙

摘　要：目前，住房租赁行业向好发展，机遇和挑战并存。建信住房服务有限责任公司积极探索，以租赁实务衔接产融两端、以创新模式平衡政府与市场需求，助力建行构建"投贷管退"全周期服务体系；以科技优势推动住房租赁战略持续发展，助力行业高质量发展。并从构建"投贷管退"和"租购联动"两类体系，深化政府、产业、金融三方融合等方面提出政策建议。

关键词：住房租赁；产融结合；高质量发展

一、行业发展向好，机遇挑战并存

（一）政策及市场基础配套加速完善，但实际落地成效有待验证

党的二十大强调"加快建立多主体供给、多渠道保障、租购并举的住房制度"，从住房、土地、财政、税收、金融、监管等多方面加大对住房租赁行业的培育和支持力度，但由于政策落地的传导链条较长，具体支持措施还需细化，政策效果全面体现还需较长时间，政策的实用性和适配性还需验证。

（二）过去20年我国住房租赁需求大幅增长，但很多方面尚未得到充分满足

第七次全国普查数据显示，近20年来我国住房租赁人口快速增长，且持续向重点城市聚集，一线和东部人口聚集城市的租赁人口占比超过三成，流动人口中相当一部分为外来人口，他们居住的城中村条件和环境较差。同时，可以看到目前我国城镇化进程放缓，总人口下降问题摆在面前，长期住房租赁需求增长将放缓。

（三）住房总量平衡，但区域和结构不平衡，机构化率低

第七次全国普查数据显示，2020年我国人均居住面积为 $41.8m^2$，住房总量已经得到满足，但存在结构性短缺、区域性不足、空置率高等问题，人口向经济发达的城市群聚集，新市民的住房需求需要依靠租赁市场解决。从租赁房源构成来看，政府保障体系和市场体系双轨并行的格局趋于成熟，但市场化房源中有95%为个人提供，仅有5%为机构提供，机构化率偏低不利于规范住房租赁市场。

(四)"募投建管退"全链条闭环已基本形成,但推广条件还不够成熟

国家通过探索公募REITs、私募基金、信贷、债券等金融产品和服务创新,从"募投建管退"各环节加强对住房租赁企业的支持,目前"募投建管退"全链条闭环已基本形成,"产业+资金"双轮闭环模式开始形成,但从已发行项目来看,土地性质、资产归属和经营情况还具有一定的特殊性,全面推广条件还不够成熟。

(五)产融结合初具成效,适配度和融合度还需进一步加强

2022年,四支保租房REITs上市,300亿元住房租赁基金成立,1000亿元住房租赁贷款支持计划设立,各类融资工具等金融创新服务不断推出,住房租赁信贷模式创新不断加强,住房租赁市场融资渠道进一步拓宽。总体上,住房租赁是投入重、周期长、收益薄的行业,需要进一步贯通融资渠道,以支持市场化、规模化、专业化住房租赁企业成长。

二、坚守战略初心,贡献建信实践

近年来,中国建设银行(以下简称建行)推进住房租赁战略,积极融入新发展格局,以实际行动履行社会责任,协同各方探索多渠道市场化的服务模式。作为建行住房租赁战略的重要载体,建信住房服务有限责任公司(以下简称建信住房公司)自2018年成立以来,坚持社会责任和经济责任并重,在市场化探索实践中,致力于做好政府与市场、产业的桥梁,当好发展的助推器与稳定器,形成了一些发展思路和经营策略,取得了一些成果。

(一)以租赁实务衔接产融两端

建信住房公司探索租赁权和运营权"两权分离"创新模式,与合作方发挥各自优势,努力丰富市场供给,支持培育市场主体,助力规范市场,降低市场成本。

(二)以创新模式平衡政府与市场需求

建信住房公司将住房租赁项目与闲置资产盘活、城市更新、老旧小区改造、人才安居等相结合,以市场化"住房租赁+"创新模式平衡政府与市场需求,助力政府解决社会难题,其中北京"CCB建融家园·创业之家"及重庆"CCB建融家园·中山四路83号公寓"两个项目选入"奋进新时代"主题成就展。

(三)积极助力建行构建"投贷管退"全周期服务体系

建信住房公司通过积累住房租赁行业实践经验,助力建行成立住房租赁基金,构建"投贷管退"的全周期服务体系,目前取得了较好的成效。

（四）以科技优势推动住房租赁战略持续发展

建信住房公司依托建行金融科技优势，积极为政府和市场提供系统支持和平台服务，同时通过将线下社区与线上平台融合，打造银行住房租赁金融服务场景，畅通住房租赁战略持续发展的路径。

三、构建两类体系，深化三方协同

产融结合与行业发展质量密切相关。当前住房租赁市场规范化、梯度化格局已经形成，以人为核心的新型城镇化建设带来新市民的租赁需求加速增长，"先租后购再改善"的梯度消费格局逐步形成，规范经营也为住房租赁产业链金融发展提供了基础。同时，住房租赁市场还面临较多不确定性，尤其在行业发展初期，产业与金融相互信任、相互支撑尤为重要，从实践来看，产融能否深入结合既在于机制也在于执行，需要多方协调努力，进一步夯实产融结合的根基。

（一）构建"投贷管退"和"租购联动"两类体系

从纵向上看，"募投建管退"和"投贷管退"的实质均是实现住房租赁经营闭环，唯有形成闭环发展，才能说明行业本身的活力，吸引更多稳定的金融资源。从横向上看，通过形成"租购联动"体系的扩展经营，让金融资源有更广阔的投入纵深，在构建房地产新模式下，形成新的产融结合体系。

（二）深化政府、产业、金融三方融合

1. 政府端

一是建议完善行业配套政策，关注政策落地"最后一公里"，探索完善租赁收益权登记流转管理要求，明确租赁收益权的性质，并建立健全相应的权属设立、变更、转让、灭失的相关规定，有利于支持金融机构基于该物权创新金融产品；探索与普惠金融相结合，根据租赁中小企业占比较多、个人房源占比较大的特点，对符合普惠金融的住房租赁业务，制定差异化的扶持政策；给予规范经营企业的税收优惠支持，明确住房租赁行业与房地产开发行业的区别；探索推进公募REITs的常态化发行，并扩容至长租房。

二是建议进一步支持金融体系建设，注重金融服务体系与市场发展周期相平衡，引导机构结合自身特点找准市场定位，稳步推进构建多层次、多维度、结构化的金融体系，如完善金融服务主体结构、健全产品及服务体系、优化监管流程等。

2. 产业端

建议加强内功修炼，强化规范作业，提升经营能力，共同营造良好的发展环境和市场信誉。

3. 金融端

一是建议补齐短板、夯实基础，住房租赁业务周期长，对过程把控能力要求高，风险和收益较难平衡，金融机构需要转变思维，以投资思维为出发点评判住房租赁业务，转变获利模式；同时，住房租赁服务对金融机构科技运用水平要求高，需要对各类数据进行标签化、标准化、体系化处理，对数据价值进行深度挖掘和处理分析，对数据安全进行有效合理的风险控制等，这些方面目前都相对薄弱，未来需要多渠道提升数据质量，深化数据运用，优化内部评价体系；围绕住房租赁特点，进一步完善经营机制，探索差别化考核评价和支持政策等。

二是建议丰富全周期服务手段，围绕"投贷管退"和租购全链条、全周期的关键环节，创新传统信贷产品，为市场提供长期、稳定、低成本的资金，探索住房租赁行业证券化结构融资和多产品组合融资服务，推动银行、基金、信托、保险、证券、担保等机构在住房租赁产品配置和深化服务方面的深入协同。

三是提升风险内控管理水平，结合行业特点建立全面风险监测预警体系，提高风险预警和识别防范的水平。

四是加强市场参与者的保护和教育，培养长租文化，金融机构需要加强金融知识普及与宣传力度，严格落实金融机构对合同条款和风险告知义务，妥善处理住房租赁市场金融消费纠纷，保护房东和租客在金融服务中的合法权益，积极倡导住房租赁新理念，注重长租文化的培育和引领。

作者联系方式

姓　　名：吕作龙

单　　位：建信住房服务有限责任公司

地　　址：北京市西城区闹市口大街1号院1号楼10层

房地产新发展模式下的住房租赁市场发展

陈 杰

摘 要：房地产业新发展模式是国家战略的一个重要组成部分，对于推动房地产业持续健康发展意义重大。本文立足于房地产旧发展模式的主要特征、房地产发展环境面临的趋势性和结构性变化，提出了房地产业发展新模式的可能性，并就此提出发展住房租赁市场的建议。

关键词：房地产业；新发展模式；旧发展模式；结构性变化

一、房地产旧发展模式的主要特征

2021年中央经济工作会议上首次提出房地产业新发展模式。尽管2022年中央经济工作会议简报上对房地产论述不太多，但从之后的《求是》杂志文章里看到了习总书记对房地产业新发展模式有很重要的论述，这为我们寻找房地产新发展模式确定了基本方向，也让我们增强了找到房地产业新发展模式的紧迫性。因为房地产业新发展模式已经上升为国家战略的一个组成部分。

（一）房企"三高"现状

"三高"模式大家有很多研究了。大量资料显示，中国房企的资产负债率远高于世界上其他的国家，中国为80%，日本是69%，美国是57%，德国是54%，英国和法国都是37%~38%左右。中国房企负债总额巨大，而且增长特别快。2021年年末，我国房地产开发企业负债总额是2002年的37倍，达到91万亿元，相当于当年GDP的80%，占非金融企业部门债务总额的52%。如果把二手房贷款余额和已交付新房的贷款余额等各种口径的负债加在一起，根据我自己的估算，房地产行业总负债至少是120万亿元，相当于整个非金融部门负债的六成以上（图1）。房地产已经成为一个巨大的融资黑洞。如果这个行业能持续创造财富产出，那么规模再大也还能运转，但是它当前面临的问题就是只吸纳资金，没有产出，或者投入产出效率出现了很大的失败，直接拖垮了整个社会资金周转。

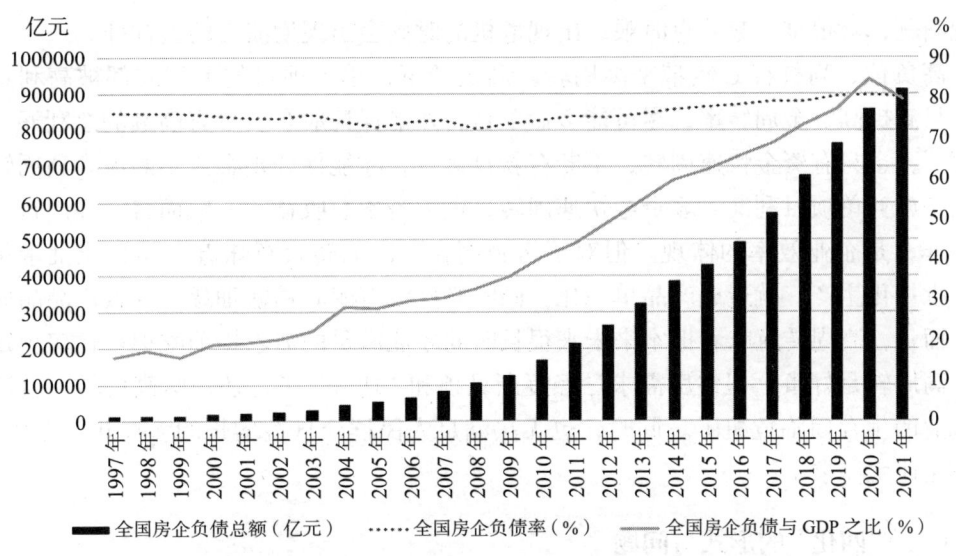

图 1　我国房地产开发企业负债情况 (1997—2021 年)

(资料来源：国家统计局、同花顺)

(二)"三高"的本质与问题

为什么"三高"(图 2)是必须解决的问题？

首先从"高负债"的风险说起。股权融资与债务融资，应该说各有利弊，适合不同场景。然而，就资金供给者与资金使用者之间的关系而言，债务融资，是纯生意关系，在商言商，只能同富贵，不能共患难。对比来看，股权融资的各方，利益绑定紧密，不仅同富贵更要共患难。从这一轮楼市下行看，债权人基本不可能与债务人同进退，绝大多数是竞相抽贷撤资，造成房企雪上加霜。

负债本来就是杠杆的一种，为什么说房企的时候要把"高杠杆"与"高负债"并列呢？因为中国房企的"高杠杆"，很大一部分负债是无息负债，包括对购房者的负债，也就是预售款和定金，还有大量供应商垫资等各种供应链融资。房企很赚钱为什么还欠那么多钱呢？因为他们的运作模式，就是想办法欠更多的钱，尽最大的努力加杠杆。这种融资不是伙伴关系，而是压榨。既然是压榨，就很难形成同舟共济。一旦

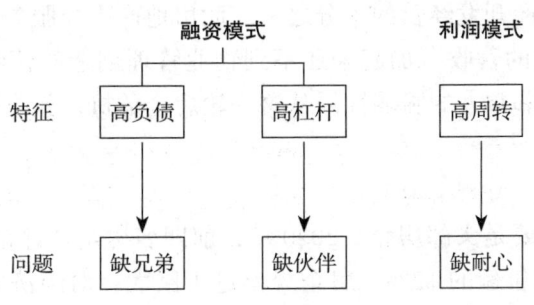

图 2　"三高"的本质与问题

出现问题，就很难一起共克时艰，出现危机的时候会出现崩溃性的去杠杆。

高负债、高杠杆必然带来高周转。高负债下，单个项目的毛利润都被高利息吃掉，只有提高资金周转率，尽可能多做项目，才能保证股东资本有高额的总利润。高杠杆下，也只有资金快速周转，不断有新盘进入，才能保证现金流不断流。高周转的本质是放弃单项目利润，靠资金快速周转，做大资本总收益。一般而言，高周转，无可厚非，是企业效率的体现。但对于房企而言，高周转就意味着产品只能批量化设计、批量化生产，就造成产品单一化，同时必然没有耐心精雕细琢，导致产品品质下降。而且，高周转意味着把本来未来很长时间才能满足的需求提前吃掉。住房短缺时代，高周转是好事。但住房需求已经逐渐见顶和"达峰"了，还一味高周转，就让整个行业的生存面临危机了。同时，也无法满足人民群众日益增长的多样化、多层次、品质化住房需求。

（三）"四化"的形式与问题

除了"三高"，我对房地产现有发展模式还有一个归纳就是"四化"，即经营模式上存在业务单一化、规模巨型化、范围跨区化和主体短期化（图3），这"四化"其实都是融资与利润模式的"三高"直接衍生的。

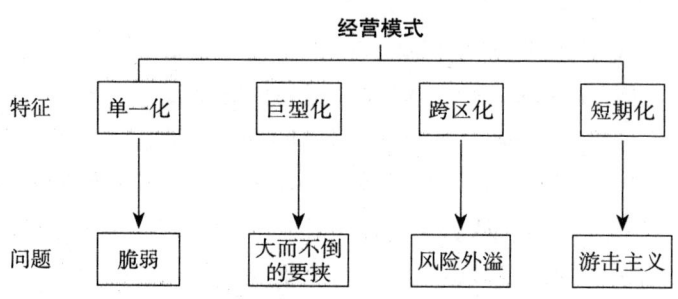

图 3 "四化"的表现及问题

1. 业务单一化

从业务单一化看，整个房地产业的营收95%来自于开发销售。虽然1300多万房地产业从业人员中，物业管理占了一半以上，是开发经营人员的近两倍，但是物业行业的营收还不到房地产开发经营的十分之一。而房地产中介服务、房地产租赁经营和其他房地产业务创造的营收，加起来还不到物业管理创造的营收。一旦开发销售受阻，整个行业都面临非常大的脆弱性。从这一轮房企危机，就可以看到业务单一化造成的生存脆弱性。

2. 规模巨型化

规模巨型化，主要是头部房企。2020年，前四名房企合计销售额超过2万亿元，占当年全国房地产销售额的12%。房企规模过于巨大，对经济安全、金融安全带来"大而不能倒"的胁迫。

3. 范围跨区化

范围跨区化，是房企追求高周转和快速扩张规模的必然结果，但会导致风险从一个地区外溢到别的地区，也带来监管的困难。

4. 主体短期化

主体短期化，是指房企往往以项目公司进行开发，开发销售完就清盘结算。开发项目制不仅造成大量关联交易和税收、预售资金的监管困难，而且还会造成房子售后出现质量问题都找不到责任主体，后续维护也是很大的问题。这种行为体现了"游击主义"、短期主义的思维，"打一枪捞一票就跑"。

房地产产品有很长的周期，关系到很多利益主体，项目主体短期化、流动化，造成多方面社会风险。

二、房地产发展环境面临的趋势性、结构性变化

房地产发展环境面临的趋势性、结构性变化，主要包括：住房的属性定位发生根本性转变的顶层设计变化；住房供需总量基本平衡带来需求缺口不断消失的市场格局变化；以老龄化加快和少子化加速为特征的不可逆的人口结构变化趋势；城镇化减速和城镇人口越来越向主要城市群都市圈集中的城镇化新趋势；经济进入新常态和城市发展动能发生根本性转换；经济数字化、生活数字化、治理数字化对城市空间需求—供给模式所带来的冲击。这里重点讲述人口、住房存量、城镇化这三个方面的趋势。

（一）人口的老龄化和少子化趋势加快

当前，我们的形势还是相当严峻的。2022年，中国不仅人口出现了1961年以来的第一次负增长，而且人口增长的增量也是断崖式的下降，出生人口第一次跌破1000万，仅为2018年的一半。2022年年末，中国65岁及以上老人总数超过2.1亿，老龄化率从2010年的8.9%快速增加到2022年的15%，每年增加0.5个百分点（图4）。尽管家庭规模小型化、单身化会减缓人口总量下降带来的需求减少，但难以产生根本性的逆转。

（二）住房短缺现象虽然有分化，但总体上已经消除

1998—2022年期间，中国房地产业累计共销售了210亿 m^2、约合2亿套的新建商品住宅，够2022年全国三分之二的城镇人口居住。根据第七次全国人口普查（简称七普）数据，2020年中国城镇人均住房建筑面积达到38.6m^2，其中城市为36.52m^2，镇为42.29m^2，总体上实现了住房小康水平（表1）。这意味着中国房地产需求总量，已经进入逐步下降的通道。

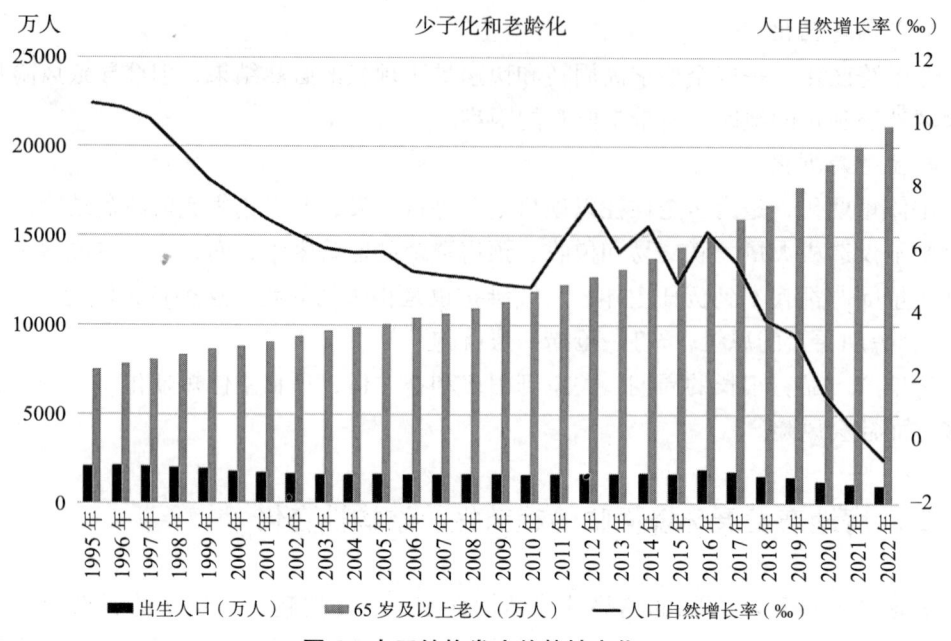

图 4　人口结构发生趋势性变化

（资料来源：国家统计局）

我国住房情况变化趋势　　　　　　　　　　　　　　　　　　　　　　　表 1

区域	普通住宅家庭户户数	家庭户人数（人）	平均每户住房间数（间/户）	人均住房建筑面积（m²/人）	人均住房间数（间/人）	家庭户平均人数（人）	家庭住房面积总数（亿 m²）	家庭住房房间总数（万间）	户均面积（m²）
2010 年六普数据									
全国	401934196	1239981250	3.12	31.06	1.01	3.09	385.14	125238.11	95.82
城镇	207189173	590123513	2.66	30.33	0.93	2.85	178.98	55072.49	86.39
城市	128660933	348460610	2.37	29.15	0.88	2.71	101.58	30664.53	78.95
镇	78528240	241662903	3.12	32.03	1.01	3.08	77.40	24407.95	98.57
村	194745023	649857737	3.62	31.73	1.08	3.34	206.20	70184.64	105.88
2020 年七普数据									
全国	465241711	1238552246	3.20	41.76	1.20	2.66	517.22	148626.27	111.17
城镇	291915309	762711985	2.77	38.62	1.06	2.61	294.56	80784.06	100.91
城市	192180772	485050419	2.50	36.52	0.99	2.52	177.14	48019.99	92.17
镇	99734537	277661566	3.27	42.29	1.18	2.78	117.42	32764.06	117.74
村	173326402	475840261	3.93	46.80	1.43	2.75	222.69	68045.16	128.48

资料来源：国家统计局。

（三）城镇化新趋势

从城镇化趋势也可以看到，2022 年城镇化人口增加只有 600 多万，是上年的一半、3 年前的三分之一，也是一个断崖式的下降（图 5）。当然，其中有疫情的一些关系，今年应会有所反弹。但 75% 是城镇化的高点，我们现在已经有 65% 了，65% 到 75% 之间的增长空间已经不多了。并且，城镇人口越来越向主要都市圈和主要城市群集中，不在这些区域中的城市，会长期面临人口收缩压力。

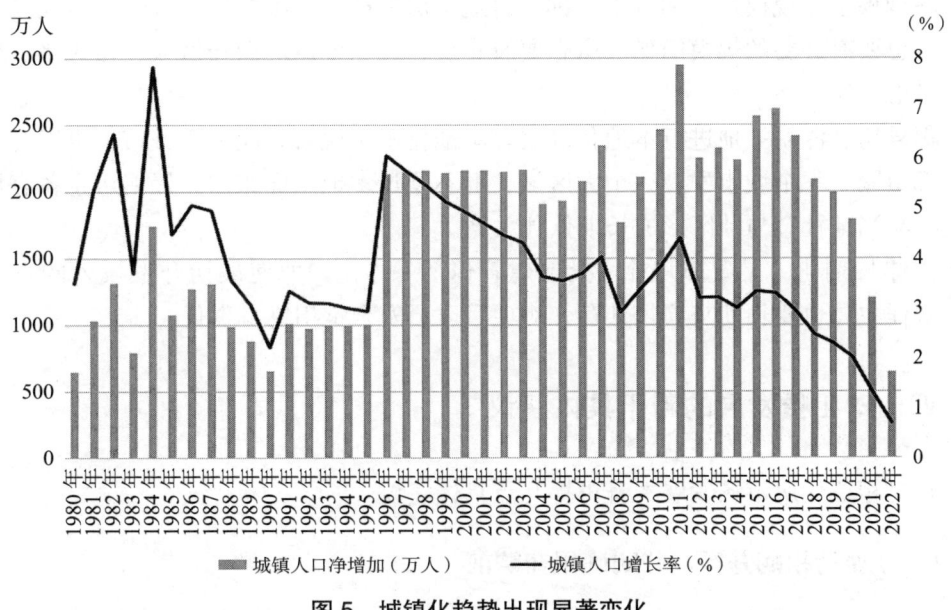

图 5　城镇化趋势出现显著变化

（资料来源：国家统计局）

三、房地产业发展新模式——一个可能

最后谈一谈房地产业新发展模式到底会是怎么样（图 6）。

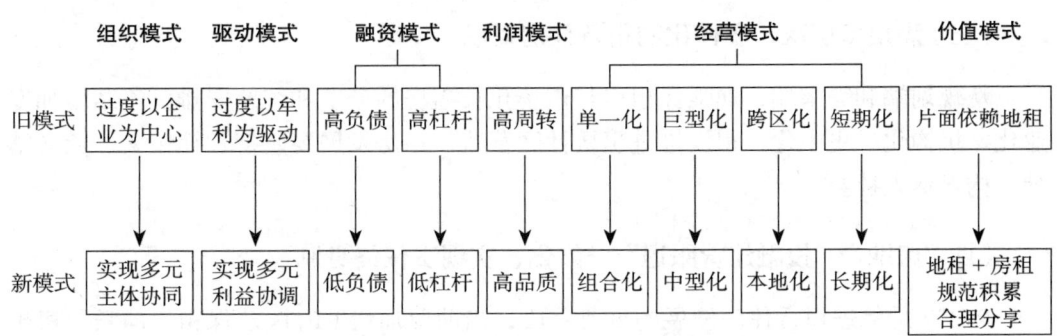

图 6　房地产业发展新模式的一种变迁可能性

基于对旧模式的分析，"三高"要走向"两低一高"，即融资上要实现低负债、低杠杆，利润主要来自于产品的高品质，要有更多的科技创新、个性化和多样化的服务。

在经营模式上，要转向"四化"：业务复合化、规模中型化、范围本地化和主体长期化。

房地产业很特殊，简单倡导纵向一体化或横向一体化都并不科学。应该鼓励房企在业务之间形成科学、有机协调的复合化、组合化，增强抵御经济及行业周期冲击的韧性。

在规模上，规模过大和过小，都不合适于房地产业。限制过大规模而造成隐患的同时，也要有必要的规模门槛。房企要有意识，首先要做优做强做久，做大是最后一步的考虑。

倡导房企深耕一地进行本地化发展。本地化不是说就只能一个城市，可以理解为一个都市圈、一个城市群、一个大区域，但不要过多地全国布点。提倡房企各有地方特色，与当地社会与社区形成长期伙伴关系。

主体长期化，是要求房企"投融建管退"一体化。即使最初开发投入的资金退出，责任主体也要长期与项目共存，对项目质量安全承担终身责任。

四、对租赁发展的若干具体建议

针对租赁住房市场发展本身再提几点具体建议。

（一）坚持租购并举，并明确租在购前

建议大城市新增住房供应，逐步以租赁为主，尤其在新城建设的地铁沿线领域。此外，大城市的城市更新所腾出的空间，原则上除了回迁，只租不售。

（二）大力推进租购同权

这是实现租购并举的必要前提。同时，与教育均等化、公共服务均衡化等方面的工作协同推进，开展试点，逐步推广。

（三）满足多层次、多样化的租赁住房需求

从规划端和需求端，加强保租房与市场化长租房的分工和统筹安排。不断增加专业化、机构化、集中化，积极推进租赁社区营造。租房发展要坚持长期主义、社区精神，构建熟人社会。

（四）房地产"投融建管服退"一体化，实现责任终身制

REITs是促进租赁住房发展的重要手段，当前要加快REITs从保租房向长租房扩展。REITs的发展不仅是作为房地产融资工具，更要与共同富裕结合，也要与加强社

区治理结合。REITs 的原始权益资金可以在限定的范围内实现退出,但原始权益人要对项目承担终身责任。REITs 投资者要有限制,不能成为纯投资工具,要鼓励保留一定比例给项目租客及相关利益者去购买,利益投资者的资金退出要有一定的内部封闭性,与社区治理结合。

作者联系方式

姓　　名:陈　杰

单　　位:上海交通大学住房与城乡建设研究中心

地　　址:上海市徐汇区华山路 1954 号

邮　　箱:chenjie100@sjtu.edu.cn

识变·应变·求变
——住房租赁发展的方向与机遇、突破与创新

柳 佳

摘 要：目前，魔方生活服务集团（以下称魔方生活）已开业运营房间数约8万间、企业宿舍床位数约8万个，业务覆盖26个城市，其中在上海和北京的市场占有率为行业第一。魔方生活于2009年行业探索期进入住房租赁市场，是集中式公寓赛道上第一个连锁品牌，其后经历了行业爆发期（2014—2017年，资本大举进入行业，支持政策集中出台）、调整期（2018—2020年，行业问题爆发，国家开始严格管控）、规范发展期（2021年至今，行业有关规范出台，从业者更趋理性）。魔方生活始终认为住房租赁是民生行业，是需要政策监管及政策推动的行业，不能完全依靠市场机制调节发展。所以，魔方生活一直关注行业政策的制定与落实。

关键词：住房租赁；魔方生活服务集团；集中式公寓

一、识变：政策推动行业发展

（一）保障性租赁住房利好政策频出，项目快速落地

2021年6月，《国务院办公厅关于加快发展保障性租赁住房的意见》（国办发〔2021〕22号）提出从土地、资金、金融、税收支持以及优化行政审批等五大方面，全方位支持保障性租赁住房发展；重点解决公共服务人员等群体的住房困难问题。2022年1月，住房和城乡建设部住房保障司负责人在国新办新闻发布会上表示，"十四五"期间，40个重点城市初步计划新增650万套（间）保障性租赁住房，预计可帮助1300万新市民、青年人等缓解住房困难。2022年8月，该负责人在发布会上表示，"十四五"期间，全国计划筹集建设保障性租赁住房870万套（间）。目前为止，在不到2年时间内，保障性租赁住房已建设筹集360万套（间），完成度超过4成（图1）。"十四五"期间，保障性租赁住房将会成为租赁住房的主要供给，也是政策支持推动的重大方向。

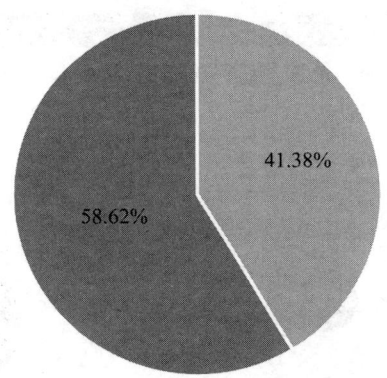

图 1　"十四五"期间我国计划筹建保障性租赁住房规模完成情况

（资料来源：2023年2月《中国建设报》）

（二）金融支持政策助力行业发展

2023年2月24日，中国人民银行、中国银保监会公布的《关于金融支持住房租赁市场发展的意见（征求意见稿）》（以下称"金融十七条"）对行业发展促进力度非常大，其中（四）（五）（六）条与我们自身发展密切相关。针对建设租赁住房，"（四）加大对租赁住房开发建设的信贷支持力度"明确"租赁住房建设的项目资本金比例应不低于开发项目总投资的20%，贷款期限一般3年，最长不超过5年"；针对购买租赁住房，"（五）创新团体批量购买租赁住房信贷产品"明确"租赁住房团体购房贷款的期限最长不超过30年，贷款额度原则上不超过物业评估价值的80%"；针对租赁住房运营企业，"（六）支持发放住房租赁经营性贷款"明确"住房租赁企业经营自有产权长期租赁住房的，住房租赁经营性贷款的期限最长不超过20年，贷款额度原则上不超过物业评估价值的80%，可用于置换物业前期开发建设贷款。住房租赁企业依法合规改造工业厂房、商业办公用房、城中村等形成的非自有产权租赁住房，经营性贷款的期限最长不超过5年，贷款额度原则上不超过贷款期限内应收租金总额的70%。"未来随着系列支持政策的落地，行业内优秀的、规范化、规模化的住房租赁企业将会获得更多金融支持。

（三）租赁住房需求持续增长，行业在新阶段将保持高增速

基于我国城镇化进程加快、置业门槛提升、租房倾向提高、年轻一代晚婚倾向及生活方式转变等因素，我们认为租赁住房需求会持续增长。根据弗若斯特沙利文数据的2018—2022年租赁市场规模增长情况，机构化长租公寓复合年增长率为8.1%，集中式长租公寓复合年增长率为23.7%，未来5年（2022—2027年），集中式长租公寓复合年增长率还将保持在20%以上（图2）。

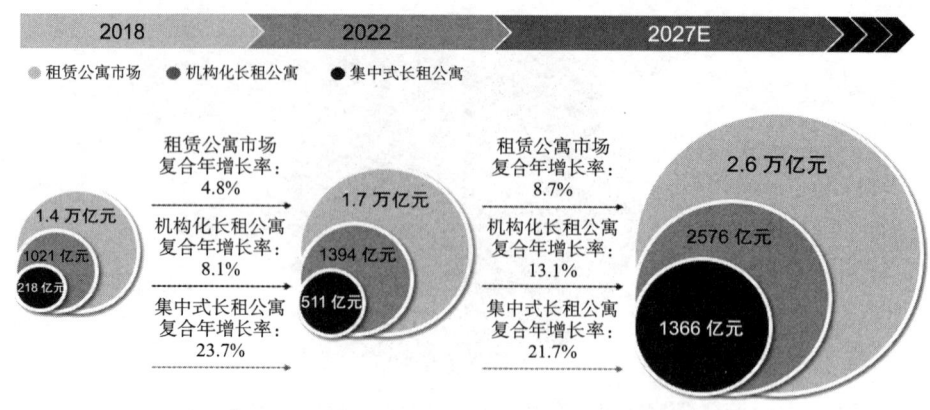

图 2 我国租赁市场规模增长情况及预测

（资料来源：弗若斯特沙利文）

二、应变：挖掘发展机遇

基于以上政策和需求变化，分析住房租赁企业的对策。

（一）专业化机构赋能保障性租赁住房

住房租赁企业要积极拥抱保障性租赁住房工作，参与保障性租赁住房"投融建管退"全流程，建立相关业务能力。

（二）推进租赁住房的资产管理，实现多方合作共赢

随着REITs的推出，未来行业分工会更加细化。项目方可能为开发商和国企等，负责土地或存量房源的供给；资金方可能是基金或各类投资性企业；运营方主要为运营型住房租赁企业，负责物业的运营管理，并产生最终收益。运营型住房租赁企业是决定项目是否盈利的关键，只有运营方与项目方、资金方三方合作共赢、发挥各自优势，才能更好地推进租赁住房的资产管理，实现收益最大化。

（三）专业化机构可进行轻资产全流程输出

在保障性租赁住房中，专业化租赁住房运营机构可以进行轻资产输出，包括从拿地开始的市场调研、产品设计与规划、工程管理，到市场营销、运营管理、智能设备输出，以及未来的金融退出方案设计等（图3）。

以上是保障性租赁住房方面，企业可以参与的地方。针对市场化租赁住房的未来走向，如针对存量物业改造建设是否可以走出一条市场化道路，还需要行业从业者一起探讨。

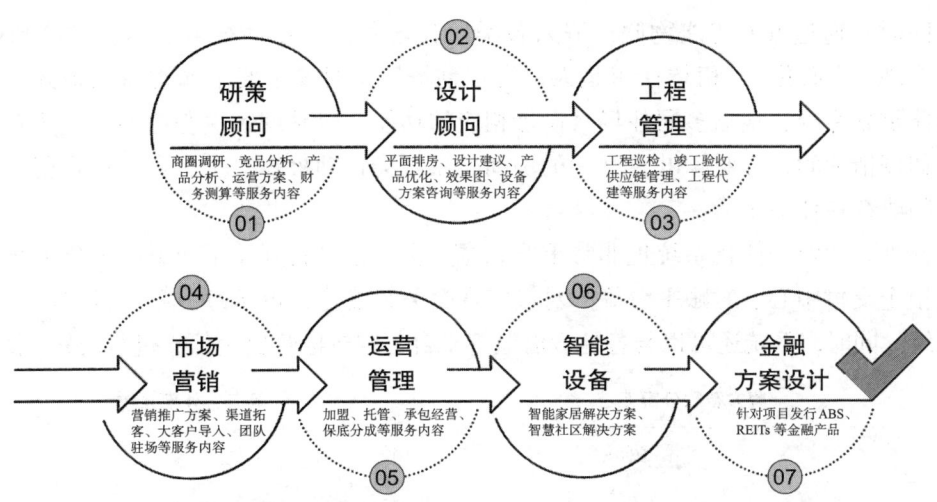

图3 租赁住房运营企业在保障性租赁住房中的轻资产全流程输出内容

三、求变：突破与创新

（一）科技创新与数字化推动行业发展

魔方生活认为科技创新和数字化是行业最重要的基础设施，是规模化运营租赁住房的基础，是对管理中的标准流程的数字化呈现。3年前魔方生活成立魔方智联科技公司，专门负责对接魔方生活的合作伙伴，将魔方生活现有的系统和标准对其进行输出。此外，魔方智联还可以针对不同企业的需求，进行定制化开发和本地化部署，如设置针对保障性租赁住房或财务要求的对接接口（图4）。

科技创新与数字化也是实现政府"稳租金"管理、企业租金定价管理的重要手段。因此，魔方生活开发了灵眸系统，通过系统自动化算法计算房源租金定价。目前，灵眸系统租金误差不超过4元，已经成为魔方生活未来项目投资的重要决策工具。

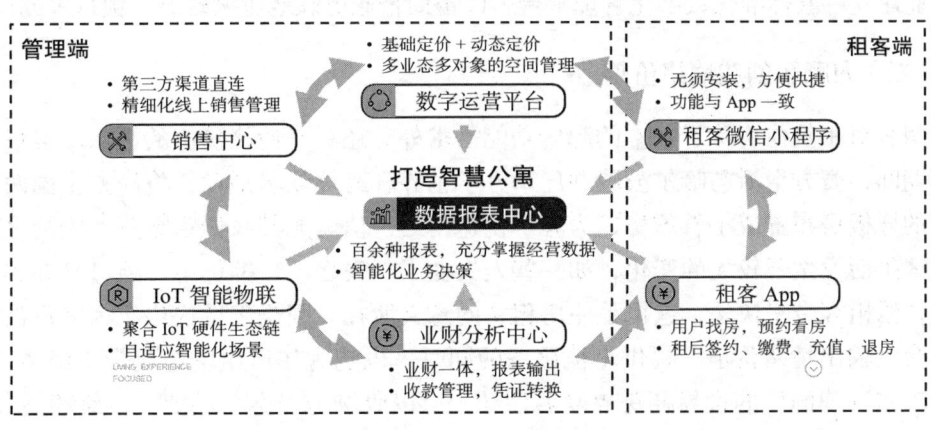

图4 魔方智联系统构架

同时，通过IoT智能物联，嵌入各类居住场景，可以系统解决居住安全风险隐患，实现"安心住"。租赁住房是人口密集型场所，对安全要求非常高，魔方生活通过智能物联系统，根据多居住场景设计相应的功能，以系统解决租房中的一些安全问题，如疫情期间，针对48h未开门的房间，系统会自动报警，员工会去检查租客是否在房间或存在任何不适。

此外，业财一体化系统也非常重要。魔方生活很早就开发了业财一体化系统，通过与银企支付中心、对账平台等的对接实现财务智能化，可于每月第一日完成上月财务月结。同时，系统还可以与各地政府监管平台、银行监管资金信息进行对接（图5）。

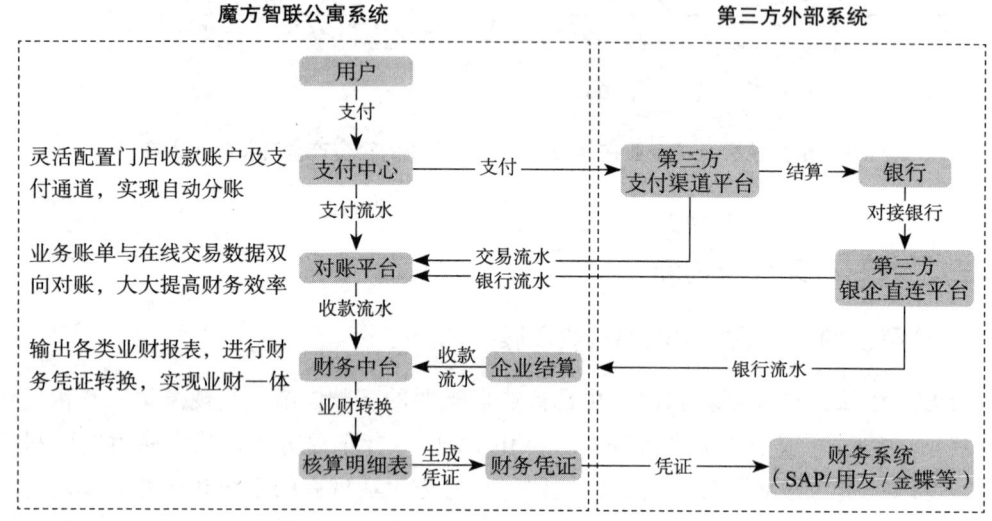

图5　魔方业财一体化系统

总体来看，每个住房租赁企业需要拥有各自的个性化数字管理平台，行业也需要一套全国统一的标准化数字化管理平台，与所有企业系统实现对接。当前每个城市都有不同的管理平台，一方面浪费了开发资源，另一方面也导致管理效率低下，因此呼吁行业建立一套标准化数字化管理平台，以帮助企业更好地对接政府、银行等的监管。

（二）为顾客创造情绪价值

租客对租赁住房除了基本的起居功能需求外，还具有情绪价值的需求。卡塔尔世界杯期间，魔方生活与哈尔滨啤酒厂举办了世界杯跨界联名活动，将魔方全国两百家门店的样板房布置成了看球房，为客户创造情绪价值。尤其我们观察到，疫情之后很多租客生活发生了较大的变化，如一些人失业了、失恋了、抑郁了，通过举办类似的活动，给租客带来快乐，这也是住房租赁的意义所在。围绕租赁住房，为客户提供社交平台、输出情绪价值、提供增值服务的同时，也能为住房租赁企业带来经济价值，如与哈尔滨啤酒厂的世界杯跨界联名活动，可以收场地租金。因此，围绕租赁住房，除了房租收入，还有很多增值收入值得行业挖掘。

作者联系方式

姓　名：柳佳

单　位：魔方生活服务集团

地　址：上海市闵行区虹梅路 3125 弄

构建多部门联动协作机制，实现住房租赁行业高质量发展

徐早霞

摘　要：安歆集团致力于解决最底层老百姓的住宿问题，聚焦如何将一张床做得有温度。本文回顾了疫情三年安歆集团发生的变化，探讨了集团对住房租赁行业的思索，分享了集团在住房租赁领域的实践经验，以期对住房租赁行业高质量发展起到一些借鉴作用。

关键词：安歆集团；住房租赁；高质量发展

一、疫情三年来对住房租赁行业的思索

（一）住房租赁是"三大三小"的行业

我把住房租赁行业定义为三大三小。第一个是大民生小利润。2021年之前所有的运营商都为了租差而奔命，但是发现"租差三板斧"：第一，低租金的房子都在国企手中，市场化运营很难拿到；第二，所有运营商利润率很薄，银行包括资本市场对于这样一个微利民生行业并不是他们的主要选择赛道；第三，就是运营效率。我们发现再怎么努力，只能提升 20% 左右。而租差决定了利差，所以针对在一个大名声小利润行业作为租赁行业如何让自己活得更好，安歆集团这三年探索了一条路。

我们原来一直关注于"人"的服务，所以在这三年中把对人的经营这块的利润进行了提升，而不仅仅单纯依靠租金差。所谓民生就是政府强监管，就应该是微利，而企业则需要通过后续运营让自己变得更好，这是大名声小利润。

第二个是大行业小企业。我们发现，住房租赁这个行业寡头垄断几乎不可能。但是我也很遗憾，在我从业的 16 年当中，同行越来越少。为什么有些租赁企业走不下去？我觉得这条路是需要探索的，而这是头部运营商应当去承担的新职责。

第三个是小生意大情怀。租赁可能是房地产最传统的业态，但是如果我们创始人不带着对社会的责任，不带着对产品的追求，不带着对底层老百姓的尊严、幸福期许，我们也不可能走到今天。

这三年因为疫情我所服务的人群是社会最底层的老百姓，他们托起了政府和整个城市的运转，我很荣幸因为从事这个行业，跟政策如此之近，跟政府如此之近，可以

代表最基层的人们反映民生、反映民意。

（二）住房租赁行业是"人"的生意

第二个感触，安歆在转型过程中，我们发现仅仅谈"宿舍"是不够的，我们谈的是社会多层次的人才供给。所以，安歆在2018年，开始给长沙星沙三一重工项目做托管以后，便开始向产业园区做赋能业务。我们发现政府对真正能够服务政府城市治理、服务产业配套、服务提高人才生活幸福指数的企业是很重视的，我们也从来没有像今天这样跟政府靠得这么近。

（三）真正和客户站在一起

第三个感触是，安歆从来没有如此跟客户亲近，疫情期间，安歆集团必须帮助所服务的5万名月人均可支配收入不到1000块钱的客户安全度过封控。这是我从业以来最坚定的一年，我们真正发挥了作为运营商的优势，就是做好运营，做好人的服务。

二、安歆的实践与感悟

所以接下来分享三年中我们跟政府、企业、产业和人之间做的一些事情和背后的思考。分享三个主题。第一是宿舍型租赁住房发展进入了新的时期；第二是三年探索中，我们看到了高质量发展多部门形成的合力；第三是安歆的实践和探索。

（一）宿舍型租赁住房发展进入新时期

1. 宿舍型租赁住房是践行共同富裕的重要实践

住房是促进人全面发展的基础"资源"，保证每一个公民有尊严、体面居住是共同富裕的重要标志、中国式现代化的重要内容。中国在提共同富裕，中国为什么要推动共同富裕？第一是二次分配，中国人其实财富的差异大部分来自于房子，如果能够解决房子的问题，基本上能解决大部分的共同富裕的问题。第二，我们跟美国一样，基尼系数非常高，美国是0.496，中国也超过了0.4，这个数字背后意味的就是贫富差距和阶层固化。所以，我们认为共同富裕是党中央的重要战略，而宿舍性保障房服务的就是最底层老百姓，他们就是共同富裕应该普惠的人群，这也是国家未来三十年的战略。

安歆集团的宿舍型租赁住房的服务对象就是快递小哥这样的人群。住房是促进人全面发展的基础资源，是能够保障每一个公民有尊严、体面居住、共同富裕的重要标志，是中国式现代化的重要内容。

2. 住房保障是维护社会稳定、改善城市治理水平、提升国家竞争力的重要举措

住房保障我们认为也是为了维护房价、社会稳定，特别是在目前消费不够有力的情况下，如果把买房的钱转成消费，那中国的GDP增速是会非常大的。从2020年到

2022年，安歆服务（上海）许多次与政府一起和快递小哥沟通。同时今年开始，上海前所未有地大力推动建设者之家为环卫工人、快递小哥筹集房源。在此背景下，安歆的核心价值在于为政府的城市治理提供一个有效的手段。我们真正把租赁作为疏堵结合点，也使政府的政策普惠让更多的人感受到不是那个冷冰冰的房。

最近深圳也在大力做城中村保障性租赁住房，我也很有幸参与到深圳城中村改造升级的工作当中。安歆以自身的管理经验、社区服务模式，给了当地政府一系列的解决方案。政策转型之下安歆看到的是各种机遇，当然也充满了挑战。作为企业应积极去应对这种需求，去解决政府的问题。

3. 产城才融合园区 4.0 时代来临：生产即生活

从二十大报告中把我们的经济放到实体经济上去推行新型工业化，加快制造业强国建设，到2021年国务院22号文关注到产业园区存量资产盘活，和各城市积极谋划发展蓝图，包括深圳、上海、天津、常州这些城市都定位于工业立市，制造强市，加强实体企业和经济园区的结合。我们认为产业园区租赁社区作为产业、城市、人才相互融合大背景下的宿舍型住房真正能够做到职住平衡，能够改善人居环境，最重要的是契合了国家脱虚向实，向实体进军的趋势。

在这个过程中政府起到的作用是从产业规划到企业招租，再到为企业提供服务。而安歆做的事情是帮所有企业把员工留下，留下员工就能够留下企业。留下企业自然能够留下产业，自然能够留下税收。现在每一个城市都在抢人才，我们呼吁所有长租公寓从业者都应该从空间释放出来，更多地强调人的价值、人的属性和我们对人的运营和服务。我们需要看到的是关于生产及生活，如何帮园区把商业做起来，把便利店做起来，把生活服务站做起来，把我们真正服务的价值体现出来。

在新形势下如何从奋斗者的一张床做到更加私密有温度，干净整洁，再到每一间白领房如何变得更加有 IP 和个性化，怎么样由一把钥匙的服务，到享受到超额服务，这是我们在思考的问题。不同的主体我们提供的东西不一样，不是那间房，是后面针对于不同人群的服务。

"立讯精密"是国内非常大的上市公司了，我们调研后发现"立讯"的员工宿舍是比较单一的（图1）。整个疫情期间富士康案例引起了很多关注，今天富士康也找到我们，希望我们能够提供一系列的解决方案，从人防物防到机防基础建设到产品和整个人群运营，希望安歆能提供一套最佳"打法"。

4. 不止于"住"的生态"打法"初见成效

住房租赁是一个大民生小利润的行业，怎么才能让我们的企业除了收托管费用之外，还能够获得更好的收益。安歆探索了一个自己的模式。我归纳为12个字，多人群、多场景、多产品、多业态。多人群就是安歆现在不仅仅是服务基层的老百姓，专家、院士，我们也服务。多场景就是我们今天不仅仅在一线城市服务一线员工、服务员，也在产业服务产业工人，我们甚至在校园服务高校人群。多产品就是我们有宿舍，有白领房间也有高端公寓（图2）。最后是多业态，安歆今天已经形成了以住

图1　某上市企业宿舍 VS 专业化机构运营宿舍

图2　安歆的多层级产品

宿为基本盘的人、货、场逻辑，现在我们有我们的招聘公司，帮助 B 端企业做兼职、做零工、帮他们招人，延伸我们的价值链，让我们可以活得更好。

同时，基于 C 端做人群整个运营的收入已经超过安歆总收入的30%，利润占比已经达到40%。这是一条不一样的路，让安歆扭转了过去只能靠轻微托管费存活的状态，到真正把底盘做厚，把利润做到微利可持续。因为原有的状态不靠资本，我们基本是活不下去的。今天我们可以说，即便没有资本投资，我们依然可以活得很好，可以为行业输出一整套关于人群变现的底层逻辑。

（二）高质量发展需要形成多部门合力

1. 多主体合力体系

今天我们非常欣喜地看到，从租赁住房政策到人才配套政策，到产业配套政策，各级政府都在行动。今年一季度结束，安歆在谈的园区有100个，90%是政府找到我们，就是因为我们在各地做的项目非常受到当地政府的认可，这些客户包括了各地的组织部门、人才发展集团、住建部门、经开区。他们认可安歆就是因为安歆一直坚持的以产业为铆钉点，人群服务为基础，安歆给出了一整套的解决方案。政企合作的过程中，通过安歆，也借助于各级主管部门和企业所形成的合力，解决了我们房源筹集的问题（图3）。

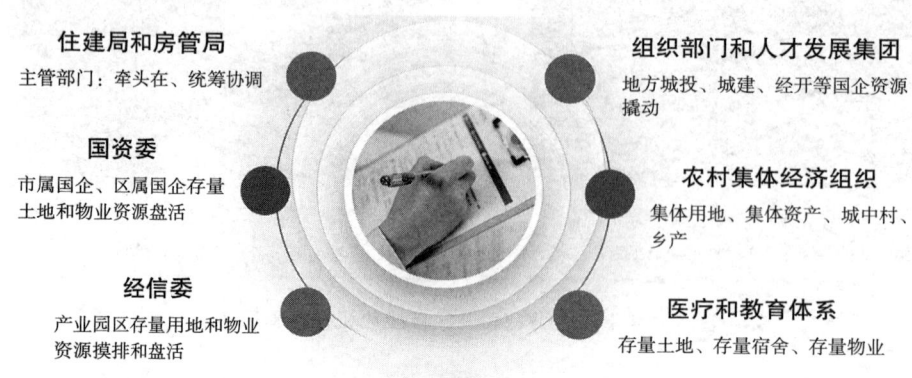

图3　房源筹措形成合力

合规审批中各地都在形成合力，一站式解决所有问题。这其中既要政府的积极作为，更需要企业的积极配合。在政府方面，要明确审批的要求，明确审批时限，不能只踩刹车，只设路障。同时，运营商也是整个行业高质量发展的关键因素。

之后是资金形成合力与多主体联动形成合力（图4、图5）。现在看到的是以政府政策为主导，政策要求国企参与提供房源，银行去承担社会责任，去给租赁运营商更多的"子弹"输入。我们已经看到建设银行专门安排了300亿元专项基金，住房租赁担保债券也纳入债券管理框架，保障性租赁住房REITS也不断扩容。安歆集团自身也发行了两支ABS用于筹集资金。

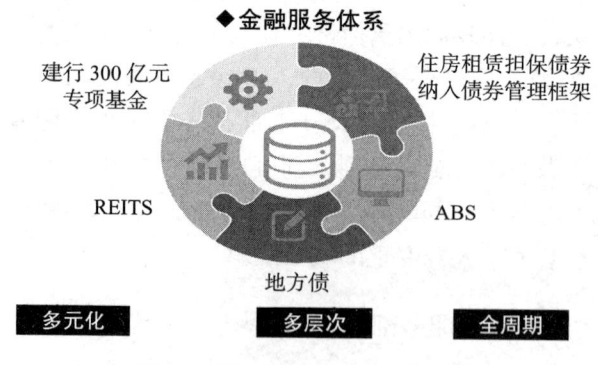

图4　住房租赁金融服务体系

2. 安歆的大运营体系

安歆客户定义为三类：第一类政府，第二类企业，第三类住客。这个链条中安歆一直秉承着"以终为始，运营前置，视人为人"，致力于整体方案的提供，为客户创造价值（图6）。

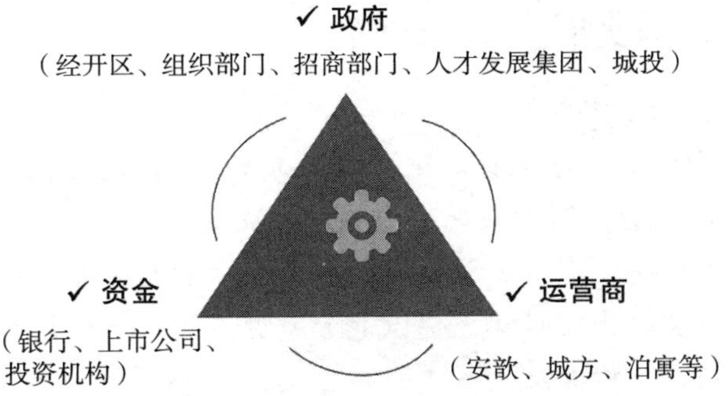

图5　多主体联动合力体系

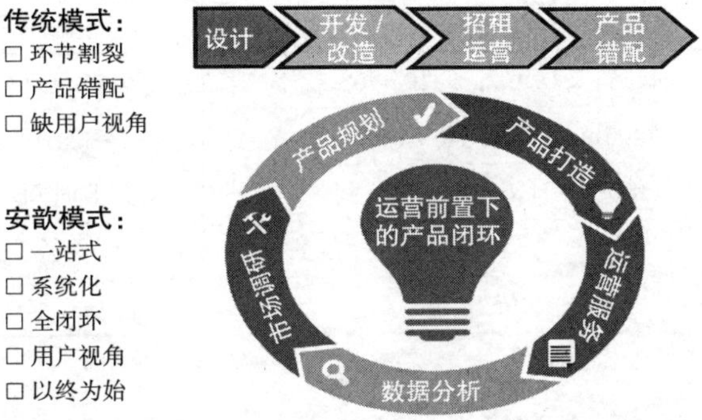

图6　安歆一站式系统化打造匹配市场与用户的产品体系

第一，为什么要以终为始，因为安歆知道最终运营产品的呈现，所以首先会提前给规划。第二，运营前置是因为这样做更符合我们的客户体验。第三，视人为人就是产品温度。这就是政府特别认同安歆的专业性、温度、系统性最根本的一个理由。

所以不止于住，运营商提出来的关于产品的需求已经是基本需求。我们今天要给他更多的解题思路，从产业规划到企业落地到招商到员工留存，这是企业核心的竞争点（图7）。

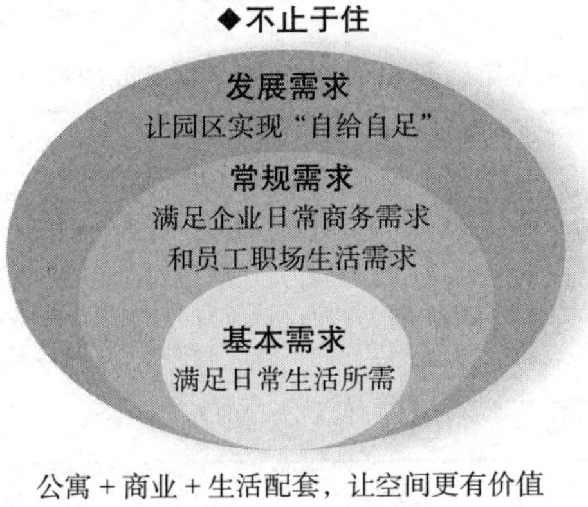

◆不止于住

发展需求
让园区实现"自给自足"

常规需求
满足企业日常商务需求
和员工职场生活需求

基本需求
满足日常生活所需

公寓+商业+生活配套，让空间更有价值

图7　安歆的客户需求匹配体系

（三）安歆的探索与实践

1. 案例1：义务科创园项目

安歆转型过程中做的一些项目。第一个是义乌科创园项目（表1）。该项目是原有产业园区闲置物业改造，原为义乌小商品国际交流活动中心，在市委组织部领导、国资委协调和人才发展集团牵头下，高效推进政企园多方合作，致力于服务义乌整体产业升级转型，为来义新市民青年人提供七天免费住，承办各类市级人才招聘会，全面助力义乌招商、留商、稳商。

安歆青年社区·义乌科创园店项目介绍　　　　　表1

项目名称	安歆青年社区·义乌科创园店	园区性质	创业园区
项目地址	浙江省义乌市雪峰西路968号	合作模式	政企协同
项目面积	8900m²（生活配套2400m²）	装修期	5个月
项目房型	单人间、双人间、四人间	开业时间	2021年8月
房间数	131	床位数	250
平均出租率	95%	—	—

义乌项目合作模式，就是在组织部牵头，其他政府部门以及地方国企多部门联动的基础上，通过4个月完成收房和改造，快速打造极具地方特色的宿舍型租赁住房项目。目前该项目已成为义乌城市名片，此外义乌公租房项目全部委托给安歆进行专业的运营管理。

2. 案例2：经开集团合作项目

第二个是扬州西安交大科技园，该项目由扬州经开区管委会提供国有闲置资产（表2）。在这个项目中，建行帮我们做了很好的引荐，安歆和管委会成立合资公司，联合开发盘活国有闲置资产，同时也解决了招商企业人员的专业管理和住宿的问题。目前为止，安歆在扬州经开区已从一个项目做到了七个项目。

安歆青年社区·扬州西安交大科技园项目介绍　　　　表2

项目名称	安歆青年社区·扬州西安交大科技园	园区性质	国家级创业园
项目地址	江苏省扬州市经济技术开发区	合作模式	委托管理
项目面积	32492m²	装修期	4~6个月
项目房型	单人间、双人间、四人间	开业时间	2022年6月
房间数	956（一期238）	床位数	一期854
平均出租率	100%	—	—

3. 案例3：一个失败的案例

当然，我也想分享一个失败的案例。这是上海的一个项目，计划打造成安歆集团在上海的标杆项目，期间历经八个部门盖章，最后还是因为消防界定不一致导致了项目的失败。安歆集团在这个项目损失了将近1000万元，这相当于我们20~30个项目一年的利润，这个对运营商来说是"不可承受"之痛。

三、总结——高质量发展需考虑多方诉求，兼顾长短期目标

最后用这张图总结一下（图8）。我们是谁？今天作为一个企业都应该承担社会责任。你的客户是谁，客户的痛点是什么，你该如何为客户解决问题？我们在去年提出了"为政府分忧，让客户省心，帮住户省钱"，这就是安歆公司的战略。

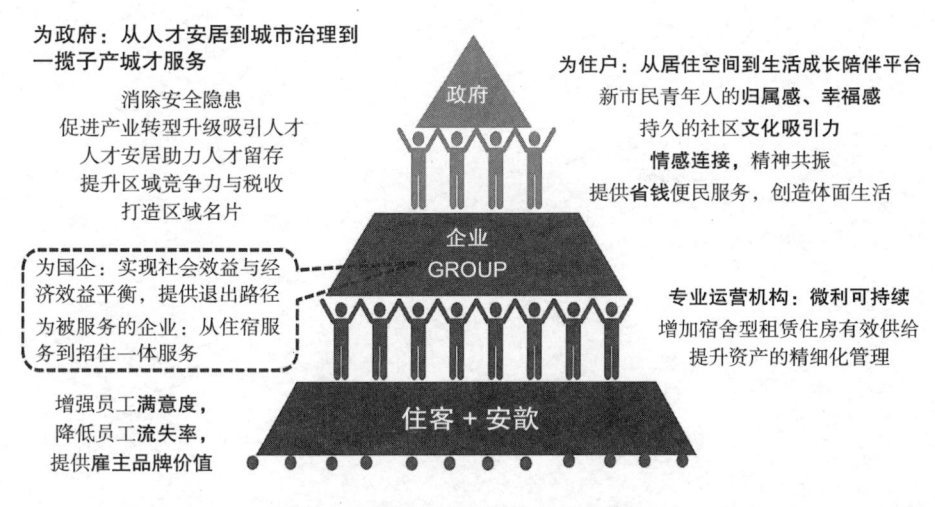

图8 安歆的服务理念及服务体系

我们想为政府做什么？第一，我们希望为政府提供从人才安居到城市治理到一揽子的服务，消除隐患，让政府在一个政策下实现三个政治目标。所以，人才安居助力人才留存，提升区域竞争力与税收，打造区域名片，是从高维打低维。

第二，对于企业，一是我们要为国企探索一条实现社会效益和经济效益平衡的退出之路。二是，对于被服务的企业来说，我们要从住宿服务到招住一体服务，从引进人才到房的运营到人才运营。

第三，对于住户，我们要打造从居住空间到生活成长陪伴平台。给予新市民、新青年归属感和幸福感，持久的社区会用我们的文化吸引力建立情感连接。

我们希望住户能通过安歆的服务获得城市生活的幸福感。作为专业机构只要我们找到自己的价值点和立足点，我们就可以找到源源不断的房源和获得住户的信任。对于一家企业来说使命感是持久的，不管是面向2B，还是2C、2G，安歆永远不会忘

记初心，就是让城市的游子感受到家的温暖。

作者联系方式

姓　　名：徐早霞

单　　位：安歆集团

地　　址：上海市金山区漕泾镇亭卫公路 3688 号 3 幢 315 室

邮　　箱：ad@axhome.com.cn

住房租赁行业如何高质量发展

赵晓英　潘雪佳　张洋子　陈方博　丁林涛

摘　要："加快建立多主体供给、多渠道保障、租购并举的住房制度"是党中央、国务院作出的重大决策部署。党的十九大以来，在一系列政策支持下，住房租赁行业加快发展，但仍存在诸多问题。本文在分析住房租赁行业现状的基础上，指出在供需结构、业务模式、融资渠道、数字科技、政策法规等五个方面存在的问题，最后针对住房租赁行业如何实现高质量发展，从法治、政策、市场、金融、科技等五个层面，尝试提出几点针对性的思考及建议。

关键词：住房租赁；高质量发展；租购并举；租购同权

一、引言

习近平总书记指出："高质量发展，就是能够很好满足人民日益增长的美好生活需要的发展，是体现新发展理念的发展，是创新成为第一动力、协调成为内生特点、绿色成为普遍形态、开放成为必由之路、共享成为根本目的的发展。"

住房租赁行业培育和发展，具备"高质量发展"的应有之义，是其重要组成部分。从这个角度来尝试定义住房租赁的"高质量发展"是更好地"抓住让人民群众安居这个基点，让人民群众住上更好的房子"[1]的发展，是符合新发展理念要求的发展，是切实落实中央"加快建立多主体供给、多渠道保障、租购并举的住房制度"重大决策部署的发展。

近年来，中央和地方在金融、土地、财税、保障性租赁住房等方面出台了一系列支持政策，行业发展环境整体改善向好，租赁需求旺盛，新业态、新模式不断出现，但仍存在诸多问题，如规范制度体系尚不健全，住房租赁立法相对滞缓；企业参与动力整体不足，经营管理行为有待规范；租客权益缺乏保障，租赁关系不稳定等。在此背景下，有必要对行业存在的问题进行深入剖析，研究应对策略，推动行业高质量发展。

---

[1] 新华社.真抓实干，努力让人民群众住上更好的房子——访住房和城乡建设部部长倪虹[EB/OL].[2023].http://www.gov.cn/xinwen/2023-01/06/content_5735216.htm.

本文提出，住房租赁行业在供需结构、业务模式、融资渠道、数字科技、政策法规等五个方面存在问题，需要从加快优化"法治、政策、市场、金融、科技"等五个方面入手，形成政府、企业、社会的合力，实现行业的高质量发展。

二、住房租赁行业的现状与问题

（一）住房租赁行业现状

近年来，租赁住房在实现城镇居民住有所居目标，加快改善居民尤其是新市民住房条件中，发挥的作用日益重要。数据显示，我国租赁人口已超过 2 亿，占全国人口的 15%，占流动人口的 58%[①]。经过二十多年的快速发展，我国住房总量逐渐趋稳，正从以新建为主向存量管理和区域适度新建并重转变。住房总量近 6 亿套，户均 1.24 套，人均住房面积 $41.8m^2$ [②]，已接近发达国家水平，需要提升存量住房的利用效率。同时，结构性短缺，区域性不足与空置并存。大城市住房问题日益严峻，大量新市民、青年人存在住房困难，需要通过住房租赁更好地满足其居住需求。

当前，我国正在形成市场化与保障性双支柱租赁住房体系。2021 年 6 月 24 日国务院办公厅印发《关于加快发展保障性租赁住房的意见》，明确保障性租赁住房的基础制度和支持政策，这类住房更加强调缓解新市民、青年人等群体的住房困难。而市场化租赁住房则面向市场上更加广泛的租房群体。

供给端以市场化租赁住房为主，绝大多数为个人业主散租。根据调研测算，市场化租赁住房约 6000 万套，其中，个人业主提供的散租房源占比约 95%，其余是长租机构经营的集中式和分散式长租公寓；保障性质的租赁住房约 2000 万套，包括公租房、央产房、人才房等。

需求端增长潜力大，且租赁人群持续向重点城市聚集。随着城镇化深入推进和人口流动性增强，2020 年的租房人群相比 2000 年增加了 1 亿人，占比提升 6%，同时，一线城市及东部地区重点城市中，租房人群占常住人口比重大多超过 30%。总体来看，租房需求的快速增长为行业发展提供了较强的驱动力。

（二）住房租赁行业发展存在的问题

长期以来，我国住房市场重购轻租，住房租赁行业发展中仍存在诸多问题。发展环境方面，法律支持体系建设相对缓慢，金融、土地、财税等政策体系有待进一步健全，数字化基础较为薄弱。反映在市场上，住房租赁需求未得到充分满足，租住品质有待提升；企业商业化可持续发展模式尚未成型，缺乏匹配业务场景的金融工具和融资渠道，参与积极性不高。

---

① 第七次全国人口普查数据。
② 第七次全国人口普查数据。

1. 租赁需求未能得到充分满足

第一，租客需求与市场供给之间存在错配。1万余份租客调研数据显示[①]，居住在一居、二居和三居的租客占比分别为27%、44%和25%，而租客对这三种户型的实际需求占比分别为45%、32%和20%，一居室供求失衡最为突出。事实上，各类务工人员和新毕业学生是租赁住房主要人群，收入水平较低，面临较大居住困难，这类人群需要的是"一张床""一间房"的基本居住空间，但市场供给以大面积、多居室为主，且从区位来看，职住分离问题较为突出。

第二，租住品质不高。数据显示，60%以上的人群月租金支付力低于1000元[②]。收入水平约束下，租住品质下降，难以满足居住改善需求。租客调研结果显示，主要痛点在于房屋品质不好、装修和家具家电老旧、水电费较贵等问题[③]。近30%的流动人口在城中村租房，租住环境较差[④]。

第三，保障性房源供给相对有限。此类房源占比约25%，还未能充分惠及广大低收入群体。公租房、央产房、人才房等政府管理租赁房源覆盖面有限，主要针对城市户籍家庭或公务人员、高学历人员，但对于17%的在城市、农村均无住房的农民工[⑤]保障不足，而长租公寓租金相对更高，低收入群体难以负担。同时，大城市公租房更多地分布在郊区、新城等产业交通不成熟的板块，需求旺盛的区位供应不足。

2. 商业可持续发展模式尚未成型

第一，行业整体租售比低，资金占压重，投资回收期长。国际上通常认为，租售比保持在1:300~1:200之间，房地产运行状况良好，但据统计2022年我国大中城市租售比低于1:600，与国际标准差距较大。此外，新建项目土地成本和建造成本高，存量房源情况复杂，改造难度大、成本高、风险高，无论是持有型项目，还是包租型项目，均具有投入资金量大、利润率低、资金回收期长的特点。在这种利润薄、投入重、周期长的情况下，行业的商业化可持续发展模式还需持续探索。

第二，行业整体业务模式仍处于不断调整阶段。前期实践中，长租行业形成了以包租为主的经营模式。该模式下，长租企业承担了面向房东的确定的成本和面向市场的不确定的收入之间的风险。市场形势较好，预期乐观时，业务规模化扩大为长租企业创造了盈利空间，但市场存在较大波动，如遇到新冠疫情等黑天鹅事件时，会对行业造成巨大冲击，迫使长租行业对既有业务模式进行重新审视以探求新的模式。

第三，缺乏规模化、专业化的长租机构。由于参与动力不足，且发展有所放缓，

[①] 建信住房公司2022年针对全国重点城市的租房人群开展了调查研究，共回收1万余份有效问卷，样本覆盖16个城市群的43个重点城市。
[②] 第七次全国人口普查数据。
[③] 建信住房公司2022年调查研究结果。
[④] 卫计委2017年流动人口动态监测数据。
[⑤] 卫计委2017年流动人口动态监测数据。

规模化机构整体实力薄弱，主体数量不多，以集中式为主。全国开业 1 万间以上的集中式运营商约 40 家，分散式运营商约 10 家。

3. 融资渠道仍需持续拓宽

第一，融资资源投入有所不足。在高房价背景下，租售比偏低，行业收益率不足，过低的利润率降低了各类金融主体的参与意愿。首先，信贷实际投放量整体不高，且主要集中在有政府背景的企业。其次，住房租赁专项债券、资产证券化产品发行前提条件高，发行量较小。截至 2022 年年底，存续期住房租赁公司专项债券 32 只，存续规模 301 亿元，住房租赁证券化产品 42 只，存续规模 488 亿元，与房地产行业总量存在很大差距（专项债券 731 只、9248 亿元，资产证券化 499 只、3095 亿元）[①]，体现出金融资源投入重购轻租的特征。再次，行业早期对资本依赖较大，加之资本逐利性监管不足，经营不善、资金链断裂等事件时有发生。

第二，融资成本相对较高。住房租赁贷款回收主要依靠租金收入，其回笼期远比贷款期长，金融机构出于风险审慎考虑，需要追加更为严格的风险缓释措施，导致融资成本提高。同时，资产证券化和股权融资由于发行结构复杂，各环节税费较高，审批周期长，导致实际融资成本可能高于传统融资模式。

第三，融资期限与租赁业务不匹配。银行信贷、住房租赁专项债属于事前融资方式，信贷期限较短，与住房租赁行业较长的投资回收周期不匹配。虽然部分资产证券化工具期限相对较长，但对资产质量要求较高，在发行和审批方面条件更加严格，尚不能满足实际需求。

4. 数字科技基础较为薄弱

第一，数据沉淀不足且标准缺失。政府端，房屋基础数据不完整，用于住房租赁的房间信息不足，企业主动参与数据沉淀的动力不足，采集、补充基础数据的途径不畅，同时住房租赁网签备案缺乏统一的业务流程和数据标准。市场端，企业对各类房源的挂牌、成交、租金等数据缺少准确了解的渠道，进而较难掌握市场情况，为企业经营决策带来障碍。

第二，数字科技的运用有待深化。政府端，数字科技的应用还不够普及、深入，存在信息化平台搭建不完善，各地数据化、信息化发展水平不均衡，市场主体和政府掌握的住房租赁信息不对称、交换不畅通等问题[②]。同时，新技术手段在监管端的运用尚不足，如运用大数据技术提示防范"租金贷"风险等[③]。此外，智慧化交易资金监管工具的应用有待加强。市场端，住房租赁行业数字化、产业化发展处于起步阶段，

[①] 数据来源于 WIND，住房租赁专项债券及资产证券化产品按照证券全称及募集资金用途中是否有"租赁住房""住房租赁""保租房""公租房""长租公寓"等关键词进行筛选。

[②] 周雨. 住房租赁领域信用建设存在的问题及对策 [J]. 住宅与房地产，2020，584（23）：87-89.

[③] 阳军. 政府监管与行业高质量发展研究——以长租公寓市场为例 [J]. 治理现代化研究，2022，38（6）：39-45.

互联网、大数据、云计算、人工智能、物联网和VR等新科技对行业正在产生影响，但新兴科技发展红利、智能化信息手段对租赁行业惠及程度不够，特别是中小机构，缺少高效的数字化经营工具，数字化管理经验不足，数字化运营管理效率低。由于系统技术开发的周期长、成本高，中小机构不具备开发能力，也没有自主研发的意愿和必要性。

5. 法规政策有待进一步完善

第一，住房租赁立法进程相对缓慢。作为全国租房市场基本规范的《住房租赁条例》尚未出台，同时，现有法律体系未明确"住房租赁"定义[①]，以及"租赁收益权"作为用益物权的法律地位[②]。租赁收益权相应的登记、流转等制度尚未建立，难以基于权利实现有效融资，租赁收益权的价值仍需要加强保护。受此影响，租客和房东双方权益难以保障，租赁关系不稳定，企业参与积极性不足，租购尚未"同权"。

第二，行业规范标准尚未形成体系。政府对租赁主体、租赁合同监管备案管理的系统和制度要求还不充分。对于个人业主出租的散租市场，特别是城中村市场缺乏规范管理。集中式房源参照酒店管理规范，不能充分体现长租特性，针对分散式房源则未出台管理规范。"非居改租"的规划变更、消防验收标准有待规范，很多城市至今仍未出台"非居改租"操作细则。

第三，政策体系有待完善。统筹设计方面，对于保障性、市场化租赁住房的内涵和外延没有形成共识，保障性租赁住房的保障对象面向"新市民"和"青年人"，但二者的标准还较为模糊。土地政策方面，对住房租赁缺乏单独的土地政策支持，未明确住房租赁专属用地类型，个别城市"租赁用地"试点涵盖范围不足[③]，缺乏针对租赁用地的出让、登记、流转、期限等配套制度。金融政策方面，对于信贷支持、金融工具创新，仍存在政策优化空间，如公募REITs在产品架构、税收优惠、扩募要求等方面，还需进一步完善相关政策。

三、行业高质量发展的思考及建议

尽管行业内仍存在诸多问题，但是经过近年来的不断探索，已形成一些良好的发

[①] 《中华人民共和国民法典》第十四章"租赁合同"中以及《中华人民共和国城市房地产管理法》中均没有对"住房租赁"进行单独定义，只是广义地规定了"房屋租赁"。房屋租赁的概念比较宽泛，不仅包括租赁住房，还包括租赁办公用房、商业用房等，前者具有民生属性，后者则重在获取收益，其管理逻辑有较大的不同。

[②] 在《中华人民共和国民法典》第二编"物权"第三分编"用益物权"中未确认为标准化的物权，未获得如建设用地使用权、居住权等相同的法律地位。

[③] 上海市发布的《关于本市保障性租赁住房规划土地管理细则》中套用了现有的土地规划分类，在居住用地下使用"四类住房组团用地（R4）"，表述为：企事业单位闲置土地和产业园区配套用地，限于国有土地出让的范围，不能涵盖现有集体所有制土地建租赁住房等类型。

展态势。行业监管逐步完善,《住房租赁条例》进入最后修订阶段,北京、上海先后出台地方条例。金融、土地、财税、保租房等方面政策密集出台,全国90多个城市已发布推进保租房发展的指导意见、认定办法和管理办法。融资产品和服务模式创新加快,4支保租房公募REITs已落地。部分企业推出房产大数据开放平台,以科技助力行业发展。以此为契机,建议从加快优化"法治、政策、市场、融资、科技"等五个方面入手,切实落实中央"加快建立多主体供给、多渠道保障、租购并举的住房制度"重大决策部署,形成政府、企业、社会的合力,推动住房租赁行业高质量可持续发展。

(一)加快出台相关法律法规,优化法治环境

第一,清晰界定住房租赁的概念。把住房租赁从现有的房地产开发相关法律体系中分离出来,基于行业特有的发展逻辑,进一步明确住房租赁在法律上的范围,界定租赁住房的分类,明确长租房、保障性租赁住房等不同类型租赁住房的定义。

第二,构建租赁收益权登记和流转制度。在法律层面将"租赁收益权"明确为一类单独的用益物权,并建立相应的权属设立、变更、转让、灭失的相关规定,明确权属登记及信息共享的相关安排,支持金融机构基于该物权创新金融产品。

第三,保障出租人、承租人等合法权利。明确租购同权,使租房能够享受与购房相同的公共服务,引导长租长住。稳定租赁关系,保障承租者合法权益,如实行严格租约终止保护制度,除了法律认定的正当理由不得提前终止。建立租金保护制度,以指导性的租金定价标准限制租金不合理波动。

第四,切实加强对个人散租房源的规范管理。加快出台关于个人房东出租住房的政策,依托开放共享平台,实现对个人出租房源和租赁行为的规范化管理。在此基础上,推行各项相关保障政策措施。

(二)不断完善政策支持体系,优化政策环境

第一,明确保障性和市场化租赁住房的建设主体。市场化需求可以市场为主按照商业盈利机制推进,保障性需求则需要一定的补贴、扶持,需要以政府为主来建设。进一步清晰界定政府与市场的主体定位,在发展保障性租赁住房的过程中突出政府的主导作用,形成以政府为主提供基本保障、以市场为主满足改善型需求的多元租房供给体系。

第二,加快建立健全住房租赁金融支持体系。为租赁住房的投资、开发、运营和管理提供多元化、多层次、全周期的金融产品和金融服务体系。支持商业银行发放住房租赁经营性贷款,优化住房租赁担保债券发行流程,推进公募REITs常态化发行,向长租房及商业不动产领域扩容。

第三,建立专项租赁用地和用房管理制度。在现行的土地用途标准之外,增加一类"租赁用地",进行单独管理。对于认定为保障性租赁住房和长租房的项目(含工

改租、商改租、集体所有土地等项目），其土地性质同步变更为租赁用地，围绕租赁用地形成一揽子的出让、登记、流转等管理要求。

第四，给予规范经营的企业税收优惠支持。对于规范登记备案的住房租赁企业等主体，进一步降低按照一般纳税人计税的增值税税率。对于向企业出租并最终用于员工居住的项目，可适用直接向个人出租的房产税、增值税优惠政策。

（三）逐步理顺供求关系和商业模式，优化市场环境

第一，多渠道增加租赁住房供给。明确住房保障计划，将租赁住房纳入住房发展规划，并在年度住房用地供应计划中予以安排。细化租赁住房供给方式，鼓励通过新增或者利用已有用地专门建设租赁住房、在新建商品住房项目中配建租赁住房、将非居住存量房屋按规定改建为租赁住房。对于市场发展较为成熟的地区，可探索将农村宅基地上闲置住房依法出租，农村集体经济组织通过自建或者联营、入股等方式利用集体建设用地建设、运营租赁住房。

第二，打造匹配租客需求的多层次产品体系。针对不同客群的需求，结合支付力，提供差异化、多元化产品和服务，为城市基础服务人员、产业工人等提供"一张床"，为新毕业生、职场新人、打拼白领等提供"一间房"，为高端人才、异地外派、重教家庭、多代家庭等提供"一套房"。

第三，加快形成行业"募、投、建、管、退"的商业闭环，提升企业积极性。在政策法规逐步完善的形势下，充分发挥公募REITs等工具盘活房企存量资产作用，加速推进市场化长租房的公募REITs落地，促进住房租赁企业实现"募、投、建、管、退"的商业闭环，形成资金的良性循环，使机构房源规模占比进一步提升。

第四，加快形成多元化、可持续的盈利模式。建议长租企业从提升资产溢价、综合服务溢价、品牌溢价、科技溢价、管理溢价等方面切入，如加强与开发建造商、物业管理者、运营服务商等产业链细分机构的合作，引入专业化服务；根据租客年龄、收入、职业、职住等要素，明确核心产品，集中资源塑造优势品牌；以数据驱动为核心，引入智能门锁、水电和安防等产品，完善运营系统，提升科技溢价；积极探索物业管理、配套商业、衍生智能家居、智能物业、智能社区建设，增加产业链附加值。

（四）持续加强金融产品和服务创新，优化融资环境

第一，结合行业特征优化信贷审批流程。商业银行应针对住房租赁市场这一新型业态的特殊性，制定差异化的授信审批制度和流程。在授信审批中，重点从市场租金水平、租客稳定性、租金支付方式等方面综合评估租金收入；结合借款人在租户管理、租金收取、物业维护等方面的运营管理能力，准确评估项目的可行性。

第二，加强对于长租行业的担保支持力度。通过降低担保成本，降低长租企业成本，如可适时推出住房租赁担保债券，采用资产支持方式，以租金现金流为还款来源，抵押物为住房租赁物业，相对于信用债券，更容易获得发行审批。

第三，探索建立多层次的 REITs 市场。探索以住房租赁基金为载体的不动产私募基金（Pre-REITs）试点，完善契约制公募 REITs 并同步探索公司制 REITs，打通从不动产私募基金到公募 REITs 的资产管理闭环。

第四，引导社会长期金融资源积极参与。对于不动产私募基金，可通过直接投资住房租赁项目获取收益。参与 PPP 项目的资金可投向公租房建设运营。社保资金、保险资金、养老金、理财资金、信托计划等可通过购买住房租赁企业发行的债券、资产证券化产品等参与住房租赁市场，同时也实现前期投入资金的顺利退出。

（五）深入提升数据和技术运用能力，优化科技环境

第一，出台标准，夯实底层数据。尽快梳理出台适合当下市场环境的住房租赁业务流程和数据标准。地方行业管理部门结合当地实际，丰富完善行业管理手段和合同示范文本。以住房租赁合同网签备案为依据，便捷其他政府部门办理相关业务，如公安部门依据租赁网签合同备案数据，办理暂住证；教育部门依据租赁网签合同备案数据，办理就近入学等；以此提高网签备案率，以服务打牢行业数据基础。

第二，巧用科技，寓管理于服务。首先，通过将新兴技术引入人员、车辆出入，智慧家电、家居使用等场景，寓管理于服务，提高租客居住安全性，提升企业服务水平。其次，政府加大对行业租赁平台的监管力度，定期公布各类租赁平台的信用信息，打造一批政府表彰、行业认可的数字化工具品牌，使中小机构获取流量，节约成本，享受多元化服务，从而聚焦提升自身管理服务水平，实现服务与管理有机结合。

第三，取智于民，创新机制。加大对行业的研究分析力度，各级住建部门应组建行业监测分析团队，挖掘数据潜在规律，形成业务闭环，以各类参与主体最关心的资金流为突破口，提升租赁行业治理体系和治理能力现代化，实现以服务为管理提质增效。

作者联系方式

姓　　名：赵晓英　潘雪佳　张洋子　陈方博　丁林涛
单　　位：建信住房服务有限责任公司
地　　址：北京市西城区金融大街甲 9 号
邮　　箱：潘雪佳（panxuejia.zb@ccbhousing.com）

住房租赁融资模式及金融服务创新实践

王 燊　潘雪佳　丁林涛　陈方博　张洋子

摘　要：培育和发展住房租赁市场是深化住房制度改革的重要内容，是实现城镇居民住有所居目标的重要途径，而资金来源单一、信贷审批难、融资成本偏高等均是制约市场发展的重要因素。本文首先梳理了2015年以来我国出台的一系列有关金融支持住房租赁市场发展的重要政策，其次对住房租赁行业的四种融资模式，即银行信贷、专项债券、股权融资、资产证券化的发展现状进行分析，并指出金融支持住房租赁业务的不足之处，最后从优化住房租赁信贷审批流程、创新债券设计、推动住房租赁资产证券化体系建设、引导社会长期金融资源支持住房租赁市场发展等方面针对性地提出对策建议。

关键词：住房租赁；融资模式；金融创新；公募REITs

一、引言

自十九大提出建立"租购并举"的住房制度政策目标以来，中国住房租赁市场得到了快速发展。正如习近平总书记所指出的："金融是实体经济的血脉，为实体经济服务是金融的天职，是金融的宗旨"，住房租赁行业健康发展，离不开金融支持。近年来，中央聚焦金融领域，出台多项支持政策，加快建立健全住房租赁金融支持体系。市场上，也陆续出现了一些住房租赁信贷产品和新型服务模式，其中以保障性租赁住房发行基础设施公募REITs的快速发展最为突出。

进行一系列探索的同时，住房租赁金融服务还面临着诸多问题，如金融机构的服务范畴与力度远低于购房市场，资金投放总体规模较小，租房运营主体整体融资可得性先天不足，融资难、融资贵问题突出。随着中国城市化进程的不断加快，住房租赁需求日益紧迫，如何加强住房租赁金融服务创新，已成为亟待研究的重要问题。

因此，本文旨在通过对中国住房租赁融资模式及金融服务创新实践进行深入研究，探索更多可行的融资模式及金融服务产品，为解决当前住房租赁市场的融资难题、促进住房租赁市场的健康发展提供思路和方案。

二、住房租赁金融现状与问题

（一）住房租赁金融政策沿革

2015年以来，我国相继出台一系列的金融支持政策，构建包括银行信贷、专项债券、资产证券化、股权融资等多种融资渠道和工具的多元化住房租赁金融支持体系，满足住房租赁市场投资、开发、建设、运营和管理等各环节的资金需求，支持住房租赁市场提速发展。

2016年，国务院办公厅印发《关于加快培育和发展住房租赁市场的若干意见》，这是我国首次以国家规范性文件的形式对住房租赁市场作顶层设计，并明确提出：鼓励金融机构为住房租赁企业提供金融支持；支持符合条件的住房租赁企业发行债券、不动产证券化产品；稳步推进房地产投资信托基金（REITs）试点。

2018年，证监会、住房和城乡建设部联合发布《关于推进住房租赁资产证券化相关工作的通知》，鼓励专业化、机构化住房租赁企业开展资产证券化，盘活资产。同年，银保监会印发《关于保险资金参与长租市场有关事项的通知》，明确保险公司可以通过直接投资，保险资产管理机构通过发起设立债权投资计划、股权投资计划、资产支持计划、保险私募基金参与长期租赁住房项目，充分发挥保险资金长期、稳定的优势，助力长租房项目的持续、健康发展。

2023年，中国证券投资基金业协会正式发布了《不动产私募投资基金试点备案指引（试行）》，将存量商品住宅、保障性住房、市场化租赁住房等纳入不动产私募投资基金的投资范围，为租赁业务和金融服务带来发展空间。同年，中国人民银行、中国银保监会联合发布《关于金融支持住房租赁市场发展的意见（征求意见稿）》（以下简称"金融17条"）。此次发布的住房租赁"金融17条"，着重建立系统性的金融支持体系，从租赁住房的投资、开发、建设、运营和管理等各环节对企业提供全方位的金融支持。

这些政策的出台，为住房租赁市场的发展提供了重要的金融政策支持，为住房租赁企业提供了更多的发展机遇和保障（表1）。

金融支持住房租赁行业发展的主要政策　　　　　　表1

序号	时间	发文部门	文件名称
1	2015年	国务院办公厅	《关于加快发展生活性服务业促进消费结构升级的指导意见》（国办发〔2015〕85号）
2	2016年	国务院办公厅	《关于加快培育和发展住房租赁市场的若干意见》（国办发〔2016〕39号）
3	2018年	证监会	《关于推进住房租赁资产证券化相关工作的通知》（证监发〔2018〕30号）

续表

序号	时间	发文部门	文件名称
4	2018年	银保监会	《关于保险资金参与长租房市场有关事项的通知》（银保监发〔2018〕26号）
5	2019年	发改委	《进一步优化供给推动消费平稳增长促进形成强大国内市场的实施方案（2019年）》（发改综合〔2019〕181号）
6	2021年	证监会、发改委	《关于推进基础设施领域不动产投资信托基金（REITs）试点相关工作的通知》（发改投资〔2021〕958号）
7	2022年	中央办公厅、国务院办公厅	《关于进一步盘活存量资产扩大有效投资的意见》（国办发〔2022〕19号）
8	2022年	人民银行、银保监会	《关于保障性租赁住房有关贷款不纳入房地产贷款集中度管理的通知》
9	2022年	人民银行、银保监会	《关于做好当前金融支持房地产市场平稳健康发展工作的通知》（银发〔2022〕254号）
10	2023年	人民银行、银保监会	《改善优质房企资产负债表计划行动方案》
11	2023年	人民银行、银保监会	《关于金融支持住房租赁市场发展的意见（征求意见稿）》
12	2023年	中国证券投资基金业协会	《不动产私募投资基金试点备案指引（试行）》
13	2023年	发改委	《关于规范高效做好基础设施REITs项目申报推荐工作的通知》（发改投资〔2023〕236号）

资料来源：建信住房公司整理。

（二）住房租赁融资模式分析

目前，我国住房租赁市场的融资模式按资金来源渠道的不同，可大致分为银行信贷、专项债券、股权融资[①]、资产证券化[②]四类，其中银行信贷渠道仍是住房租赁企业获得资金最主要的融资渠道。资产证券化产品既有债权型的产品，也有股权型的产品，是金融产品和服务创新的重点领域。

1. 银行信贷

商业银行作为住房租赁市场融资的中坚力量，通过银行信贷进行债权融资仍然是住房租赁企业获得资金的主要来源之一。近年来，商业银行逐步加大对住房租赁市场的信贷支持力度，在住房租赁融资中发挥着越来越重要的作用。商业银行主要是以银

---

① 股权融资主要是通过IPO、PE（私募股权）、VC（风险投资）等方式发行股票筹集资金。
② 资产证券化渠道主要是通过证券市场发行ABS、ABN、CMBS/CMBN、类REITs、REITs等金融工具，在资本市场募集租赁住房项目所需资金。

政合作或银企合作的方式，向国有住房租赁平台或头部房企提供租赁住房专项贷款，用于租赁住房开发、建设和运营等方面，支持住房租赁市场。

公开资料显示，商业银行在公共租赁住房、集体建设用地住房、商业化自持租赁住房等领域的累计意向性授信支持金额超过 3 万亿元，其中建设银行在住房租赁领域的贷款余额、贷款增速均处于同业第一。根据建设银行 2022 年度报告，截至 2022 年年底，建行住房租赁贷款余额约 2422 亿元，较上年年末增加 1087 亿元，增幅达 81%。

目前，针对住房租赁业务的信贷金融产品主要包括住房租赁开发建设贷款、住房租赁购买贷款、住房租赁抵押贷款、住房租赁应收账款质押贷款、住房租赁经营性贷款等。商业银行现行的授信审批、风险管控等方面的制度安排，导致实际投放量明显小于传统的房地产贷款投放量，且主要集中在有政府背景的住房租赁企业，产品以短期经营性贷款为主，而住房租赁企业的融资需求具有资金量大、投资周期长等特点，亟待加强开发贷、抵押贷这种长期性信贷产品的投放力度。

2. 专项债券

2018 年 3 月 21 日，龙湖集团发行 30 亿元 5 年期住房租赁专项债券，标志着全国首单住房租赁专项债券的成功发行。从住房租赁专项债发行情况看①，截至 2022 年，共有 27 家房企成功发行 44 支住房租赁专项债券，累计发行 458 亿元用于租赁住房的建设、运营或相关项目借款偿还（图 1）。专项债券发行期限多为 3～5 年，票面利率主要集中在 3%～8%（图 2）。

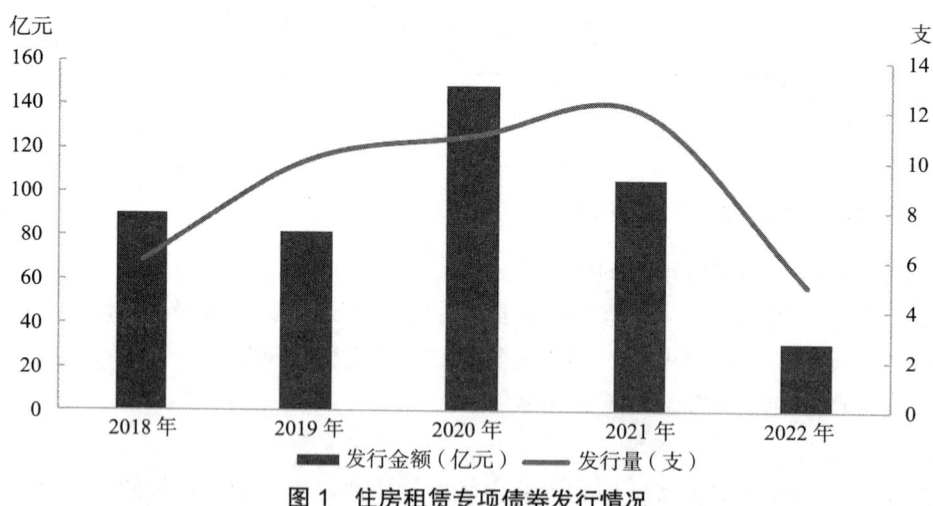

图 1　住房租赁专项债券发行情况

（资料来源：Wind、上交所、深交所、建信住房公司整理）

住房租赁企业在债券市场上仅通过发行住房租赁专项债券募集资金，且以国有企

---

① 由于北京保障房中心有限公司发行的住房租赁专项债所募集的资金中仅有部分用于保障性租赁住房项目，未计入统计。

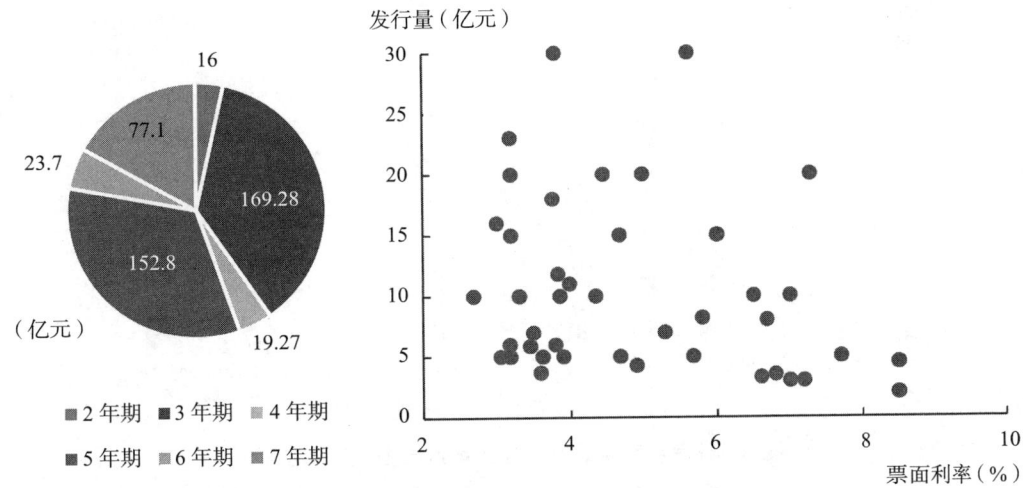

图2 住房租赁专项债券的期限结构、票面利率

（资料来源：Wind、上交所、深交所、建信住房公司整理）

业、大型房地产企业为主，而募集资金量较小，难以满足住房租赁企业的融资需求。随着住房租赁金融管理体系的不断完善，特别是"金融17条"中进一步加强对借款人、贷款用途真实性的调查和跟踪，切实防范资金挪用、套现等风险，得益于专项债期限长、融资利率低等特点，会逐渐成为住房租赁市场的重要融资渠道之一。

3．股权融资

股权融资是住房租赁企业重要的外部融资渠道。由于我国住房租赁市场发展时间较短，股权融资的形式主要表现为风险投资，而IPO、私募股权基金尚处于起步阶段。

2014年，我国住房租赁市场开始逐渐受到资本市场的关注，融资活动较为活跃，仅2015年，住房租赁领域的融资案例就多达55起，涉及股权投资金额约60亿元。2018—2019年，住房租赁市场迎来了资本的高峰期，2019年投资金额高达120亿元，但也出现了一些企业经营危机和违约事件。2020年以来，我国住房租赁市场资本环境开始发生变化，投资者基于商业可持续的角度，更加关注企业的盈利能力和风险控制能力，融资额度也相对较少（图3）。

随着政策的支持和市场的不断成熟，资本市场对住房租赁企业的信心也逐渐恢复，部分企业通过早期股权投资，或者计划IPO上市获取长期投资。例如，近年来黑石、KKR、博枫、睿星、平安等国内外不动产投资管理机构开始在国内一线城市投资或收购长租公寓项目，累计交易额超100亿元；建设银行出资设立总规模300亿元的建信住房租赁基金；魔方、自如相继启动IPO进程等。在我国住房租赁市场制度逐步完善的形势下，多元化、多层次、全周期的金融产品和金融服务体系逐步构建，股权融资将持续加码住房租赁领域，并成为住房租赁市场重要的长期资金来源之一，

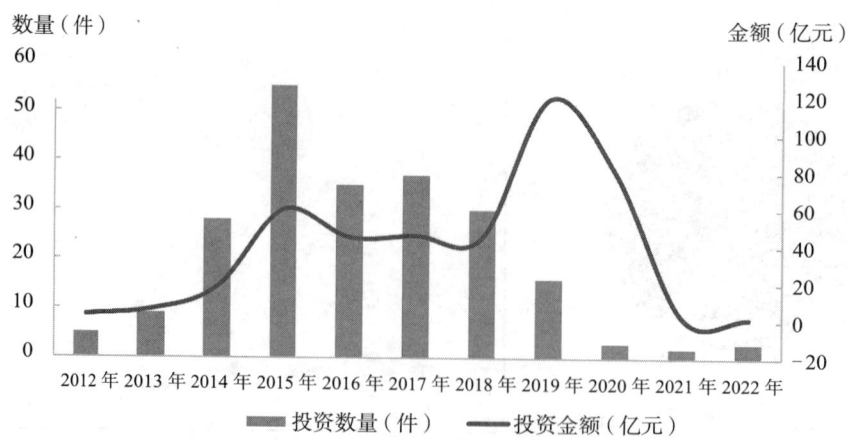

图 3　住房租赁领域股权投资案例数量及投资金额

（资料来源：Wind、IT 桔子、建信住房公司整理）

有利于推动住房租赁市场可持续发展。

4. 资产证券化

资产证券化是指将缺乏流动性但能够产生可预见的稳定现金流的资产，通过结构性重组增信，形成可以在资本市场上流通的证券来融资的过程。其本质是通过结构化安排将低流动性的非标准化资产转变为高流动性的标准化资产。

目前，我国已发行的住房租赁资产证券化产品主要分为两大类：一种是以资产抵押债券（ABS）、商业房地产抵押贷款支持债券（CMBS）、资产支持票据（ABN）、类 REITs 为代表的债券型产品；一种是以保租房信托投资基金（REITs）为代表的权益型产品。

我国资产证券化起步较晚，2005 年开始试点信贷资产证券化，直到 2015 年国务院常务会议决定进一步推进信贷资产证券化市场健康持续发展，资产证券化才开始快速发展。自 2017 年"魔方公寓信托受益权资产支持专项计划"发行以来，住房租赁市场的资产证券化发展加快，成为租赁住房项目融资的重要渠道。2022 年下半年，红土深圳安居 REIT、中金厦门安居 REIT、华夏北京保障房 REIT、华润有巢保障房 REIT 4 支保障性租赁住房 REITs 成功发行，募集资金 50 亿元，住房租赁资产证券化产品进一步丰富和完善。

根据 Wind 数据，截至 2022 年我国资产证券化市场发行各类资产证券化产品共计 1 万余只，累计募集资金约 16 万亿元；存续期资产证券化产品 3740 只，存续规模 4.2 万亿元，其中发行住房租赁证券化产品共计 45 只，累计募集资金 500 亿元（图 4）。住房租赁资产证券化产品的发行期限主要为 18 年、25 年和 57 年三个品种，发行利率主要集中在 4%～6% 之间（图 5）。

目前，我国住房租赁债券型资产证券化产品普票采用双 SPV 的发行结构，需要支付信托费用、基金管理费用、资产管理费用、托管费用等多种费用，导致发行成本

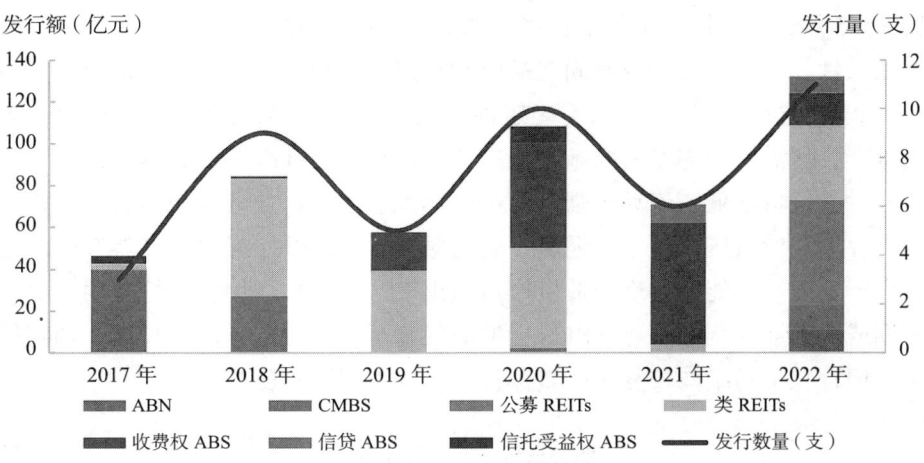

图4 住房租赁资产证券化发行情况

（资料来源：Wind、CNABS、建信住房公司整理）

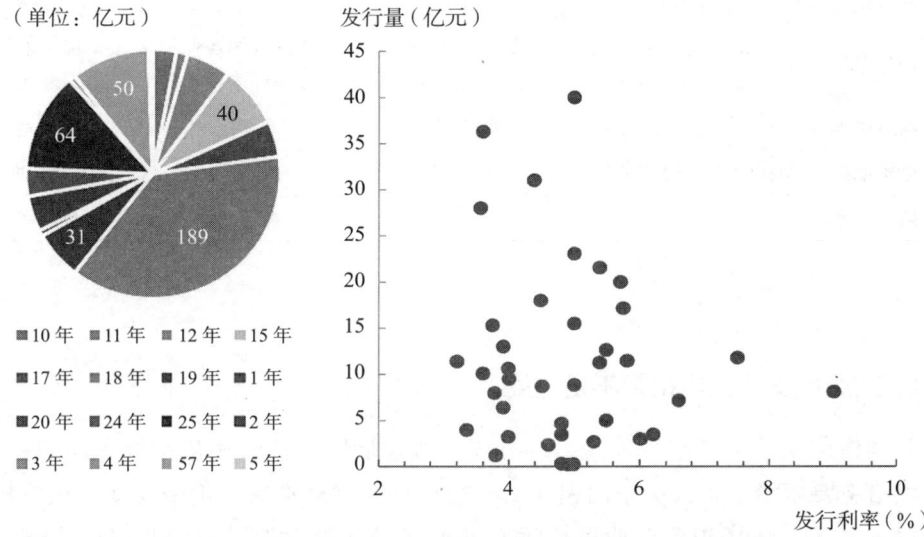

图5 住房租赁资产证券化产品期限结构、发行利率

（资料来源：Wind、CNABS、建信住房公司整理）

较高，而且多层嵌套的发行机构涉及多个参与方，管理层面比较复杂，需要协调和沟通的成本也高。保障性租赁住房公募REITs在首次发行规模、净现金流分派率等方面的制度要求，使得符合公募REITs发行标准要求的保租房资产较为稀缺。

5. 对比小结

总体来看，各类融资模式各具优劣势。银行信贷是最传统的融资方式，资金供给稳定且成本较其他融资方式一般较低，利率一般在4%~6%，但期限短，通常不超过5年，审批较严、门槛较高。住房租赁专项债券对融资担保没有强制性要求，受政策支持使得融资效率更具优势，平均融资成本一般在3%~8%之间，但期限较短，通常为3～5年，对于持有型租赁住房动辄20年以上的投资回收期过于短期。股权融资具有永久性，无到期日，没有固定的股利负担，但投资人对投资回报要求实际并不低，IPO上市发行周期长，充满不确定性。收益权ABS无须签订长期租约，无须抵押标的资产，但需要外部增信措施来提高证券评级，会推高融资成本。CMBS需抵押标的资产，发行价格低、流动性强、对母公司无追索权、业务期限更长、融资金额相对更大、存续期偿付压力较小，但属于表内融资，会推升杠杆水平。类REITs融资效率高、发行期限长，能够实现企业资产负债出表、降杠杆，但流动性较弱，更依赖于持有到期或是到期回购。公募REITs能够有效盘活存量资产，获得长期、稳定的权益性资金，但存在交易结构较复杂、整体税负较重等问题（表2）。

四种融资模式的对比分析　　　　　　　　　　　　　　　　表2

	银行信贷	专项债券	股权融资	资产证券化
融资类型	间接	间接	直接	间接+直接
融资规模	中等规模	大规模	大规模	大规模
前提条件	良好的信用记录，稳定的还款来源	良好的盈利能力，稳定的现金流	具备良好的商业模式和潜在增长空间	需要有一定的规模和高质量的资产池
融资周期	灵活	相对固定	不确定	相对固定
融资期限	1～5年	3～5年	长期	中长期
融资成本	4%～6%	3%～8%	无强制要求	4%～6%

资料来源：建信住房公司整理。

（三）金融支持住房租赁不足之处

我国住房租赁市场起步较晚，尚处于初级发展阶段。长租机构经营房源占比低，房源供给主要依赖于个人房东出租住房，往往存在租期不稳、价格易变、租住权利难以保障的情况。住房租赁企业可持续发展模式仍在探索阶段，行业租售比低、投入重、投资回收期长。这些问题导致各类金融资源进入路径不畅，过低的利润率降低了各类主体的参与意愿，各类金融资源投入不足，主要表现为三个方面：

第一，融资成本高，融资难度大。由于住房租赁企业的资产特性、住房租赁市场的不确定性等因素导致融资难度加大，融资成本偏高。一方面，信贷支持力度不足，住房租赁贷款回收主要依靠租赁资金，其回笼期远比贷款期长，导致金融机构在信贷投放上持谨慎态度。同时，在当前房地产调控和去杠杆的背景下，银行信贷和债券发行收紧，融资门槛提高，融资难度加大。另一方面，股权融资和资产证券化尚在探索中，审批周期较长，产品架构复杂，税收有待优化，且需要提供抵押、担保等增信措施，导致实际融资成本上升。

第二，融资期限不匹配。银行信贷、住房租赁专项债属于事前融资方式，融资主要用于租赁住房的建设、装修、运营等活动，租金难以覆盖利息、投资回收周期较长等问题，在一定程度上降低了住房租赁企业的融资意愿。以资产证券化的方式提供长期资金周转的审批周期长，对资产和发行人要求高，资金量相对较小，尚不能满足运营商的实际需求。

第三，金融创新不足。金融机构在授信审批、风险缓释等方面仍沿用传统房地产行业的做法，无法满足住房租赁这一新业态发展模式，导致住房租赁企业在融资方面较为困难。同时，住房租赁市场机构化水平相对较低，不利于形成规模化、标准化的租赁资产池，不利于形成具有规模效应的金融工具。

三、金融支持住房租赁市场发展的思考及建议

随着我国城镇化率的提高，加之租购并举的住房体系构建不断完善，住房租赁市场正在快速发展。然而，金融支持力度不足成为制约住房租赁行业可持续发展的重要因素。为了解决这一问题，亟需金融机构从住房租赁行业的特殊性出发，推动金融产品和服务的创新，为住房租赁行业的健康发展创造良好的金融环境。

（一）优化住房租赁信贷审批流程，增强金融产品适配性

政府需要完善政策环境，加大对住房租赁开发、抵押贷款的支持力度，包括出台相关的政策法规、减轻税费负担、设立专项担保基金等，以创造良好的政策环境，为商业银行在住房租赁长期信贷产品的投放上提供必要的政策支持。同时，商业银行应制定差异化的授信审批制度和流程。针对住房租赁市场这一新型业态的特殊性，在授信审批中，应注重租金收益率、空置率和租期等因素的综合分析，更适合采用现金流折现估值模型，从市场租金水平、租客稳定性、租金支付方式等方面对租金收入进行评估，而不是只考虑物业的价值；关注借款人在租户管理、租金收取、物业维护等方面的运营管理能力，以准确评估项目的可行性；在风险控制上，充分考虑住房租赁行业长期持有和稳定运营的经营模式特征，加强对租户信用风险的评估，建立完善的租赁合同和租户担保机制，降低租赁业务的信用风险。

（二）创新债券设计，拓宽融资渠道

一是创新债券品种。目前，住房租赁专项债主要是大型企业发行的信用债，而大量中型企业难以满足发行条件，可适时推出住房租赁担保债券、绿色债券等。住房租赁担保债券采用资产支持方式，以租金现金流为还款来源，抵押物为住房租赁物业，这种方式相对于信用债券，更容易获得发行审批，降低企业融资门槛，为中小企业提供更加广泛的融资渠道；绿色债券在发行成本、审批流程、税费减免等方面具有明显的优势，且具有绿色属性，能够吸引更多的社会资本关注，从而能够降低融资成本，提高融资效率。

二是提高债券评级。债券评级是债券融资的重要组成部分，对债券发行的成功与否有着决定性的作用。为提高住房租赁专项债券的吸引力和投资价值，可以通过完善债券结构、优化资产池、提高质量管理等措施，提高债券的评级，提升债券品质。

三是健全信息披露制度。信息披露制度是保障债券市场健康发展的关键。在住房租赁专项债券发行过程中，需要加强信息披露，公开项目相关信息，建立完善的信息披露机制，同时加强交流与沟通，与投资者建立良好的信任关系，增强债券的市场可信度。

（三）推动住房租赁资产证券化体系建设

一是完善资产池管理，优化ABS产品结构。在住房租赁ABS的发行过程中，资产池管理是ABS的关键环节，建立一个完善的资产池管理系统可以提高债券发行的透明度和信用评级，降低发行成本；通过改变发行结构，如增加优先级债券、设立保证金账户等方式，可以降低ABS的风险，提高投资者信心，进而提高发行效率；加强对资产质量的管理和评估，包括对租赁合同的审核、对资产的质量评估和披露等，以确保资产的质量和流动性。

二是优化资产池的构建，建立标准化的住房租赁CMBS产品。在构建资产池时，应该更加注重资产的质量和流动性，选择优质的住房租赁物业作为资产池的组成部分，并结合当地房地产市场的情况来确定合适的资产组合；在资产池的管理方面，需要采用更加科学的方法来监控和管理资产的质量和流动性，确保资产池的稳健运作。

三是优化发行结构，扩募基础资产，适时推出公司型REITs。短期内，需要在现有法律法规框架下，简化多层嵌套的发行结构，减少中间环节，降低发行成本；扩募基础资产范围，试点市场化长租房项目的申报发行；加强信息披露，提高透明度，为投资者提供更为详细的风险和收益信息，增强投资者的信心和信任度。

中长期来看，应进一步完善法律、税收制度，积极探索公司型REITs的发行，稳步建设由Pre-REITs、私募REITs和公募REITs共同构成的全周期、多层次REITs市场。一是完善国内公募REITs实施的法律体系。我国现行的公募REITs存在层级和代理环节较多、信息不对称和利益冲突等问题，可在保护投资者利益、推动公募REITs发展的原则下，进一步完善相关法律体系建设，依托《中华人民共和国证券法》推动专门立法，确认基础设施REITs证券法律性质，明确各方参与者主体权利义务，同时积极探索建立与公司型REITs相匹配的制度体系。二是推动REITs底层资产交割和经营等相关税费制度改革。按照税收中性原则，进一步优化REITs资产交易和运营管理过程中的税收安排，构建一套与REITs作为独立大类资产相配套的税收政策体系。三是稳步推进公司型REITs的发行。与契约型REITs相比，公司型REITs直接持有资产，能更加灵活地管理和优化资产组合，且执行内部资产管理人制度，可以更全面地掌握资产和运营情况，提升资产管理能力，同时公司型REITs作为上市公司，需要遵守证券市场监管规则，有较高的信息披露要求，投资者可以更加透明地了解其资产和运营状况。

（四）引导社会长期资金支持住房租赁房市场发展

构建多元化的住房租赁融资渠道是引导社会长期资本进入住房租赁市场的重要抓手，也为其退出提供了更为多样性的渠道，如不动产私募基金可通过直接投资住房租赁项目获取收益；PPP项目可通过与政府合作建设和运营公共住房租赁项目；保险资金、社保资金、理财资金、信托计划等可通过购买住房租赁企业发行的债券、资产证券化产品等参与住房租赁市场，同时也实现前期投入资金的顺利退出，从而形成"募、投、建、管、退"完整的资金链。

作者联系方式

姓　　名：王　燊　潘雪佳　丁林涛　陈方博　张洋子

单　　位：建信住房服务有限责任公司

地　　址：北京市西城区金融大街甲9号

邮　　箱：潘雪佳（panxuejia.zb@ccbhousing.com）

住房租赁领域规范化发展研究

孔碧君

摘　要：近年来，我国对于住房租赁市场给予了很大的政策支持，住房租赁市场发展迅速，规模明显增长。然而，与住房租赁行业市场迅速发展相对应的市场规范化程度相对较低，市场秩序较为混乱，违法违规现象时有发生。本文通过梳理行业典型案例，分析行业乱象的成因及后果，提出应对策略及研究建议。

关键词：住房租赁；规范化发展；违法违规

一、引言

培育和发展住房租赁市场是增加宏观经济稳定性、落实房地产市场供给侧结构性改革的有力举措，同时也可以满足新时代居民对住房的多层次需求，有利于人口在城市间有序流动。近年来，在政策利好及庞大市场潜力等多重力量的推动下，住房租赁领域吸引了诸多市场主体参与，市场主体呈现多元化发展态势。

现阶段，我国租赁住房行业仍处于摸索阶段，市场主体发展水平参差不齐。与发达国家较为成熟的市场相比，规模化住房租赁企业市场份额占比极少，品牌租赁机构更是寥寥无几，对于个人及"二房东"所运营的住房租赁项目存在一定的监管盲区。同时，由于缺乏政策引导及有关住房租赁市场规范发展的宣传，市场主体自我监管意识较弱，导致从政府端到主体端的市场监管体系尚不健全。如何实现市场发展与市场监管的有机统一，是未来住房租赁市场行稳致远的关键。

二、当前住房租赁领域的治理方式及不足

当前，我国对住房租赁领域的治理通常采用政策监管与法律规制相结合的方式。与政策相比较，法律具有较高的稳定性，且具有国家强制措施保障实施，但由于住房租赁市场发展较为迅速，而立法程序通常较为繁杂，具有一定的滞后性，因此需要通过中央及各地方根据市场发展状况，及时出台相关政策对市场进行相应调整。

(一)当前住房租赁领域的治理方式

1. 法律规制手段

现有调控规范住房租赁市场和租赁行为的法律体系主要以《中华人民共和国民法典》为基础,并由行政法规、部门规章、地方性规范文件等组成。从狭义上来说,法律是由全国人大制定的,具有最高效力。目前,在法律层面,对于住房租赁市场交易的基本原则主要集中在《中华人民共和国民法典》《中华人民共和国城市房地产管理法》,如《中华人民共和国民法典》中对租赁合同进行专章规定;《中华人民共和国城市房地产管理法》中要求采用国家和房屋所在城市人民政府规定的租赁政策对住宅用房租赁交易行为进行约束。对于市场交易主体违法违规的处罚措施则散见于《中华人民共和国治安管理处罚法》《中华人民共和国消防法》等法律中。从广义上来说,行政法规、部门规章、地方性法规等也属于法律范畴。目前,在行政法规层面,关于住房租赁的专门立法一直缺位。在司法解释层面,2020年12月,最高人民法院发布《关于审理城镇房屋租赁合同纠纷案件具体应用法律若干问题的解释》,对2009年版本进行修订,为实践中具体应用法律问题提供审判依据。在部门规章层面,2010年10月,住房和城乡建设部发布《商品房屋租赁管理办法》,对商品房租赁行为进行规制。在地方性法规层面,北京、上海已出台住房租赁条例,明确政府各相关部门职责、租赁房屋的规定和标准以及市场主体法律责任,并按照违法违规情节轻重设定罚则。

2. 政策监管手段

自2015年开始,行业政策从"加快培育"到"规范整顿"再到"加强监管",可以看出整治住房租赁领域乱象已成为当前亟需解决的问题。2015年,住房和城乡建设部发布《关于加快培育和发展住房租赁市场的指导意见》,提出要用三年时间,基本形成渠道多元、总量平衡、结构合理、服务规范、制度健全的住房租赁市场,并首次提出积极推进租赁服务平台建设,大力发展住房租赁经营机构。2016年,国务院办公厅印发《关于加快培育和发展住房租赁市场的若干意见》,要求到2020年,基本形成市场规则明晰、政府监管有力、权益保障充分的住房租赁法规制度体系。随后几年中,河北、辽宁、四川、宁夏、青海、贵州、广西、上海等地方城市陆续出台政策支持保障住房租赁市场发展,如合肥、厦门等城市明确规定,禁止住房租赁企业在利用集体建设用地建设租赁住房时从事以租代售行为;北京、郑州等城市要求加强市场主体监管,提升住房租赁服务水平,建立租金监测相关机制,维护当事人合法权益。2019年,住房和城乡建设部等六部门出台《关于整顿规范住房租赁市场秩序的意见》,要求住房租赁企业在银行设立租赁资金监管账户,将租金、押金等纳入监管账户。2021年,住房和城乡建设部、国家发展改革委等六部门联合印发《关于加强轻资产住房租赁企业监管的意见》,从加强从业管理、规范住房租赁经营行为、开展住房租赁资金监管等七个方面,对从事转租经营的轻资产住房租赁企业明确了监管措施。天津、河北等地陆续出台相关监管意见,从加强从业主体管理、加强房源发布管理、加强网签备案管理、加强租赁资金监管、畅通纠纷调处渠道、强化部门联合监管六个方面，加强住房租赁市场管理，整顿规范住房租赁市场秩序。

（二）不足及原因分析

目前，我国尚未建立较为完善的法律及政策监管体系。住房租赁领域中的民事关系、行政关系、政策规定、金融服务、社会支持等分散在法律、行政法规、部门规章和政策性文件中。政策方面，尽管中央和地方陆续出台了住房租赁相关政策，但由于全国各地政策制定标准难以统一，各地实施过程中容易存在政策松紧不一、监管不够充分等问题。法律方面，现有住房租赁领域各类法律、法规等规范性文件层级不一致，体系和内容极其分散，缺乏统一的立法宗旨，如《中华人民共和国民法典》中虽然对租赁合同进行专章规定，但并非专门针对住房租赁，还包括不动产租赁等情形，同时《中华人民共和国民法典》以意思自治为基本原则，对于市场交易主体中通常处于弱势地位的承租人保护不够充分；《中华人民共和国城市房地产管理法》中也仅概括性地规定了出租人出租以及承租人支付租金等义务，但并未就具体内容进行详细规定。部分法规层级较低，如《商品房屋租赁管理办法》，且内容偏重于行政管理，无法有效解决租赁当事人及相关人的权利义务问题。同时，由于大部分法律规范年代较为久远，实践过程中操作性不高，约束力不强，警示作用较差，使得管理工作的有效性大打折扣，存在有法难依和无法可依的问题。

三、市场主体不规范行为及成因分析

住房租赁行业飞速发展的同时也带来诸多问题。为实现利益最大化，市场主体因缺乏法律常识或自我监管意识较弱，极易引发违法违规行为，造成不良后果。

（一）违反经营管理要求

1. 不按规定履约

目前，房屋租赁行业利润普遍较低，由于经营主体责任缺失，导致出租屋出现各种各样的问题。在市场交易中，租客往往处于较为弱势的地位，部分经营主体为获取高额利润，违反行业经营管理要求，严重损害租客权益，影响租赁市场健康发展，如部分房东、房屋中介提供的租房合同利用不公平格式条款减轻自身责任，加重消费者责任；部分住房租赁企业拖延向退租租户退款、不按约定提供服务、返现优惠不履行等行为是当前投诉的焦点。

2. 违规开展"租金贷"

自 2020 年开始，蛋壳等长租公寓的暴雷暴露了行业的原生风险。依据托管公司的经营模式，租客租金分半年付或年付两种，托管公司向房东则是按月或季度支付，即形成"长收短付"。除服务费、管理费外，长租公寓依赖付款时间差，可以得到一笔沉淀资金，其利用这笔沉淀资金通过市场金融运作产生收益，其中"租金贷"模式就是获取盈利的主要渠道。这样的经营模式因缺乏监管，抗风险能力弱，一旦出现资金链断裂，受损失最大的就是租客和房东。一些长租公寓高收低租、长租短付形成资金池，因经营不善倒闭，未及时将房租支付给房东，造成租户被强制清退，无法收回预交租金。

3. 违法"群租"

由于房价不断上升，租赁房源供给数量相对不足，群租房大量涌入房屋租赁交易市场中。为谋得更高的利益，"二房东"会将大量房源以较低价格租下，通过增加隔断进行群租，房屋一经转手，会赚取高额利益差价，但由于群租房的条件相对有限，居住人口多、密集度高，通常不符合建筑、消防、治安、卫生等方面的安全条件，近年来先后出现了多起盗抢、火灾，甚至是导致人员伤亡的重大事故。

（二）违反安全管理要求

1. 消防管理不到位

人口密集度高的出租屋是消防安全隐患的集中地。由于责任主体消防安全管理混乱、消防安全意识淡薄，极易引发出租屋安全事故。一旦发生火灾极易造成人员伤亡和财产损失，后果不堪设想。出租房屋灭火器过期、应急照明灯损坏、厨房明火隔离措施不到位、楼梯堆放可燃杂物影响疏散逃生、电动自行车违规停放充电等问题，造成的安全隐患及重大事故案例屡见不鲜。2016年8月，东莞出租屋内发生火灾事故，起火建筑过火面积约150m²。经调查，起火原因为东莞大朗宏贸针织时装厂一楼夹层东北角处电线短路引燃周围可燃物所致。2021年7月，深圳某城中村一栋农民房发生一起触电伤人事故，经初步调查，发生事故的原因是该出租屋安装地线不规范。2023年3月，海口一栋出租屋发生火灾，事故导致2人不幸身亡，10余量电动车被烧毁，经消防部门初步调查，此次火灾系电动车短路引发。

2. 出租未达标准房屋

出租房空间一般情况下较为狭小，为保证正常生活，家具放置通常会超过室内的空间承载量。短时间内室内装修和家具污染物难以挥发。为使租赁房屋收益最大化，经营主体往往会通过提高房屋使用率及降低装修成本来赚取利润差价。甲醛超标在租房尤其是长租公寓行业似乎已经成了普遍现象，不少租客反映，在入住出租房后，出现咳嗽、发热等症状，被医院诊断为"疑似甲醛中毒"。

3. 利用出租屋实施违法行为

住房租赁市场中租客群体范围较广，既包括机关企事业单位人员、高校毕业生，也包括外来务工人员、自媒体及无业人员等，人口流动性相对较大。相较于酒店、旅馆，出租屋结构相对密闭，承租门槛较低，管理较为困难。由于出租屋地理位置及结构特点的特殊性，以及租赁供给对象的包容性，降低不法活动从业者生存成本的同时，也使监管较为困难。

四、住房租赁领域规范化发展建议

实现住房租赁领域规范化发展，必须多管齐下，综合运用法律规制、政府监管、行业自律等多种手段，保障各方利益均衡发展。

（一）建立健全立法体系，推动《住房租赁条例》尽快落地

建立健全住房租赁领域立法体系，有利于为住房租赁市场的发展与繁荣提供法制保障，促进住房租赁市场的繁荣发展。通过立法明确当事人权利义务，保护当事人合法权益，建立稳定租金、租期等方面的制度，建立健全住房租赁市场监管体制，明确相关部门职责，以及对不规范现象行为的处罚措施。一是对于内容较为分散及较为滞后的法律法规，应结合实际情况，分析其整合及优化的可行性，及时进行修订及完善。二是要推进住房租赁领域专门立法，加快推进《住房租赁条例》制定与实施，以行政法规的形式，将规范要求法律化、确定化、具体化、可执行化。

（二）加快完善配套政策，创新政府监管手段

政府在住房租赁领域应承担一定责任，从社会治理的角度来说，加强住房领域违法行为治理，是维护广大流动人员合法权益，保护出租屋租赁者合法权益的重要举措。现阶段，住房租赁顶层设计完善，监管政策日趋完善，住房租赁市场规范化发展的环境基本形成。各地政府应结合当地住房租赁市场发展特点，尽快出台住房租赁配套政策，创新政府监管手段，推动租赁市场成熟化发展。一是坚持市场化原则，综合运用金融、财税等手段，鼓励机构化、规模化住房租赁企业发展，鼓励房地产开发企业、经纪机构、物业服务企业设立子公司拓展住房租赁业务。二是建立住房租赁管理体制、诚信机制和定期租赁市场专项检查机制，实现住房租赁服务和监管的全面覆盖。建立纠纷处理和举报公示制度，畅通投诉举报渠道，对公众反馈的问题积极进行问询、约谈、整治。三是进一步完善平台功能，建立信息互通共享机制，通过使用"线上＋线下，数据＋人工"相结合的方式，统筹整合政府相关部门信息数据，规范租赁市场交易流程，建立信息透明、流程规范的租赁市场，实现有效监督管理，保护当事方合法权益。

（三）提升企业精细化管理水平，促进行业自律发展

相比于个人房东，租赁企业提供的品牌化租赁产品和服务，能够有效提升城市外来人口居住环境，促进流动人员的社会融入，使外来人口在参与城市建设的同时，享受到更高品质的城市社区生活，同时，较高的机构化占比也将有利于监管部门对行业进行监管与规范，有助于构建长期稳定的租赁住房发展模式。一是要充分发挥国有企业在稳定租金和租期、积极盘活存量房屋用于租赁、增加租赁住房有效供给等方面的

引领和带动作用，稳定租赁关系。二是租赁企业应专注于为租赁双方提供更好的租赁产品和服务，探索规模化、精细化运作模式，提升住房租赁市场整体运营水平，降低成本，促进行业健康稳定发展。

（四）加强市场宣传引导，牢固树立法治理念

由于我国住房租赁领域发展时间较短，现阶段社会法律意识普遍较低。应当大力弘扬法治精神，增强全民法治意识，引导广大群众牢固树立法治理念，加强对住房租赁行业市场规范宣传教育，加大对出租房屋违法问题的群防群治工作建设。一是加强执法人员管理培训，提升执法人员的法治思维和依法行政能力，形成办事依法、自觉守法、解决难题用法、化解矛盾靠法的良好环境。二是通过定期开展座谈、宣讲活动，加强对出租人的法制观念引导，提高租户安全防范意识，强化中介机构合法经营理念，引导广大群体自觉承担相应的法律责任及义务。

作者联系方式

姓　　名：孔碧君

单　　位：建信住房服务有限责任公司

地　　址：北京市西城区金融大街甲 9 号

邮　　箱：kongbijun.zb@ccbhousing.com

租赁住房公募 REITs 发展实践

刘辰翔

摘　要：2021 年 7 月，国家发展改革委发文对公募基础设施 REITs 的试点范围进行扩容，将保障性租赁住房纳入 REITs 底层资产。公募 REITs 为住房租赁市场的发展提供了融资退出渠道，有效地解决了租赁住房项目投资回收期限长、资金使用效率低的问题，有助于打通企业"投、融、管、退"整个环节。降低运营成本、实现项目可持续发展是推动租赁住房 REITs 常态化发行的关键因素。此外，可以从加大税收优惠力度、培育专业化规模化住房租赁企业和融入 ESG 理念等多方面来引导社会资本参与保障性租赁住房建设，拉动行业投资，推动形成成熟多元的住房租赁市场。

关键词：保障性租赁住房；公共租赁住房；REITs

一、发展租赁住房 REITs 的重要意义

（一）解决困难群众的住房问题，实现租住平衡

随着我国城镇化进程的推进，人口逐渐流向一、二线城市。根据第七次人口普查数据，2020 年上海、深圳、北京、东莞、广州、天津、佛山、苏州、宁波和杭州是人口净流入最多的十个城市，合计人口净流入 5326.46 万，占流向城镇流动人口的 16%。但由于我国核心城市的房价收入比持续处于高位，大部分进城务工人员和新就业大学生等新市民、青年人只能通过租赁方式来解决住房问题。根据诸葛找房统计数据，2022 年一线城市房价收入比为 30.4，二线城市中三亚、厦门和杭州的房价收入比也超过 20，远高于国际大城市 10~20 的水平。为解决此类群体的住房问题，2021 年 7 月 2 日，国务院发布《关于加快发展保障性租赁住房的意见》(国办发〔2021〕22 号)，第一次明确了国家层面住房保障体系的顶层设计，即公租房、保障性租赁住房和共有产权房为主体的住房保障体系。根据住房和城乡建设部要求，"十四五"期间，40 个重点城市计划建设筹集保障性租赁住房 650 万套（间），可解决近 2000 万新市民、青年人的住房困难问题。2021、2022 年全国已建设筹集保障性租赁住房约 360 万套（间），可解决 1000 多万新市民、青年人的住房困难。根据城市公开的建设规划，"十四五"期间，北京和上海筹建的保障性租赁住房占住房供应总量的 40%，广

州和深圳更是达到45%。保障性租赁住房成为"十四五"期间住房建设的重点。

（二）REITs是盘活存量资产、扩大有效投资的重要渠道

2021年6月，国家发展改革委发布《关于进一步做好基础设施领域不动产投资信托基金（REITs）试点工作的通知》（发改投资〔2021〕958号），将保障性租赁住房纳入REITs试点范围。2023年3月，国家发展改革委发布《关于规范高效做好基础设施REITs项目申报推荐工作的通知》（发改投资〔2023〕236号），将非特许经营权、经营收益权类项目的未来3年每年净现金流分派率由之前的4%降为3.8%，首次发行REITs的保租房项目的不动产评估净值由10亿元降为8亿元。这将鼓励更多的住房租赁企业参与REITs发行。REITs作为盘活存量资产的一种方式，将有助于推动住房租赁行业的供给侧结构性改革，分流购房需求，促进城市租住平衡。截至目前，已有四支保障性租赁住房公募REITs上市交易。

二、降低运营成本，实现保障性租赁住房REITs项目可持续发展

（一）多种方式筹建保租房，降低土地获取成本

2021年7月，国务院办公厅发布了《关于加快发展保障性租赁住房的意见》（国办发〔2021〕22号），各省市在此基础上结合自身实际情况，出台相关细则，积极探索采用新建、改建、改造等多种方式筹建保租房，取得一定成效。根据中指研究院数据，在两集中供地的22个重点城市中，2022年涉租赁用地的成交规划建筑面积不足500万m²，较2021年的超千万平方米出现大幅下降。随着新增租赁用地规模下降，保租房筹集也将更加依赖存量转化渠道（表1）。

保租房土地获取方式典型案例　　　　表1

土地获取方式	典型案例
集体经营性建设用地	北京市有巢总部基地项目，由村集体经济组织和华润签订合作协议，约定华润出资建设并负责运营，华润享有50年的经营权及收益权，每年支付村集体经济组织固定收益分红
企事业单位自有闲置土地	长沙麓谷建设发展有限公司将59亩闲置工业用地调整为住宅用地（租赁），不补缴土地价款，将建设保障性租赁住房2610套（间）
产业园区	允许比亚迪汽车有限公司拆除部分闲置低效厂房，腾出土地建设宿舍型保障性租赁住房12栋、4416套（间），解决上万名职工的居住问题
存量房屋改建	中国电子科技集团公司第十研究所与成都城投集团采取BOT模式合作，利用第十研究所原办公用房改建了194套（间）保障性租赁住房，由城投集团投资改建并负责后期运营管理，优先面向第十研究所职工出租，有效解决了职工的住房困难

续表

土地获取方式	典型案例
新供应国有建设用地	上海市要求新出让商品住房用地配建不少于15%的开发企业自持保障性租赁住房（在土地出让合同中约定），并鼓励各区统筹配建建筑面积，集中实施配建。同时，在用地分类中增加租赁住房用地类别，已供应152幅租赁住房用地，地价约为市场价格的1/6，采取出让方式供应，以国企为主实施投资，集中新建约1000万 m^2、20多万套，符合条件的均纳入保障性租赁住房规范管理

资料来源：世联评估价值研究院整理。

由于我国房地产市场租金回报率偏低，因此需要从土地获取成本来着手提升收益率。根据诸葛找房统计数据，2022年我国重点50城租金回报率为1.94%，较2021年下降0.01个百分点，总体保持稳定。依据国际标准，租金回报率在3%~5%为合理水平，租金回报率在3%以下的城市，房价水平过高，不适合通过出租来达到回本目的。地方政府在价格上让渡土地出让红利。根据中信证券研究报告，2017—2022年全国纯租赁用地成交楼面价由每平方米8929元降至2194元，年均降幅达24.5%，同期全国住宅类用地成交楼面价年均上涨5.8%。其中，上海成交的租赁住宅用地楼面地价仅为相似区位商品住宅地价的10%~30%；福州规定租赁住宅用地基准地价参照同区位住宅用地的50%确定。土地成本下降使保障性租赁住房项目的投资回报率提升3.19倍，从而提高了市场主体的投资积极性。

（二）平衡租金收益与长期稳定运营之间的关系

租金定价标准和租金涨幅是影响保租房能否实现可持续经营的关键因素。地方政府在降低土地出让价格的同时，对保租房的租金定价和其涨幅一般都有明确的限制，即租金定价低于同地段同品质市场租赁住房租金或它的一定比例，且广州、重庆、厦门、成都、济南和合肥还规定租金年度涨幅不得超过5%（表2）。

保租房租金定价标准　　　　　　　　　　　　表2

城市	保租房租金定价标准
广州、杭州、重庆、长沙、太原、郑州、东莞、天津、合肥	租金标准低于同地段同品质市场租赁住房租金
厦门	按低于同地段同品质的市场化租赁住房租金的95%执行
北京	租金应当低于同地段同品质市场租赁住房租金水平，利用企事业单位自由土地建设的保障性租赁住房，应在同地段同品质市场租赁住房租金的90%以下定价
上海、南京、成都、西安、济南、贵阳	租金标准不得高于同地段同品质市场租赁住房租金的90%
武汉、昆明	租金标准按不高于同地段同品质市场租赁住房租金的85%确定

续表

城市	保租房租金定价标准
青岛	租金标准按照不高于同区域住房市场租金的80%确定
呼和浩特	租金标准按不高于同地段同品质市场租赁住房指导价的70%确定
深圳	租金标准按届时同地段市场商品住房租金的60%左右确定

资料来源：各城市住建局发布的《保障性租赁住房实施意见》。

（三）已上市保租房REITs小结

2022年保租房公募REITs成功落地。截至目前，已有四支保租房公募REITs发行上市。除华夏基金华润有巢REIT的有巢泗泾项目为集体建设用地项目以外，其余项目均为国有建设用地项目。红土创新深圳安居REIT、中金厦门安居REIT、华夏北京保障房REIT这三支REITs均由地方保障房平台运营，而华夏基金华润有巢REIT则由市场化机构运营。已上市四支保租房REITs项目租金较周边市场租金平均折让10%～40%，租金年涨幅在2%左右，显著低于市场水平，出租率在85%以上。值得注意的是，目前上市的四支保租房REITs均是单一城市、新建渠道筹集的项目，未来是否可以跨城市进行底层资产整合、是否可以将新建项目与存量改造项目打包进行组合，值得期待（表3）。

上市保租房REITs关键特征　　　　　　　　　　　表3

	中金厦门安居REIT	华夏北京保障房REIT	红土创新深圳安居REIT	华夏基金华润有巢REIT
基础资产	园博公寓、珩琦公寓	文龙家园、熙悦尚郡	安居百泉阁、安居锦园、保利香槟苑、凤凰公馆	有巢泗泾项目、有巢东部经开区项目
产品定位	保障性租赁住房	公共租赁住房	保障性租赁住房	保障性租赁住房
原始权益人	厦门安居集团有限公司	北京保障房中心有限公司	深圳市人才安居集团有限公司、深圳市福田人才安居有限公司、深圳市罗湖人才安居有限公司	有巢住房租赁（深圳）有限公司
拿地方式	由划拨变更为协议出让	招标出让	协议出让、以无偿移交方式取得招拍挂土地	挂牌出让
较可比市场价格水平低	32.6%/25.56%	44%/46%	40%	10%以上

续表

	中金厦门安居REIT	华夏北京保障房REIT	红土创新深圳安居REIT	华夏基金华润有巢REIT
租金增长率	2022年4—12月、2026年、2030年租金年增长率为0，2023年租金年增长率为2.5%，2024—2025年、2027—2029年、2031年租金年增长率为2%	2024年调整为55/64元/（m²·月），后续涨幅4%/3年，十年后1.5%/年	每三年租金增长2%，折合每年租金增长0.66%	2022—2023年无增长，2024—2025年租金年增长率为2%，后续年度为2.5%
出租率	99%/99%（2022年3月31日）	90%/94%（2022年3月31日）	99%/99%/100%/98%（2022年3月31日）	88.53%/87.09%（2022年6月30日）
预期现金分派率	2022年4.33%（年化），2023年4.34%	2022年4.3%（年化），2023年4.31%	2022年4.24%（年化），2023年4.25%	2022年4.29%（年化），2023年4.36%

资料来源：基金招募说明书。

三、租赁住房REITs发展建议

（一）加大税收优惠力度

税收成本是影响REITs发行的重要因素。现有政策对公共租赁住房给予增值税、房产税、城镇土地使用税、印花税和契税的优惠，而对于保障性租赁住房只给予增值税和房产税的优惠。此外，在企业所得税方面，根据《关于基础设施领域不动产投资信托基金（REITs）试点税收政策的公告》（财政部 税务总局公告2022年第3号），在REITs设立前，原始权益人向项目公司划转基础设施资产相应取得项目公司股权，适用特殊性税务处理，原始权益人和项目公司不确认所得，不征收企业所得税。在REITs设立阶段，原始权益人向基础设施REITs转让项目公司股权实现的资产转让评估增值，允许递延纳税。未来可参照公租房的标准，减免保租房REITs项目在资产转让环节和运营期间的土地增值税、契税和印花税，从而提高REITs项目收益率（表4）。

租赁住房税收优惠政策　　表4

税种	保障性租赁住房	公共租赁住房	非规模化市场租赁住房
增值税	向个人出租，简易计税，按照5%的征收率减按1.5%计算缴纳	免税	无优惠
房产税	向个人、专业化规模化住房租赁企业出租房，减按4%的税率征收	免税	无优惠
城镇土地使用税	无优惠	免税	无优惠
印花税	无优惠	免税	无优惠

续表

税种	保障性租赁住房	公共租赁住房	非规模化市场租赁住房
契税	无优惠	免税	无优惠

资料来源：《关于完善住房租赁有关税收政策的公告》（财政部 税务总局 住房城乡建设部公告2021年第24号）。

（二）引导多方参与，培育专业化、规模化住房租赁企业

坚持政府扶持、市场主导的原则，吸引更多国有企业和民营企业参与住房租赁市场建设和运营。部分省市出台政策支持培育专业化、规模化住房租赁企业，以实现集约化经营。此外，应鼓励国有企业转型为专业租赁企业，发挥示范引领和带动作用。可以将专业化规模化住房租赁企业培育情况和年度保障性租赁住房计划项目建设完成情况纳入对国有企业负责人的经营业绩考核，将通过改造、改建闲置存量房屋等方式筹建保障性租赁住房，作为考核激励事项（表5）。

表5 部分省市支持住房租赁企业培育政策

省市	支持政策
北京	支持社会资本与市、区属国有企业合作，通过设立基金、合作经营、参股投资等方式参与保障性租赁住房建设运营，培育壮大一批专业化、规模化住房租赁企业。鼓励在京央企和市、区属国有企业积极参与保障性租赁住房建设运营
海南	支持国有企业或委托专业化住房租赁企业整合政府机关、事业单位、国有企业等单位空置住房，以收购、长期租用、委托经营等方式筹集社会空置住房，统一运营管理，加大保障性租赁住房供给力度
广东	明确支持措施，要制定优质专业化租赁企业评定标准，建立优质专业化租赁企业库并定期更新。对入库企业在保障性租赁住房项目审批、手续办理等方面开通绿色通道
江西	明确鼓励房地产开发企业、经纪机构、物业服务企业等各类市场主体设立子公司拓展保障性租赁住房业务，支持相关国有企业转型为住房租赁企业，发挥国有企业的引领和带动作用。对开展保障性租赁住房业务的国有租赁企业，适当放宽经营业绩考核要求
黑龙江	鼓励开发企业建设小户型商品房，转由专业化、规模化住房租赁企业持有经营，增加保障性租赁住房供给
河南	允许在商品房去化周期偏长的城市，鼓励房地产开发企业将库存商品房转为保障性租赁住房，并自持运营

资料来源：世联评估价值研究院整理。

（三）试点范围纳入更多资产形态

2022年12月8日，证监会副主席李超在中国REITs论坛2022年年会上指出"加快打造REITs市场的保租房板块，研究推动试点范围拓展到市场化的长租房及商业不动产等领域"。如果将市场化租赁住房纳入底层资产范围，将有助于打通住房租赁企

业"投、融、管、退"整个环节，有利于实现租赁住房行业的轻资产运营。同时，长租房的纳入，将有利于促进住房租赁市场的良性发展和规模扩大，从而构建"租购并举"的住房发展格局。

（四）ESG 理念融入，将促进 REITs 市场高质量可持续发展

截至目前，已有三支上市 REITs 发布了 ESG 报告（华夏越秀高速 REIT、中航首钢绿能 REIT 和建信中关村 REIT）。由于 ESG 更加关注环境、社会和公司治理因素，可以与现有的合规性和财务指标形成互补，成为未来推动 REITs 市场高质量可持续发展的关键因素。在 ESG 报告中，REITs 基金管理人全面展示年度可持续发展成果（环境责任、社会责任和经济责任）。ESG 融入 REITs 项目管理架构将能够有效促进 REITs 市场的高质量可持续发展。

参考文献：

[1] 林甦，赵航. 多措并举 推动保障性租赁住房 REITs 常态化发行 [J]. 清华金融评论，2022（10）：85-89.

[2] 周以升，郭翔宇. 公募 REITs 配套融资工具探讨 [J]. 中国金融，2022（14）：55-57.

[3] 瞿万保，张贵强，李年宝. 保障性租赁住房发行 REITs 条件分析：以武汉市为例 [J]. 中国资产评估，2022（10）：49-54.

作者联系方式

姓　　名：刘辰翔

单　　位：深圳市世联土地房地产评估有限公司世联评估价值研究院

地　　址：北京市朝阳区西大望路 15 号外企大厦 B 座 13 层

邮　　箱：liuchenx2@worldunion.com.cn

基于共同缔造理念的租赁型社区治理模式初探

文家武　黄丽娟　李倩

摘　要："共同缔造"是促进治理能力与治理体系现代化行之有效的方法，目前"共同缔造"形成的成功经验主要是基于乡村社区活动试点，在城市社区特别是租赁社区治理中相对欠缺。在强化租购并举、强调租购同权的时代背景下，为解决租赁社区治理难题，湖北省保租房公司基于共同缔造理念，以联投新青年社区为试点，探索基于共同缔造理念的租赁型社区治理的"联投模式"。

关键词：共同缔造；租赁社区；治理模式；联投新青年社区

2022年8月，湖北省委办公厅、省政府办公厅下发《关于开展美好环境与幸福生活共同缔造活动试点工作的通知》，要求每个县（市、区）确定5～10个城乡社区（农村自然湾、城市居民小区）作为试点，推动"共同缔造"活动在全省广泛开展，要求试点工作在城乡社区人居环境面貌、长效体制机制建设、相关骨干人才培养等方面取得一定成效，并形成一批可复制、可推广的经验。

多年来"共同缔造"在广东、福建、辽宁等省份试点探索，包括湖北省红安、麻城、枝江等地在住房和城乡建设部帮扶下，取得了显著成效。实践表明，"共同缔造"是实施脱贫攻坚、乡村振兴和促进治理能力与治理体系现代化行之有效的方法。但同样可以看到，目前"共同缔造"形成的成功经验主要是基于乡村社区活动试点，针对城市社区则相对欠缺，而湖北省试点工作对象拓展至"城乡社区"，所以应更加重视城市居民小区（社区）共建共治共享的方法与路径探索。

研究数据表明，武汉租房人数占常住人口比重大约26.06%，租房人数破320万，租赁住房成为新市民、青年人重要的过渡性生活方式。租赁社区流动性较大，运营机构管理水平参差不齐，住房租赁市场存在很大的不确定性，甚至出现一些社会不稳定的风险。为了规范住房租赁市场及完善住房机制，2021年六部门联合印发《关于加强轻资产住房租赁企业监管的意见》，确保租赁市场平稳运行，同年湖北省住建厅印发《关于加快发展保障性租赁住房的通知》，增加湖北省保障性租赁住房供给，进一步强化租购并举，强调租购同权。

庞大的住房租赁市场，带来了"流动型"人群和"租赁型"社区的治理难题。不管是市场化租赁住房，还是保障性租赁住房，与产权社区或单位社区相比，基层治理主体缺失使租赁社区管理矛盾十分突出，租赁社区治理路径亟须补充完善，探索基于"共同缔造"的租赁社区治理模式显得十分必要。

一、社区治理模式研究

（一）共同缔造模式

"共同缔造"是为缓解社会矛盾，以回归社会、以人为本为目标，建立政府与居民和谐共治的可持续发展的模式。通过建立美好居住环境，实现社区、城市和社会的可持续发展。共同缔造的理念核心在共同，基础在社区，在不同类型的社区治理中展现出巨大的能量，形成了宝贵的经验（表1）。

共同缔造治理模式案例对比分析　　　　　　　　　　　　　表1

案例	模式类型	解决问题	治理方法	亮点借鉴
厦门曾厝垵城中村治理	自治型（社区规划师引导）	过度商业化导致的村内环境恶化和文青氛围的削弱	基层政府促成的社区多个自治组织和平台中，鼓励社区组织通过统筹资源和力量进行自我管理	工作坊邀请居民加入成为社区规划师，通过基本培训，带动群众参与特色社区建设
厦门鹭江街道传统街道治理	自治型（政府引导）	老城功能、物质方面的过时导致的片区活力下降	进行制度创新和购买社会服务，"以奖代补"的制度设计充分调动政府、公众、社会多方力量参与，实现城市的渐进式有机更新	基层政府"以奖代补"激励群众自发投资改造，并购买社会服务重塑社区认同感
院前社城郊乡村振兴	自治型（村民合作社引导）	依靠农业、渔业的村集体经济举步维艰，村民外流经商打工	以村民为核心，建立合作社平台，通过村民出谋划策，共同决策和开发经营，形成集中资源、共同决策、共同开发、自主运营的共同缔造发展模式	通过济生缘合作社，提高农民收入，激活村庄活力，吸引年轻人回流

共同缔造治理模式正处于发展的初期，还存在困难和不足。如规划过程中居民的参与不够广泛和深入，规划师的技术支持、政府的政策支持还不到位；规划制定过程中缺乏社区总体规划和统筹，居民的热情参与因需求并未被接纳、满足而造成的热度衰减；规划实施过程中还需完善"上下结合"模式，政府、居民、规划师的沟通壁垒依然存在；开展社区共同缔造后，仍然没能建立起"熟人社会"。通过物质空间的改造来构建良好的邻里关系的美好愿景，在短期内难以达成，社区可持续性发展上还应继续加强。

（二）社区参与模式

社区参与是一种关于社区发展的新思考维度，是自下而上的社区治理方法。社区成员的角色由接收者转变为行动参与者，自觉地参加社区各种活动或事务，在社区治理中分担责任、共享成果、提升素质。西方发达国家在20世纪就开始了社区参与实践，通过分析国外社区参与的实践和理论，有助于我们借鉴其经验与得失（表2）。

社区参与模式案例对比分析　　　　　表2

案例	参与模式类型	解决问题	参与模式	亮点借鉴
美国社区参与	全民参与	社会公共资源分布不均，地区间发展差距大	形成个人、组织、社区企业多元参与主体，社区参与内容丰富多样并不断更新，政府通过立法和税收优惠政策制定保持机制的稳定性和持续性	基于社区服务提供教育来鼓励和推动美国公民特别是青年人投身于全国范围内的社区事业
日本社区营造参与	社区自治型	城市再开发中市民利益受损，开发模式单一	居民通过"町内会"参与政治功能、行政辅助、社会自治等活动，实现社区自治，政府通过国家立法制度逐步完善和调适社区参与制度规范	充分发动社区中没有工作的人的广泛参与来增进邻里关系
新加坡社区参与	政府主导型	重塑家园	社区参与范围以选区为基本单位，以政府主导举办的人民协会作为社区参与的中介组织，服务涵盖民生方方面面。积极鼓励非政府组织及团体参与社区建设，建立纵横交错的社区基层组织网络，引导各族公民积极参与社区管理，形成高效的全民参与氛围	培植NGO、NPO团体参与社区工作，通过社区成员义工在业余时间组织和开展活动

对我国而言，当前社区参与中由于社区成员积极自主参与还远远不够，社区成员的参与力量还未发挥出来，需要继续依赖于党和政府的推动及社区组织的动员。参照国外经验和实践，还需要在增进与社区参与现实水平相匹配的制度构建、建立社区参与孵化措施、因地制宜探寻区域适合的参与模式、设立社区参与发展专项资金、全面加强社区党建等方面作出进一步努力。

二、基于共同缔造理念的联投新青年社区治理模式

（一）联投新青年社区简介

联投新青年社区位于湖北省武汉市东湖高新区希珞路与赞璋街交汇处，作为省保租房公司首个落地项目，总占地面积约300亩，总建筑面积约50万 m²（图1）。项目目前已经建成一期和二期，可提供2774套房源，三期预计可提供约8000套房源，是湖北省首个万人青年租赁社区。

项目以"未来新青年社区"为规划愿景，建设共同缔造的保障性租赁住房社区实践，瞄准"决策共商、发展共建、建设共管、效果共评、成果共享"发展目标，共同缔造幸福生活。从青年需求视角切入，通过短中长期提升、三大维度改造，助力居住品质美好升级。解决青年人群过渡性住房问题，打造光谷租住生活样本（图2）。

项目着力解决新市民、青年人，尤其是从事基本公共服务业人员等住房困难问题，通过价值共创—空间共创—场景共创—社群共创，设置共享食堂、共享咖啡、空中书吧、天空影院、街角花园等活力场景，为青年人提供社交栖息点、价值共创地、能量加油站，共同缔造青年租赁社区新样板（图3、图4）。

图1　项目鸟瞰

图2　社区广场精神堡垒

图3　共享客厅接待处

图4　共享客厅天空影院

（二）基于共同缔造理念的租赁社区治理模式

1. 联投新青年社区治理难点

一是社区基本配套缺失。由于项目周边公共交通、商业、教育、医疗等基本配套设施还在建设完善中，使租户面临着出行不便、缺少休闲娱乐场所、快递收发难、日用品购买不便等生活痛点，增加了租户的生活成本，也降低了社区吸引力。

二是社区认同感不强。人员流动性高、社交空间缺失、乱停车现象严重、外卖遗失等，使社区成员关系疏离，难以形成社区共识，既影响租户的安全感、幸福感，也不利于"熟人社交"的建立，进一步加剧了归属感和认同感缺失。

三是部分房型设计不太合理。社区最早规划为公租房，户型设计及配比主要服务于低收入家庭租户，与新市民、青年人的品质独居的实际需求不太匹配，导致项目空置率较高。

2. 基于共同缔造理念的联投新青年社区治理模式

基于共同缔造的租赁社区治理模式，遵循纵向到底、横向到边、协商共治原则。一是贯彻党的领导和政府服务的自上而下的"纵向到底"，二是拓展群众参与社区治理、建立有效可持续的社区自组织的"横向到边"，三是以租客协商为处理社区问题的抓手，建设共谋、共建、共管、共享、共评机制的"协商共治"。

联投新青年社区的共同缔造，核心是多方共同，基础在租赁社区，租客为主体。实质是美好环境和幸福生活共同缔造。行动的关键是倾听租客发声、激发租客参与、凝聚租客共识、塑造租客精神；根本是提升租客获得感、幸福感、安全感；路径是以租客参与为核心，以培育共识为根本，以优化服务为动力，以品质空间为载体，以渐进式实施为手段；方法是决策共谋、发展共建、建设共管、成效共评、成果共享。通过完善租客参与决策机制，激发租客参与社区治理的热情，提供社区就业创业机会，充分利用各种社会资源，从与租客生产生活密切相关的实事和小事做起，凝聚社区治理创新的强大合力。

三、基于共同缔造理念的联投新青年社区治理实践

（一）成立工作坊，鼓励青年租友积极发声，唤醒公共精神，形成共同意识

通过青年租友生活方式对话、参与式设计共创、体育音乐互动活动、美食休闲等线下活动，渐进式发动租客广泛参与社区治理，达成社区治理共识。以青年租友开放日为契机，在联投新青年社区开启"社区营造"×"保障性租赁住房"的美好碰撞，从新市民/新青年/基本公共服务人群的住房需求出发，以打造"未来新青年社区"为愿景，通过与青年租房群体开放式互动，让新青年们参与到美好环境与幸福生活的共同缔造中来，主动发声、达成社区共识（图5）。通过搭建平等交流平台，以市集+开放日的轻松形式，邀请光谷租友们为自己的生活提案，一起规划理想生活的蓝图，参与并见证租房生活的一次改变（图6）。

图5　青年租友开放日

图6　社区食堂需求调研

（二）招募社区志愿者，参与社区营造，缔造共同设计、共同建造

在确定社区共识的基础上，招募社区志愿者共同探讨更新试点的初步规划方案，并将试点设计方案的成果公示。通过共同推进设计、共学共做，培养志愿者将理论概念落实到行动的能力。落实最终确定的试点设计方案，社区营造结合在地特征，营造活动吸引和鼓励租客主动参与，在此过程中逐步培育租客对社区的认同感、归属感。联投新青年社区通过举办微花园共创活动，招募了13名社区青年租户参与，以植物为纽带，在社区隙地建造微花园，共创社区公共空间（图7、图8）。通过参与式设计共创，使青年租友的声音被听到、需求有回应、持续可参与、生活有期待。

图7 社区微花园共同设计　　　　图8 社区微花园共同建造

（三）以品质空间为载体，共享、共评缔造成果

伴随着展示区完工亮相，项目在共享客厅举办了共同缔造&社区更新特展，展示项目以青年租友的实际需求为出发点，以共同缔造的方式持续行动，完成一系列的社区改造升级工作（图9）。一是将共享客厅打造为一个租客友好的共同缔造平台，通过内容、活动共同实践社区的公共文化与公共精神，鼓励大家用自己的力量为邻里服务，调动青年人积极性。二是回应青年租客对品质居住的需求，以改造升级后的样板间为载体，邀请租客免费试住，兑现成果共享承诺，鼓励租客为产品服务升级建言献策（图10）。三是优化商业业态，引进中百罗森、灯塔咖啡等优秀品牌，自主运营美好食堂，为租客提供更好的社区配套服务的同时，支持租户在社区内就业创业，成为社区服务合伙人。

（四）进行基层联建，将基层党组织的政治优势、组织优势转化为治理效能

从"单打"到"联建"，通过党支部的结对共建、共促发展，合力推动社区基层治理，实现工作联做、资源联享、难题联解；有效推进基层党建共融共建共治共享，切实增强党建价值创造能力。一方面，联投新青年社区项目党支部与花山社区党支部结成共建单位，通过开展联合主题党日活动，共同探讨共同缔造美好生活的时代意义及

动员社区居民参与共建共治的有效措施（图11）。另一方面，光谷花山"青年之家"的入驻，也将带来丰富多彩的青年社团体验，为社区运营赋能增效（图12）。

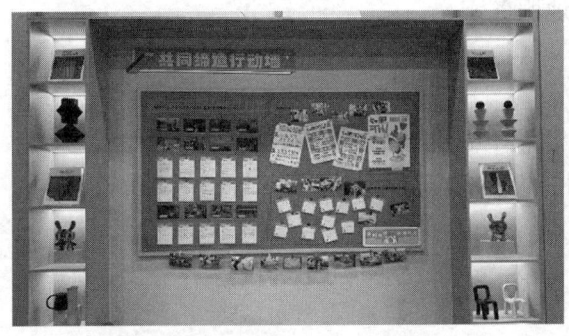

图9　共同缔造&社区更新特展

图10　样板房试住

图11　项目党支部与花山社区
　　　联合主题党日活动

图12　光谷"青年之家"入驻

四、小结

基于共同缔造理念的租赁社区治理是以租客为核心的，联投新青年社区治理在已有的成功经验之上，将着重建立"上下结合"决策共谋的长效机制，将社区治理成果共享提升为价值共享。

一方面，优化志愿者团队，引进大学在校生参与到社区治理中，发挥武汉在校青年人的专业知识，营造共同参与的社区氛围。设置有偿志愿岗位，定期组织培训及工作评审，竞争上岗。保持志愿者团队稳定性，搭建数字化管理平台，衔接线上线下及内外部共谋、共建需求，拓展社区议事场景及志愿者交流培训阵地，以数字化管理助力租户成为决策共谋主体。

另一方面，在运用好共享客厅、社区商业、景观广场等公共空间的基础上，积极推动学习培训基地、创业服务站点建设，进一步扩大社区公共服务阵地的覆盖面，倡导价值共享。建立合伙人制度，对接公共资源，为高潜力租户干事创业提供资金及场所支持，共享创业成果。举办公益集市，将创业站点成果在集市上售卖，售卖所得实行"一半收获、一半奉献"汇入社区治理基金。依托社区信息技术，推出"成长直播间""创业服务"等特色服务模式，更好地服务租户。

参考文献：

[1] 何红卫.湖北开展美好环境与幸福生活共同缔造活动[N].农民日报，2022-11-29（002）.

[2] 李郇，彭惠雯，黄耀福.参与式规划：美好环境与和谐社会共同缔造[J].城市规划学刊，2018（1）：24-30.

[3] 臧雷振.美国、日本、新加坡社区参与模式的比较分析及启示与借鉴[J].社团管理研究，2011（4）：30-33.

[4] 陈晓东.合作型社区治理研究[D].上海：上海交通大学，2013.

[5] 李郇，刘敏，黄耀福.社区参与的新模式：以厦门曾厝垵共同缔造工作坊为例[J].城市规划，2018，42（9）：39-44.

[6] 黄耀福，郎嵬，陈婷婷，等.共同缔造工作坊：参与式社区规划的新模式[J].规划师，2015，31（10）：38-42.

[7] 边防，吕斌.基于比较视角的美国、英国及日本城市社区治理模式研究[J].国际城市规划，2018，33（4）：93-102.

[8] 王蒙徽.共同缔造美好环境和幸福生活[J].城乡建设，2019（6）：7.

[9] 余池明.社会治理"共同缔造"模式的四个版本[N].中国城市报，2019-04-15（16）.

[10] 彭紫珊."共同缔造"理念下老旧社区治理模式探索及社区公共空间改造策略[D].合肥：合肥工业大学，2021.

作者联系方式

姓　　名：文家武　黄丽娟　李　倩

单　　位：湖北省住房保障建设管理有限公司

地　　址：湖北省武汉市武昌区中北路81号平安财富中心B座20F

邮　　箱：李　倩（271116111@qq.com）

住房租赁项目市场定位方法及难点分析

黄 卉 赵 丹

摘 要：在政府政策引导下，住房租赁项目数量不断增加，项目体量也在扩大，项目投资人对于项目的收益和风险的评估也在逐步强化，住房租赁项目精准的市场定位愈发重要。不过现阶段专门针对住房租赁项目市场定位的相关研究、方法均较少，实践中由于外部环境分析、项目本体分析、客群定位以及经营测算等方面分析不足，使得难以对项目进行精准定位，使得项目的产品设计缺少差异化，或是无法精准锁定客户画像。结合项目市场定位的实践，本文提出了住房租赁市场定位的定义，并构建了住房租赁项目市场定位方法，针对实践中存在的难点及问题，提出相应的建议，为住房租赁企业顺利开展项目市场定位提供参考。

关键词：住房租赁项目；市场定位；产品定位；客群定位

我国住房租赁领域由公租房、保障性租赁住房以及市场化租赁住房组成。为了解决新市民、青年人的租赁住房问题，各地大力推进保障性租赁住房，"十四五"期间全国计划筹建保障性租赁住房870万套间。保障性租赁住房以集中式住房租赁房源为主，涵盖非改租，集体土地建设用地、产业园区用地以及企事业单位闲置用地建设租赁住房。与常规的以销售为导向的房地产开发项目不同，住房租赁项目具有投资回报周期长、收益率相对较低的特征，因此无论是保障性租赁住房，还是市场化集中式租赁住房项目，都少不了前期市场定位来有效评估项目的风险和收益，以确保项目在商业上的可持续经营或是相对稳定的收益。

然而现有的很多住房租赁项目忽略市场定位，或是无法进行准确的市场定位，而使得项目后期存在运营困难，面临着去化慢、空置率较高的难题。现有研究中对于房地产项目的市场定位研究，主要聚焦在以销售为主的商品房开发项目，如程君等[1]、罗兴科[2]以某项目为案例对房地产销售类项目的市场定位方法进行探讨；其中也不乏针对普适的房地产项目市场定位开展研究，如周大研[3]论述了项目市场定位的程序、内容和原则，针对其中存在的问题和原因进行了分析，并提出了相应的对策建议；而专门针对住房租赁项目的市场定位研究较少。本文通过文献研究、案例分析、调查研究等实证及理论研究相结合的方法，提出住房租赁项目的市场定位分析框架、分析方法，为行业内住房租赁项目的市场定位提供参考。

一、住房租赁项目市场定位概述

早在 1972 年,阿尔·里斯和杰克·特劳特就提出了定位的概念,定位的本质是将目标产品根植于消费者的心中。在此基础上,营销大师科特勒提出了现代市场定位的定义,即对企业的产品和企业形象的策划行为,这种策划行为的目的则是让产品在消费者心中占据重要的地位[4]。

从住房租赁项目市场定位的定义和内容来看,住房租赁项目的市场定位是在分析项目自身情况的基础上,通过对国家及项目所处区域的政策、经济、市场等环境的分析,结合典型项目案例的对标分析,确定住房租赁项目的客群定位、产品定位、产品定价,并确定项目的出房节奏,进行项目经营测算,为后续的项目开发和项目营销提供决策的重要依据。

从住房租赁项目的业务流程来看,住房租赁项目的市场定位一般处于项目开发或设计装修之前。长租公寓项目完整的业务流程一般分为"房源获取—设计装修—营销签约—日常运营—项目退出"五个阶段,住房租赁项目的市场定位一般在设计装修之前,以便为项目的设计装修改造提供依据。新开发项目的业务流程一般分为"土地获取—开发建设—设计装修—营销签约—日常运营—项目退出",住房租赁项目的设计则在开发建设之前。

二、住房租赁项目市场定位方法构建

住房租赁项目市场定位的分析方法包括四个模块,租赁项目本体研究、市场背景分析、典型案例及对标项目解析,最终明确项目的市场定位和项目的经营测算(图1)。

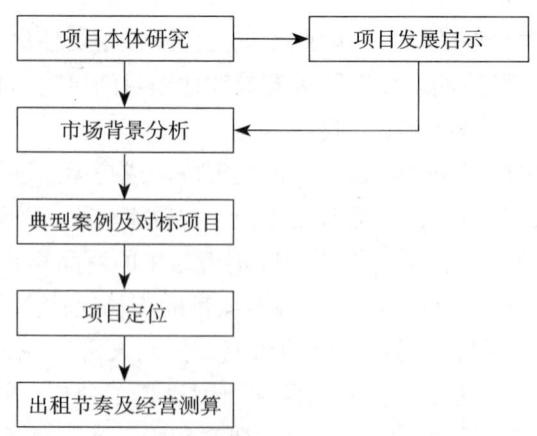

图 1 住房租赁项目市场定位方法框架

(资料来源:贝壳研究院整理)

（一）租赁项目本体研究

不同类型租客选择租赁项目的关键因素差异较大。从租赁项目本身分析，需要重点关注：一是租赁项目所在的区域定位及交通的通达性。一个区域的租赁需求与该区域产业紧密相连，故需要重点关注该区域的产业情况、产业规划，项目周边有哪些产业/企业；交通便利也是影响大多数租客选择的关键因素，需要重点关注项目距离地铁站、公交站的距离。二是项目生活及周边配套。包括项目周边的商业配套、医疗配套、教育配套以及休闲娱乐配套等，年轻的租客群体社交需求较强，将会更偏好商业配套较完善的租赁项目，家庭型的租客则更关注教育配套等情况。三是项目产品指标分析。针对已经建成的项目，尤其是非改租项目，需要对其限制性的指标进行分析，涉及后续产品本身的品质、产品的体量以及是单一产品还是多元化产品。

（二）市场背景分析

市场背景主要包括城市及区域层面社会经济环境、住房租赁行业环境分析等。

从城市层面来看，首先是项目所在城市的社会经济环境。其分析维度包括城市的 GDP 情况、人口流入情况以及人才引进政策支持力度等。一、二线城市的租客以流动人口为主，人口流入较多的城市，整体的租赁需求较为旺盛。其次是城市产业发展情况，一是聚焦项目周边的产业，分析该产业的发展，以及该产业工作人员的收入情况；二是分析当地的房地产业整体的发展阶段及发展趋势，重点分析当地租赁市场供需情况。在供给端，主要是当地品牌长租公寓的分布情况、门店的房间规模、主力户型面积、租金价格段等；在需求端，则主要是当地租客的需求偏好、租赁成交周期等。

从区域层面来看，首先是近几年项目所在城区或商圈的产业发展、不同类型的企业规模，其次是近几年该城区或商圈的租赁市场发展情况，涵盖住房租赁企业门店分布、不同类型房源供应占比、租赁需求偏好、租金水平以及租赁成交周期等衡量租赁需求的指标情况。其中，租赁市场可以分普租市场、集中式长租公寓、服务式公寓等不同类型展开分析。

（三）典型案例及对标项目解析

根据项目本身的特征，选择同类型或者是同片区的 3~5 个典型案例及对标项目进行对比分析。在项目层面，对标分析维度包括客群定位、产品定位、出租率、业务类型、房源规模、户型分类、租金价格、公共空间配置以及周边配套，提炼典型项目的特色及关键成功因素。在企业层面，对比分析的维度包括企业整体经营状况、历史沿革、经营模式（轻中重）、项目选择的标准，企业在营销、服务等方面的运营策略及优势，以及典型项目情况。

(四)项目市场定位

综合以上内外部分析,确定该住房租赁项目在市场定位上采取哪种策略方向,如领先策略、差异化策略或是跟随策略等,最终明确项目的整体市场定位,同时提炼项目的三大特色,可以是客群特色、产业关联特色、产品特色。

1. 产品设计

在产品设计层面,根据对不同居室、不同面积类型的房源租金进行坪效分析,并结合其出租率、去化速度等,确定项目的户型设计、房屋面积、室内功能设计以及租金水平。其中,户型设计方面需要明确主力户型以及其他户型配置;房屋面积方面,需要确定整体的面积区间以及平均面积;室内功能设计方面,需要明确卫生间、厨房的配置情况。

2. 客群定位

在客群定位层面,立足于项目周边的人群特征,确定项目的主力客群和客户地图。在租客的整体生命周期中,随着租客的年龄增长,租客对租住需求的复杂程度也在提升,因此主力客群描摹的维度包括客户所处生命周期、家庭结构、年龄、职业和收入区间。相比于购房,租客对于通勤和交通便利更为敏感,因此客户定位需要形成客户地图,明确核心区、延伸区和外围区的区域范围。在以上基础上,形成该项目的客户定位(表1)。

产品及客群定位示例——贝壳新青年公寓凯旋南路项目产品及客群定位设计   表1

贝壳新青年公寓是贝壳租房旗下青年公寓品牌,面向城市青年人提供从一张床到一间房的多种房源类型,打造可支付、职住一体、安全干净宜居的生活空间。贝壳新青年公寓凯旋南路店位于上海市徐汇区凯旋南路31号,占地近4万m^2,共19栋。项目紧邻3号线、12号线龙漕路地铁口,交通便利,辐射范围广。该项目共有近3000套房间,约65%的房间为极致精简户型,包括架子床、loft、平层一居室等多种户型,房租为1750~3500元/月之间。公寓配有咖啡吧、健身房、超市、公共晾衣区以及一楼花园休闲区。

产品	产品配置	目标客群
极致精简户型房间	面积在8~10m^2之间,均配有床、床垫、衣柜,以及必备的空调、洗衣机、油烟机、浴霸	刚毕业的大学生或务实打拼的上班族,租金承受能力有限,但希望享有干净卫生独门独卫的房间
中loft和中平层一居室	面积在15~20m^2之间,视房间布局配有床、床垫、衣柜、床头柜、书桌、书椅等家具,除空调、洗衣机、油烟机、浴霸外,每个房间均配有冰箱	有一定水平的收入、希望住得离市区近一些的普通白领,对屋内配置要求相对不高
一室一厅、两室一厅的大loft和平层	房间面积在25m^2以上,最大为70m^2。家具家电配套齐全,空间大,采光好,居家体验感舒适	支付力高,追求极致便利、舒适的生活空间,享受生活乐趣的租客

资料来源:贝壳研究院整理。

3. 产品定价

产品定价层面，采用市场比较法确定主力户型的租金坪效，在此基础上确定各类产品的租金水平。首先，建立本项目的产品定价模型，模型的维度可分为区位选择、周边配套、标的物业、设备设施、运营服务等，同时根据产品的特性对各个维度进行细分指标的拆分，并确定各个维度和细分指标的权重；其次，选取2~3个同档位或同类客群的住房租赁项目作为对标案例，并设定每个对标项目的权重，同时将项目本身各项细分指标设置为1，对对标项目的各项指标实际情况打分0.5~1.5，得到该标杆项目的修正系数，即标杆项目i得分（详见公式①），最后根据各标杆项目的租金坪效、得分以及项目权重汇总得分（详见公式②）。

公式①：标杆项目i得分 $= \sum_{i=1}^{n}$ 指标i得分 $\times$ 指标i权重

公式②：本项目产品坪效 $= \sum_{j=1}^{n}$ 标杆项目j的租金坪效/标杆项目j的得分 $\times$ 标杆项目j的权重

在项目坪效基础上，根据产品的面积、户型、朝向、楼层及房间家具配置情况，结合周边同类产品的定价、目标客群租金负担能力，设定主力产品的房间定价区间，进而对项目的其他产品类型进行定价（表2）。

产品定价模型示例——某项目产品定价模型 表2

产品定价模型	所占权重	本项目	标杆项目1得分	标杆项目2得分	标杆项目3得分
一、区位选择	20%	1	1.1	0.9	0.5
区位便利性（是否CBD、核心产业园区）	10%	1	—	—	—
交通便利性	10%	1	—	—	—
二、周边配套	20%	1	0.9	0.8	0.5
1km	10%	1	—	—	—
3km	6%	1	—	—	—
10km	4%	1	—	—	—
三、标的物业	15%	1	1.2	1.1	0.8
社区环境	5%	1	—	—	—
楼栋外观	5%	1	—	—	—
居住隐私性	5%	1	—	—	—
四、设施配套	25%	1	0.9	0.8	1
公区功能	5%	1	—	—	—
房间户型及面积	10%	1	—	—	—
室内软装配置	10%	1	—	—	—

续表

产品定价模型	所占权重	本项目	标杆项目1得分	标杆项目2得分	标杆项目3得分
五、运营服务	20%	1	0.7	0.6	1
管家服务	6%	1	—	—	—
维修保洁	5%	1	—	—	—
安全保障	5%	1	—	—	—
活动组织	4%	1	—	—	—
修正系数	—	1	0.945	0.825	0.77
权重	—	—	50%	30%	20%
对标案例坪效	—	—	3.2	2.4	2.8
本案坪效测算			3.3		

资料来源：贝壳研究院。

4. 经营测算

项目的经营测算则是在项目总体指标基础上，进行分年度经营测算，其中项目总体指标除了项目房源数量、面积、总投资、经营期限等基本指标之外，还需要确定目标去化率、爬坡期等经营指标。根据未来的经营预期，进行项目的人力成本测算和日常费用测算，其中人力成本包括管理人员、保安保洁人员，日常费用包括销售费用、办公费用和活动经费。在项目总体指标设定的基础上，确定项目的出房节奏，基于此按月度测算第一年以及后续成熟期项目的经营收入情况（表3）。

项目整体情况示例　　　　表3

公寓类型	×× 公寓			
房间数	×× 间	总建面（含公区）	×× 平方米	公区面积	×× 平方米
总投资	×× 元	每平方米投资	×× 元	经营期限	×× 年
目标去化率	××%	爬坡期	×× 个月	成本摊销	×× 年
备注	××			

资料来源：贝壳研究院。

三、市场定位难点及问题分析

在政府政策的引导下，集中式住房租赁项目数量快速增加，与此同时，以集体土地或租赁用地开发建设的大型租赁社区陆续入市，住房租赁项目体量不断扩大。集中式住房租赁项目的竞争愈发激烈，项目市场化定位的精准性要求也越来越高。住房租赁项目的运营主体类型多样，如专门做房地产开发销售的房地产企业、酒店运营公司以及尚未有经验的国有企业等，因此在住房租赁项目定位实践中，住房租赁项目的难点在于难以对项目进行精准定位，产品设计缺少差异化，或是无法精准锁定客户画像，现实中往往存在以下几方面的问题：

一是市场外部环境认识不清。与传统的房地产开发销售项目不同，住房租赁需求与该区域的产业发展更加密切相关，租客最理想的是租住在工作所在地附近，而由于缺乏对项目所在城市、城区或商圈的社会经济、产业发展的具体分析，最终导致对项目所在地的租赁需求认识不足，不清楚该区域的租赁需求是否已经充分满足，无法判断项目服务人群的基本产业特征、收入水平，从而难以进行后续的产品设计、项目定价等。

二是项目本体的分析过于简单，对本体项目认识不足。正所谓"知己知彼，百战百胜"，住房租赁项目的市场定位，需要深入挖掘该项目本身的特征，并在此基础上挖掘出相比于市场存量项目的亮点，或是识别后续在产品设计中创新受限的边界。在实践中，由于忽视了对项目本地的分析，使得项目产品与周边存量项目趋于同质化，或是虽然有好的产品设计/装修方案，但是无法真正地落地实施，无法吸引到周边的租赁人群。此外，还有可能在后续的对标分析中，选择不合适的对标项目，影响后续的产品定价。

三是项目的客群定位模糊化，市场需求判断不足。在项目客群定位时，仅提出笼统的客群特征，比如中高端外来人口或是周边产业群体等，缺乏涵盖年龄、收入、生命周期以及区域范围等方面的定位。随着租赁项目市场竞争愈发激烈，住房租赁型项目需要更为细分的客群画像，笼统的分析无法指导市场定位的需求，比如不同生命周期对应的产品户型有很大的差异。模糊的客群定位在一定程度上也反映出对项目本身或对项目周边人群了解不清晰，可能会导致无法找到目标客群或是找错目标客群的现实问题。

四是缺乏有效的经营测算。在市场定位的实践中，很多项目缺失了经营测算的环节，或是测算精细度不足，导致在项目投入运营后，无法达到经营预期时，很难再重新对项目的产品设计/装修等进行调整，或是投入的资金无法控制地增加。经营测算是对现有产品定位、客群定位的一种收益与风险的推演。有效的经营测算涉及对项目出房节奏、项目成熟期出租率的预估、日常运营和人力成本的测算。

四、优化建议

为了确保住房租赁项目的成功，在项目运营期间产生持续稳定的收益，并提前对风险进行预判和应对，项目的运营方需要对项目进行有效的市场定位。对于实践中项目市场定位存在的难点和问题的改进建议：

一是行业从业人员及项目各方要重视住房租赁项目的市场定位工作，同时注重项目定位的过程管理。从行业的角度，要持续推进住房租赁项目市场定位的专业化工作的发展，从项目的角度，项目前期需要投入专门的人力和资源开展项目的市场定位工作，同时随着项目的进展，项目市场定位的各维度分析应不断地深化，必要时需在住房租赁项目前期不同的阶段，对项目的市场定位进行修正或优化。

二是项目人员要选择合理的市场定位分析方法。运用专门的住房租赁项目市场定位分析框架，在对本项目全面分析的基础上，进行城市及区域的社会经济条件、相关产业发展以及房地产行业分析，尤其是在当地租赁行业发展水平分析的基础上，结合周边典型案例及对标分析，来最终确定项目的市场定位。通过内外部对比分析，挖掘出属于本项目的突出亮点或创新点，而不是一味"模仿"或作出笼统、模糊的结论。

三是在进行项目市场定位时，注重采用项目调研的方式。除了案头研究外，租赁项目市场定位最重要的是对该区域市场的调研分析，一方面是对周边项目及相关住房租赁企业的走访调研，以支持对标分析以及本项目亮点的挖掘；另一方面则是对目标客群的调研分析，除了一些普适的租赁需求特征，针对特定人群挖掘出其尚未满足的租住需求，做好客群分析，为租赁产品的产品设计和产品定价提供支撑。

参考文献：

[1] 程君, 何亚伯. 城市房地产项目市场定位策略探讨 [J]. 建筑经济, 2007（S1）：202-204.

[2] 罗兴科. 房地产开发项目市场定位实践 [D]. 重庆：重庆大学, 2009.

[3] 周大研. 论房地产开发项目的市场定位 [J]. 经济问题探索, 2003（11）：108-109.

[4] 刘向宁. 房地产开发项目市场定位研究 [D]. 北京：北京建筑大学, 2016.

作者联系方式

姓　名：黄　卉　赵　丹

单　位：贝壳找房（北京）科技有限公司贝壳研究院

地　址：北京市海淀区创业路 2 号东方电子科技大厦

邮　箱：黄　卉（huanghui01@ke.com）

科技赋能构建租赁住房新体系

王昱杰

摘　要：目前我国已进入到"租购并举"的新发展阶段，租赁住房市场的发展潜力巨大，行业发展迎来了新的机遇，但是同时也面临着更多挑战。文章通过分析租赁住房市场的现状，探讨了租赁住房市场在建设投资和运营管理方面存在的问题，最后提出科技赋能构建租赁住房新体系的解决措施。具体措施包括：在建设投资方面，一是增加租赁供给，科学设计建造；二是发展金融科技，丰富金融政策。在运营管理方面，一是借助科技增强租赁住房居住体验；二是依托科技进行全流程的风险防控；三是利用科技提升租赁平台信息化水平。

关键词：科技；租赁住房；建设投资；运营管理

住房问题是老百姓安居乐业的头等大事，是事关人民生活幸福与否的关键问题，当前大量"新市民"身处买房难的困境，城市住房特别是大城市房源紧张的现象尤为突出，于是租房成为当下在大城市打拼的人群的首要选择。另外，由于疫情冲击、房地产调控和融资政策持续收紧，房地产行业面临的压力越来越大，发展租赁住房逐渐成为企业"活下去"的救命稻草。因此，无论从消费者角度还是从房地产企业角度来看，租赁住房市场的发展潜力巨大，特别是在人口净流入的一、二线城市，随着住房需求的不断增长，租赁住房市场将有广阔的发展空间。

一、租赁住房市场的现状

目前我国已进入到"租购并举"的新发展阶段，政府正在着力培育和发展租赁住房市场，构建租赁住房新体系。在新的政策支持下，租赁住房行业迎来了新的发展机遇，但是同时也面临着更多挑战。根据有关报告统计，毕业五年内的大学生和进城务工人员是目前租房市场的主要群体，这些人选择租房的主要原因在于没有购房能力或者不想因为购房影响当下的生活质量。他们获取租房信息的渠道主要有三个：一是网络信息，二是线下中介，三是朋友介绍，其中通过网络获取租房信息是最主要的渠道。租房的形式有单租与合租两种，与单租相比更多人选择合租，因为合租虽然对个人的生活品质有一定的影响但是生活成本更低。

二、租赁住房市场存在的问题

为缓解房源紧张现象，各地相继出台了一系列的支持政策，涵盖了土地、财政、税费、审批等各个方面，筹建了一批公租房、经济适用住房、限价商品房、大学毕业生保障房，极大地丰富了租赁住房市场的房源。同时，印发了一连串的规章制度，规范了租赁住房市场的运营管理，但不可否认租赁住房市场仍存在不少问题。

（一）建设投资方面

1. 土地供应和储备项目相对不足

当前租赁住房土地的供应难以满足新建或改建租赁住房的使用，并且租赁住房用地和规划手续的审批流程需要进一步优化，项目建设管理模式、建设标准以及施工过程需进一步规范，配套基础设施建设有待进一步完善。另外，租赁住房的房源主要来自于发展住房租赁试点建设筹集的项目，以及商品房配建的公租房、大学生租赁房等存量房源，储备项目相对不足。

2. 金融支持力度有待加强

租赁住房项目因其前期投资大、周期长，建设环节需要大量资金，但目前国内租赁市场仍然处于发展阶段，企业自身实力和品牌影响力不足，租赁住房的价值评估难以把握，难以通过直接融资方式筹集资金。因此，企业的资金成本高且融资渠道单一，缺乏有效的长期融资方式。

（二）运营管理方面

1. 房源质量参差不齐

租客对租赁住房的满意与否往往取决于第一印象，因此房源质量是租房过程中尤为需要关注的问题。有的房间可以直接拎包入住，但有的房间只提供床板和桌椅板凳，甚至有的房间还有上一个租客未清理的垃圾。有的房间周边生活设施非常完善，超市、医院、银行应有尽有，但有的房间所处位置十分偏僻，四周都是施工工地，尘土飞扬。部分租客反馈看房前与入住后心理存在着巨大落差。

2. 租赁住房市场管理缺位

由于监管部门缺位或不作为，导致黑中介、二房东等非法组织始终存在于租赁住房市场中。这些非法组织一方面使租客蒙受不同程度的经济损失，另一方面也扰乱了当下的租赁住房市场。

3. 运营管理平台信息化水平需进一步提高

运营管理平台的发展滞后于住房租赁行业的发展，租赁住房相关企业尤其是中小规模的租赁住房企业普遍存在资金链紧张问题，严重制约着其运营管理平台的建设。此外，市场对运营管理平台的认知度和应用度不高，部分企业甚至认为运营管理平台带来了新的问题，仍处于观望状态。

三、科技赋能租赁住房建设投资和运营管理

科技赋能构建租赁住房新体系，通过科技赋能租赁住房建设投资和运营管理，不仅是大数据时代的必然要求，还有助于全面提升租赁住房服务水平，促进行业向纵深发展，更好地服务于民生。

（一）建设投资方面

1. 增加租赁供给，科学设计建造

第一，增加租赁供给，盘活各类房源。大力盘活企业闲置房源、社会空置房源和保障安置房剩余空置房源并进行提质改造，使闲置房源"活起来"、租赁市场"动起来"，业主腰包"鼓起来"，取得多方共赢。在盘活闲置房源，增加经济效益的同时，也带活当地的人气。第二，科学设计建造，提升居住品质。举办租赁住房规划方案论证会，产品设计上根据不同群体的需求，建设不同的房型。例如，青年人才通常处于职业起步阶段，对租金更加敏感，对居住环境有不同要求，不能完全按照现有住宅设计规范去建设，在房型上设置青年公寓、家庭公寓和专家公寓等三种房型，满足不同阶段中青年人才的租赁住房需求。第三，创新项目建设管理模式，实施设计施工总承包模式，采用装配式建设，参照绿建节能标准，倒排工期、抢抓进度、严把质量，按时按质加快推进租赁住房建设。

2. 发展金融科技，丰富金融政策

要以开放的心态拥抱金融科技，通过科技赋能金融，为银行等金融机构找寻新的发展路径、谋求新的发展动能。借助人工智能，升级传统金融业务，满足客户的个性化需求，实行精细化管理，在实践中对新产生的问题不断评估和修正，逐步完善金融产品和服务。与此同时，还要认识到金融科技一方面能够提高金融机构的风险防控能力，另一方面其本身也会带来一定的风险，因此要高度重视金融科技自身带来的风险。由于金融科技的广泛应用，传统金融风险的表现形式、传染路径发生深刻改变，数据安全等非传统风险日益突出。这些风险具有跨产业、跨业态、跨市场特征，其防控要求更高，需要金融行业不断丰富多品种、跨市场的风险管理手段和工具，不断增强风险识别和防控能力。

（二）运营管理方面

1. 借助科技增强租赁住房居住体验

在居住体验方面，可以依托大数据技术对租客进行画像分析，借助科技提高服务租赁住房的能力，从而增强租客的居住体验。通过智能家居的普及，对于不同人群的不同需求，制订出差异性方案，提升各类租房群体的生活品质。首先，对于青年群体

可以通过智能家居实现家庭设备的远程控制、家居环境控制等功能。比如，通过智能门锁实现对开门、落锁等动作的控制，通过智能窗帘实行对窗帘的开启和关闭操作，通过智能音箱进行语音交互进而控制灯光、空调等设备。其次，对于弱势群体比如老人、小孩以及残障人士，可以通过智能技术进行无障碍改造。使用智能设备，一方面可以为租赁住房提供更高效的手段；另一方面可以有效降低运营成本，提高服务水平。比如智能安防系统，通过对房屋安全进行实时监测，可以对可能发生的意外情况提前预警。

2. 依托科技进行全流程的风险防控

随着租赁住房市场的不断发展，市场的风险也在不断加大，如何通过科技手段对租赁住房风险进行全流程的把控，是当前租赁住房市场急需解决的问题。从房源获取到房源交付再到出租运营管理，各个环节都需要关注安全管理。房源获取方面，可以通过大数据系统实现房源的精准定位及智能匹配；可以通过物联网技术实现对房屋及设备的监控、预警及远程控制，解决房屋安全隐患。从房源交付到租赁运营阶段，主要涉及房源登记、房源核验、合同备案等环节，这一阶段需要借助一些科技手段实现流程的自动化、智能化，提高工作效率。如通过人脸识别技术实现人证合一，在避免非业主租赁风险的同时也提升了工作效率；通过与微信小程序对接，实现线上申请备案，实现快速办理。在租赁运营阶段，主要涉及的是租前管理、租中管理和租后管理等环节。通过科技手段对租房前进行房源核验、身份验证和信用体系建设等工作，既能有效控制租赁风险，又能为租客提供便捷、安全的服务体验。

3. 利用科技提升租赁平台信息化水平

租赁住房行业发展至今，已形成了完整的生态链。在互联网时代，我们需要更多地思考如何利用互联网技术去推动整个租赁住房行业的发展。通过打造高水平租赁住房服务平台，实现以互联网技术为基础的智慧化租赁已是大势所趋。一是利用互联网技术的优势，将分散的房源集中起来进行展示和宣传，为租户提供更多更优质的选择；二是利用互联网技术进行房源审核、签约、备案等管理操作；三是利用互联网技术对租赁住房进行装修设计，通过线上展示房源信息，为租户提供更多选择；四是利用互联网技术提供在线预约、在线评价等功能，为租户提供更多的选择；五是利用互联网技术实现租赁住房全生命周期管理，为租户提供更多便捷的服务；六是利用互联网技术建立起房屋信息、房东、租户等人与人之间的信息交流平台，为租户提供更多服务。我们还可以将租赁行业所需的软硬件进行统一整合，将极大地提升租赁住房业务运营效率。

参考文献：

[1] 张文妍，周海丽. 南昌市公共租赁住房绿色化设计研究：以江西科技师范大学公租房为例 [J]. 住宅与房地产，2022（16）：56-58.

[2] 李成磊，刘蔓靓. 集体土地租赁住房建筑空间营造：以北京市海淀区中关村东升科技园

区集体土地租赁住房项目为例[J].当代建筑,2021(2):56-59.

[3] 翟峰.省域范畴内城市公共租赁住房地方性立法研究[J].决策咨询,2023(1):77-79.

[4] 武小艺.住房公积金支持租赁住房发展探析[J].中国房地产,2023(4):67-74.

[5] 宫玮,梁浩.我国保障性租赁住房绿色低碳发展现状及建议[J].住宅科技,2023(2):30-34.

[6] 王霜,魏苗苗,于辉.供应链金融:金融科技赋能路径探究[J].经济问题探索,2023(3):56-67.

[7] 邵磊,谭远思,张婧.从租赁住房需求看保障性租赁住房的发展策略[J].世界建筑,2022(7):41-45.

[8] 章雯芝,陈峰.保障性租赁住房与公共租赁住房比较及启示[J].中国房地产,2022(13):20-24.

作者联系方式

姓　　名:王昱杰

单　　位:山东省科技服务发展推进中心(山东省科学技术厅财务结算中心)

地　　址:山东省济南市高新区舜华路607号

邮　　箱:1115604466@qq.com

绿色低碳背景下住房租赁发展新路径

曹 玥

摘 要：房地产业作为国民经济中保障和改善民生的重要环节，其科学发展的主要任务是调整结构和转变发展方式。调整结构主要包括加大保障性住房和中小户型的普通商品房的供应；转变发展方式则是依靠科技进步和创新，通过绿色低碳住宅建设促进房地产业的平稳健康发展。

关键词：绿色；低碳；租赁

一、转变住房租赁方式的大背景

在 2022 年 3 月的两会政府工作报告中，政府强调要持续保障人民群众的住房需求，坚定不移地将房地产定位为人民群众居住的必需品，而非投机炒作的商品。同时，政府将积极探索新的发展模式，加快发展长租房市场，推进保障性住房建设，实现租购并举的目标。这些举措旨在促进中国房地产市场的持续发展，同时确保人民群众的住房需求得到充分满足。

另外，2020 年 9 月中国明确提出了 2030 年"碳达峰"和 2060 年"碳中和"的目标。随后，碳中和工作领导小组于 2021 年 5 月 26 日在北京召开了第一次全体会议。在 2022 年博鳌亚洲论坛年会上，如何实现"双碳"目标与绿色能源发展再次成为企业界人士讨论的焦点。住房和城乡建设部发布的《"十四五"住房和城乡建设科技发展规划》和《"十四五"建筑节能与绿色建筑发展规划》两个文件中对住房和城乡建设领域的科技创新能力提出了详细要求，其中就将"加强既有建筑节能绿色改造"作为"十四五"时期重点任务之一，并提出到 2025 年，完成既有公共建筑节能改造面积 2.5 亿 m^2 以上。

在国家大力发展长租行业以及全球"双碳"战略的大背景下，积极推进租赁住房绿色建筑设计具有重要意义。这不仅能有效缓解资源、能源消耗带来的压力，还能加速建筑绿色化进程，为我国绿色低碳经济发展和住房建设方式转型作出贡献。

二、租赁与绿色结合的理念

绿色租赁住房是绿色发展理念下住房领域中的一种重要做法。绿色租赁租房发展的实质就是绿色建筑的开发，绿色建筑也就是全寿命期节约资源，保护环境，减少污染，给人民群众带来健康和适用的建筑。它能有效利用空间，在最大程度上达到人与自然协调相处。

在租赁住房领域引入"绿色"理念，将彻底改变租房者的住房生态，由过去的满足基本居住需求转变为为居民提供适宜居住的绿色居住环境，发展中所需要的创新节能技术能减少施工过程中的碳排放量，从而达到可持续循环发展住宅模式。

绿色租赁住房在保证环保、节材节能等条件下，能最大限度地提高居住品质与住宅性能，实现装修简洁环境佳、价格便宜质量高、面积少功能完善等居住效果。由于其设计、运营管理等特点，租赁住房更具有绿色建筑实践中的优越性。例如，雨水回收、节水灌溉，这些对于后期运营维护需求比较大的绿色建筑技术，其使用效果更是容易达到。提高长租公寓行业绿色住宅占比能够推动中国城市经济更好地发展。

当前我国既有建筑多为非低碳建筑，对低碳经济发展造成较大难度。在两型社会建设和低碳经济大环境下，为更好地实现减排和节能，推动绿色可租赁住房建设已势在必行。各地政府相继出台文件对如何促进绿色发展进行了研究，也取得了一些成果。河北雄安新区管理委员会在《雄安新区绿色建筑高质量发展的指导意见》中称，2025年前将实现高品质绿色建筑的全面普及和绿色社区的全面打造；重庆市人民政府办公厅在发布《重庆市城镇住房发展"十四五"规划（2021—2025年）》时指出，2025年城镇民用建筑新建工程实施绿色建筑标准的比例达到100%。

尽管绿色租赁在中国大陆的住房租赁市场上还是一个全新的理念，但从全球范围来看，如美国、加拿大、挪威、英国和日本等国家，绿色租赁已经成为主流热点。

近年来，在一些发达国家还掀起了一股绿色租赁住房热，以直接出租达到绿色标准的房屋，采用较高能效的家电设备或者以绿色租赁协议的形式更新租赁房屋，使"绿色"理念逐渐被引入到租赁住房领域。从而达到提高租赁住房的能源效率，节约租户的能源成本，改善居住环境的目的。

澳大利亚于政府建筑中推广绿色租赁理念，将"绿色租赁时间表"附加在政府建筑租赁合同中；美国实施能源优化计划，这是城市土地学会的一项绿色租赁住房计划；在英国，租客入住前，房东必须提供房屋的能源性能证书（EPC）等相关证明材料；瑞典最新的建筑法规要求建筑物能耗比1993年降低20%……绿色租赁理念已经逐步被引入英国、美国、瑞典等国家。

值得一提的是，对于美国在绿色租赁方面的实践分析表明，绿色租赁住房的房客对房屋满意度较高，如果房屋得到了绿色方面的认证，有相当一部分房客愿意承担更多的绿色溢价，溢价的区间在30美元/月左右。此外，绿色建筑居住者满意率比传统建筑居住者高27%。

三、发展绿色租赁的作用和优势

绿色可持续住宅就是在建筑材料及设备制造、施工建造以及建筑使用等全寿命周期过程中减少化石能源使用并减少二氧化碳排放，最大限度地节约资源，减少污染，为人们提供健康、高效的居住环境，一定程度上，这种新型居住模式可以实现能源自给自足。参加绿色租赁住房项目还可以使租户和房东达到共赢：租户节省房屋开支，房屋满意度明显提高；房东维护成本减少，也能得到部分租金溢价。

（一）绿色建材和家电设备提高能源利用效率和环境效益

绿色租赁住房一般采用绿色建材、家电设备等，其能源效率显著优于传统租赁住房。以美国"能源之星"计划为例，"能源之星"认证家电能耗节约成效显著。洗衣机、干衣机、冰箱、空气净化器的能耗最低可以下降20%，最高可以达到50%。

（二）租户住房能源负担减轻

对于租户来说，提高租赁住房的能源效率可以直接减少用水、用电等成本，进而降低住房支出。对于水电费用非常敏感的低收入家庭来说，这一点尤为重要。并且，绿色租赁住房高效的照明、空调、空气清新系统等可以提升租客的满意度。

（三）房东维护成本降低，获得绿色租金溢价

对于房东来说绿色租赁住房维护费用较少。绿色建筑"综合运营成本等"也低于市场平均水平，包括水、电、维护、清洁和废弃物回收费用。另外，房东投入在租赁住房上进行绿色改造也可以得到部分租金溢价。研究发现，承租人愿意为获得"绿色建筑"认证的住房支付每月最低20美元、最高40美元的额外租金。

四、发展绿色租赁的途径，绿色低碳住房的技术实施特点

（一）公共租赁住房，绿色与租赁相结合的一种有效方式

公共租赁住房是保障性住房的一种，它是投资者（政府或企业等）拥有房源，以市场价以下的价格向特定群体出租。对象主要为城镇户籍人口中的低收入家庭，其中包括新就业职工尤其是应届大学生及部分特殊群体，也包含外来流动人口。开发公共租赁住房旨在以低于市场价或承租者所能承受的价格将房屋租给低收入家庭，从而改善这一部分人群的住房困难，这将有助于缓解我国保障性住房供给不足这一严重问题。

公共租赁住房在房型设计上强调功能性，主要是符合过渡性生活要求的紧凑型和小户型，并且户型规范，装修一致，规格小，适合大规模标准化建设。而住宅产业化以标准化建筑设计，批量生产部品，专业的物流配送，现场装配化施工为其核心内

容。住宅产业化将有助于规模生产、节能减排、绿色安全施工、提升住宅工程质量和人居环境。公共租赁住房建设由政府主导，容易控制工程质量，容易形成标准化，正好满足促进住宅产业化发展的需要。

（二）绿色住房的特点

（1）公共租赁住房是在政府的主持下修建的，开展绿色建筑设计施工的时候，为新技术推广试点，统一管理提供方便。与此同时，公共租赁住房使用者的个性化需求也偏低，在满足功能需求的情况下，户型可以有统一的模板、标准，有利于使用住宅工业化等其他绿色建筑技术。

（2）当前新建公共租赁住房基本上都是全装修交付使用，空调、厨卫设备齐全。而不少绿色建筑技术，恰恰是以住宅全装修为基础才能得以推行，例如节能家电和热水系统及其他可再生能源的使用技术。全装修公共租赁住房为绿色建筑技术提供了巨大空间。

（3）在绿色建筑理念中，运营管理占有举足轻重的地位，因商品房等保障性住房小业主居住零散，要做到绿色运营管理比较困难。公共租赁住房可通过建立合理管理制度及其他措施，实现建筑集中运营和集中管理，由此减少了建筑运营费用，在建筑运行期间达到节能减排的目的，这对于彰显"绿色"理念在建筑全生命周期中的渗透有着重要意义。

五、推动绿色租赁的困难及建议

绿色租赁住房，是政府和市场合力作用的产物。政府为绿色租赁制定了清晰的发展目标与时间表，并且为房东和租户提供了部分补贴以及税收优惠，鼓励他们加入绿色租赁市场；住房市场中各种绿色建筑认证机构及绿色技术的开发，则为绿色租赁住房开发提供了必要技术条件。

中国建筑领域能耗占整个社会能耗总量的40%，能源支出在居民总支出中的占比也节节攀高。与之形成鲜明对比的是，早在2006年，我国便颁布了《绿色建筑评价标准》，而存量的绿色建筑依旧很少，每年取得绿色建筑标志的居住建筑远没达到要求，绿色租赁住房还没有实质性地开展。现阶段人口净流入大城市的新市民群体住房困难比较突出。与能源有关的支出，如水、电、气，占住房支出的比例并不低。需要结合国际经验，在人口净流入大城市开发绿色租赁住房，切实减轻新市民群体租房能耗负担，改善他们的居住环境，在住房领域做到绿色发展。

一是探索开展绿色租赁住房认证。中国既有的绿色建筑认证体系是以新建建筑为主，除了节材节能，对于土地的节约、室外环境的保护等方面也都提出了更高的要求。而目前租赁租房都是建立在存量房源的基础上，土地利用以及周边环境已经很难再作改变。租赁住房绿色化改造包括采用绿色装修建材和绿色家居等，很难达到现行绿色建筑认证体系中严格的要求。建议绿色租房认证体系里的指标可以包含是否采用绿色建材和配备绿色家电，以此作为是否满足相应政策优惠的标准，为市场主体提供明确的、可预期的激励。

二是通过金融、税收等手段扶持租赁住房绿色改造升级。通过金融资源倾斜，鼓励存量住房在转化为租赁住房过程中采用绿色建材和绿色家电等，经绿色租赁住房认证，租赁时可以获得相关税收优惠。在前期试点阶段，涉及绿色租赁住房专项资金，鼓励房东和租户参与进来，对实践绿色升级理念的房东和优先选择绿色房屋的租户进行补贴。从中长期来看，应重视绿色租赁住房全生命周期经济效益分析，对有关绿色改造主体进行激励相容政策设计，推动绿色租赁住房持续发展。

三是租赁协议增加绿色部分，明确新增部分房东和租户的权责。租赁协议中有无绿色部分将成为是否能享受政策优惠的重要条件。房东获得绿色溢价的同时需要提供绿色认证或根据协议对房屋进行绿色升级改造，租户获得租房成本降低的同时需要定期分析能耗数据，维护节能设备。此外，在碳交易机制完善、市场成熟之后，可以引入到绿色租赁住房领域，为房东和租户提供经济方面的激励。

四是推动保障性住房和绿色理念的结合。将绿色理念融合到建筑全生命周期中，包括采用绿色建材和节能家电，符合绿色租赁住房标准的房源可以进入政府的保障性租赁住房白名单，享受相应的政策优惠。以建设绿色保障性住房为抓手，带动社会绿色租房新趋势。

参考文献：

[1] 万利，李倩倩，王晔彪. 推行低碳绿色建筑是抢占全球经济制高点优选路径 [N]. 经济参考报，2010-03-26.

[2] 刘仁忠，陈新政，窦小华. 绿色低碳住宅与公共租赁住房建设 [J]. 自然辩证法研究，2011，27（6）：122-126.

[3] 孔毅敏. 上海地区公共租赁住房绿色设计与实践 [J]. 住宅科技，2014，34（3）：4.

[4] 辛雯. "十四五"建筑节能与绿色建筑发展规划出台 [EB/OL].（2022-03-17）[2022]. http：//www.gov.cn/xinwen/2022-03/17/content_5679461.htm.

[5] 宗边. "十四五"住房和城乡建设科技发展规划印发 [EB/OL].（2022-03-17）[2022]. http：//www.gov.cn/xinwen/2022-03/17/content_5679463.htm.

[6] 江晨. 租赁住房的绿色设计探索 [J]. 住宅科技，2019，39（4）：32-34.

作者联系方式

姓　　名：曹　玥

单　　位：深圳巨湾科技有限公司

地　　址：深圳市南山区香港中文大学深圳研究院 6 楼

邮　　箱：caoyue@greatbayit.com

高质量绿色发展：
中国住房租赁行业 ESG 的建设

赵 然　邹永洁

摘　要：ESG 概念最早由联合国在 2006 年提出，用以评价上市企业的社会责任投资。相较于企业社会责任（CSR），ESG 更加容易被量化和监测。因此，"ESG"也可以被理解为"可持续性"的同义词。在绿色发展和双碳目标的大背景下，研究住房租赁企业的 ESG 建设，将有助于探索房地产发展新模式，推动住房租赁行业高质量发展。本文将基于此，在广泛研究国内外住房租赁企业 ESG 实践的基础上，梳理出住房租赁企业进行 ESG 建设的有效路径，同时也为行业的发展建立一套 ESG 监测指标体系。

关键词：绿色发展；ESG；住房租赁行业；可持续发展目标

一、ESG 的概念及发展历程

（一）ESG 的概念提出

ESG 概念最早由联合国在 2006 年提出，用以评价上市企业的社会责任投资。相较于企业社会责任（CSR），ESG 更加容易被量化和监测。具体而言，ESG 三个价值支柱即环境（E）、社会（S）和公司治理（G）。

1. 环境（Environment）

指企业应当提升生产经营中的环境绩效，降低单位产出带来的内外环境成本，包括能源效率、碳足迹、温室气体排放、森林砍伐、生物多样性、气候变化和污染缓解、废物管理和用水等议题。

2. 社会（Social）

指企业应当坚持更高的商业伦理、社会伦理和法律标准，重视与外部社会之间的内在联系，维护人的权利、相关方利益以及行业生态的帕累托改进；涵盖劳工标准、工资福利、工作场所多样性、种族正义、薪酬平等、人权、人才管理、社区关系、隐私和数据保护、健康和安全、供应链管理以及其他人力资本和社会正义问题。

3. 治理（Governance）

指企业应当完善现代企业制度，围绕受托责任合理分配股东、董事会、管理层权力，形成从发展战略到具体行动的科学管理制度体系，包括覆盖"环境"和"社会"两个类别的治理，涵盖公司董事会组成、公司结构、战略可持续发展的监督与合规、高管薪酬、政治捐款和游说，以及贿赂和腐败考量。

"ESG"也可以被理解为"可持续性"的同义词。对于全球的住房租赁上市企业，必须优先考虑对环境、社会和治理问题的负责任和有效管理，以帮助推动股东的投资回报和员工、顾客、行业伙伴的长期价值。从这个角度上看，ESG评价体系非常适用于对中国住房租赁行业或企业的评价。

（二）住房租赁行业发展ESG战略的重要性

（1）有助于探索房地产发展新模式，推动住房租赁行业高质量发展。

从某种程度上看，住房租赁行业的未来发展是我国房地产行业发展进入存量时代的标志，由开发时期的高速增长转向注重资产管理的高质量发展阶段。推动高质量发展，需要将创新发展、协调发展、绿色发展的三个新发展理念相融合。研究和推动ESG正是推动住房租赁行业高质量发展的重要工具。

（2）ESG可以降低风险并提高回报，推动住房租赁企业可持续发展能力的提升，同时，也有助于提升企业估值，降低企业的融资成本。

从现金流传导方式来看，高ESG评分的公司在资源利用、人才发展以及创新管理等方面更具优势，高竞争力可以带来更多的超额利润，从而降低成本，提高效率，带来更高的盈利能力。从系统性风险传导方式来看，高ESG评分的公司通常风险控制能力更强，发生违规、诉讼等负面事件的可能性更低，从而降低公司的下行风险和罚款风险。从估值传导方式来看，高ESG评分的公司通常业绩受宏观经济影响相比于同行更小，更强的应对系统性风险的能力可以为公司带来更低的融资成本，进而享受到更高的估值溢价，提高对可持续发展大趋势的适应能力。

根据MSCI[①]的调研，从2011年至今对美国上市公司的ESG表现和银行贷款利率之间的关系进行的研究显示，在申请银行无抵押贷款时，ESG表现好的公司相较于ESG表现差的公司平均融资成本会降低7～18个基点；ESG表现好的企业融资成本更低，获得银行贷款的利率较低、期限较长、金额较大。

（3）市场需求推动了ESG的发展。

市场需要决定如何通过可持续的方式管理其资产，越来越多的企业开始涉足ESG投资。全球可持续投资联盟（GSIA）最新报告显示，2018年年初，五大市场的可持续投资资产为30.7万亿美元（22万亿英镑），两年内增长34%。几乎每个地区的可持续投资相对于总管理资产的比例都在增长，在加拿大和澳大利亚/新西兰，责任投资资产已经成为专业机构管理的大部分资产。

---

① MSCI：摩根士丹利资本国际公司（Morgan Stanley Capital International）所编制的相应证券指数。指数类型包括产业、国家、地区等，范围涵盖全球。

（三）我国 ESG 的制度建设与政策推动

绿色发展是我国经济转型的重要方向，大力推广 ESG 投资理念也是中国与国际社会接轨的必然选择。受到全球市场环境的影响，从 2005 年开始我国也开始关注 ESG 投资的发展，并逐步从政策推动和制度建设起步。在十九大报告中就明确指出，我国经济已由高速增长阶段转向高质量发展阶段，正处在转变发展方式、优化经济结构、转换增长动力的攻关期。十四五规划和 2035 年远景目标纲要指出，坚定不移贯彻创新、协调、绿色、开放、共享的新发展理念。2021 年，更是将"双碳目标"明确写入《政府工作报告》。

此外，在相关政策中有几项政策对我国 ESG 发展具有奠基石和里程碑的意义。分别是：

2016 年，中国人民银行等七部委发布《关于构建绿色金融体系的指导意见》，为可持续金融体系奠定了政策基石。

2018 年，证监会修订了《上市公司治理准则》，规定上市公司有责任披露 ESG 信息，将"可持续发展"和"绿色发展"列为上市公司的指导原则。基金业协会发布了首份《绿色投资指引》及《中国上市公司 ESG 评价体系》报告，引导基金管理人开展绿色投资活动。

2020 年 9 月，深交所发布《深圳证券交易所上市公司信息披露工作考核办法》（2020 年修订），首次提出对上市公司 ESG 主动披露及履行社会责任的披露情况进行考核。

2021 年 2 月，证监会发布《上市公司投资者关系管理指引（征求意见稿）》，要求将公司环境保护、社会责任和公司治理信息，纳入其与投资者沟通的内容。这是中国证监会首次在投资者关系管理指引中纳入 ESG 信息（表 1）。

我国 ESG 相关制度建设　　　　　　　　　　　　　　　　　　表 1

时间	政策名称	发布单位
2006 年	《深圳证券交易所上市公司社会责任指引》	深交所
2008 年	《上海证券交易所上市公司环境信息披露指引》	上交所
	《〈公司履行社会责任的报告〉编制指引》	
2013 年	《深圳证券交易所主板上市公司规范运作指引》	深交所
	《深圳证券交易所中小企业板上市公司规范运作指引》	
	《深圳证券交易所创业板上市公司规范运作指引》	
2014 年	《中国银监会办公厅关于信托公司风险监管的指导意见》	银监会
2015 年	《中国保监会关于保险业履行社会责任的指导意见》	保监会
	《关于加强企业环境信用体系建设的指导意见》	环境保护部与国家发展改革委
2016 年	《关于构建绿色金融体系的指导意见》	中国人民银行等七部委

续表

时间	政策名称	发布单位
2017年	《落实〈关于构建绿色金融体系的指导意见〉的分工方案》	中国人民银行等
	《关于共同开展上市公司环境信息披露工作的合作协议》	环境保护部、证监会
	《中国对外投资环境风险管理倡议》	金融学会、绿色金融专业委员会等
2018年	《关于规范金融机构资产管理业务的指导意见》	人民银行等
	《上市公司治理准则》修订版发布	证监会
	《绿色投资指引（试行）》	证券基金业协会
	《中国上市公司ESG评价体系研究报告》	
	《中国保险资产管理业绿色投资倡议书》	保险资产管理业协会
2019年	《绿色产业指导目录》	国家发展改革委等
	《关于构建市场导向的绿色技术创新体系的指导意见》	国家发展改革委、科技部
	《上海证券交易所科创板股票上市规则》	上交所
	《基金管理人绿色投资自评估报告》	基金业协会
2020年	《关于构建现代环境治理体系的指导意见》	中共中央办公厅、国务院办公厅
	《关于进一步提高上市公司质量的意见》	国务院办公厅
	《新能源产业发展规划（2021—2035年）》	
	《首发业务若干问题解答（2020年修订）》	证监会
	《深圳证券交易所上市公司信息披露工作考核办法》	深交所
	《环境、社会及管治报告指引》（2019年新修订版）	联交所
2021年	《上市公司投资者关系管理指引（征求意见稿）》	证监会
	《"十四五"规划和2035年远景目标纲要》	十三届全国人大四次会议表决通过
	《国务院关于加快建立健全绿色低碳循环发展经济体系的指导意见》	国务院
	《环境信息依法披露制度改革方案》	生态环境部
	《绿色债券支持项目目录》	人民银行、国家发展改革委、证监会
	《银行业金融机构绿色金融评价方案》	人民银行
	《关于全国碳排放权交易相关事项的公告》	上海环境能源交易所
2022年	《上市公司投资者关系管理工作指引》	证监会

资料来源：公开资料，ICCRA整理。

二、住房租赁企业的ESG实践

ICCRA对全球典型上市或发行REITs的住房租赁企业发布的ESG报告和可持续发展行动计划进行梳理和研究（其中，国际住房租赁企业包括MAA、EQR、雅诗阁、Essex、UDR、Avalon Bay，国内住房租赁企业包括魔方生活服务集团、华住（城家）），以期通过这些住房租赁企业在 ESG 投资方面的实践，寻找到住房租赁行业探索可持续发展和进行 ESG 建设的方法论。

（一）住房租赁企业的 ESG 行动步骤

全球范围的各大住房租赁企业特别是已经上市或发行 REITs 的住房租赁企业，均会通过发布年度 ESG 报告，来展示企业在可持续发展方面的行动和实践。整体来说，各企业的行动步骤可以总结如下：

从董事会层面，决策和成立"ESG 工作小组"，负责制定 ESG 工作目标及行动路径，统筹、汇报 ESG 相关事宜。

在评估企业 ESG 工作目标的同时，将自身目标与 SDGs 的 17 个可持续发展目标相结合，遴选出自身企业的"可持续发展目标"及相应的发展规划。

对企业在经济、环境、社会三大领域的实践及实际业务发展进行评估，并结合企业内外部相关利益方的诉求调研，以及外部宏观环境变化，梳理和调整"可持续发展重大性议题矩阵"，用以解决企业和行业面临的挑战，实现长期环境目标的进度更新。

对 ESG 相关数据进行披露，并根据"可持续发展三大准则"，完成相应的年度指标和信息披露。三大准则包括：GRI（Global Reporting Initiative，全球报告倡议组织，其是为了促进全球可持续发展报告的发展而成立的一个国际组织，主要任务是制定和推广《可持续发展报告指南》），SASB（Sustainability Accounting Standards Board，可持续发展会计准则委员会），TCFD（Task Force on Climate-Related Financial Disclosure，气候相关财务披露）。

（二）住房租赁行业的 SDGs 可持续发展目标

2015 年，联合国成员国通过了 17 项可持续发展目标（Sustainable Development Goals，SDGs），作为实现可持续经济增长的蓝图，应对从公平对待他人到资源稀缺和气候行动等各种挑战。这 17 项可持续发展目标包括：（目标 1）消除贫困，（目标 2）解决温饱，（目标 3）健康和幸福，（目标 4）高质量教育，（目标 5）性别平等，（目标 6）洁净卫生的饮用水，（目标 7）可负担的清洁能源，（目标 8）稳定工作及经济增长，（目标 9）产业、创新及基础设施建设，（目标 10）减少不平等，（目标 11）可持续的城市和社区，（目标 12）负责任的生产和消费，（目标 13）气候行动，（目标 14）海洋生物，（目标 15）陆地生物，（目标 16）和平、公正和强大的社会机构，（目标 17）为实现上述目标达成的伙伴关系（图 1）。

根据对国内外多家上市（或发行 REITs）住房租赁企业在 2021 年度的 ESG 报告研究发现，大部分企业的"可持续发展目标"集中在以下 10 个目标，以国际的 MAA、EQR、雅诗阁集团，以及国内的魔方生活服务集团为例，对住房租赁企业的"可持续发展目标"梳理如表 2 所示。

图 1　联合国 SDGs 可持续发展目标

（资料来源：联合国 SDGs 协议）

住房租赁行业的 SDGs 可持续发展目标　　　　　表 2

SDGs 可持续发展目标	住房租赁行业目标拆解	典型住房租赁企业响应情况
目标 3：健康和幸福	从全流程进行安全守护，倡导健康与安全的美好生活	Avalon Bay：追求 Fitwel① 一直是 Avalon Bay 在社区设计和运营中对健康和福利的承诺。2021年，位于华盛顿特区的 Avalon First 和位于华盛顿特区的两个社区获得 Fitwel 一星，位于弗吉尼亚州的阿灵顿社区获得 Fitwel 二星。Avalon Bay 目前正与 Fitwel 合作开展多系列记分卡② 试点项目
目标 5：性别平等	（1）监测从新员工到轮流员工的性别相关就业指标；（2）避免性别工资差异；（3）在领导职位上保持性别平等，并增加董事会中的女性代表人数；（4）为女性员工营造高水平成就感和幸福感的职场环境	魔方：在集团总部和各门店均设立母婴室，支持女性员工获得更高的体验感和收获感，更好地兼顾在职场和在家庭实现价值

① Fitwel 是由美国疾病预防控制中心与美国总务署于 2017 年共同推出的全球权威健康建筑认证体系，以超过 5600 多项包含公共卫生、建筑设计、设施设备管理等多领域专家的科研结果为基础，通过活力设计优化建筑和社区设计与运营，以增加业主和住户的健康和福祉。

② Fitwel 社区记分卡通过影响 Fitwel 七项健康影响因子中的至少一项类别（包括增加体育活动、保护租户安全、减少发病率、支持弱势群体的社会公平、营造幸福感、保证社区健康、增加获得健康食品的机会），反映如何将社区设计与健康联系起来。

续表

SDGs可持续发展目标	住房租赁行业目标拆解	典型住房租赁企业响应情况
目标6：洁净卫生的饮用水	减少用水、重复用水和防止水污染，特别是在清洁水短缺和卫生状况差的国家或地区	UDR：在2015年至2025年期间，将水消耗强度降低10%
目标7：可负担的清洁能源	逐步过渡到低碳企业，通过提高能源效率和增加可再生能源的使用来减少能源消耗	雅诗阁集团：①全球信托基金中35%的项目已经获得绿色认证；②自2008年以来，碳排放强度减少了40%；③继续加强TCFD建议的实施和报告
目标8：稳定工作及经济增长	成为优秀雇主，为员工建立一个多元化，具有包容性、创新性和参与性的工作场所，以促进他们的职业发展	魔方：①持续深化和完善人才培养机制，根据员工的不同岗位、不同职级，建立多级培训体系，促进员工能力提升，拓宽员工知识视野，打造学习型组织，实现企业与员工共同成长；②专门设立魔方学院，出台《魔方人才学习成长激励方案》《内部讲师管理制度》《学历升级报销制度》《集团讲师教育及管理制度》等制度，致力打造可持续的学习型组织
目标9：产业、创新及基础设施建设	可持续性创新与合作，包括可持续卓越运营、可持续金融、可持续发展创新与技术等	雅诗阁集团：①十多年来，在13个国家保持了ISO 14001和ISO 45001认证；②首届CapitaLand Sustainability X Challenge获得了来自25多个国家的270项创新。凯德置地目前正在试验来自美国、新加坡和中国的6个创新项目，以提高建筑能源和水效率以及室内空气质量
目标10：减少不平等	雇佣管理、薪酬福利	EQR：①2021年，启动数字助理并实施新的人力资本管理（HCM）项目，以增强应聘者的经验并确保包容性招聘实践；②执行并参与年度第三方薪酬和福利基准测试，并对公司总薪酬计划进行分析，以评估该计划竞争力、利用率、成本
目标11：可持续的城市和社区	持续关注城市更新与产品设计、住房问题与生活配套、社区联动与关系维护等，践行社会责任	魔方：①跟进社区沟通与参与工作，包括支持教育事业发展、支持抗击新冠疫情，社区责任是切实履行社会责任；2021年社区活动投入94.73万元。②建立并实施社区沟通与公益慈善制度，年度志愿活动总时长不低于1000h
目标12：负责任的生产和消费	实现废物管理和循环经济	Avalon Bay：到2023年，公司投资组合中填埋场垃圾强度需降低20%
目标13：气候行动	通过克服租赁住房生命周期中与气候相关的风险和挑战，使行业为未来低碳时代做好准备	MAA：①2020年，在24000多个单元中使用了智能家居技术（包括移动灯光控制、可编程恒温器以及泄漏检测仪）；②2020年，在10家社区实施并完成了LED光源改造项目

资料来源：联合国SDGs协议、CFA ESG教程、各企业ESG报告，ICCRA整理。

（三）住房租赁企业的可持续发展重大性议题矩阵

各大住房租赁企业对ESG体系的建设与发展日益重视，并对ESG发展提出了更高的期待，这种期待集中体现在企业"可持续发展重大性议题矩阵"的设置方面。企业根据行业特性及自身业务发展战略，在可持续发展重大性议题方面也呈现出多元化和多样性的趋势。

通常来说，"可持续发展重大性议题矩阵"是基于企业目前所处的由宏观到微观环境，包括投资人的关注点、公司业务及管理模式、所属行业特征、当地法律与规章政策、国际通行标准及最佳实践、利益相关方的诉求等因素制订的讨论议题。研究可持续发展重大性议题，有助于理解住房租赁行业和企业ESG建设的整体思路。

1. 企业"可持续发展重大性议题矩阵"的制订步骤

在参考和研究了国内外典型上市或发行REITs的住房租赁企业ESG报告后，我们总结出了住房租赁行业中企业在制定"可持续发展重大性议题矩阵"时遵循的一般性原则和步骤，具体如下：

第一步，确定利益相关方，并进行详尽调研。根据住房租赁行业业务特点，通常包括政府及监管部门、股东或投资者、企业管理层、员工、租户、上下游供应链合作伙伴、公众与媒体、行业协会、行业研究机构等主要利益相关方。在识别了利益相关方后，需要搭建常态化沟通机制，收集内外部利益相关方针对企业可持续发展的意见和态度，积极回应和满足他们的关切与诉求。

第二步，将企业的SDGs可持续发展目标与利益相关方的关注点相结合，并遵循ESG责任投资的"3P原则"——People（人）、Planet（地球）、Profit（效益），形成企业自身的可持续发展议题库。

第三步，对可持续发展议题库中的议题进行重要性排序。这里通常采用二维矩阵的形式，横轴代表对利益相关方的重要性，纵轴代表对企业业务发展的重要性；并通过专家打分法或层次分析法等方式，确定并形成企业的"可持续发展重大性议题矩阵"。

第四步，按照各议题的优先级别和时效性，制订企业的可持续发展行动计划，并定期监测和披露议题目标的达成情况。

2. 典型可持续发展重大性议题的内容

不同住房租赁企业在重大性议题上呈现多样性，但通常会从社会、环境、经济三大原则进行设定，并在企业经营、客户管理、员工关爱、创新发展、环境保护、社会责任等六大维度进行细化（图2）。

（四）住房租赁企业的ESG相关数据和信息披露

除企业本身之外，从宏观层面上，ESG责任投资还涉及包括国际组织、监管机构、资管机构、评级机构等利益相关方。因此，相关披露制度、规范和原则十分重要。当前，最主要的国际组织及其发布的ESG相关原则指引主要涉及"可持续发展

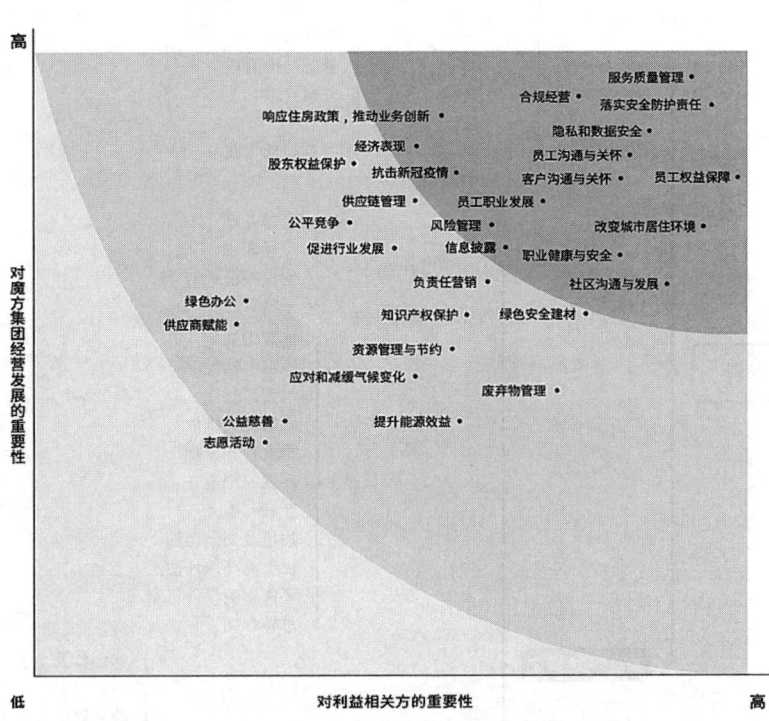

图 2　典型住房租赁企业"可持续发展重大性议题矩阵"

（资料来源：魔方生活服务集团 2021 年可持续发展报告）

三大准则"，即 GRI、SASB、TCFD。全球住房租赁企业 ESG 报告绝大部分都基于此三项准则。

1. GRI 准则

GRI 是为了促进全球可持续发展报告的发展而成立的一个国际组织，是于 1997 年由美国环境责任经济联盟和联合国环境规划署联合发起成立的非盈利性组织。该组织的主要任务是制定和推广《可持续发展报告指南》，其发布的准则是企业在编制和披露可持续发展报告时最广泛采用的标准体系之一，能够充分体现出企业在经济、环境和社会影响下进行的系统性实践，为企业的利益相关方对该企业可持续发展的正面和负面影响评价提供重要参照。

1）GRI 四模块准则体系

三项通用准则："GRI 101 基础""GRI 102 一般披露""GRI 103 管理方法"；

专项议题准则：在"GRI 200 经济议题""GRI 300 环境议题"与"GRI 400 社会议题"等议题之下另有 33 个细分专项议题，每个细分专项议题下又包括几十个子指标。

2）GRI 体系中涉及住房租赁行业的专项议题

根据国内外典型上市或发行 REITs 的住房租赁企业 ESG 报告梳理可以发现，按照 GRI 准则进行数据和信息披露的住房租赁企业，通常涉及图 3 所示专项议题。

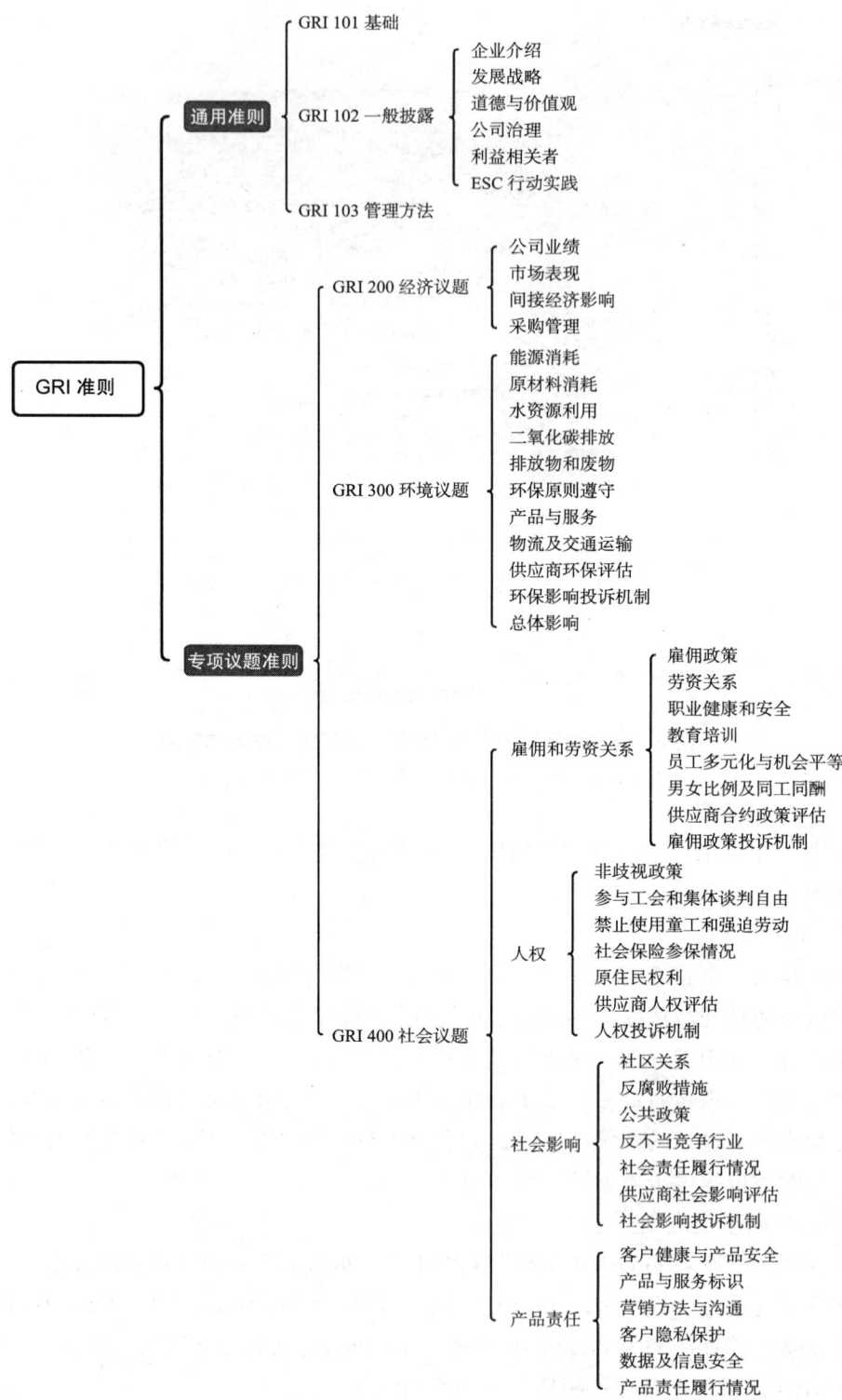

图 3　住房租赁行业中涉及的 GRI 准则

（资料来源：GRI 准则、典型住房租赁企业 GRI 信息披露，ICCRA 翻译整理）

2. SASB 准则

SASB 是一家位于美国的非营利组织，致力于制定一系列针对特定行业的 ESG（环境、社会和治理）披露指标，促进投资者与企业交流对财务表现有实质性影响且有助于决策的相关信息。SASB 准则关于可持续发展问题的五大领域，包括环境保护、社会资本、人力资本、商业模式及其创新、领导力和治理力。

在住房租赁行业中，SASB 准则通常涉及的标准如表 3 所示。

住房租赁行业中涉及的 SASB 准则　　　　　　　　　　　　　表 3

经营指标（Activity Metrics）	资产数量、可出租面积、直接/间接管理资产比例、平均出租率等
会计指标（Accounting Metrics）	能源管理、水资源管理、生态影响、人力资源管理、承租人可持续性影响管理、气候变化适应等

资料来源：SASB 准则、典型住房租赁企业 SASB 信息披露，ICCRA 翻译整理。

3. TCFD 准则

2017 年，由 G20 金融稳定委员会发起成立了 TCFD 工作组并制定了 TCFD 准则，该准则由治理、战略、风险管理、指标和目标四大核心要素组成，其中该准则特别关注气候变化带来的财务影响，强调气候相关风险、机遇及其财务影响之间的相互关系。该指导性框架尤其受到一些大力发展绿色金融的大型金融机构的重视。没有按照 TCFD 指引披露气候相关信息的企业将难以获得这些金融机构的信贷支持，因此 TCFD 指引得到了包括住房租赁企业在内的众多企业遵循（表 4）。

住房租赁行业中涉及的 TCFD 准则　　　　　　　　　　　　　表 4

1. 治理	（1）董事会对气候相关风险和机遇的监督； （2）管理层在评估和管理气候相关风险和机遇中的作用
2. 战略	（1）企业在短期、中期和长期确定的与气候相关的风险和机遇； （2）气候相关风险和机遇对企业业务、战略和财务规划的影响； （3）考虑到不同的气候变化场景时，企业战略的弹性
3. 风险管理	（1）企业识别和评估气候相关风险的过程； （2）企业管理气候相关风险的流程； （3）如何将识别、评估和管理气候相关风险的过程纳入企业的整体风险管理
4. 指标和目标	（1）企业用于根据其战略和风险管理流程，评估气候相关风险和机遇的指标； （2）披露范围 1、范围 2 和范围 3 温室气体排放量（如适用）以及相关风险； （3）企业用于管理气候相关风险和机遇的目标，以及针对目标的绩效

资料来源：TCFD 准则、典型住房租赁企业 TCFD 信息披露，ICCRA 翻译整理。

三、住房租赁企业的 ESG 趋势展望

（一）ESG 责任投资与租赁住房发展

经过了二十余年的高速发展，我国房地产业从增量时代逐渐进入了存量时代。在房地产行业探索新发展之路的背景下，住房租赁行业的整合逻辑和发展进程也将进入更加注重资产管理的高质量发展阶段。研究和推动 ESG 将成为推动住房租赁行业高质量发展的重要工具。

MSCI 调研显示，ESG 理念不只受到全球投资者的青睐，也受到各国政府及监管部门的高度重视。因此，研究和推动 ESG 理念，能够给政府对于住房租赁行业的责任投资进程的监管和政策制定提供更多维度的参考（图 4）。

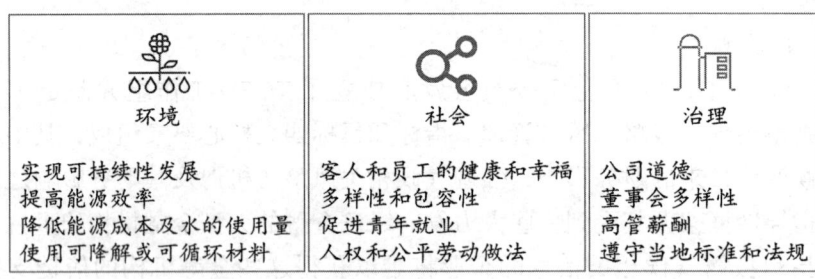

图 4　ESG 理念对住房租赁行业的影响

（资料来源：PRI，ICCRA 翻译整理）

（二）我国住房租赁行业 ESG 指标体系构建

ESG 投资是一种开放包容的理论体系和政策框架，是"创新、协调、绿色、开放、共享"新发展理念在资产管理领域得以贯彻落实的适当载体。在 ESG 指标体系设计中，需要遵从两个原则：

原则一：从定量分析和定性分析两个维度，对指标进行监测和追踪。通过定量分析，加大年度数据的连续披露，可以从纵向自身维度和横向行业维度进行对比分析，以促进企业在可持续发展目标和行动上的改进。通过定性分析，特别是案例研究，可以有效增加企业及行业对于 ESG 的认知度和 ESG 治理工作的参与度。原则二：内涵体现为对 ESG 正负两个方面信息的关注。相关的研究和调查表明，公司一旦发生重大负面事件，将会立刻在资本市场上有所反映，不仅对投资者造成损失，而且可能对企业的长远发展产生不利影响。

参考"可持续发展三大准则"，即 GRI、SASB、TCFD，以及各大住房租赁企业的行业实践，ICCRA 构建了住房租赁行业 ESG 指标监测体系。值得注意的是，该 ESG 指标监测体系以年度为单位，随着行业对于 ESG 领域关注和投入的不断加强，会进行动态调整（表 5）。

我国住房租赁企业 ESG 指标监测体系　　　　　表 5

一级指标	二级指标	三级指标	指标说明	备注
环境绩效	E1 环保披露	E1.1 能源消耗	（1）单项能源消耗量及消耗强度（包括燃气（标准立方米）、油（吨）、电力（千瓦时）等）； （2）总能源消耗量及消耗强度	定量分析
		E1.2 水资源消耗	水资源消耗量（吨标准煤）及消耗强度（吨标准煤/立方米）	定量分析
		E1.3 温室气体排放	温室气体排放量（吨二氧化碳）及强度（吨二氧化碳/立方米）	定量分析
		E1.4 固体废物排放	（1）有害固体废物排放量（如灯管（个）、电池（个））； （2）无害固体废物排放量（如废纸（吨）、生活垃圾（立方米））	定量分析
	E2 环境管理	E2.1 绿色建筑	（1）绿色建筑等级评定； （2）绿色建筑数量	定量分析
		E2.2 节能和节水意识	措施、方法、行动	定性分析
		E2.3 员工环境意识	措施、方法、行动	定性分析
		E2.4 应对气候变化	措施、方法、行动	定性分析
	E3 环境负面事件	E3.1 甲醛超标等	负面事件曝光次数（次）	定量分析
社会绩效	S1 员工管理	S1.1 员工雇佣	（1）员工数量（人）、管理层员工数量（人）； （2）女性员工比例（%）、管理层女性占比（%）	定量分析
		S1.2 培训与发展	（1）员工培训覆盖率（%）、管理层员工培训覆盖率（%）； （2）员工总体培训时长（小时）、管理层员工培训时长（小时）	定量分析
			劳动政策（含晋升政策等）	定性分析
	S2 租户管理	S2.1 租户健康与安全	措施、方法、行动	定性分析
		S2.2 信息安全	措施、方法、行动	定性分析
		S2.3 客户满意度	（1）满意度测评（%）； （2）客诉解决率（%）	定量分析
	S3 社区管理	S3.1 社区活动组织	活动次数（次）	定量分析
			措施、方法、行动	定性分析
		S3.2 物业管理	措施、方法、行动	定性分析
	S4 供应链管理	S4.1 供应商管理	供应商数量	定量分析
		S4.2 供应链责任管理体系	措施、方法、行动	定性分析

续表

一级指标	二级指标	三级指标	指标说明	备注
社会绩效	S4 供应链管理	S4.3 供应商监督体系	措施、方法、行动	定性分析
	S5 社会公益	S5.1 企业捐赠	捐赠次数（次）及总金额（万元）	定量分析
		S5.2 参与公益活动	参与扶贫及公益活动次数（次）	定量分析
	S6 创新与发展	S6.1 行业创新	措施、方法、行动	定性分析
	S7 社会负面事件	S7.1 居住安全、资金安全、租户投诉等负面事件	负面事件曝光次数（次）	定量分析
公司治理	G1 商业道德		准则、政策	定性分析
	G2 组织架构			定性分析
	G3 信息安全	G3.1 运营数据安全	措施、方法、行动	定性分析
		G3.2 运营系统稳定	措施、方法、行动	定性分析
	G4 运营管理	G4.1 税收贡献	税收金额（万元）	定量分析
	G5 公司治理负面信息	G5.1 企业失信、财务造假、员工投诉等企业治理负面事件	负面事件曝光次数（次）	定量分析

资料来源：ICCRA。

（三）住房租赁企业 ESG 建设的趋势展望

首先，在双碳目标的指引下，国际和国内住房租赁企业纷纷推出或加强了在 ESG 领域的投入，并且这一趋势将逐步加强。

其次，目前各大住房租赁企业在可持续发展目标方面和可持续发展重大议题方面的思路基本一致，期望通过环境治理、提高能源效率和降低可持续能源消耗、水资源消耗和原材料消耗，以减少碳排放，减少废物，达到降本增效的目标。在社会治理方面，强调对于多元化、平等和人权的理解逐步深入，特别是对于员工的培训与发展、客户满意度的关注也在逐步提升；但对于创新与发展的关注度还有待加强。在公司治理方面的实践普遍少于环境治理和社会治理，未来也需逐步加强。

最后，随着碳中和成为新经济发展的主旋律，绿色金融、绿色投资、绿色消费、绿色建筑等概念为越来越多人所熟知，政府主导的 ESG 信息披露政策也将进一步完善，国内住房租赁投资和运营在 ESG 方面未来也将大有可为。

参考文献：

[1] GUPTA P. Understanding and adopting ESG：an overview[Part II：ESG reporting as a genesis of fiduciary & other legal obligations][Z/OL]. 2021a. Von https：//www.rhtgrace.com/understanding-and-adopting-esg-an-overview-part-ii-esg-reporting-as-a-genesis-of-fiducia

abgerufen.

[2] GUPTA P. Understanding and adopting ESG：an overview[Part I：The evolution of ESG from CSR][Z/OL]. 2021b. Von https：//www.rhtlawasia.com/wp-content/uploads/2021/03/ESG-Part-I-The-Evolution-of-ESG-from-CSR.pdf abgerufen.

[3] CHEN C，SU C，CHEN M. Are ESG-committed hotels financially resilient to the COVID-19 pandemic? An autoregressive jump intensity trend model[J]. Tourism management，2022，93，104581.

[4] ELKINGTON J. Cannibals with forks：the triple bottom line of 21st century business[J]. Choice reviews online，1999，36（7）：36–39，97.

[5] PEDERSEN L H，FITZGIBBONS S，POMORSKI L. Responsible investing：The ESG-efficient frontier[J]. Journal of financial economics，2021，142（2）：572–597.

[6] BAE J. Developing ESG evaluation guidelines for the tourism sector：with a focus on the hotel industry[J]. Sustainability，2022，14（24）：16474.

[7] DATHE T，DATHE R,DATHE I，HELMOLD M. Corporate social responsibility（CSR），sustainability and environmental social governance（ESG）：approaches to ethical management[J]. Springer nature，2022.

[8] ESG investing official training manual，edition 3，[Z/OL]. https：//www.cfauk.org.

[9] TAMIMI N，SEBASTIANELLI R. Transparency among S&P 500 companies：an analysis of ESG disclosure scores[J]. Management decision，2017，55（8）：1660–1680.

作者联系方式

姓　　名：赵　然　邹永洁
单　　位：住房租赁产业研究院（ICCRA）
地　　址：北京市朝阳区建国路86号佳兆业广场（北塔）703
邮　　箱：赵　然（jzhao@iccra.cn）；邹永洁（czou@iccra.cn）

城市更新背景下分散式租赁住房的发展路径探索

刘一琴

摘　要：由于分散式租赁住房存在管理成本过高等制约因素，目前租赁住房市场中集中式房源占据数量优势，分散式房源运营的主流模式仍以"二房东"等简单模式为主。随着城市更新工作的深入推进，对存量资产盘活提出了要求，也为分散式租赁住房的发展带来了新的机遇。结合分散式租赁住房发展的影响因素，未来可通过拓宽房源筹集渠道、开展规模化专业运营、创新融资模式等方式推动分散式租赁住房的长效发展。

关键词：运营模式；房源渠道；管理成本；规模化

一、引言

　　机构化运营租赁住房按照集中程度主要分为集中式和分散式两类。相较于分散式租赁住房，集中式租赁住房具备能够更系统集约地进行服务与管理、管理成本较低、更利于形成运营企业品牌形象等优势，加之住房租赁市场发展初期规模化发展多以新增新建为主，目前我国住房租赁市场中大多数机构化运营房源为集中式租赁住房。根据相关统计，2021年我国长租公寓房源数量约227.2万间，其中，集中式公寓约有182.4万间，分散式公寓约有44.8万间[1]。

　　随着我国城镇化进入高质量发展新阶段，城市发展逐步从粗放式增量建设转向存量提质改造与增量结构调整并重。2020年，国家"十四五"规划提出实施城市更新、推进以人为核心的新型城镇化。自2021年起，每年城市更新都作为重点工作列入《政府工作报告》。2021年，住房和城乡建设部发布了《关于在实施城市更新行动中防止大拆大建问题的通知》，对城市更新的高质量发展提出具体要求。近年来，中央及各地出台各项政策，鼓励挖掘存量资产价值，盘活存量资产，扩大有效投资，推动城市更新。在此背景下，分散式租赁住房将成为住房租赁市场在新型城镇化中的发展新方向，也将在政策鼓励下迎来新的发展机遇。

二、分散式租赁住房主流模式及利弊分析

(一)"二房东"模式

分散式租赁住房多以"二房东"模式为主,即"价格差"模式:运营企业从不同的房东处获取分散的个人房源,房源性质以住宅为主,由运营机构装修改造、配备家具家电后再向客户出租。通常,此模式下装修费用由运营机构承担,运营机构与房东约定固定租期,租期内房东不得退出,若要退出需按规定赔付装修费用;运营机构每个月向房东支付约定好的固定房租,每年存在1~2个月的空置期,空置期不向房东支付房租,除空置期外的时间无论是否租出房东都可获得租金;租后运营由机构负责,房东需缴纳物业费、供暖费、每年一定金额的维修费。

此模式运营机构盈利点:一是在于"价格差",即运营机构向客户收取的租金与收房成本、装修成本、管理成本之间的差额;二是实际未空置的空置期租金;三是未发生的维修管理费。

这种盈利模式可能产生一些问题:装修成本作为固定投入对运营企业资金要求较高;机构为降低装修成本采取劣质产品;机构为获取空置期租金而缩短装修散味期,从而产生租客健康问题;机构为节省维修管理费降低维修服务水平,造成租户体验差;收房成本过高,租金收益较低,导致企业难以长期运营,甚至出现资金链断裂;收房成本压低会使得房东收益受损,租赁关系不稳定;收房成本与装修成本增高的情况下租金定价过高可能产生难以出租的情况,或将增加营销成本等。此模式的优势则在于:房东较为省心省力,装修无须房东一次性投入,房东易接受。

(二)"增益租"模式

2021年,分散式租赁住房龙头企业自如公寓提出创新模式"增益租",本质为轻资产托管模式:房东选择运营机构以成本价装修自己的住宅,装修费用由房东支付,可一次性支付、分期支付或贷款支付。装修完成后,运营机构与房东根据市场情况等因素商定评估租金。此后无论房屋是否租出,都无免租期,运营机构须按评估租金的一定比例按月支付房东保底收益,实际租金扣除保底收益的剩余部分在年底统一由运营机构和房东进行对半分成。租后运营由机构负责,房东需缴纳物业费、供暖费、每年一定金额的维修费。

此模式运营机构盈利点:一是管理费用。运营机构年底收益分成部分为机构运营管理费。二是沉淀资金的理财收益。根据自如的做法,一般保底收益为评估租金的80%,剩余部分留至年底分成,这就将产生沉淀资本的可利用空间。三是装修款项分期手续费。房东可分期支付装修费用,每月从租金中扣除,但需支付给运营企业额外的分期手续费。四是租金上涨带来的超额收益。由于机构分成部分与实际租金水平相关,市场向好或运营能力得到市场认可带来的租金上涨将使得运营机构获得超出评估

租金部分分成的超额收益。五是未发生的维修管理费。

这种模式创新了简单的价格差收益模型，具有较高的灵活性与市场性。从运营商角度而言，一是从需投入装修的"半轻资产"模式转为完全"轻资产"模式，减轻了企业现金流压力；二是改变了运营商与房东之间的关系，由单纯托管人转为租金收益共享者，利于调动机构提升运营能力与服务水平的主动性；三是增加了机构可盈利的着力点，运营商可通过自身集采优势、装修能力、金融优势等多个方面创造利润增长点。从房东方面而言，此模式优点主要在于无固定租期退出限制，房屋用途安排较为自由；收益并非固定不变，若市场行情向好，房东有可能获得超额收益。

同时，此模式也存在一些潜在的问题：装修投入过高影响房东意愿；自如等机构虽以保低收益为最大优势进行宣传，但由于分成部分机构比例不低，且原先"二房东"模式实际也仅有不超过两个月的空置期，折算下来保低收益并不构成绝对优势，同时若市场行情很差，房东或将失去分成部分。总体而言，此模式对机构运营能力的要求更为严格，运营水平的高低直接影响租金高低及房东参与意愿。

三、分散式租赁住房的主要影响因素

分散式租赁住房的各类运营模式虽有不同，但底层逻辑都为"收房—装修—出租—运营"，利润影响因素也集中于房源的获取、装修的控制、租金的定价、运营的提效几个端口。

（一）如何获取较低价的房源

目前，分散式租赁住房房源主要来自个人住宅，由于房源分散且性质单一，机构议价能力不高，加之市场竞争激烈，常出现"高收低租"的情形。降低房源获取成本，可考虑拓宽获房渠道与方式，如利用城中村改造中的集体经营性建设用地租赁房、盘活存量闲置资产、通过特许经营权或委托管理等方式盘活国有资产、利用非改租模式将商业等非住宅模式改为分散式租赁住房等。

（二）如何控制装修成本

装修成本的控制一方面在于客户定位后的装修分档，可根据房源地段、配套、受众特性等细分客户需求，针对不同的需求实施不同的装修标准，避免不必要的浪费；另一方面则在于机构能力，包括是否能拿到优势的集采价格、本身是否具备可利用的产业链、是否具有规模化优势等，这对具有全链条服务的专营化运营机构是较好的机会。

（三）如何进行租金定价

决定分散式租赁住房租金高低的因素包括房屋在住房租赁市场中的需求占比（取决于位置、配套、交通、小区等）、运营企业的服务质量、承租人对运营服务质量的偏好、房屋及装修情况等。占据市场比例较高的运营企业能够利用市场优势对租金价格的提升产生正向影响。[2] 根据客户分类进行产品细分后的定价将实现收益更大化，目前高端型需求市场还有较大空间。同时，较为平稳的租金调节能够保持稳定的租赁关系，才能使企业实现利润最大化。

（四）如何实现运营提效

分散式租赁住房运营实践中，最大的难点在于分散式管理成本较高、非集中式房屋的消防等安全管控较难，这也是分散式租赁住房相较于集中式租赁住房的主要劣势。针对这一点，可探索在一定的服务半径内建立服务基站，在保持一定的服务响应度的同时提高服务人房比，降低单位服务成本。同时，可通过社区联动、引入智能化设备等方式加强安全防控。此外，运营机构的资金水平、运营能力、稳定性、战略布局、企业理念及品牌影响等对分散式租赁住房的长期运营都有着较为明显的影响。

四、城市更新背景下分散式租赁住房发展的新机会

（一）"非改租"政策落地扫清了政策障碍

2021年7月，国务院发布的《关于加快发展保障性租赁住房的意见》中，明确对闲置和低效利用的商业办公、旅馆、厂房、仓储、科研教育等非居住存量房屋，在一定条件下允许改建为保障性租赁住房。中央政策出台后，厦门、广州、南京、武汉等城市均开始制定试点方案细则，落实中央非居住存量房屋改建保障性租赁住房的指导意见，从改建原则、条件、要求、实施程序、保障措施等多个方面，为盘活区域存量住房铺平政策道路。通过"非改租"促进产城融合、职住平衡，也是城市更新内涵式推进的一大要求（表1）。

部分城市"非改租"政策汇总　　表1

政策名称	城市	主要内容	发布时间
《关于进一步推进非居住建筑改建宿舍型租赁住房有关工作的通知》	北京	鼓励宿舍型租赁住房改建项目业态混合兼容，同一项目内可兼容多种功能，租赁住房、研发、办公、商业等用途可混合利用，促进产业融合和新业态发展	2021年6月18日
《厦门市存量非住宅类房屋临时改建为保障性租赁住房实施方案》	厦门	已建成的商业、办公、旅馆、厂房、仓储、科研教育等非住宅类存量房屋，可申请改建为保障性租赁住房。改建规模原则上不得少于50套（间）且建筑面积不少于2000m²	2021年7月1日
《关于闲置商业办公用房、工业厂房等非住宅改建租赁住房工作指导意见》	郑州	允许闲置商业办公用房、工业厂房等非住宅改建租赁住房，须以整栋、整层、整单元为基本改建单位，改建规模原则上不少于50套（间），建筑面积3000m²（含）以上，运营期不少于8年	2021年7月12日

续表

政策名称	城市	主要内容	发布时间
《关于非居住存量房屋改建为保障性租赁住房的指导意见（征求意见稿）》	天津	闲置、低效利用的商业办公、旅馆、厂房、仓储、科研教育等非居住存量房屋，经区政府组织联合审定后，允许改建为保障性租赁住房	2021年9月23日
《关于非居住存量房屋改建为保障性租赁住房的指导意见（征求意见稿）》	佛山	本行政区域内权属清晰的商业办公、酒店旅馆等非居住存量房屋，在符合相关条件的前提下，可申请改建为保障性租赁住房	2021年11月5日
《关于深圳建设中国特色社会主义先行示范区放宽市场准入若干特别措施的意见》	深圳	鼓励城中村实施规模化租赁改造，支持利用集体建设用地和企事业单位自有闲置土地建设保障性租赁住房。结合公共利益，试点在城市更新项目中引入"个别征收""商业和办公用房改建保障性租赁住房"等机制	2022年1月26日
《南京市存量房屋改建为租赁住房办理实施细则》	南京	允许已建成并具有一定规模的商业、研发、办公、酒店（宾馆）、厂房等存量房屋改建成符合宿舍和公寓标准的租赁住房	2022年12月22日

资料来源：依据各地政策整理。

（二）城中村改造提供了破解安全管理瓶颈的思路

在城市更新工作中，以棚户区、老旧小区、城中村为主的居住类地块改造是民生所向，也是城市更新的重点内容。城中村的改造将有效提升城中村租赁住房品质，为住房租赁市场多渠道筹集房源创造有利条件。2022年10月，广州市发布《关于支持专业化规模化住房租赁企业提升"城中村"租赁住房品质的指导意见》，支持专业化、规模化住房租赁企业参与城中村房源整租运营，这从政策层面为分散式租赁住房以较低价格筹集房源提供了支持。文件明确了支持政策，包括给予财政金融支持、用水用电参照民用标准等减轻企业运营负担的支持、优化设置公交站点等公共服务支持。此外，文件还强调落实属地责任，镇人民政府、街道办事处做好协调服务工作。广州政策引导为城中村租赁住房市场创新了"政府引导、村民自愿、企业运营、社会资本参与"的新模式，能够引导村社集体完善消防设施，补齐公建配套短板，推进人居环境改善，为破解分散式公寓企业管理成本高、安全防控难的问题提供了思路。

（三）PPP模式的重启将带来盘活存量国有资产的新机会

由于发展初期粗放式扩张、风控意识较弱等原因，政府与社会资本合作模式（PPP）在经历了爆发式发展后遇冷。从2022年年初起，国家再度陆续发布相关政策，鼓励与社会资本合作对接，盘活存量资产。2022年3月，国家发展改革委发布《关于进一步做好社会资本投融资和对接有关工作的通知》；2022年5月，国务院办公厅发布《关于进一步盘活存量资产扩大有效投资的意见》，提出规范有序推进政府和社会资本合作（PPP）；2022年11月，财政部发布《关于进一步推动政府和社会资本合作（PPP）规范发展、阳光运行的通知》，从做好项目前期论证、推动项目规范运作等方面规范PPP发展路径。PPP模式的再度探索，将有效拓宽分散式租赁住房筹集存量房源的渠道与方式，降低获房成本，提高收益，利于分散式租赁住房市场长期平稳发展。

（四）城市更新带来的区域整体提升利于租金上涨

住房租赁涉及的城市更新内涵，不仅包括居住类地块建筑本身的改造更新，还包括了老城区风貌重塑、商业整合及社区营造的有机结合。高质量发展要求下的城市更新，将通过整体规划与改建，整合区域内的商业业态，形成涵盖居住、办公及购物等多功能的城市社区综合体，并通过社区文化进行赋能。这将充分发挥租赁住房项目周边资源优势，满足租户多场景需求，解决分散式租赁住房项目的配套提升问题，有助于居住体验及租金价格的提高，也可增加客户黏性。[3]

（五）保障性租赁住房REITs的成功落地开启了租赁住房融资新模式

近年来，国家大力推动发行基础设施证券投资基金（REITs）。2021年，保障性租赁住房纳入REITs发行范围。迄今为止，全国共有中金厦门安居REIT、华夏北京保障房REIT、红土深圳安居REIT、华润有巢REIT四支保障性租赁住房REITs上市成功。保障性租赁住房REITs为租赁住房面临的资金问题提供了较好的解决方案，形成了可持续发展的投融资长效机制。2023年3月，国家发展改革委再次发文，在发行申报项目的规模、收益率等方面都有所放松。这也为未来大型专业化运营企业或地方国企将自有分散式房源或国有低效存量资产整合为资产包进行REITs上市提供了可能性。

五、分散式租赁住房发展的策略建议

（一）增加区域内房源密度，进行多方联动管理，降低管理成本

针对分散式租赁住房运营端，为破解管理成本过高的瓶颈，可探索以3～5km为服务半径，建立服务基站，控制人员成本的同时保证一定的服务响应度。但服务半径内房源密度过低仍将造成管理低效，借助城市更新带来的房源增长机会，按照最低人房比（如1:500），在区域内增加房源数量、形成规模优势，才是解决成本问题的根本。同时，针对安全管控难的问题，除了运用监控、烟雾与温控警报器等智能化设备进行消防安全管理外，也可进行社区联动，提高属地物业等多方参与度，节省管理成本。此外，借助企业本身的运营基础资源，多类型房源交叉管理，也将降低管理成本，如厦门安居集团在管理分散式市场化租赁住房时，探索借助多年的公房管理经验及公房管理人员、基站等资源进行交叉管理，从而降低成本。

（二）鼓励大型或全链条企业参与规模化运营，降低装修环节成本

规模化运营不仅能够降低管理的边际成本，同时也能带来采购、装修等环节的价格优势。分散式租赁住房的有效发展，应逐步走向专业化、规模化道路，大型专业运营公司的参与将带动市场发展，规范市场标准。此外，可鼓励业务范围覆盖房屋建设、商业运营、物业管理、租赁运营等多方面的全链条运营企业，通过整体性参与城市更新项目，将分散式租赁住房的装修改造与街区更新统筹，推动分散式租赁住房从功能性、综合性及长期性发展，在整体改造中降低单项项目投入。在装修环节，运营机构可进行客户定位与产品分类，通过装修实现产品差异化，既能总体降低成本，也能提高客户体验。

（三）探索PPP模式盘活国有闲置资产，降低收房成本

PPP模式按照所有权归属可分为公有化、完全私有化、特许经营权三大类，分散式租赁住房多涉及存量资产，不涉及建设权，经比照后适用于TOT（Transfer-Operate-Transfer，移交—经营—移交）模式下的LUOT（Lease-Upgrade-Operate-Transfer，租赁—更新—经营—转让）。此模式中，运营企业与政府签订协议，政府将国有闲置工业用地、腾退公房、回购经济适用房和社会捐赠房等存量资产一定期限内的经营权授予运营企业，所有权仍归政府，运营企业自行融资对存量资产进行更新、改造，并对外租赁，期满后归还政府。[4] 但需注意，在探索此模式时，要进行严格的项目可行性分析与财务测算，避免项目基础条件过差、装修投入过大导致亏损。厦门安居集团作为厦门市保障房专营国企，在运营实践中，也探索出国有存量资产委托管理的模式，运业企业按每平方米固定金额+租金的一定比例进行管理费收取，盘活国有存量房屋，开展分散式租赁住房运营管理。

（四）利用"非改租"项目推进职住平衡、产城融合

分散式租赁住房的发展，可积极把握"非改租"政策机会。选择项目位置较好、基础改造条件较优的商业、办公、旅馆、厂房、仓储、科研教育等非居住用地改造为租赁住房，能够满足租赁市场中对职住平衡的需求。北京的"非改租"政策鼓励业态混合兼容，同一项目内可兼容多种功能，多业态综合发展也为租赁住房的生活配套、社区建设等提供了优势。多地政策对"非改租"的规模有着一定要求，"非改租"租赁住房项目可按照"分中有集"的原则进行，即按照位置及基础条件分散式选择不同项目，而在同一项目中，则根据政策要求进行一定量的规模化运营，这也可在一定程度上降低运营成本。

（五）探索将自有产权分散式租赁住房装入REITs资产包上市发行

具备条件的大型运营公司或有资质的地区国有企业，可充分利用REITs政策红

利期优势，探索将自有产权的分散式租赁住房进行单独整合或与集中式项目共同整合，形成符合申报条件的资产包，进行 REITs 发行上市，以解决分散式房源建设、改造资金问题。若企业没有符合要求的自有房源，也可探索结合 PPP 模式中的 PUO（Purchase-Upgrade-Operate，购买—更新—经营）模式，由运营企业出资购买具有经营价值、预计项目收益率可符合 REITs 发行要求的政府存量房源，自行筹资进行更新、改造及经营，运营稳定后整合打包发行 REITs，进行投入资金的回收与循环利用。

参考文献：

[1] 共研产业咨询 .2022 年中国长租公寓房源数量、产业链及行业市场规模分析 [EB/OL]. [2023-01-12]. https : //www.gonyn.com/industry/1285420.html.

[2] 秦翔宇 . 分散式长租公寓企业租金决策研究：企业间的竞争行为 [D]. 天津：河北工业大学，2021.

[3] 住房租赁产业研究院 . 调研、发掘、效益，租赁住房城市更新的"三步走"策略 [EB/OL]. [2023]. https : //page.om.qq.com/page/OUIqwaTgaOmY72SzzvPBM4oQ0?source=cp_1009.

[4] 王琨，胡总，苏媛 . PPP 模式在保障房中的应用研究 [J]. 中国房地产，2015（3）：56-62.

作者联系方式

姓　　名：刘一琴

单　　位：厦门安居集团有限公司

地　　址：福建省厦门市湖里区华泰路安居控股大厦

邮　　箱：441356890@qq.com

浅析城市更新背景下产业园区内非居住存量用地新建和非居住建筑改建租赁住房

王 凯 李 松 龚秋平 王 鑫 陈晓秋

摘 要：本文以多位于郊区的产业园区为重点，以非居住存量用地新建和非居住建筑改建租赁住房为主线，结合北京、上海及广州等城市相关政策及实践经验，依据可持续发展理论、资源配置与区域均衡发展理论及森（Sen）的功能与能力福利论和马斯洛的层次需求论，浅析为实现职住平衡，现阶段在城市更新背景下产业园区内非居住存量用地新建和非居住建筑改建租赁住房过程中存在的不足并提出相关建议。

关键词：城市更新；产业园区；非居住存量用地；非居住建筑改建；租赁住房

一、相关政策研读

当前，我国的城市发展正在由外延扩张式向内涵提升式转变，城市更新作为以存量用地盘活和空间结构优化为支撑的城市发展和治理方式，已成为城市发展的新常态。多位于郊区的各类产业园区作为国家和区域经济转型、产业集聚、现代化和创新发展的重要载体，也面临着引导产城人融合，合理利用存量空间资源全面提升职住平衡水平、完善配套服务功能等重任。早在 2016 年 12 月，习近平总书记就在中央财经领导小组第十四次会议上指出："要准确把握住房的居住属性，以满足新市民住房需求为主要出发点，以建立购租并举的住房制度为主要方向，以市场为主满足多层次需求，以政府为主提供基本保障，分类调控，地方为主，金融、财税、土地、市场监管等多策并举，形成长远的制度安排，让全体人民住有所居。"2020 年 10 月习近平总书记又在《求是》杂志发表重要文章《国家中长期经济社会发展战略若干重大问题》，提出"要建设一批产城融合、职住平衡、生态宜居、交通便利的郊区新城，推动多中心、郊区化发展"。习近平总书记上述重要指示，为我们做好相关工作指明了前进方向、提供了根本遵循。

自 2016 年国务院发布《关于加快培育和发展住房租赁市场的若干意见》（国办发〔2016〕39 号）首次明确"各地应结合住房供需状况等因素……允许将商业用房等按

规定改建为租赁住房"后，2021年7月，国务院办公厅印发《关于加快发展保障性租赁住房的意见》，提出要完善房地产市场供给结构，建立起"多主体投资、多渠道供给"保障性租赁住房的供应格局，并明确了利用企事业单位自有闲置土地、产业园区配套用地、非居住存量土地和房屋与新供应国有建设用地几种建设方式相应的土地支持政策，尤其是明确了利用非居住存量土地和房屋建设保障性租赁住房，不需补缴土地价款。2022年自然资源部、国务院国资委发布《关于推进国有企业盘活利用存量土地有关问题的通知》(自然资发〔2022〕205号)，鼓励国有企业以多种方式盘活利用存量土地，明确可提高工业用地中行政办公及生活服务设施比例，用于建设宿舍型保障性租赁住房，为盘活国有划拨用地，提升国有建设用地集约利用指明了方向。

近年来，为深入贯彻习近平新时代中国特色社会主义思想，落实党中央、国务院决策部署，加快培育和发展住房租赁市场，以城市更新为契机，北京、上海、广州等大城市均结合自身实际，也出台了多部促进非居住建筑改建租赁住房以解决职住平衡问题的相关政策，具体如下。

1. 北京市多措并举，以集成创新方式提出多项支持措施

以"严控增量、盘活存量"为指导思想，形成顶层设计与基层创建的"多元共治"。早在2018年6月，北京市住房和城乡建设委会同市规划自然资源委、市公安局就印发了《关于发展租赁型职工集体宿舍的意见(试行)》(京建法〔2018〕11号)，坚持"以区为主、市级统筹"工作原则，鼓励宿舍型租赁住房改建项目业态混合兼容。提出了在集体建设用地上新建、产业园区配建；以及利用闲置的厂房、商场、写字楼、酒店等房屋改建作为增加租赁型职工集体宿舍供应的主要渠道。并于2021年出台了《关于进一步推进非居住建筑改建宿舍型租赁住房有关工作的通知》，进一步明确了相关工作要求。2022年颁布实施的《北京市住房租赁条例》再次明确在符合规划要求的前提下，鼓励按照规定利用非居住存量土地建设租赁住房，或者将非居住存量房屋改建为租赁住房。同年印发的《北京市关于加快发展保障性租赁住房的实施方案》(京政办发〔2022〕9号)和《关于存量国有建设用地盘活利用的指导意见(试行)》(京政办发〔2022〕26号)等文件，坚持规划引领，增加了仓储、科研教育等非居住存量房屋，进一步扩大了可用于建设宿舍型保障性租赁住房的供地范围。再次明确鼓励产业用地混合利用，对已建成投入使用且符合本市建设用地功能混合使用相关规定的存量建筑可进行功能转换，利用非居住存量土地和非居住存量房屋建设保障性租赁住房，取得保障性租赁住房项目认定书后，可比照适用住房租赁增值税、房产税等税收优惠政策。

2. 上海市通过区域统筹，实现机制创新

上海市自2018年12月出台《关于本市非居住存量房屋改建和转化租赁住房的指导意见(试行)》后，又先后出台了《关于加快发展本市保障性租赁住房的实施意见》(沪府办规〔2021〕12号)、《关于本市非居住存量房屋改建为保障性租赁住房的实施意见》(沪建房管联〔2022〕45号)、《关于本市保障性租赁住房规划土地管理细则》及

《上海市保障性租赁住房项目认定办法（试行）》等相关文件，并在2023年制定的《上海市提信心扩需求稳增长促发展行动方案》中提出全面落实各类人才计划和政策，实施人才安居工程，加大保障性租赁住房建设筹措力度，加快构建多层次租赁住房供应体系，支持企业利用存量土地建设宿舍型保障性租赁住房。同时，通过区域统筹及加强社会引导，实现更新机制与路径的引领创新，进一步完善住房、教育、医疗等政策和服务，大力吸引和留住各类人才。

3. 广州划定管理圈层，发布操作指引

2022年广州市发布《关于推进非居住存量房屋改建保障性租赁住房工作的通知（征求意见稿）》，支持商业办公、旅馆厂房改建保障性租赁住房。同年9月发布《广州市城市更新实现产城融合职住平衡的操作指引》，划定三个管理圈层，明确不同圈层城市更新产业建设量占产居总建设量的比例，有利于进一步优化城市功能和人口布局，缓解交通压力，增加产业空间供给的同时，优化产业结构并推动实现产城融合、职住平衡的目标。

二、各地非居住建筑改建租赁住房发展现状及不足

在城市更新大背景下，鼓励利用非居住存量用地新建和存量非居住建筑改建租赁住房的政策，对产业园区内各类非居住存量用地和非居住建筑的重新开发与有效盘活，不仅可充分发挥城市低效存量土地与房屋空间区位好和再利用低成本的优势，还成功破解了国有低效和闲置土地及房屋的调整和再利用，提升了空间资源的利用效率，拓宽了租赁房源供应渠道，使其成为入园企业职工群体城市居住空间的有效供给。同时，上述政策的出台也调动了市场主体的积极性，激发出了市场主体的活力。

2022年度北京市认定了五批次50个保障性租赁住房项目，规模超过85800套（间）。在这些保障性租赁住房项目中，非居住建筑改建租赁住房项目有8个，规模超过4170套（间）。其中，坐落于产业园区内的非居住建筑改建租赁住房项目4个，规模超过1650套（间），分别是：顺义区金航中路1号院天竺综合保税区万科中心D座商业办公改建宿舍型租赁住房213套（间），顺义新城第28街区天竺大街14号院首都机场临空经济区2号楼商业办公改建宿舍型租赁住房606套（间），大兴区天富街9号大兴生物医药基地利用园区配套面积改建宿舍型、公寓型租赁住房590套（间），北京经济技术开发区环科中路2号院利用园区配套面积改建宿舍型租赁住房242套（间）。

2022年上海市新增建设筹措保障性租赁住房18万套（间）。其中，安歆公寓（蓝天路地铁站店）项目位于浦东新区金杨新村街道银山路，是一个宿舍型保障性租赁住房项目，以非居住存量房屋改建保障性租赁住房方式纳入保障性租赁住房管理。

2022年广州市认定保障性租赁住房项目7个，合计3758套（间）。其中，建方寓（杉木栏店）项目位于荔湾区杉木栏路151号，是荔湾区第一宗获批的工业厂房改

造租赁住房项目，广州市首个非改租纳保项目，可提供保障性租赁住房102套（间）。

近年来，我国住房保障体系不断完善，利用非居住建筑改建租赁住房建设提档加速、亮点纷呈，但在产业园区内非居住存量用地新建及非居住建筑改建租赁住房实践过程中仍然存在着选址难、改造成本高、资金收益率低、运营能力不足等问题需要逐步解决。虽然，部分城市已允许入园企业将自用的工业用地的配套设施用地占比从15%提高到30%，也允许在厂区内利用非居住存量房屋改建职工宿舍或相关设施，但对于单一生产企业来说，其既无相关建设改造与后期运营管理经验，也无法满足区片协同更新的要求，并增加了政府部门监督与统管的难度。同时，对于非居住存量用地或非居住存量房屋而言，非居改保项目的落地意味着项目获得了政府的支持与背书，若无法纳入，则面临着难以享受住房租赁的税收优惠政策，也无法真正落实民用水电气价格。

另外，又因为非居住存量用地新建或改建租赁住房，投资回收期长，需要长期、低成本、大量的资金支持，对于以生产研发为主业的入园企业来说现有融资渠道和制度设计有待完善。同时，若改造成本过高，造成租金标准偏高，必将削弱租赁住房的保障功能，难以吸引新市民和青年人；反之，如果租金标准偏低，则无法按时收回改造成本，也将会影响各类主体参与租赁住房建设筹集和运营管理的积极性。再由于用于新建的非居住存量用地及改建的非居住建筑多为零星分布，适宜改建租赁住房的存量资源与区域规划、住房租赁需求在空间分布上重叠度较低，若由多个入园企业将其所拥有的适宜改建租赁住房的存量房屋建筑物仅仅根据自身需求无序建设改造，也必将产生物业服务、配套设施跟不上等问题。

三、相关理论浅析

产业园区是一个相当复杂的系统，受到社会、环境、物质与经济发展及转型的综合影响与相互作用。由于历史原因，传统的产业园区将生产、居住、游憩等规划分布在特定的地域范围内，并多以工业生产为重点进行建设，当单一功能的集聚达到最大化时，必将阻碍园区健康可持续发展。而产城融合发展要强化园区功能分区与土地利用的兼容性，引导形成大分区、小聚集和适度混合的空间利用形式。在城市工业生产的基础上将居住、商务、娱乐、科研、行政管理等功能导入到区域内部，实现园区功能多样化的有机统一。基于土地整理与可持续发展理论，充分利用闲置土地，盘活存量，挖掘现有土地潜力，提高土地利用效率，实现土地的集约节约高效利用，有效促进土地资源优化配置的同时，增加产业园区土地的相对供给量，进而有效抑制城市发展的外延扩张。基于资源配置与区域均衡发展理论，城市更新不仅要实现存量土地的盘活和城市空间结构的优化，更应实现人居环境、社会融合及城市功能与品质的提升。依据森（Sen）的功能与能力福利论，福利就是人的需要的各个方面，不仅包括物质方面，还包括精神文化、政治参与、社会机会和社会交往等方面。根据居住福利的内涵，居住福利主要涉及两个方面：一方面，满足人们居住的需要，即让住户在可以承受的方式下获得居住权；另外一方面，居住条件和环境要保证人的健康，使住户获得尊严并能够安全、安心地生活。故，保障性住房的规划建设除了满足相应的基本居住空间需求外，还需配置与生活方式、生活态度相适应的基本公共资源。依据马斯洛的层次需求论，人的需求是分层次的。同样，非居住建筑改建租赁住房提供给住户的功能也是分层次的，首要的基本功能是居住条件和居住环境功能，在这个功能得到满足后，就会产生更高层次的功能需求，包括教育、医疗、养老等。因此，为了确保共享改革红利，维护住房租赁当事人的合法权益，构建稳定的住房租赁关系，相关政府部门应注意其居住福利改善方面的需求，加快设立或完善综合服务保障体系，以利于改善民生水平，以及社会和谐与安定。

四、相关建议

城市更新是通过空间改造实现资源重新配置的重要手段，本质上应以"人"为核心，因此产业园区内的非居住建筑改建租赁住房需要从单一的"空间增量提升"，转向"区片统筹更新"。故建议如下：

一是探索运用政府产业引导基金加快保障性租赁住房建设筹集，遵循"政府引导、市场运作、防范风险、滚动发展"原则，按照"母基金＋子基金"的构架设立和运作，吸引有关金融、投资机构和社会资本，拓宽融资渠道，推动住房保障体系结构调整。与此同时，建议借鉴我国台湾地区市地重划经验，结合各级土储或城投公司以往成功经验，通过筹建诸如英国城市开发公司等授权机构或依托专业化的管理机构协调各方资源与关系，将零散分布的项目有机整合，并探索联动开发新模式，充分挖掘联动区域内的闲置资源、低效资源。

二是充分发挥规划统筹引领的作用，发挥街道或社区引导作用，以入园企业需求和社区文体需求为导向，对更新项目进行综合评估，政府及相关企业在充分调查研究的基础上科学统筹与分类推进，通过汇集相关生产企业的可建设用地指标，统筹租赁住房的规划与建设，加快补齐利用企业单位自有非居住建筑改建租赁住房项目所在区域配套设施缺失严重的短板，实现街区内租赁住房及相关设施的共建共享，实现各类设施使用效率的最大化。

三是充分发挥相关领域专业人员作用，法律、规划、房地产等相关领域应做好协同配合，依托估价及不动产登记代理人等专业人士，积极参与项目的土地整理合并与公共配套设施功能布局研究、空置房屋资源再利用适用性分析（改造项目的最佳使用效果分析）、空置房屋资源项目定位与开发策略、开发计划的编制和开发顺序的确定与运营管理咨询、改造后的社会效益评价、改造后项目租金与更新项目资产证券化所涉及的估价及改造后项目对外招租或不动产确权登记等工作，实施过程实行全周期的统筹管理，为政府部门及相关企事业单位做好全流程精细化服务。

参考文献：

[1] 秦虹，苏鑫. 城市更新 [M]. 北京：中信出版集团，2018.

[2] 孙立振，孙玉. 产城融合视角下产业园区发展与管理 [J]. 市场观察，2019（5）：87.

[3] 周博颖，余猛. 存量建筑改造困境及制度优化建议：以非住宅改建租赁住房为例 [J]. 城市规划，2022，46（8）：58-64，83.

[4] 戚瑞双. 保障性住房福利改善情况研究 [M]. 北京：经济科学出版社，2017.

[5] 王凯，龚秋平，王鑫. 关于估价从业人员服务首都城市更新工作的几点建议 [C]// 中国房地产估价师与房地产经纪人学会. 估价业务深化与拓展之路：2020 中国房地产估价年会论文集. 北京：中国城市出版社，2020：92-96.

作者联系方式

姓　　名：王　凯　龚秋平　陈晓秋

单　　位：北京京城捷信房地产评估有限公司

地　　址：北京市朝阳区芍药居甲 2 号院一号楼北楼 410

邮　　箱：王　凯（517300972@qq.com）；陈晓秋（1352528896@qq.com）

注册号：王　凯（1120050131）；龚秋平（1120000079）；陈晓秋（1120170047）

姓　　名：李　松

单　　位：北京新兴宏基房地产土地评估有限公司

地　　址：北京市朝阳区麦子店街 78 号东楼二层

邮　　箱：lisong@xxhjdcgw.wecom.work

注册号：1120180047

姓　　名：王　鑫

单　　位：北京华中兆源房地产土地评估有限公司

地　　址：北京市大兴区黄村镇兴政街甲 23 号 2 幢 502 室

邮　　箱：xinxinln@sohu.com

注册号：1120080013

第二篇

长租房市场发展

跨越长租房市场发展的陷阱

严 荣

摘 要：本文主要从长租房市场发展取得的进步、长租房市场发展面临的陷阱，并从政府和主管部门要加强引导、强化行业生态链、企业提升市场包容度、加强租赁社区公共管理四个方面提出跨越发展陷阱的政策建议，供行业企业参考。

关键词：长租房；跨越陷阱；政策建议

一、长租房市场发展取得长足进步

党中央、国务院高度重视长租房市场发展。仅以中央经济工作会议为例，先后三次在中央经济工作会议的公开报告里面，强调了发展长租房市场。这个是非常罕见的，对住房租赁市场发展，尤其长租房发展来说史无前例。这充分体现了党中央、国务院和主管部门对行业发展的关心和爱护，也是当前市场发展处于黄金期的原因，很少看到哪一个行业在如此重要的会议上连续被关注，被关心，被寄予厚望。这对长租房包括租赁市场发展是一个极大的推动。

（一）政策支持力度不断加强

从国家层面、部委层面，从建设、融资、管理等各个环节，对长租房发展都给予了极大的支持。同样，各级地方政府也是陆续出台了很多具有操作性的一些举措。在一线调研中也得知，原来长租房市场发展过程中碰到的一些瓶颈问题陆续被攻克，包括一些老大难问题也基本上都能找到解决的路径。这个应该说是推动长租房市场快速发展的重要动力。

（二）长租房市场发展更加稳健

经历了 2020 年左右行业发展的一些洗礼，现在住房租赁市场发展过程中都是真正扎根在市场，并且愿意为这个行业作出贡献的一些主体。有些主体"捞一把"就跑的，已经跑掉了，也有不少被市场淘汰掉了，目前大部分主体都是经历了这样的洗礼，甚至经历了若干次后留下来的很好的力量。这反映出我们的市场发展更加稳健，秩序也更加规范化。

（三）社会接受度明显提高

整个社会对长租房的接受度在明显提高，这个是非常好的前提。在一个行业的发展过程中，社会的认可是对行业发展极大的动力。前不久我看到一个报道，在某个城市，对新市民青年人的调研中，这些群体在租房首选对象里面，选择了长租房。从这样的报道可以看出，当前一些新市民青年人群体对长租房的认可度在不断提高，这是今后行业发展最主要的基石。我觉得整个行业，整个市场都要呵护，这是取得的长足进步。

二、行业发展面临三方面陷阱

从一般行业发展来说都会经历不同的阶段，从起步到接下来的成长，后面逐渐进入成熟期。我个人的体会是，当前我们的长租房市场正处于快速发展的黄金时期。离成熟期还有点差距，但恰恰是这样爬坡的时期，我们要注意发展中各种各样的陷阱。我初步梳理出有三个方面的陷阱，一是行业过度资本化，二是客群加速士绅化，三是规模趋于巨型化。

（一）行业过度资本化

长租房市场发展需要很多政策支持，其中金融方面的支持尤为重要。近些年也看到，金融方面的支持力度非常大，特别是2023年，央行和银保监会专门针对住房租赁市场在金融支持方面发文，应该说力度是空前的。在这个过程中行业融资的整体环境有极大的改善。

不过行业也要始终警惕，不能过度资本化。所谓过度资本化就是"不务正业"（图1）。本来长租房应该服务于百姓安居宜居，初心使命就是要满足整个社会中新市民青年人的长租需求。在这个过程中，如果把资金的回报作为首要目的，那就是本

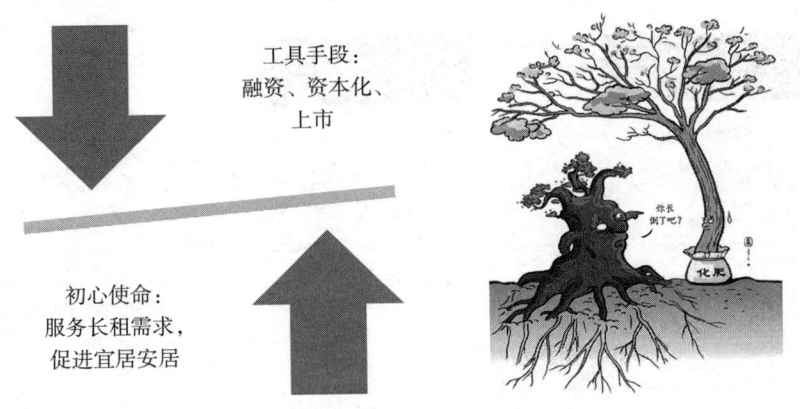

图1　行业过度资本化

末倒置了，不如干金融行业了。2020年左右有一些市场主体，不是以做租赁为主业，而是以快速获取金融回报的方式进入这个市场。这个是行业中要警惕的。

稍微再展开点，前面也有一些专家学者讨论近期非常火热的REITs的话题，在调研中了解到，一些地方决策者对租赁住房尤其是保障性租赁住房REITs的发展有些忧虑。忧虑在哪里？因为REITs有一个很重要的机制就是退出，退出了以后，究竟依旧属于保障性住房，还是金蝉脱壳了？所以，地方决策者对长租房包括保租房在内的REITs有这样的疑虑，这个疑虑是担心过度资本化，不是停留在租赁体系，而是为了追求金融资本或者其他方面的回报。这个我想在行业发展中要警惕，适度的资本化是行业发展的润滑剂，但是过度资本化是一个陷阱。

（二）客群加速士绅化

第二个陷阱就是长租房的客群在加速士绅化。士绅化说得简单点就是"嫌贫爱富"，就是行业里希望给高收入人群提供租住的空间，对收入较低群体行业内关照不及，或者"阳光"照不到。在城市的发展中难免会出现这样的现象，包括上海这样的大城市。随着这些年的城市更新、旧区改造，中心城区原来租金较低的住房，被改造掉了，现在是高档商品房，那么支付能力较弱的群体被迫往城市边缘迁移，这个有利也有弊。作为长租房行业，在这个过程中应该扮演什么角色？长租房企业在产品设计方面、服务理念方面还是要考虑到各方面群体。避免低收入群体在整个城市发展过程中不断地往外迁移，从而增加他们的通勤成本、通勤时间，甚至使这部分群体只能离开大城市。这样对大城市的运行包括大城市的基本服务都会产生影响。

2022年的这个时期，上海体会特别深。2022年的这个时期上海绝大多数群体都在家里，你有外卖订单却没人帮你送，你有其他公共服务需求，甚至基本的保洁、家政需求也根本没法满足。这个应该说是给我们城市印象特别深刻的，所以作为住房租赁行业在这个过程中，是不是应该把收入较低、支付能力较弱的群体也应该考虑到。我们欣喜地看到市场中也有这样的一些主体，包括在上海发展的安歆这样的企业，对收入较低的群体，也会通过一些房型设计把他们作为客群（图2）。

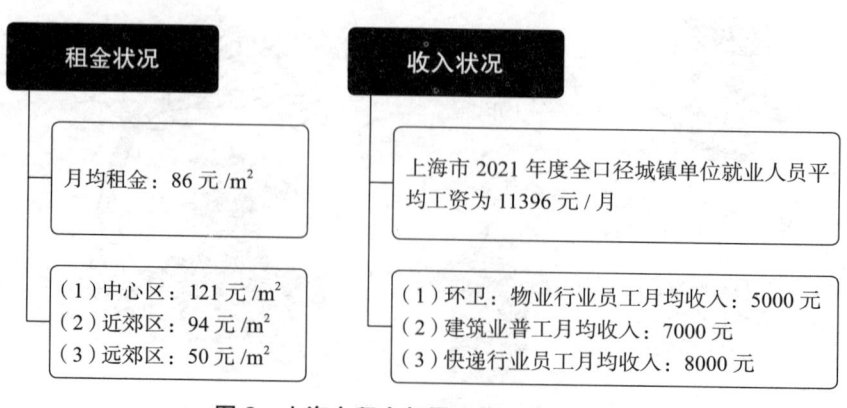

图2 上海市租金与居民收入状况对比

（三）规模趋于巨型化

第三个陷阱是规模趋于巨型化，包括两个方面，一个是市场主体方面，另一个是单体（单个租赁社区）的规模。

最近在一些城市调研，这点给我感受特别深，很多城市都讲到当前又陆续新建了多少个规模多大的住房租赁社区。现在单体规模3000套间以上已经很多了，最近陆续听到5000套间的，这个单体规模在不断增长。我举一个例子，北京首创繁星十八里店集租房项目，规模大概是6500套间，这个规模已经非常大了（表1）。作为一个纯租赁社区，入住规模将超过万人，在全世界都很难找到这样的先例。这个会有什么样的隐忧呢？可能接下来对社区管理、项目运营都会提出很大的挑战。

首创繁星项目基本情况　　　　　　　　　　　　　　　　　　表1

项目地址	北京东南五环西直河桥东南角
计划入市时间	2022年7—8月
项目规模	总投资约43.6亿元；占地面积11.8万 m^2，总建筑面积约40万 m^2，容积率2.5
业态	租赁住房6572套（首期约2300套），25.3万 m^2；商业4.9万 m^2；1个幼儿园
空间规划	12个开放式街区、6条活力步道、3个下沉式广场
公共配套	社区食堂、健身房、图书馆、超市、美术馆、影院、医院

刚才也有专家提到，近些年发展长租房过程中，一些地方对很多长租房项目始终没有完全接纳，因为他们要从基层的平安建设、社区治安以及公共服务供给等方面去考量。如果一个规模化租赁社区将对基层带来很大的挑战，这是长租房行业要深思的。另外一个问题，一个租赁社区规模过大，很容易带来其他一些集体行动的问题。以前的承租人都是分散的，接下来规模化租赁社区会把诉求集中，这将对今后的运营管理带来挑战，我们现在就要作一些思考。这是当前行业发展可能面临的陷阱。

三、跨越发展陷阱的政策建议

最后针对这些陷阱，总归要提几条建议，我也没有很好的思路，但是作为一个完整的报告，哪怕没想清楚也得提几条，不一定对。

（一）政府、主管部门要加强引导

引导行业健康发展，更多的是政策体系，包括立法，以及其他的政策完善。

（二）强化行业生态链

要把整个行业的生态链搭成，把它做强做稳。这方面实际上，类似于一个个体在社会中，他如果有强大的社会支持系统就不会做短平快的"捞一把就走"的业务。因此，整个行业要有一个自律机制，把各方面主体融入到这个完善的生态链中。

（三）企业提升市场包容度

在产品设计上，对一些收入较低、支付能力较弱的群体也能照顾到。这方面也需要政策支持，比如说2023年上海住建系统在作一项调研，对城市运行中的一些基本服务人群，包括建筑、环卫、绿化、市政管养工人以及家政人员，探索城市建设管理者之家，引进社会力量，为这些社会群体提供位置便捷、服务配套相对齐全的居住空间，使这部分群体在城市发展中也能享受到有尊严的居住空间。

我们目前初步估算这部分群体在上海大概有150万人。当然，不是说这150万人现在都没有住处，只不过是很多人群居住得没有尊严，居住的条件不好，品质不高。比如说很多建筑工人，基本上没有太有尊严的居所。我们调研的时候发现不少还是停留在拿着饭盒子蹲在马路牙子上吃饭，接下来上海要展现出城市的温度，为这部分群体提供更好的居住条件。

（四）加强租赁社区公共管理

这也是我们面临的比较大的问题，特别是大型、巨型的租赁社区，要为他们提供基本公共服务的供给。

希望通过今天的租赁论坛，凝心聚力，使长租房能够成为高质量发展、高品质生活、高效能治理的示范领域。对长租房治理方面，特别赞同柴会长讲的做优、做久、做强、做大。首先是要把它做优，把每个产品做好，每个企业接下来要做久，要可持续，然后是做强，接下来最后才是追求做大。

作者联系方式

姓　　名：严　荣

单　　位：上海市房地产科学研究院院长

地　　址：上海市徐汇区复兴西路193号

长租公寓客户群体分层与产品发展趋势

罗 意

摘 要：当下，长租公寓行业面临着较大挑战。本文分析了长租公寓客户群体分层与产品发展趋势，发现存在以下问题：一方面，公寓供给量猛增，行业竞争激烈；另一方面，客户需求凸显，现实与需求错位，租金并不是唯一敏感点，分层趋势逐渐明朗。当前公寓产品普遍存在同质化程度高、细分市场探索不足的问题。针对上述问题，提出了未来产品转型的可能性与建议。

关键词：长租公寓；客户群体分层；同质化；产品转型

一、长租公寓行业的当下：供给猛增，竞争激烈

（一）行业品牌矩阵逐渐稳定

根据中指研究院对长租公寓行业的监测发现，截至2022年年末，仅品牌长租公寓在60余个城市的运营门店就超过2700家，开业房源数量超75万间。由此可见，长租公寓无论在品牌和数量上都保持着持续增长的趋势，在投资资本不断入场追逐下，长租公寓市场的竞争也更为激烈。

（二）地产、资本机构投身，带来更多可能性

地产业高质量转型、国家政策红利、监管规范化以及企业内生增长力，让长租行业受到投资机构的青睐。

（三）政策愈发明朗，多重举措提高供给

北京市住房和城乡建设委员会关于2022年保障性租赁住房认定已公示3批次，共计56830间（套）房，集中在通州区、顺义区、大兴区、海淀区等；其中已有部分项目入市，带来大量供给。截至目前，北京成交保障性租赁住房1.77万 m^2。

二、客户需求的凸显

我们必须承认租赁行业未来的竞争程度是可想而知的。在这样的挤兑情况下，外

部的挤兑威胁几何？"供不应求"的现实是否能持续促使客户买单？我们以白领客户为蓝本，进行了一次需求调查。

（一）现实与需求的错位

按照需求比例，可将调研人群敏感的家具分为四级，其中，Ⅰ级包括书桌、床、衣柜；Ⅱ级包括餐桌、长沙发、晾衣架；Ⅲ级包括梳妆台、置物架、单人沙发；Ⅳ级包括床头柜、茶几、鞋柜。

与调研人群当前居所的家具配置相比，除基础（Ⅰ类，床、衣柜、书桌）外，其他家具都不是会影响客户选择租住与否的刚需产品。但在需求等级上，床头柜、茶几排名最末，与配置现状倒置；且餐桌、置物架、晾衣架、梳妆台的需求不被现状满足（图1、图2）。

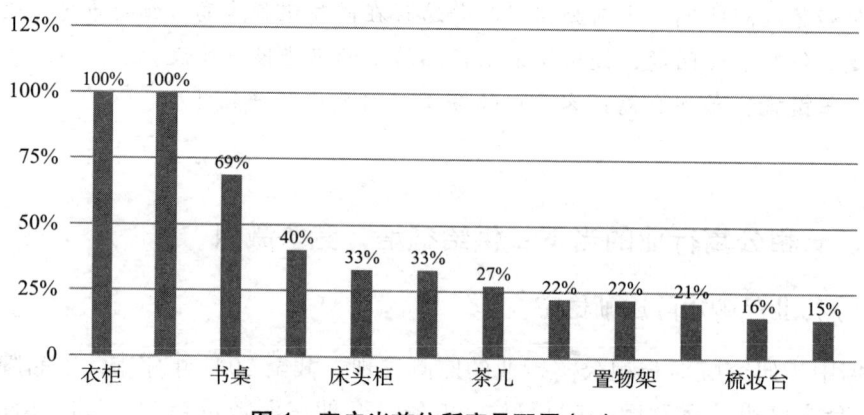

图1　客户当前住所家具配置（1）

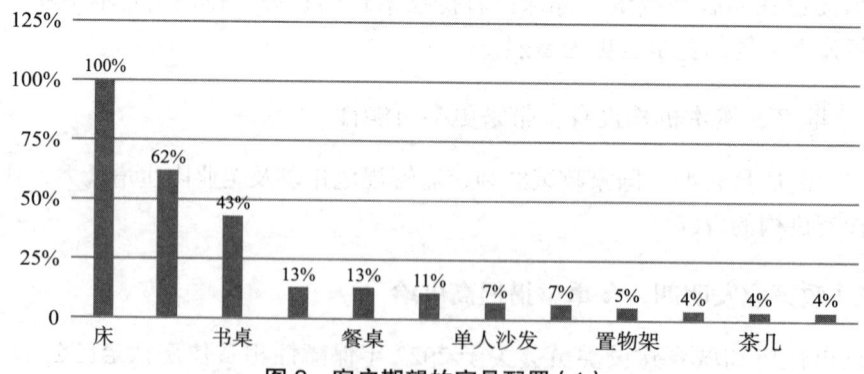

图2　客户期望的家具配置（1）

此外，客户的刚性需求是空调，其次是洗衣机（73.03%）；冰箱的敏感性较低，推测原因在于白领人群不经常做饭，冰箱仅用来保存水果、面膜、饮品等；抽油烟机需求比例仅5.73%，电磁炉不超过1%，推测原因与上文相同，白领客群对厨房功能利用极少，对相关家电不敏感；电视需求比例仅在3.1%，与现实中产品20%的配置比例形成对比（图3、图4）。

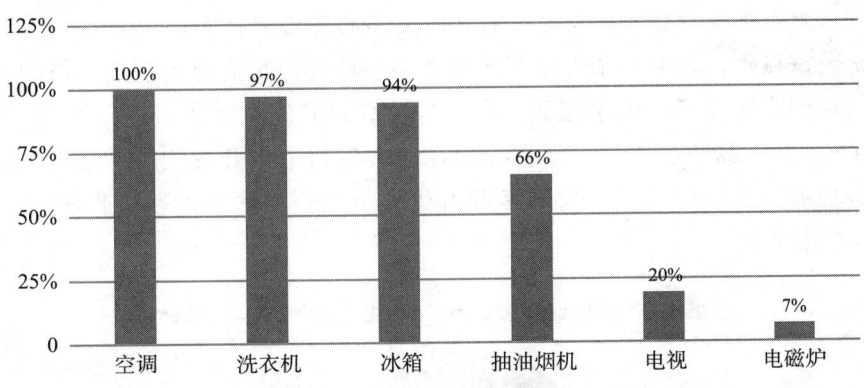

图3　客户当前住所家具配置（2）

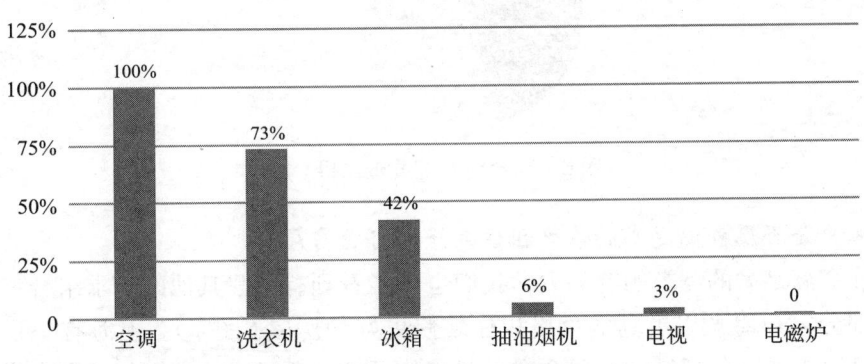

图4　客户期望的家具配置（2）

（二）租金并不是唯一敏感点

在产品满足需求的情况下，客户的支付意愿会被极大激发。调查结果显示，对于90后乃至95后客户来说，期望房间在满足基础睡眠功能之外，拥有一定的生活属性和娱乐性，且有一定的付费意愿（图5）。

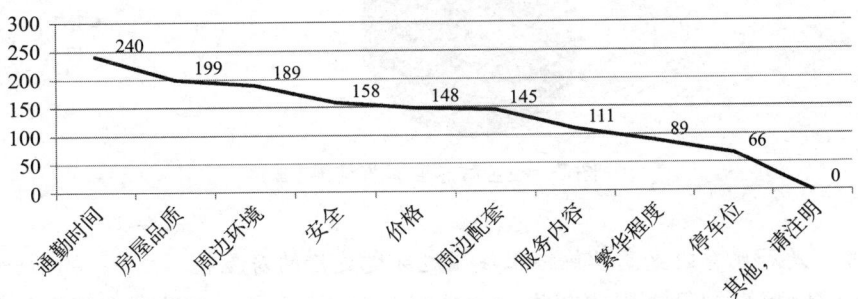

图5　客户租房时的首要考虑因素

1. 如果有条件整租独居，您是否愿意以更高的价格承租？

调研数据显示，如果有条件整租，稍微多一些客户是愿意承担高价格的（图6）。包括我们在望京还做了一个家庭型产品，两居室的租金大约是1.5万元/月，三居室是1.8万元/月，品质非常好。而且我们在这个项目上也开发到了非常独特的客群，该项目旁边有三个国际学校。这个客群占比为70%，家庭群体裂变非常好，家长之间的交互也非常多。

图6 租金敏感度调查结果（1）

2. 客户是否愿意以更高的价格租住装修更好的房屋？

在社会满足大的需求的趋势下，我们也许能看到有一些其他的需求组合。结果表明，大部分客户愿意以更高的价格租住装修更好的房屋（图7）。上海有一系列服务式公寓可以参考，包括早期的佰舍和一些其他可参照项目，北京类似的资产供给相对缺乏。如今乐乎在北京的在装项目大概有六个，包括在国贸、永安里、天坛、亚运村的。我们发现，目前客户两极分化非常严重，我们的升级类项目受到的影响比刚需楼项目受到的影响小很多。

图7 租金敏感度调查结果（2）

3. 客户是否愿意以更高的价格租住周边环境更好的房屋？

针对"以更高的价格租住周边环境更好的房屋"，客户并没有表现出显著差异，选择"愿意"的客户数量略多于"不愿意"（图8）。房屋是生活质量，不是生产质量，所以价格是"天花板"。我总体感觉，上海同行比北京同行敢定价。上海5000元以上的产品非常多，但北京包括我们自己，就不敢定价、不敢投入，就没有好的产品。所以，我在讲产品，是因为产品的痛对我来说很痛。我们在突破这样的一个企业增长过程中的障碍。

图8　租金敏感度调查结果（3）

（三）分层趋势逐渐明朗

刚需型白领为主导的市场下，改善型、企业型、商旅型、品质型、特定型等的客户需求逐渐浮出水面，呈现一主多元的特征（图9）。

图9　客户需求一主多元

（四）不凑合，住喜欢的好房

1. 市场供给

不仅是规模增加，更是质量的提升。极端的供求比不会持久，粗糙的产品直接导致收益"天花板"。

2. 群体结构

人口老龄化指向客户群体范围的扩大，不再是"青年公寓"，而是"全年龄公寓"。

3. 品质要求

户型设置、室内配套、公区配套、周围环境等以往被忽略的种种因素正逐渐成为影响客户决策的重要原因。

4. 消费观念

客户的消费观念正在由"不选贵的，只选对的"向"不选便宜的，只选合适的"转变。

三、当前公寓产品普遍存在的问题

客户的群体范围扩大与需求、观念的明确要求行业提供更"合适"的产品。当下，公寓产品普遍存在以下问题。

（一）同质化程度高

总体来看，各个长租公寓企业仍旧以开拓白领及蓝领公寓产品线为主，其主要是依靠房源的地理区位、房间内外的硬件设施以及价格区间来进行差异化竞争，但此类产品差异化战略极易在市场竞争中被模仿，进而产生产品同质化问题。同时，行业内部的产品战略普遍将室内与公共区域的硬装与软装和租金直接挂钩，但这部分资源配置并不一定符合客户需求，如部分公寓在公区普遍设置卡座及健身房，但在实际运营过程中，由于客户群体瞄点不清，这部分公区的实际利用率并不理想，使得投入与收益直接产生了较大的错配和低效。

（二）细分市场探索不足

长租公寓产品的设计与提供主要还是以青年群体为客群目标，在进行企业客户目标及市场转向时，对学龄市场和老年市场的考虑并不周全，特别是原有的房源主要采用标准化的房间设计，对于此类群体并没有针对性地提供个性化的设计方案，譬如特定的社区服务需求、安全保障需求、医疗康养需求等，导致这些人群的入住体验不尽如人意。但在行业内部，目前也出现了一些对细分市场新的探索，值得借鉴。此外，在政策背景和市场需求的快速变化条件下，行业和客群对物业供给的理解实际上也发生了较大的变化。

四、未来产品转型的可能性与建议

（一）转型的可能性

未来公寓产品的转型需要维护好主营业务客群，拓展不同群体的客户产品，转型的方向包括以下方面。

1. 物业类型：产品民宅化，租住社区化

租购并举的背景下，"融入"是租住体验的新命题。未来租赁产品的规模与管理模式一定会向现有住宅靠拢。

2.适配群体：两端扩张，横纵"全周期"

具体包括中高端客户、学生宿舍、家庭养老等。

3.户型细分：设计是重要竞争力

从白领房到电竞房再到宠物房，改变并不需要高投入；宠物房需要封窗与抗燥不潮；电竞房需满足网络、桌椅空间、隔声与深夜服务等需求。

（二）转型的建议

1.精准定位，完全掌握需求

客户的细分对市场定位形成更高的要求与挑战，需要走近客户，了解客户，深入调研需求，形成产品方案，同时为目标客户提供"超预期"体验。

2.户配与户型设计需下苦功

适应客户需求不是说完全依照客户需求，产品功能设置也不是家具堆砌。如何探索客户需求的边界，找到痛点，为坪效与体验寻求平衡点，这是转型的命题之一。

3.服务模式需同频转型

根据不同类型客群特点，提供不同的长租公寓产品和配套服务管理；针对不同群体的服务关切，满足特殊群体的特殊需求。

作者联系方式

姓　　名：罗　意

单　　位：北京乐乎公寓物业管理有限公司

地　　址：北京市密云区经济开发区兴盛南路8号开发区办公楼

邮　　箱：xuman@lefull.cn

浅谈长租房市场发展现状及未来趋势

伍 艳 洪丹丹

摘 要：近年来，在政策和需求的双重刺激下，伴随着住房租赁试点工作的推进，长租房行业迎来了飞速发展的黄金期。本文将从长租房的发展历程、运营模式等方面着手，剖析长租房市场存在的问题，探索长租房行业未来可能的发展趋势。

关键词：长租房；住房租赁；发展趋势

党的二十大再次重申"坚持房子是用来住的、不是用来炒的定位，加快建立多主体供给、多渠道保障、租购并举的住房制度"，坚持租购并举，加快发展长租房建设，成为未来房地产市场发展的重要一环。目前，我国长租房仍然处于扩张发展的阶段，随着城镇化进程的推进，农村人口向城市集聚，一二线城市人口的流动性增强，将催生大量的住房租赁需求。长租房市场发展的巨大空间，将吸引更多优质的机构和资产入局，产品和服务也将迎来新一轮的蝶变。

一、长租房市场发展现状

（一）发展历程

作为民生行业，住房租赁由来已久，《论语》记载"许由辞帝尧之命，而舍于逆旅"，"舍"是住的意思，"逆旅"是旅馆的意思，说明在尧商时期，就出现了将旅馆进行短期出租的现象，许由也是历史上有文字记载的第一位租客，距今已有数千年的发展历程。"规模住房租赁诞生于春秋战国，至汉朝住房租赁行为开始见之于史书，但处于早期阶段，至唐宋，住房租赁发展进入成熟阶段，大量史书和出土材料表明，最晚至东晋时期已经形成了完备的租赁条款，包括租赁双方、中介、租期、租金支付方式、违约条款与今日几无差别，唐宋朝都成立了官方的租赁机构——唐之内庄宅、宋之店宅务，明清时期城市的败落导致了住房租赁的式微，直至改革开放后再次发展"[1]。1995年，建设部印发《城市房屋租赁管理办法》，提出加强房屋租赁管理，房屋租赁逐渐规范；至2015年，中央经济工作会议首次提及发展住房租赁市场，住房租赁行业进入发展的快车道。

具体到长租行业，业内普遍把2017年称为"租赁元年"，这一年，广州市发布《关于印发广州市加快发展住房租赁市场工作方案的通知》，该《通知》中提出了"租购同权"，为房地产市场及租赁市场的发展提供了更多的尝试方式，在中国长租房史上堪称里程碑式的措施，一石激起千层浪，自此，各地纷纷出台住房租赁新政，国家级住房租赁试点城市更是将长租房推向高潮。具体来看，2017年以前，长租房市场经营模式较为粗放，从最早的个人张贴广告的二房东、小作坊模式，到后来在互联网思维影响下催生的部分品牌公寓，长租房走过了热钱涌入、疯狂扩张的一段时间，也留下了诸多隐患；2018年后至今，可以说是长租房快速发展的黄金期，国家及地方政府层面纷纷出台利好政策，鼓励和发展长租房市场，这一时期，长租房运营机构和品牌大量出现，各类型的长租房产品层出不穷，长租房规模化、专业化效应开始显现。

（二）运营模式

从运营模式来看，长租房可分为集中式、分散式以及租赁社区三种类型。集中式长租房是指具备一定规模、实行整体运营并集中管理、用于出租的居住性用房，集中式长租房通常以自建、收购、租赁等方式获取整栋或整层物业，在资金投入上相对较大，回报周期偏长，便于标准化运营和管理。分散式长租房是指运营的房源分布在不同地段、不同区域的物业小区，运营机构通常是与个人业主签订一定期限的租赁合同来获得房屋使用权，再进行统一装修管理后对外出租，前期投入相对较小，选择面较广。租赁社区则是指由多栋集中式长租房建筑组成的大型社区，社区内不仅有集中式长租房的公区和休闲设备，同时配备隶属于社区的商业和生活配套，相较集中式和分散式，租赁社区更强调社区的归属感，对运营机构的资金背景、产品设计、项目管理及整体运营能力等要求颇高，目前多由具备雄厚资金和资源背景的国企持有运营。

综合来看，三种类型的长租房业态各有利弊，集中式长租房囿于较高的资金成本，目前市场占有率略小于分散式长租房，租赁社区在国家大力发展保障性租赁住房的背景下，近年来房源供给呈上升之势。

（三）企业类型

国内长租房运营机构从背景上看，大致可以分为国企系、房企系、中介系、创业系。国企系是以地方国企为代表，在"租购并举"号召和政策指引下成立的国有长租房品牌运营机构，如合肥合房承寓、广州越秀星寓等；以房地产开发企业为代表的房企系运营机构有万科泊寓、龙湖冠寓、旭辉瓴寓等；中介系主要是指以房地产经纪机构为背景的运营机构，典型的代表品牌有链家自如寓、我爱我家相寓；创业系长租房运营商有魔方、未来域、V领地、合肥孟邻公寓等，也占据了一定的市场份额。

二、长租房市场建设存在的问题

（一）长租房企业专业化运营能力不高

1. 企业规模化发展程度不高

纵观国内，虽有国企、房企的入局，但小微企业仍然占据市场主体的绝大部分，中大型长租房运营机构数量占据小部分比例。以笔者所在城市合肥为例，在该市行业自律平台——合肥市住房租赁协会诚信信息管理系统①上，截至2022年年底，已登记备案的689家住房租赁机构中，从员工数量上看，拥有员工数量10人以下的有620家，占比高达90%；从机构类型来看，国有企业11家，其余678家均为民营企业，其中，个体工商户188家，占比高达27.3%。长租房准入门槛低，各类机构不论资质，均可入场，行业规模化、规范化、标准化发展程度偏低，市场主体亟待培育发展。

2. 从业人员素质偏低

由于长租房尚处发展期，从业管理标准缺失或不够完善，从业人员多数由中介、二房东、个人转化而来，从业人员素质良莠不齐，从业门槛相对较低。据合肥市住房租赁协会诚信信息管理系统数据不完全统计，已登记的从业人员②多数学历为高中/中专及以下，大学及以上学历占比较低，长租房行业从业人员整体素质不高，与承租人日益个性化、追求高品质、高体验的居住需求不匹配，由此引发了一系列的投诉、舆情，进而给行业带来了负面影响。

（二）网络平台存在虚假房源

国内长租房网络信息发布平台上存在着部分虚假房源，这些房源图片虚假、地址错误、价格低于实际价格，更有甚者，出现了所谓的信息咨询公司。这类机构并不实际收储、运营房源，而是以"空手套白狼"的方式，用海量的端口投放、精美的假房源图片、低廉的价格和无法兑现的虚假承诺来大量吸引承租人，待承租人缴纳信息费后方可看房。这类公司收取信息费后将承租人推给住房租赁机构，或不按承诺带领承租人看房，严重扰乱了市场秩序。

这类虚假房源的存在，主要原因有：

（1）长租房的客户群体以进城就业的新市民、新青年群体为主，这部分群体年龄集中在18~30岁区间内，在网络平台房源信息真假难辨的大环境下，这部分群体多

---

① 合肥市住房租赁协会诚信信息管理系统，系专门用于住房租赁从业人员实名登记服务的系统，从事房屋租赁的机构和人员通过系统登记领取服务证后，将取得唯一的从业编码及二维码，接受社会监督和评价。

② 此从业人员特指企业登记的从事一线房源发布业务工作的人员，并不代表企业全部人员。

数初入社会，风险防范意识不足，容易被低价虚假房源信息误导，轻信违规从业人员的口头承诺，未对房屋租赁合同条款进行详细确认就盲目签署，导致财产或其他损失。

（2）平台审核不到位，网络信息平台上虚假房源的存在，不仅是从业机构和人员不规范的原因，平台也负有一定的审核责任。平台与机构是合作关系，机构发布房源需向平台缴纳高额费用，另外，机构想让自己的房源出现在首页，还需另外缴费参与竞价排名。面对部分机构发布的虚假房源，网络信息平台及其业务人员往往睁一只眼闭一只眼，在审核上选择"放水"。

（3）平台的审核不严，给行业主管部门的管理带来了诸多障碍：一方面，网络信息平台上从业机构和人员众多，海量的网络房源信息，增加了管理成本和管理难度，行业监管难以覆盖到每一个从业者身上；另一方面，行业主管部门对网络信息平台的行政执法权限、行政手段有限，仅仅依靠约谈、劝解等，触及不到平台的核心利益，无法形成威慑，给管理又带来了一定的难度。以合肥市为例，该市长租房行业主管部门通过网签备案检查、房源发布核验机制、从业人员服务证等形式，要求各网络信息平台在房源发布页面展示从业人员服务证、房源核验码等信息，一定程度上遏制了虚假房源的蔓延，但仍然有部分房源通过其他特定页面、盗用或虚构房源核验码对外展示。

（三）长租房立法层面的缺失

当前，国内长租房正处于快速发展的黄金期，但国家层面对于长租房却没有一部专门的法律法规，地方对长租房市场立法的也寥寥无几，房屋租赁当事人出现相关纠纷，仅依靠双方的合同约定或《中华人民共和国民法典》来划分权责，但长租行业作为一个新兴行业，与各方权利人关系复杂，很多行为关系无法找到一个与之相适应的法律解释，立法的缺失对行业发展影响较大。据笔者统计，截至目前，仅北京市、上海市、常州市等少数城市先后针对长租房出台了专门的地方法规，其他部分地方的长租房法规颁布年代久远，如《合肥市房屋租赁管理办法》为2013年出台颁发，距今已有十年，已不适应目前社会经济发展和行业现状，亟待修订与完善。

三、长租房市场发展政策建议及未来趋势

（一）长租房发展政策建议

1. 修订完善相关配套政策

一方面，要创新完善长租房政策，及时出台相关法规，做好相关法律法规的衔接，规范长租房市场行为和市场秩序；另一方面，完善长租房配套扶持政策，从金融、税收等方面为长租房市场的发展提供法律保障，助推市场专业化、机构化、规模化发展。特别是在金融支持方面，长租房在前期房源获取和开发阶段，需要大量的新

建或改建资金，基于其高投资、回报周期长等特点，在融资上，探索长租房资产证券化能够帮助长租房企业实现以较低成本融资，通过资产证券化、长租房 REITs 产品的发行，获得稳定的融资支持，对于长租房企业的规模化、专业化发展有着重要意义。

2. 建立健全行业服务标准

长租房行业发展周期不长，相较房地产经纪机构发展还不太成熟，各项服务亦未有明确标准，行业发展良莠不齐。从国家层面上制定长租房行业标准，如从业机构、经营服务标准等基本要素，明确房屋装修及消防配套的标准，能够有效规范长租房机构行为，维护租赁双方合法权益；建立健全长租房人员服务培训机制，如实行长租房从业机构和人员实名备案、信用评价制度，对从业人员进行继续教育等，提高行业从业人员素质和服务水平。

3. 强化监管与服务

长租房涉及的领域众多，与各方的关系复杂，以房源发布为例，长租房可发布的网络信息平台有 58 同城、贝壳、闲鱼、抖音等，各类新兴信息平台亦在不断崛起，监管难以做到全覆盖，行业政策的贯彻落实程度不一。因而，加强管理权限，赋予行业主管部门更多的行政抓手，能够帮助主管部门加强政策的贯彻落实。通过部门间联合监管，有效运用行政手段，强化对网络信息平台的监督管理，进一步打击虚假房源，规范互联网房源信息发布行为，严惩发布不实房源、不实信息等从业机构和人员，畅通承租人维权渠道，协助解决承租人责任认定难、退还房租难、解除合同难等问题，给予一定的法律咨询和援助，切实维护承租人权益。

4. 发挥行业组织引领作用

行业组织作为政府和企业之间的桥梁纽带，其非政府性、非营利性、公益性与独立性等特征，决定了其在行业治理方面的独特优势。充分发挥行业组织的自律作用，有利于灵活、快速捕捉行业问题及本质，化解行业矛盾，确保行业的健康发展。自 2017 年住房和城乡建设部等部委联合发布明确在部分人口净流入的大中城市开展住房租赁试点以来，各地相继成立了长租房行业自律组织。以合肥为例，该市长租房行业组织——合肥市住房租赁协会，不仅在该市长租房发展政策建言、行业监管、网签备案检查、风险监测等多方面深度参与，同时还积极组织中高考免费爱心房源、春节留肥免费住等公益活动，获得了良好的社会反响，树立了行业的正面形象，在引领行业健康发展方面发挥了积极作用。

（二）长租房未来发展趋势

1. 行业龙头效应凸显

纵观国内，目前在人口集中、住房租赁需求较为旺盛的一二线城市，均有国有长租房品牌的入局，且市场占有率越来越高，国企龙头效应凸显。从国际上看，部分发达国家出现了规模庞大的巨头企业，以日本为例，"日本大东建托是典型的轻资产包租发展模式，是日本最大的租赁住宅资产管理公司，市值约人民币 760 亿元。2016

年,大东建托中介签约 26.7 万间,市场占有率约 7%,管理住宅数量 92.3 万户,市场份额 7.36%,管理户数连续 19 年保持行业第一"[2]。我国作为人口大国,随着人口流动和城市化进程的加快,越来越多的新市民、新青年涌入城市,将催生极大的住房租赁需求,未来,或许也将出现类似日本大东建托的规模化的龙头企业。

2. 产品精细化发展

随着长租房市场的规范化发展,承租人对品质的追求越来越高,行业的业态分化向着更精细化的方向发展,使得租赁企业不再仅仅提供单一的租住产品,产品从追求规模到数量与质量并重,企业更加注重产品设计及居住体验,产品类型也越来越多,衍生出诸如宠物房、电竞房等满足小部分群体需求的租赁产品。同时,租赁企业提供的服务也在不断升级,房屋管家、维修保洁、换房搬家等增值服务出现,住房租赁呈现精细化运营的发展态势。

3. 大型租赁社区出现

从分散式长租房到集中式长租房,伴随着各地租赁用地的陆续入市,租赁产品不断升级,以小区为单位,集健身房、超市、医院、学校等配套为一体的租赁社区掀起热潮。租赁社区的诞生,满足了不同承租人群体的居住需求,更加注重生活的场景化打造,为承租人提供全方位的生活保障。一定程度上说,租赁社区的出现颠覆了固有的房屋租赁认知,打破了传统意义上的房屋租赁格局,是推动租购同权落地的重要一环。可以预见,未来几年内租赁社区将成为长租房发展的重要方向之一。

4. 保障性租赁住房增量明显

近年来,保障性租赁住房政策持续出台,增加保障性租赁住房供给,发展保障性租赁住房,已经成为建立多主体供应、多渠道保障、租购并举住房制度的重要途径。在政策的推动下,保障性租赁住房建设提速,保障性租赁住房供给增量扩充,与此同时,保障性租赁住房 REITs 持续扩容,在此背景下,保障性租赁住房将越来越成为长租房市场建设的主流。

四、结语

住房租赁,是一项复杂而系统的民生工程,随着房地产市场长效机制及"两多一并"制度的不断发展,长租房市场政策体系、市场秩序的持续完善,租房将成为大众普遍接受的新型生活方式,庞大的市场需求对产品品质和机构运营能力提出了更高要求。长租房政策红利的持续释放,保障性租赁住房在 REITs 方面的探索突破,为长租房市场完成融资、投资、管理、退出的商业闭环提供了先发经验,长租房市场将迎来新一轮快速发展期。在新的机遇与挑战下,长租房行业管理者应汲取住房租赁试点、保障性租赁住房金融试点及相关成熟经验,在长租房市场秩序建设、金融、税收等方面继续创新改革,各机构运营者要发挥自身的差异化优势,强化对产品的更新迭代,共同推动行业的快速革新,形成监管有力、发展规范、权责明晰的长租房市场机制。

参考文献：

[1] 穆林. 中国古代住房租赁发展情况与启示 [R]. 中国网—地产，2019.

[2] 熊炜. 浅谈我国长租公寓现状及发展趋势 [J]. 中国房地产业，2018（21）：2.

作者联系方式

姓　名：伍　艳　洪丹丹

单　位：合肥市住房租赁协会

地　址：合肥市庐阳区宿州路 238 号房地产大厦 B 座 5 楼

邮　箱：洪丹丹（zlxh65550759@163.com）

长租房发展的瓶颈及政策堵点研究
——以上海为例

汤婷婷　张　韵　王　萍　戚丹璎　程筱艾

摘　要：2021年中央经济工作会议提出，要加快发展长租房市场，推进保障性住房建设。本文聚焦上海市长租房市场，通过文献梳理和调研相结合，找出当前长租房发展的瓶颈及政策堵点，并对上海市长租房的发展提出有效、可操作的建议，为加强长租房政策有效实施、进一步推动长租房发展提供政策参考。

关键词：长租房；保障性住房；瓶颈；政策堵点

一、长租房的定义及范围

"长租房"是中央在住房政策领域新近提出的用语，官方对此暂无明确的定义。业内和学者对长租房的定义及范围提出了不同的见解和看法，但主流学者的观点较为一致。如常鹏翱认为，宜把长租房界定为内含市场机制的专用租赁住房，包括市场性租赁住房和保障性租赁住房，但不包括轻资产租赁机构运营的租赁住房[1]。《上海房地》评论员提出，"长租房"是指长期用于租赁的房屋。这些房屋存在于住房保障和住房市场两大体系之中，前者主要包括公共租赁住房、保障性租赁住房，后者则包括多种形式的市场化租赁住房[2]。赵鑫明将长租房定义为可长期出租、可长期用于居住的房屋。无论是保障渠道提供的、还是市场化方式供给的，只要符合可长期出租、可长期用于居住的特征，都应属于长租房的范畴[3]。

上海市《关于加快发展本市保障性租赁住房的实施意见》（沪府办规〔2021〕12号）规定，除市、区房屋管理部门认定的公共租赁住房和单位租赁住房统一纳入保障性租赁住房管理外，"市、区国有企业通过各种方式获得租赁住房用地投资新建的全自持租赁住房由区房屋管理部门统一认定后，纳入保障性租赁住房管理。其他符合条件的租赁住房，以政府引导、自愿申请为原则，由区房屋管理部门认定后，纳入保障性租赁住房管理。"根据实施意见的要求，上海的保障性租赁住房除了租赁住房用地投资新建的全自持租赁住房外，部分原市场化长租公寓项目也相继被纳入，保租房成为目前上海市长租房的主要组成部分。因此，将保租房纳入研究范围具有必要性。在此背景下，结合主流学者的观点，对长租房进行以下定义：从内涵上来讲，上海的长租房不仅包括了属于住房保障体系的保障性租赁住房，也包括属于住房市场体系的市场化租赁住房。从形式上来看，长租房大致可分为集中式和分散式两种。从供应主体来看，既包括由专业机构持有或运营的租赁住房，也包括居民提供的分散式租赁住房。在此基础上，根据上海市长租房发展现状及研究需要，将研究对象确定为：上海市长期用于租赁的住房，包括市场化长租房以及保障性租赁住房，在发展中的瓶颈及政策堵点。

本文重点对通过改建和盘活存量住房筹集的长租房进行研究。

二、上海市长租房发展的瓶颈及政策堵点

前期调研显示，不同建设筹集方式的长租房遇到的重点问题和瓶颈不同。

（一）改建长租房

非居住存量房屋改建指通过商改租、工改租、其他非居住房屋改租等方式建设的租赁住房，是上海市筹措长租房的重要渠道之一。改建项目多位于市中心城区，上海市改建长租房正在逐步纳入保租房管理。上海市改建长租房主要存在水电气价格较高、消防验收难、审批流程长等问题。

1. 水电气价格较高

上海市改建长租房大多无法使用民用水、电、气标准，租赁成本的增加使得这部分改建长租房在租赁住房市场竞争力较弱。未纳保部分，2017 年，上海市印发《加快培育和发展本市住房租赁市场的实施意见》，允许商办用房等按照规定改建用于住房租赁，签订土地补充出让合同。"商改租""工改租"等非住宅类项目转化为租赁住房需要将土地用途调整为居住用地，需补缴土地出让金，方可享受民用水电标准等相关优惠政策，极大地增加了企业土地成本。纳保部分，2021 年，上海市印发《关于加快发展上海市保障性租赁住房的实施意见》，允许非居住存量房屋改建为保障性租赁住房，在用作保障性租赁住房期间，不变更土地使用性质，不补缴土地价款。部分企业调研过程中反馈，由于非居房屋电管线与住宅存在差异，若想改造民用电，需额外建造变电站，费用支出大。

2. 消防验收难

上海市消防部门对写字楼和酒店等项目改造成具有居住功能的住房有明确的限制，消防验收标准较为严格。2017 年的《实施意见》中规定，改建后按照变更许可后的审批要求，进行规划、建设及消防审核验收。2021 年的《实施意见》中规定，改建项目纳保需办理保障性租赁住房认定手续以及立项、规划、施工、消防等手续。然而，国家层面尚未制定针对"非居改租"的消防验收标准，导致上海市消防验收也无统一标准。"商改租""工改租"的二次消防验收，在防火分区、安全疏散和防火分隔

设施等方面未有明确的规范和行业标准，造成后期监管及查处依据不足，保障居住安全的同时也在一定程度上抑制了开发商或租赁运营企业推动改建长租房的积极性。

3. 审批流程长

前期阶段，非居改租项目审批流程复杂，涉及部门较多，审批时间长。为加快审批流程，上海市房管局组织部门推进会，统一审核企业材料，但仍需要3～6个月。2021年的《实施意见》规定，对新实施的非居住存量房屋改建保障性租赁住房项目，需由区政府组织区房屋管理、规划资源、建设管理、消防等部门联合审查改建方案。同时，现有法规政策规定，若盘活存量项目未取得规划许可，不得实施新建、改建、扩建工程，为项目成功改建增加了不确定性。审批流程的冗长繁琐增加了长租房项目改建的难度，制约了非居存量住房的盘活。

（二）盘活存量住房用于长租房

盘活存量住房用于长租房主要包括机构代理经租房源与社会零散房源两个部分。上海市存量住房盘活用于长租房的主要问题为：机构代理经租市场存在乱象，存量住房获取、改造难度较大，支持政策有待加强等。

1. 机构代理经租市场存在乱象

近年来，部分代理经租机构通过高价收购房源迅速占领市场，通过高负债、高风险的准金融模式吸收资金实现快速扩张。这部分代理经租机构往往要求租客一次性支付半年或整年的租金，并通过租金折扣等优惠措施鼓励租户办理租赁分期贷款（"租金贷"），而仅按月将租金支付给房东，"长收短付"模式下，机构方沉淀了大量资金以进一步扩张市场占额。机构的畸形经营模式存在风险内嵌性，其高价收购房源甚至自行补贴差价以占领市场的行为不仅推升了租客租赁成本，也为机构自身带来了巨额亏损，一旦市场下行，机构资金链断裂，就会产生暴雷风险。

2. 存量住房获取、改造难度较大

闲置的存量住房分布较为分散，难以获取，且多数品质较差，改造难度较大，盘活存在一定困难。存量住房来源主要包括：居民和单位出租存量住房；住房租赁企业收储商品住房、安置房等；老旧住房、城中村房屋等改造提升用作租赁住房。机构与闲置物业业主之间信息不对称问题较为突出，无法及时获取闲置物业信息，导致获取存量住房存在较大难度。由存量住房来源可知，可用于机构持有或运营的存量住房大多住宿条件有限，运营机构往往需投入大量改造成本。如老旧住房、城中村房屋等，这些住房区域往往存在人口密度大、居住空间有限、卫生条件较差、设施老旧、公共服务和基础设施配套匮乏等缺陷，改造存在较大困难。

3. 支持政策有待加强

财政支持政策方面，上海市房屋管理局印发的《上海市2021年度中央财政支持住房租赁市场发展试点资金使用计划方案》，明确了新建租赁住房项目和"非转租"项目的奖补标准。而现有存量住房由于其形式多样化、标准难统一等特点，难以制定相应的标准给予中央财政支持。税费优惠政策方面，2021年，财政部、税务总局、住房城乡建设部联合印发《关于完善住房租赁有关税收政策的公告》，《公告》表明，对企事业单位、社会团体以及其他组织向个人、专业化规模化住房租赁企业出租住房的，减按4%的税率征收房产税，专业化规模化住房租赁企业的标准为：企业在开业报告或者备案城市内持有或者经营租赁住房1000套（间）及以上或者建筑面积3万m^2及以上。部分企业（例如自如）在不同区域盘活住房的体量各异，在盘活项目较少的区域缴纳房产税时，往往因在该区域住房体量未达标准而无法享受税费优惠政策。

三、进一步推动上海市长租房发展的对策建议

（一）明确长租房的定位

完善长租房政策体系，推动长租房发展，应从加快建立多主体供给、多渠道保障、租购并举住房制度的战略高度，明确其发展定位。总体来看，应明确长租房"定盘星"的定位。所谓"定盘星"，即在经营服务的规范性、租赁关系的稳定性、租金定价的合理性、市场运行的有序性等方面形成标杆，能引领住房租赁行业的技术创新和进步。

（二）加快完善长租房政策体系和顶层设计

从国家层面明确长租房的顶层设计和基本制度框架，明确市场化专业机构参与长租房建设和运营的体制机制。严格落实中央经济工作会议提出的有关要求，明确土地、金融、财税等支持政策，使长租房的建设、运营管理和政府监管手段都有法可依。加快出台住房租赁相关法律法规，通过立法来明确各市场参与主体的责权利关系，为租赁住房的建设、准入使用、经营和退出提供法律依据。

（三）针对不同建设筹集方式的长租房加强政策完善和细化

机构化是提升租赁市场专业服务的必要途径和重要载体，但由于租赁行业盈利空间较窄，租赁企业面临着税负、融资、合规等问题，这也是制约专业化住房租赁机构发展、长租房供应增加的主要因素。建议针对不同建设筹集方式的长租房从金融、财税等方面完善政策，加大政策支持力度。

1. 改建长租房
1）完善水电优惠政策
根据上海市最新规定，非居住用地上新建、改建的保障性租赁住房，水、电、气价格执行民用标准。在此基础上，建议将经批准利用非居住存量土地建设的市场化长租房，或者将存量非居住房屋改建、改造为市场化长租房的，用水、用电、用气、用热价格均执行居民生活类标准。

2）制定专门的设计标准和规范

一是对于非居改建、改造为长租房的项目，应先进行可行性调研，对于物理条件不适合的建筑，进一步探讨其改造的可行性。二是在标准方面，尽快出台统一的建筑设计标准，建议将长租房提升到住宅或宿舍的规范模式（见《民用建筑设计统一标准》GB 50352—2019）进行改造和管理。三是建立适合改建长租房项目的消防安全、建筑容积率、采光排风等建筑标准。通过建立消防标准、明确消防审批规则、完善消防巡检标准等措施重点解决消防验收难的问题。同时，在项目申请、审批条件、改建验收等环节进一步明确细则和流程指引。

3）优化项目审批环节

相关部门应进一步优化项目审批环节，包括精简改建长租房项目的审批环节和事项，简化审批流程，缩短项目审批时间。

2. 盘活存量住房用于长租房

1）加强代理经租机构监管

一是将住房租赁企业向房屋委托出租人支付的租金以及向房屋承租人收缴的租金、押金和利用"租金贷"获得的租金等租赁资金，以一定比例存放于第三方租赁资金专用存款账户。二是对"托管式"住房租赁企业委托的房源收缴一定比例的风险防控金。三是针对不同类型的长租公寓企业根据实际经营情况实施评级，并对其采取不同的监管措施。例如，对于利用"租金贷"的收入占比超过住房和城乡建设部规定的租赁企业，有关部门可以对缴入专户的"租金贷"资金实施严格的监管措施；对于经营自有重资产项目的租赁企业，有关部门可以要求租赁企业设立专户，实施抽查监管；对于提供第三方担保的租赁企业，有关部门可以结合企业经营情况，决定采取不同力度的监管措施。

2）提高存量房屋利用效率

盘活存量住房资源不仅有利于增加长租住房供应，还有利于"职住平衡"的实现和城镇化高质量发展，是发展长租房市场的关键点之一。建议政府将持有的各类出租率相对较低的存量房屋（如公租房、人才公寓、闲置征收安置住房等）转化为长租房房源，并委托给专业的住房租赁企业经营管理，以增加房源供应、提高租赁住房利用效率。

3）加强税收优惠力度

针对个体出租人，通过税收优惠等政策支持和鼓励其将空置或短租的房屋委托给专业住房租赁企业用于长期租赁，不仅能有效盘活存量房源，扩大租赁住房供给量，而且由专业机构统一管理有助于进一步规范租赁市场的发展。根据《财政部国家税务总局关于廉租住房经济适用住房和住房租赁有关税收政策的通知》（财税〔2008〕24号）文件规定，对个人出租住房，不区分用途，按4%的税率征收房产税。建议针对将房屋委托给专业机构用于长期租赁的业主，减半征收房产税，即按2%的税率征收。

针对分散式租赁机构，根据《关于完善住房租赁有关税收政策的公告》，对企事业单位、社会团体以及其他组织向个人、专业化规模化住房租赁企业出租住房的，减按4%的税率征收房产税。各省、自治区、直辖市住房城乡建设部门会同同级财政、税务部门，可根据租赁市场发展情况，对本地区全部或者部分城市在50%的幅度内下调标准。建议进一步完善本市住房租赁企业税收政策，扩大可享受税收优惠的租赁企业范围，对于符合条件的规模小于1000套（间）或建筑面积小于3万m^2的分散式租赁机构，减按4%的税率征收房产税。

4）加大资金支持力度

支持住房租赁企业在公开市场发行债务融资工具、公司债券、企业债券等债券类产品，在业务合规、风险可控的前提下，发行资产证券化产品，募集资金专项用于长租房建设和经营。参考发达国家经验，支持住房租赁企业将持有运营的租赁住房抵押作为信用增进，发行住房租赁担保证券。

（四）加强租赁需求端引导

1. 加强承租方权益保护

依法维护出租人和承租人合法权益，促进形成稳定的住房租赁关系。例如，在住房租赁合同期限内，除法律规定和合同约定的情形外，住房租赁企业不得采取暴力、威胁或者其他非法方式，迫使承租人腾退租赁住房；合同期内不得单方面解除租赁合同，不得单方面提高租金等。

2. 保障公共服务待遇

一方面应切实扩大公共服务供给。公共服务的供给要逐渐适应租赁人口的数量结构和空间布局。通过优化基本公共服务设施建设标准和规划布局，分类考虑长租房带来的差异化服务需求，存量地区应逐步挖潜，努力扩大资源保障能力。

另一方面强化长租房政策配套机制，支持为租赁人群提供基本公共服务，保障公共服务待遇，按规定享有落户、就业、教育、公共卫生、社会保障、法律援助等国家规定的基本公共服务。逐步将公共服务与房产所有权松绑，使租、购住房在享受公共服务上具有同等权利，使更多人享有更高品质的城市生活。参考北京、成都、深圳等地推行的"多校划片"、教师轮岗模式，打破附加在房屋产权上的教育资源的优先权，促进教育资源的均衡化，同时也有利于平衡生源分布，促进租户共享更加优质的资源。

3. 强化住房租赁市场监测监管

建立健全住房租赁管理服务平台，提供机构备案、房源核验、面积管理、信息发布、合同示范文本、网签备案、统计监测等服务。完善房屋信息基础数据库，纳入房屋管理基础平台和房地产市场监测系统。依托平台对住房租赁经营活动实施全过程监管，为租赁当事人提供一站式服务。

建立信用评价制度。加强住房租赁行业信用评价，实施分级分类监管。将住房租赁企业、房地产经纪机构及其从业人员以及出租人和承租人的诚信记录等纳入信用信息共享平台，建立住房租赁企业信用评价制度，通过租赁管理服务平台定期发布租赁企业信用情况，接受社会监督，对于存在明显"高收低租""长收短付"行为的高风险企业进行约谈，对严重失信住房租赁企业实施联合惩戒。

参考文献：

[1] 常鹏翱. 走向住房租赁新市场的长租房及其司法保障 [J]. 学海，2022（4）：20-29.

[2] 本刊评论员. 加快健全长租房政策体系 [J]. 上海房地，2021（12）：1.

[3] 赵鑫明. 加快发展长租房市场需注意处理好四个关系 [EB/OL]. [2022]. https：//mp.weixin.qq.com/s/owDqq87kQ_t0f4IavA6FGw.

作者联系方式

姓　　名：汤婷婷　张　韵　王　萍　戚丹璎　程筱艾

单　　位：上海市房地产科学研究院

地　　址：上海市徐汇区复兴西路 193 号

邮　　箱：汤婷婷（13916098843@163.com）

一主多元：长租公寓客户群体分层与产品发展趋势刍议

姚晓雪

摘　要：本研究通过对当前长租公寓发展过程中的重要市场背景进行分析，立足于行业实践和市场需求，结合行业发展过程中存在的问题以及未来存在的发展趋势，从长租公寓客户群体分层及其产品发展趋势角度对行业进行分析，为行业抛砖引玉提供了包括"学龄群体的市场化学生公寓""老年群体的适老化养老公寓"和"宠物饲养爱好者的宠物公寓"在内的产品方向。在此基础上，建议行业从产品设计语言、服务模式和服务流程等角度进行改进，以期实现长租公寓行业产品的日臻完善以及可持续发展。

关键词：长租公寓；客户群体；产品分层；异质化服务

自20世纪末中国进行住房制度改革之后，房地产市场得到迅速发展并在近十年逐渐表现出过热的现象。租赁作为房地产企业辅助的盈利方式，在多变的政策环境和高企的购房成本之下，其低不确定性风险和低交易成本的优势已日益凸显。作为互联网快速发展背景下的受益者，长租公寓凭借其经济便利性、安全舒适等优势得到了年轻租赁群体的青睐，成为满足城市青年租房需求的重要选择之一。伴随着近几年长租公寓市场的快速发展，具有一定体量和规模的长租公寓企业不断涌现，根据中指研究院对长租公寓行业的监测发现[1]，截至2022年年末，仅品牌长租公寓在60余个城市的运营门店就超过2700家，开业房源超75万间（图1），由此可见，长租公寓无论在品牌和数量上都保持着持续增长的趋势，在投资资本不断入场追逐下，长租公寓市场的竞争也更为激烈。

与此同时，保障性租赁住房的加速供应也对长租公寓行业产生了一定的影响。以北京为例，截至目前，北京住房和城乡建设委员会关于2022年保障性租赁住房认定已公示3批次，共计56830间/套房，集中在通州区、顺义区、大兴区、海淀区等；其中已有部分项目入市，带来大量供给。根据北京市规自委公布的《北京市2022年度建设用地供应计划》：供应租赁住宅用地300hm^2。截至目前，北京成交保障性租赁住房1.77万 m^2。同时，在北京公布的2022年土地供应计划中也不难看出对保租房供给的支持力度。在300hm^2 租赁住宅用地中，公租房仅为67hm^2，相比去年的150hm^2 大大减少。去年的"集租房"一列，今年变为"保租房"，供应体量也由

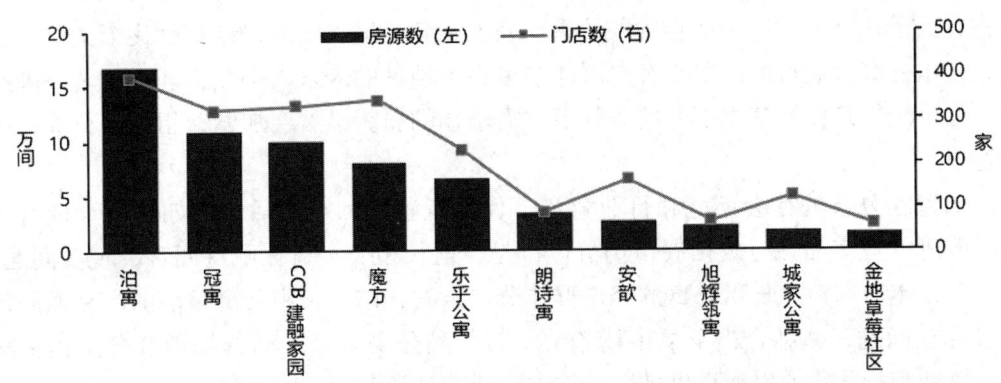

图 1　2022 年重点长租公寓品牌开业门店数及房源数

（资料来源：中指数据（CREIS））

150hm² 增加至 233hm²。由于保租房有着政府背书、租金限价的特点，加之政府通过金融财政政策吸引地产与地方资本介入，保租房相对于传统长租公寓行业的优势更为凸显，这实际上也吸引了很大一部分长租公寓客群。在未来供给上升的趋势下，长租公寓行业更需要聚焦于产品战略，注重多元客户群体的细分。

就长租公寓行业自身而言，长期以来长租公寓行业的市场群体以白领和蓝领为主，行业内部所聚焦的客户群体较为有限且集中。在一线、新一线等城市长租公寓企业以高学历青年群体为主要客源租户（图 2），无论是产品的设计还是宣传营销也均倾向于白领及蓝领公寓市场，市场产品供给的高集中度也使得长租公寓产品初步呈现出供大于求的局面，租赁租金也遇到"天花板"的情况。与此同时，国家统计局数据显示，2021 年中国 60 岁以上人口占比已达到 18.9%，中国已正式步入老龄化社会，老

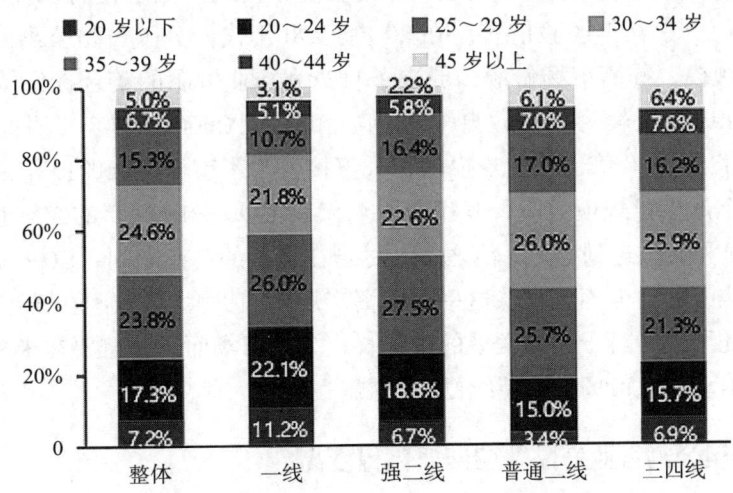

注：强二线城市包括天津、杭州、武汉、重庆、成都、苏州、南京。

图 2　2022 年主要城市长租公寓租客年龄结构分布

（资料来源：中指数据（CREIS））

龄化和少子化已正式成为社会发展的重要表征趋势，过去的人口红利已逐渐消失。因此，长租公寓行业目前的主要客户群体数量在可预见的未来内必然呈现出显著下降趋势，在市场供给保持基本不变的条件下，需求端的弱势必然会加剧长租公寓行业的内部竞争。

如何在复杂的社会环境和行业背景下保持竞争力和行业活力，如何整合现有市场，改进行业产品并有效拓展市场群体，是目前长租公寓行业亟待回答的现实问题。基于此，本研究拟从长租公寓的客户群体分层出发，结合长租公寓目前的产品发展现状及存在问题，并结合当下的市场趋势，对长租公寓未来产品的拓展及分层提供构想，以期为指导行业发展提供借鉴，推进行业产品类型的日臻完善。

一、长租公寓目前的产品发展现状及存在的问题

我们结合自身实践与行业观察情况，总结了目前长租公寓行业主要的产品发展现状及其存在的关键问题，主要包括三个方面。

（一）长租公寓行业市场整体规模小，集中度较低

总体来看，我国长租公寓市场相对于欧美等市场仍旧处于市场整体规模较小、集中度较低的阶段，这一情况在二、三线城市表现得更为突出。我国的住房租赁市场需求庞大，但长租公寓在其中所占的比重并不显著，远不及美国42%以及日本83%的市场占有率。较低的市场占有率和集中度带来了长租公寓市场中企业数量多、单体企业规模小、市场内部竞争激烈的现实，这也导致市场资源配置效率不高，企业及行业均难以形成合力，同时还易导致行业内部恶性竞争。这一问题我们也可以从美国长租公寓发展的历史中获得经验借鉴：在20世纪90年代，美国长租公寓的龙头企业通过扩大资产规模，提高市场份额，促进了自身和行业资源的整合提升。其中以EQR（Equity Residential）较为著名，自1993年上市后到2000年的8年时间内，EQR的物业规模扩张了10余倍，企业规模的扩大直接带来了市场份额的提高，也使得EQR在运营成本上产生了规模效应，其租金收入仅在1996—1998年的3年时间内就增长了1.9倍，净利润也达到了2.5倍之多。尽管在之后的一些年间，EQR采取了更为谨慎的业务聚焦战略，但不可否认这一时期资产规模的扩大也为企业的转型升级奠定了基础[2]。由此可见，对于蓬勃发展的中国长租公寓市场而言，需要在未来适度提高行业集中度，推动行业市场的可持续健康发展。

（二）长租公寓行业产品普遍同质化程度高

尽管近年来我国部分长租公寓企业的产品线逐渐拓展并不断丰富，但整体来看行业内部的同质化问题仍旧较为明显。总体来看，各个长租公寓企业仍旧以开拓白领及蓝领公寓产品线为主，其主要是依靠房源的地理区位、房间内外的硬件设施以及价格

区间来进行差异化竞争，但此类产品差异化战略极易在市场竞争中被模仿，进而产生产品同质化问题。同时，行业内部的产品战略普遍将室内与公共区域的硬装与软装和租金直接挂钩，但这部分资源配置并不一定符合客户需求，如部分公寓在公区普遍设置卡座及健身房，但在实际运营过程中，由于客户群体瞄点不清，这部分公区的实际利用率并不理想，使得投入与收益直接产生了较大的错配和低效。在产品的异质化策略上，香港长租企业的一些经验值得借鉴。根据美国研究机构 Demographia 于 2023 年年初发布的国际住房负担能力报告，香港地区的楼市价格已连续 13 年蝉联全球价格最贵区域，是全球置业困难程度最高的地区之一。在刚性住房问题长期困扰的背景下，香港地区的住房租赁需求也被放大，在市场驱动下，香港的长租公寓形成了多样化的产品类型，包括豪华型长租公寓、中高端长租公寓和共享型长租公寓。豪华型公寓主要面向高端商务人士和高净值人群，主要满足这些客群对私密、高效、便捷的需求；中高端长租公寓主要面向香港本地及由海外来港生活的高潜力年轻租户群体，以长实集团海韵轩公寓式酒店和新鸿基 Townplace 本舍（图 3）为典型代表；共享型长租公寓则以小面积为主（10m² 以内），租户通常有着共享的生活、休憩和厨房空间，但此类长租公寓价格较为实惠，月租金介于 6000~12000 港元之间，在香港颇具竞争力，如 Weave Co-Living 便属此类。总体而言，扩大服务顾客群体并提供多样化的产品，以及多样化、高水平的服务管理是提高差异化水平、提高市场竞争力的关键，目前国内长租公寓企业在该方面的差异化竞争不足。

图 3　新鸿基 Townplace 本舍内景

（资料来源：新鸿基官网）

（三）长租公寓行业对细分市场的探索不足

当前，长租公寓产品的设计与提供主要还是以青年群体为客群目标，在进行企业客户目标及市场转向时，对学龄市场和老年市场的考虑并不周全，特别是原有的房源主要采用标准化的房间设计,对于此类群体并没有针对性地提供个性化的设计方案,譬如特定的社区服务需求、安全保障需求、医疗康养需求等,导致这些人群的入住体验不尽如人意。但在行业内部,目前也出现了一些对细分市场新的探索,值得借鉴。此外,在政策背景和市场需求的快速变化条件下,行业和客群对物业供给的理解实际上也发生了较大的变化。在过去,行业内部普遍认为集中式公寓等同于一栋物业或是几层物业,长租公寓企业实际上很大程度上在扮演着中介合并物业的角色,但随着现代城市建设的不断发展和城市设计理念的更新变化,尤其是保租房大量上市的影响下,社区的概念得到了普遍的认可并作为行业理念得以实践。在国内,华润置地有巢公寓将社区的概念融合进产品,推出了"一站式生活社区""智慧型科技社区"和"伙伴式服务社区"的概念产品(图4),取得了较好的产品效益。在国际上,睿星资本(Greystar)在全球范围内根据不同地区的住房需求现实,专注于开发专项建造和设计的出租公寓、学生公寓和青年人士公寓,通过采取轻资产运营的基础物业资产与物业开发管理模式,专注于细分市场的高品质定位和动态开发运营。在差异化运营体系和发展战略的指导下,睿星资本实现了在客群定位上的异质化经营,提供出既高品质又负担得起的长租公寓住房解决方案。因此,在未来的长租公寓市场发展中,对细分市场的探索与把握将会显著影响长租公寓行业的发展方向,同时成为重要的行业利润增长点。

图4 华润置地有巢公寓社区概念产品

(资料来源:华润置地有巢公寓官网)

二、长租公寓客户群体拓展与产品分层

在外部政策影响和客户需求不断变化的背景之下,长租公寓行业亟待进行产品的细分调整和分层发展,有以下几类公寓产品值得关注。

（一）中高端人士的高端化公寓

除传统的蓝领与白领客群外，在一线城市和准一线城市中，存在着诸多注重入住品质和体验，对价格不敏感的短/长租客户群体，包括部分涉外客户、外国旅行或商务客户、国内中长期商旅交流客户等。部分公寓也在这部分客群上进行了一些尝试，如思享物业的 Stey 公寓品牌（图5），在公寓建设上，通过对标潮流新青年群体，通过减弱公寓的部分居家氛围，同时增强整体的美观程度，在公寓内部的家具选品，平面设计，以及公区设计和社交氛围营造上投入更多资金和精力，迎合这部分客户的实际需求。此外，馨乐庭公寓（Citadines）的诸多经验也值得借鉴。馨乐庭将客户群体精准定位到高端商旅人群，在普通商旅酒店的基础上增加居家的长租氛围，如对增加储物空间、更改桌椅选品、增设晾衣杆与洗烘一体机或扩大共享洗衣房等细节进行打磨，有效将传统商旅酒店包括早餐、布草更换和入室保洁在内的便捷性和长租公寓长期稳定的优势相结合，实现了产品的跨界优势融合。

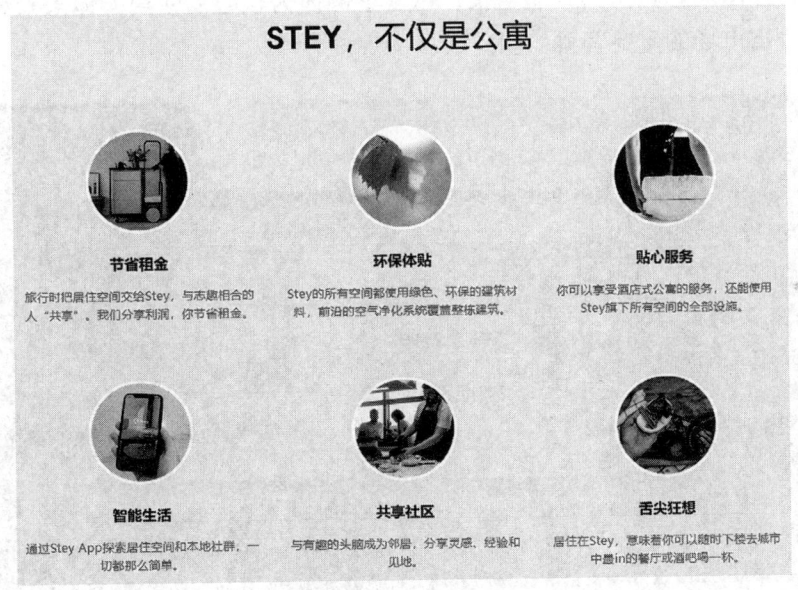

图 5 Stey 公寓产品特点

（资料来源：Stey 公寓官网）

（二）学龄群体的市场化学生公寓

目前，以学龄群体为主的客户群体主要有两类人群值得重点关注。其一为服务于高等院校的学生公寓类产品。截至 2023 年 3 月，全国高校研究生在校规模已达到 365.4 万人，硕士及博士群体的招生增幅自 2017 年后便始终保持着 10% 左右的增幅，随着中国对科技人才需求的持续扩大，未来高等教育生源扩招的趋势势必仍要持续。但与之相对应的是高校以宿舍为核心的硬件设施短期内不会出现大的增长，随着高等教育的不断扩招，原有的高校宿舍已不能满足于快速增长的学生数量，尤其在一些寸土寸金的一线城市，学校很难在短时间内集中财力和人力拓展学生宿舍空间，特别是目前已经出现了部分高校在校内宿舍无法满足研究生群体需求的情况下，将部分学生推向市场，通过扩大非全日制研究生招生规模，暂时性解决这一矛盾。因此，长租公寓作为一种社会化的补充措施，可以满足这部分快速增长的市场需求。

以学生群体为核心的长租公寓在国外高等院校外已经形成了较为成熟的商业模式，如英美等的国际前沿高等院校，在宿舍条件远不能满足日益增长的留学生数量的条件下，积极推进以长租公寓为核心的社会化学生公寓项目。仍以睿星资本为例，其针对伦敦等拥有强人口流动性且有着大量留学人口的城市，创立了 Chapter Living 这一学生公寓品牌（图6），目前已拥有8处房产，运营6137张床位。通过专注于学生群体的实际需求，Chapter 品牌以世界一流大学的国际学生为主要客户群体，对这一客群具有独特的吸引力，目前住客中包含着37%的研究生和78%的国际学生，已形成稳定的运营模式。尽管目前中国的国际留学生规模不及英美等发达国家，但随着中国综合国力和国际影响力的日趋增长，以留学群体为核心的住户群体未来势必会成为国内长租公寓市场的重要客源。

图6　睿星资本 Chapter Islington 学生公寓外景

（资料来源：Greystar 官网）

其二为服务于一些专业考试群体的长租公寓模式，譬如考研、考公与各类长期备考的专业考试群体。随着市场对学历和专业技术认证等需求的不断提升，考研、考公、考证逐渐"高三化"，被考生从家中、图书馆逐渐"卷"到自习室等，对独立生活备考空间的需求不断上升。2022年中国研究生入学考试的学生报考规模为457万人，而最终录取的研究生比例不到其中的三分之一，这也意味着将有近七成考生无法"上岸"，而在这其中，有很大一部分群体学生会选择在第二年继续进行备考，由于这部分学生的身份往往已转变为社会备考人员，原有校园的生活住宿设施已无法提供给这部分群体，因此，寻求舒适、合适的备考生活空间则成为这部分群体的刚需。这一客群特点在韩国较为典型，韩国的一线城市存在着诸多的考试院公寓，主要瞄准以各类考试备战为目标的考试生群体。这类公寓一般提供做饭的公共厨房和公共休息室，部分考试院提供餐食，入住及退租手续方便，不需要任何押金、手续费等复杂手续及过程。只要有房间就可以马上入住，部分考试院甚至可以按天来结算。房间内一般只设置一张单人床、书桌、书柜，通过将产品进行极致压缩，此类产品在成本与回报上实现了较高的正向收益。目前，国内长租公寓行业针对这一群体的产品并不多见，未来可以考虑对这部分群体需求进行产品拓展。

（三）老年群体的适老化养老公寓

老龄化的加剧为城市地区的老人养老带来了诸多新问题，传统的居家养老和养老院模式各有利弊。居家养老模式在独生子女一代逐渐成为社会砥柱群体的同时，也带来了"两个子女要赡养四位老人"的现实难题，在精力和时间上，子女难以满足老年人的养老需求；而传统的养老院模式，在一些老人心里依旧存在着传统的抵触情绪。目前，已经出现了诸多针对以老年群体为代表的养老需求的老年社区，雅达集团的雅达·松下社区即是典型的实践案例。雅达·松下社区坐落于江苏省长寿之乡的宜兴市阳羡溪山，项目共计1170户，包括公寓794户和别墅376户，整个社区以"面向中老年客户的健康住宅"为理念，通过将智能设备和智能家居进行适老化改造，将智能化、生态化和专业化的理念植入社区，为老年群体的康养需求提供了优质的入住体验（图7）。但整体来看，目前针对老年群体的长租公寓产品较为少见，未来长租公寓可

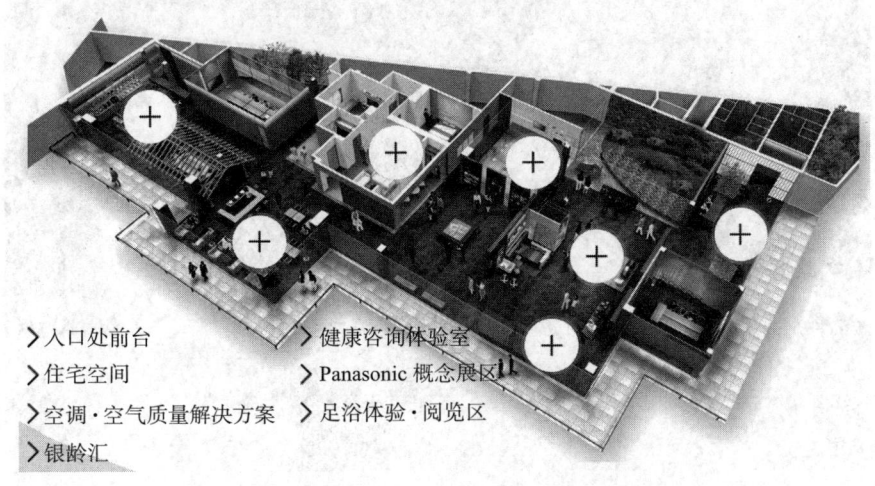

图7　雅达·松下社区智能生活馆分区设置

（资料来源：Panasonic官网）

以立足这部分市场需求，在已有年轻群体产品经验的基础上，以年轻的理念提供完善的服务，对目前已有的设施设备进行适老化改造，真正做到满足老年群体的实际需求，打造高龄公寓产品，实现对老年群体客群的拓展。

（四）宠物饲养爱好者的宠物公寓

《2021年中国宠物消费趋势白皮书》指出，2020年中国宠物行业市场规模接近3000亿元，同时在未来三年宠物行业也将继续保持平稳增长，复合增速预估达到14.2%，到2023年行业规模将达到4456亿元[3]。在当下的年轻群体中，在大城市漂泊打工的群体往往在社交上缺乏时间和精力，以"吸猫"和"撸狗"为特征的青年租客群体数量并不容小觑，从养宠群体较为集中的城市来看，北京、上海、广州、深圳和杭州稳居前五名，这与我国住房租赁市场一线城市和强一线城市的发展趋势接近。养宠的年轻租客往往以猫狗等宠物为精神寄托，在住房选择时往往会将饲养猫狗等宠物的需求直接纳入其中，在现在有的长租公寓中，这部分群体的需求实际上并未得到良好的满足。在国内，以中海长租公寓为代表的企业针对宠物友好公寓也进行了部分尝试。中海友里杭州滨江店以宠物友好型公寓为亮点，不仅在基础设施的设置上对宠物友好，同时注重租客和爱宠在公寓内居住的长期感受，通过设置专门的宠物区域，为租客提供安心的宠物服务（图8）。此外，在公寓内部设计上，包括对门窗的隔离、封窗以及设置宠物护栏等；在公寓服务上，包括入住前的宠物消杀，全屋产品的宠物友好无毒设计，屋内提供猫爬架、猫抓板以及更有效的隔声材料等。在此基础上，公寓社区与国际知名宠物食品品牌帕特和宠爱国际宠物医院进行合作，针对宠物饲养和宠物健康问题，为住户提供详细的指导和帮助，同时提供上门喂养、自助洗澡等特殊

图8 中海友里宠物友好型公寓宠物服务设施

（资料来源：中海地产官网）

服务。以宠物友好型社区为卖点，中海友里杭州滨江店实现了较为稳定的客源，同时提高了公寓的溢价能力。同时，通过乐乎对北京市场的调研发现，有79%的租客愿意以更好的价格租住宠物友好型社区的公寓，在每月能承担的溢价上，有94%的客户选择愿意承担300～1000元左右的溢价。由此可见，宠物友好型社会公寓的产品营利潜力十分可观[4]。总体来看，宠物友好型公寓，正在成为年轻租客的新刚需，作为长租公寓行业的发展卖点之一，未来可以在适宜的城市和区域扩大产品供给，结合租客痛点提供更好的服务以提高竞争力。

三、立足白/蓝领公寓供给，拓展长租公寓产品的差异化服务

不可否认，在短期内以白/蓝领公寓为核心市场的长租公寓供给依旧是长租公寓企业的核心业务，因此，面对快速变化的社会条件和市场趋势，长租公寓企业应立足于"一主多元"，需要在保持好主营业务客群的同时，积极拓展不同群体的客户产品。在此过程中，需要注意以下几点。

（一）定位不同产品，采取不同的设计语言

长租公寓行业应对客户群体进行精细化区分，根据不同类型客群特点，提供不同的长租公寓产品和配套服务管理，同时从公寓的硬软装设计语言和基础设施等多角度满足不同群体差异化的需求。以乐乎集团的品牌战略为例，在不同群体的产品布局上，诸多长租公寓企业也采取了诸多尝试。乐乎集团创建了怀庭（高端定制公寓品牌）、芷岸（生活美学公寓品牌）、乐乎公寓（集中式高品质共享公寓品牌）、乐乎青年社区（轻居概念公寓品牌）、乐乎启程（企业服务公寓品牌）等多元化的品牌线；自如集团发展了自如寓（集中式白领公寓）、自如驿（床位型青旅宿舍）、自如（分散式房源公寓）、自如曼寓（集中式高端公寓）；魔方公寓集团也形成了包括9号楼（蓝领公寓）、魔方（白领公寓）和魔尔（高端公寓）的品牌布局：长租公寓企业以不同的公寓品牌有着不同的战略定位，以不同的服务模式和理念服务于不同的客源群体。整体来看，部分高端服务式公寓在产品布局上已取得了较好的收益，2022年度平均租金达到了人民币每平方米每月123.5元，相较于传统的长租公寓，品牌化的主要服务式公寓整体空置率2022年环比下降5.5个百分点至20.6%，具有较好的发展效益[5]。因此，长租公寓企业可以结合自身的战略目标，从企业实际出发，定位不同的公寓产品并采取多样化的设计语言，提升产品竞争力。

（二）提供特色化服务项目，异质化传统长租公寓服务模式

针对不同群体的服务关切，在充分调研市场的基础上，满足特殊群体的特殊需求。比如对老年群体还要关注医养资源的空间距离、老年关怀的实际需求等；对年轻的学生群体提供更为细致的安全服务，以及社交空间的拓展等。以乐乎芷岸和青年社

区为例，芷岸是乐乎集团旗下集中式高端生活美学公寓品牌（图9），致力于满足艺术工作者、高净值人群和成功人士等对生活美学的需求，在公寓设计上，通过融合生活美学、艺术美学、人体工程学、智慧生态建设等理念，将美学、精致化服务和舒适体验相结合，为客户群体提供独特的入住服务和体验；青年社区则是乐乎集团旗下集中式轻居概念公寓品牌（图10），依托乐乎集团行业领先的大体系运营能力，专注打造

图9　乐乎芷岸公寓内饰

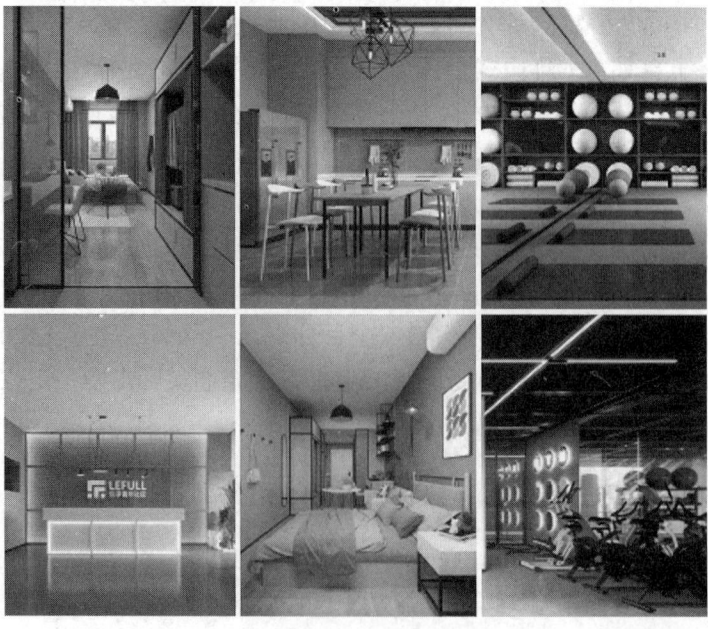

图10　乐乎青年社区公寓内部基础设施

集约高效、便捷舒适、环境友好、安全规范的城市高性价比的舒适租住空间，充分满足城市新市民、新青年等奋斗者们对生活居住的要求。倡导"快乐居住、快意生活"的生活理念，将租客的生活化繁为简，面对挑战无后顾之忧。由此可见，长租公寓在建立不同客群目标子品牌的基础上，可以通过有针对性的客群服务策略，结合目标客群的实际需求采取多样化的服务模式，提升服务质量和满意度，进而提高产品效益。

（三）针对不同群体，建立不同的规范化服务流程

从长租公寓的特点上来看，长租公寓的重要特征即是"服务式企业"，服务质量的好坏决定了企业发展的可持续与否。但由于不同公寓子品牌的目标群体并不相同，群体的服务需求也有着显著的差异，因此，长租公寓企业有必要建立不同的规范化服务流程。在这一点上，自如的一些经验值得借鉴：自如构建了"BSH"体系，要求从业人员行有品（Behavior）、技专业（Skill）、心阳光（Heart），真正地为客户提供专业、贴心的服务（图11）。以保洁为例，自如从保洁阿姨的招聘伊始就采取认证的方式，合格录入后保洁阿姨将接受30天的培训，如果在工作中遭到用户三次不满意评价，就会被要求重新培训上岗。此外，在搬家服务上，自如在推出搬家服务之初就定制了全套透明清晰的服务标准。除了车辆使用费用外，根据楼层有无电梯、有无过道、搬运距离、搬运物品明细等，有详细的收费标准。自如通过"BSH"心服务标准推动行业服务水平提升，也得到了市场的认可，收获了长租客群的好评。由此可见，长租公寓企业可以对企业内部的管理和服务人员开展针对化的培训，完善对相关客群的服务标准、行业准则等规则制度，通过标准化、规范化的服务模式，提高企业服务

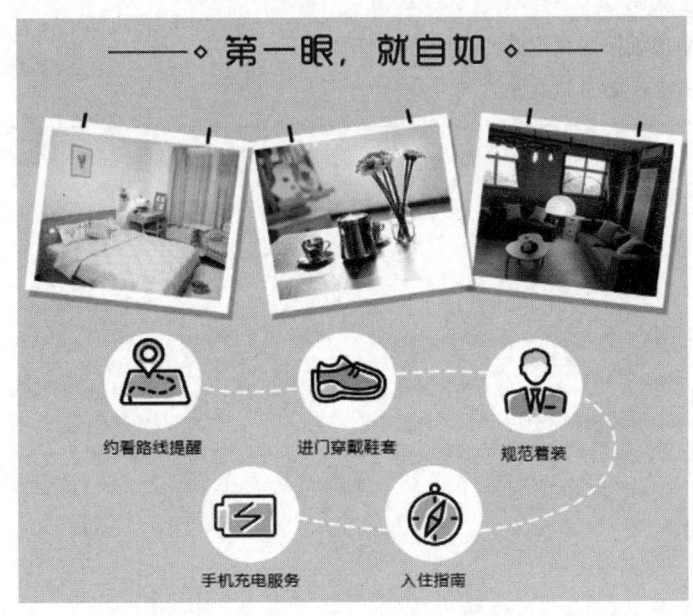

图11 自如管家服务标准化流程

（资料来源：自如官网）

的专业化水平和效率，在合理的成本和资金支出基础上，布局更为规范、标准、特色的增值服务。

四、结论

尽管长租公寓是房地产行业新兴的产品之一，但从本质上来看，长租公寓行业是以服务为核心的服务型行业。因此，行业发展的内核脱离不了服务的细化和质量的提升。这体现在企业运营上，需要企业从客户需求的角度出发，重新审视市场环境和产品战略，通过对长租公寓客户群体进行有效分层，并制定与之相适应的产品发展战略。这也是长租公寓行业未来发展的重要机遇与趋势。

参考文献：

[1] 中指研究院.2022 中国住房租赁市场年报 [R]. 北京：中指研究院，2022.

[2] 周艳红.我国长租公寓市场结构优化研究 [D]. 南宁：广西大学，2022.

[3] 艾瑞咨询.2021 年中国宠物消费趋势白皮书 [R]. 北京：艾瑞咨询，2021.

[4] 乐乎公寓.乐乎 15 号线公寓居住人群调查报告 [R]. 北京：乐乎集团，2022.

[5] 第一太平戴维斯（中国）.北京住房租赁报告 [R]. 北京：第一太平戴维斯（中国），2022.

作者联系方式

姓　　名：姚晓雪

单　　位：乐乎集团

地　　址：北京市朝阳区大屯路西奥中心 B 座 3 层

邮　　箱：yaoxiaoxue@lefull.cn

分散式长租公寓运营中存在的问题及对策分析

刘 伟

摘 要：近年来，我国分散式长租公寓市场的发展极为兴旺，这对于满足人们租赁需求、盘活存量房源以及平衡住房市场具有举足轻重的作用。本文从分散式长租公寓市场的重要供应者——长租公寓企业出发，根据企业在获取房源、设计装修、房屋租赁和后续服务四个运营阶段中所产生的不同问题进行分析，包括获取房源成本高、装修过程不规范、空置率高和服务质量差等，并针对这些问题提出相应对策，以助力长租公寓企业在高质量发展道路上行稳致远。

关键词：分散式长租公寓；企业；问题；对策

一、引言

随着我国租购并举制度的建立，过去房屋租赁市场在整个房屋供应体系相对滞后的局面逐渐被打破，长租房市场步入了发展的初级阶段。2021年12月，中央经济工作会议提出加快发展长租房市场，随后相关支持政策陆续出台，长租房市场迎来了广阔的发展空间，吸引不同主体积极参与，而门槛相对较低的分散式长租公寓市场发展尤为显著。

分散式长租公寓的运营是由企业从不同房东处获取分散房源后，对其进行装修改造再出租，相较于集中式，分散式长租公寓有两大优点：一是分散式长租公寓企业进入市场所需资金较少，进入门槛低，这有利于长租房市场的快速扩散；二是分散的房源更容易获取，可以满足不同客户群体的需求。因此，分散式租房客源量大，市场占有度高，根据华经产业研究院的相关数据，2021年机构化分散式长租公寓市场在长租公寓市场内占比已达4.9%，高于集中式长租公寓2.4个百分点，已是目前机构化长租房市场中最主要的经营形式。但由于行业仍在起步阶段，市场鱼龙混杂，分散式长租公寓的发展出现了诸多问题。因此，本文通过将企业运营分散式长租公寓的流程分成四个部分，包括房源获取、设计装修、房屋租赁以及后续服务，分析各阶段所产生的问题并提出相应建议。

二、分散式长租公寓各运营阶段的主要内容

在房源获取阶段，分散式长租公寓企业首先要通过线上和线下方式获取房源，然后与房东协商好收房价格，签订合同，合同的期限一般为三到五年，企业还会取得另外的空置期限用于房屋装修。由于各个企业为了能从彼此手中抢到更加优质的房源，占据更多的市场，收房价格被不断地抬高。在设计装修阶段，企业可自行或委托第三方设计装修方案以及对室内进行装修，并添置一些必要的家具家电。完成上述工作后，企业要对房屋进行通风晾晒，当晾晒期限小于企业从房东处拿到的空置期限时，企业可获取更多利润。在房屋的租赁阶段，企业要通过多种渠道吸引租赁需求者看房，双方达成一致后，签订合同，企业向租客收取一定期限的租金、房屋管理费和服务费。在后续服务阶段，企业主要是向租客提供保洁、维修和客服等基础服务，由于各企业的人员素质和服务标准不同，服务质量也参差不齐。

三、分散式长租公寓运营中的问题

分散式长租公寓的运营流程分为获取房源、设计装修、房屋租赁以及后续服务四个部分，在获取房源上，运营分散式长租公寓的问题是收房成本过高和优质房源获取困难；在设计装修阶段，产生了装修污染严重超标和违建现象反复的问题；在房屋租赁阶段，主要问题是房屋的空置率难以降低；在后续服务阶段，存在着基础服务质量差和额外服务费用多的问题（图1）。

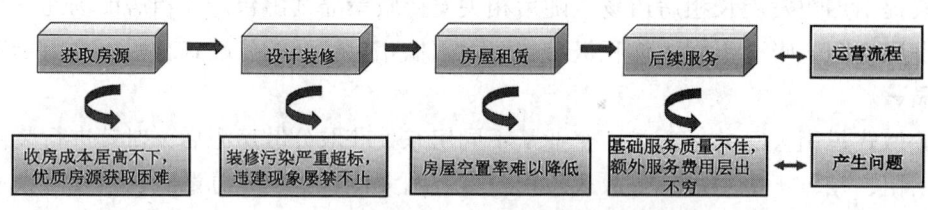

图1 分散式长租公寓运营问题分析图

（一）收房成本居高不下，优质房源获取困难

分散式长租公寓的运营需要注入大量资金，这给企业的盈利带来巨大压力，而众多企业又通过高价收房，抢夺优质房源，以占领更多市场份额，由此，竞争的加剧导致成本不断升高。根据华菁证券研究院于2017年对长租公寓的行业研究报告分析，55%的拿房成本占比和65%的入住率是行业的盈利临界点，但根据明源地产研究院的相关数据分析，市场上大部分长租公寓获取房源成本已达到总成本的50%～70%，一些甚至达到了80%，以过高的价格收取房源对分散式长租公寓的合理运营已造成

巨大阻碍，解决房源成本难题迫在眉睫。

除此之外，优质房源获取难度大也已成为限制企业发展的另一道枷锁。分散式长租公寓的房屋来自于分散的房东，企业需要从房东手里拿到符合众多消费者需求的优质房源，而是否能获取到优质房源，取决于市场上是否有这样的房源出租，企业是否能发现优质房源，房东又是否乐意与企业合作，以及企业之间是否能从激烈的竞争中获取房源。目前，分散式长租公寓市场竞争残酷，房东又对分散式长租公寓企业抱有质疑和偏见，优质房源稀少，企业在获取房源这一起步阶段步履维艰。

（二）装修污染严重超标，违建现象屡禁不止

在企业从房东处取得房源后，房东一般会给企业1～3个月的装修期，在这段时间内将不收取租金。因此，一些企业通过把"装修"空置期转变为"入住"租赁期，把刚装修完的房子立即出租出去以获取更多收益，亦或是采用劣质材料进行室内装修以节省成本，装修污染问题由此产生，租客安全受到极大威胁。2018年，链家旗下的自如公寓就被多位租客曝出房间内甲醛严重超标，一些租客委托第三方机构检测出室内空气甲醛浓值达到了 $0.18mg/m^3$，严重高于标准值 $0.1mg/m^3$，租客们出现了过敏、呼吸不顺和急性支气管炎等身体不良症状，更有严重者危及到了生命。

对于在长租公寓内打隔断间的违建乱象，住房和城乡建设部在《商品房屋租赁管理办法》第八条就规定出租房屋应当以原设计的房间为最小出租单位，对出租屋隔断间行为予以禁止，监管部门也多次对该行为进行打击。但是，仍有较多分散式长租公寓企业投机取巧，利用隐藏原房屋户型图的方式逃避监管，或是采取对租客隐瞒房屋原本户型的方式，游离于灰色地带获取收益，认为只要管得不严就可以隔下去，随意将"N"室房屋打造为"N+1"室，"创造"出新的利润点。这种装修设计不规范的行为不仅造成住房隔声差，对消防安全也造成极大隐患，租客居住体验被大打折扣。

（三）房屋空置率难以降低

分散式长租公寓所带来的利好还难以真正惠及需求者，供给与需求无法得到有效匹配，公寓空置率仍较高。2021年，观研天下的一份中国长租公寓市场调研报告指出，在一线城市中仅一些龙头企业经营的品牌公寓能将空置率降至15%以下，而其余大部分空置率仍然较高，部分企业房屋空置率最高能达到50%～60%，严重高于5%～15%这一合理阈值范围。

这一问题的产生主要源于以下三个原因：首先，分散式长租公寓的主要消费群体90后和00后对于长租公寓接受程度低。一方面，市场消费者对于这一新兴事物是什么、与传统中介租房有何区别以及分散式长租公寓的优劣势认知尚不足，企业和租客供需双方之间犹如隔着一堵屏障，所以租客在进行租赁选择时，仍会选择传统的中介租赁或其他方式。另一方面，由于分散式长租公寓市场乱象丛生，各种负面消息充斥在市场上，让租客望而却步，企业在获取公众信任的道路上还需砥砺前行。其次，中

小企业对于公寓的运营能力还有待加强，如何高效加快闲置房屋的周转仍是破解这个问题的关键。最后，传统租购观念对整个租赁市场本身就影响深远。重购轻租的观念在人们的脑海里早已根深蒂固，虽然年轻消费者对于新观念、新兴事物接受能力较强，但鉴于婚姻与生育对住房的需求、传统的家庭观念影响以及租购不同权等因素的影响，买房还是成为他们的最终出路。

（四）基础服务质量不佳，额外服务费用层出不穷

企业在运营分散式长租公寓的过程中，除了会向租客收取房屋租金外，还会收取10%的房屋管理和服务费，服务的内容包括了保洁、专业维修和24小时客服等基础服务，周到的服务也已成为长租公寓与传统出租的重要区分点。然而，多个代表企业却被曝出服务不佳的问题，主要表现有：服务质量差，服务内容严重"缩水"；服务不及时，租客所要求的相关服务拖沓至一个月甚至几个月才提供；服务乱收费，在基础服务的范围内仍收取额外费用。此外，一些中小企业还在基础服务外肆意添加额外服务费用，如电梯管理费、房屋设备使用费和垃圾清理费等，凭借巧立名目的方式从租客身上各种薅羊毛，长租公寓服务问题愈加凸显。

四、针对分散式长租公寓运营问题的对策

（一）房源获取阶段

企业在获取房源时必须降低成本，停止恶意的市场竞争行为。因此，企业可以通过清晰的市场定位和广泛的市场调研，为要打造的公寓项目做出明确的方案，精准判断出市场上哪些是企业真正需要的房源，以避免"摊大饼式"地发展，减少因项目定位模糊而造成的损失。在企业明确需要的房源后，要善于发挥微信、微博和直播软件的优势，获取更多的房源信息，并在各个平台上通过多种方式塑造好企业形象，取得更多业主认可。例如，可以科普租房知识，发布租房市场信息以及介绍自身的运营模式等，吸引更多房东的关注，最终从中更高效地获取所需房源。

（二）设计装修阶段

1.政府相关部门严格执法监督

2021年，住房和城乡建设部颁布《住房租赁条例（征求意见稿）》，对于室内装修标准进行了明确规定。因此，政府相关部门首先需要在法律法规要求的基础上提高对于分散式长租公寓中发生的设计装修问题的处罚力度，对市场乱象零容忍，加大法律的制裁，让企业杜绝侥幸心理。其次，相关部门要建立完备且严格的市场监察标准，加强对公寓的安全监管，以保障租客安全，促进市场良性运转。

2.企业自身加强自律

装修污染和违建超标事件的屡次发生，核心还是企业想要节省成本，赚取更多利

润。但是成本的节省不能省在租客身体健康上，利润的获得也不能以租客的居住体验为代价。企业应加强自身规范，积极采用符合国家标准的环保节能材料，家具的选择也要保证绿色环保，在房屋装修后要保证晾晒时间，加强屋内通风换气，也可以利用空气净化设备缩短装修期。在租客入住前，要拥有第三方检测机构的室内环境检测证明，让租客清晰知晓住房环境状况。要拒绝隔断住房，制订合理的装修方案，提升租客居住幸福感，避免类似事件对企业和整个行业的再次打击。

（三）房屋租赁阶段

固有住房观念的形成并非一日之寒，想要矫正过去不平衡的住房市场，降低房屋空置率，分散式长租公寓企业要做好打持久战的准备。一方面，企业可以利用短视频和微博等平台，积极引导人们树立正确的住房观念，营造适于长租公寓市场发展的舆论环境，并在平台上积极宣传长租公寓的优势。还可以走入线下，接近校园和办公楼，对毕业大学生和公司白领等进行拓客宣传。另一方面，企业要积极维护消费者的权利，保障租客的居住安全与稳定，解除消费者入住的后顾之忧，协力推动"租购并举"的住房制度。

（四）后续服务阶段

1. 提高员工素质，夯实服务质量

高质量的后续服务不仅是集中式长租公寓的生命线，而且也是分散式长租公寓企业的灵魂。尽管分散式公寓没有集中式公寓那样的多元化服务，但是将屈指可数的基础服务不断巩固，同样可以使企业在激烈的市场竞争中立于不败之地，而服务质量保证的关键便是员工的素质。因此，企业可以通过组建员工培训部的方式，对服务过程的各个细节进行指导，特别是针对服务意识、服务内容以及服务效率，定期对员工技能进行培育和拓展，持续保证企业的服务品质。

2. 构建明确的服务标准、评价体系和奖惩机制

分散式长租房企业要根据租客需求和相应行业标准，建立起自身明确的服务标准，并向内外公布，以实现服务收费透明化与标准化。企业还需构建完备的评价体系，定期调查租客对于公寓服务的满意度，并确立相应的奖惩机制，对优秀员工进行奖金和福利等正向激励，对于消极员工采取批评和罚款等手段，充分调动员工的服务积极性。

五、结语

属于分散式长租公寓市场的腾飞才刚刚开始，在经历一轮野蛮生长之后，市场发展暴露了诸多问题，走了些许弯路。因此，分散式长租公寓企业需要静下心，沉住气，深耕细作，厚积薄发，探寻可持续发展的最优解，共同推动行业黄金时代的到来。

参考文献：

[1] 易成栋，陈敬安，黄卉，等.我国大城市长租房市场规范发展面临的困境和政策选择[J].经济研究参考，2021（24）：46-62.

[2] 孙德欣.论长租公寓成本控制：以分散式长租公寓为例[J].财会学习，2020（24）：179-180.

[3] 范德苹.基于企业价值创造视角的现金流管理研究：以分散型长租公寓为例[J].北方经贸，2022（6）：91-94.

[4] 单坤月.后疫情时代长租公寓行业盈利模式研究：以自如为例[J].老字号品牌营销，2023（3）：19-21.

[5] 梁丽华，任旭.基于LCA的长租公寓项目成本管控研究[J].工程管理学报，2018（5）：124-129.

[6] 邱达.试论我国房地产企业品牌构建与实施[J].环渤海经济瞭望，2016（2）：32-35.

作者联系方式

姓　名：刘　伟

单　位：山西财经大学

地　址：山西省太原市小店区坞城路140号

邮　箱：1359828549@qq.com

中职阶段如何创建长租公寓管理学及其相关策论

张 斌

摘 要：现如今是教育改革关键期，在这段时间里怎样科学开展长租公寓管理学课程教学至关重要。很多中职院校都想要设立从就业方向出发的长租公寓管理学课程，现在长租公寓在城市变多，可是没有专业的从业人员，企业对长租公寓管理人员需求量大，所以中职类学生毕业的就业出口相对较为可观。基于此，此次研究结合中职教育阶段如何创建长租公寓管理学专业体系展开深入研究，进一步认知其中职阶段长租公寓管理学课程教学的关键效用价值，由此科学、规范制定其教学模式，希望能够推动此课程的可持续化开展。

关键词：中职阶段；长期公寓管理；问题；对策建议

在目前的中等职业学校长租公寓管理学课程教学领域，其教学方式普遍还以传统的教学为主，所以，在此次教育改革关键期，怎样将中等职业学校长租公寓管理学课程教学与之有效地结合是关键目标所在。中等职业学校长租公寓管理学老师在改革阶段对其中等职业学校的学生开展教学时，应当将中等职业学校长租公寓管理学课程教学放在首位，正视中等职业学校长租公寓管理学课程教学的重要性。

一、中等职业学校长租公寓管理学课程教学现状

（一）长租公寓管理学课程将被列入中职主要课程

从国家的政策导向看，租赁是未来房地产的出口，因此长租公寓是租赁的一个发展形势。由此，长租公寓的理念最近大热。非房地产国企、房地产企业、非房地产私企开始大规模发展长租公寓，就业有需求。也正因如此，部分中职院校陆续将长租公寓管理学课程列入中职主要课程，并且主要先从酒店管理学设计一个分支开始，等课程具体内容更完善后，再独立成专门的学科，而且能够安排学生实习的地点也有很多。

所以，在此教育改革背景下，中等职业学校长租公寓管理学老师在对长租公寓管理学课程教学的认识以及引导教学上，明显处于关键地位。结合改革阶段，就很多中职老师的教学情况来看，中等职业学校长租公寓管理学老师普遍对于长租公寓管理学

课程教学重视度高，并且具有进一步认知长租公寓管理学创新教育的优势。中职长租公寓管理学课程教学体系整体向好，并在逐步优化升级。

在中职教育中，逐步认识到长租公寓管理学课程教学的重要性，并且希望通过中职教学的课程，来有效提升学生的长租公寓管理学学习能力，进一步锻炼中等职业学校学生的综合能力，在养成良好的学习习惯的同时，更能够形成更加优质的学习能力，有效弥补了高中学习的相关课程空缺。

（二）中职长租公寓管理学课程教学趋向专业化

从长租公寓行业分析来看，大多数公寓管理员是酒店、房地产中介及其他一些行业为了寻找其他工作过渡从事的人员，这些人员在长租公寓行业工作不稳定，流动性高，对行业认知少。所以，培养专业化的长租公寓管理学人才是未来长租公寓行业的发展趋势。因此，结合其中职院校的人才培养体系来分析，进一步强化其中职院校的长租公寓管理学人才的培养，更有助于长租公寓的未来发展，同时也能够推动中职院校教育更为趋向于专业化。

而且，很多中等职业学校长租公寓管理学老师在授课阶段，能够正视长租公寓管理学课程教学体系的重要性，充分发挥长租公寓管理学课程教学体系的优势，并全面拓展中等职业学校长租公寓管理学课程教学体系。同时，结合长租公寓管理学课程教学体系的优势，以图文融合、视频剖析等形式手段吸引中等职业学校的学生关注度，进一步提升中等职业学校长租公寓管理学课程教学的质量。

二、教学建议

教学能够有效地提升中等职业学校长租公寓管理学的教学速率以及质量，从而帮助师生在讲课阶段拥有进一步的沟通空间。

（一）科学调整长租公寓管理学课程教学结构

教育改革阶段，中等职业学校学生的身心还处于懈怠状态，不易快速收心进入到学习阶段。中职老师在开展长租公寓管理学课程教学体系阶段，可以充分结合网络的创造力来实现中等职业学校长租公寓管理学课程的教学。中等职业学校长租公寓管理学老师就需要在进一步认知中等职业学校学生学习能力、学习思维等的情况下，科学调整讲课内容、语速及顺序，从中等职业学校学生的实际学习情况入手，这样更能够快速形成系统的思维模式。这种思维引导教学的形式，能够有效抓住中等职业学校学生的思维方向，从而以中等职业学校学生的需求为主，让中等职业学校的学生能够有效吸收学习内容。

由于中等职业学校的学生直接从初中向中等职业学校过渡，所以在学习上也面临脱节的状态。所以，中等职业学校学生的长租公寓管理学学习非常有必要，并且能够有效锻炼中等职业学校学生的逻辑思维能力，形成整体性的思维结构。基于此需求，中等职业学校学生的长租公寓管理学课程教学结构也需要进行科学调整，为中等职业学校学生提供更为规范、系统的教学结构体系。

（二）引导中等职业学校学生的主动思考能力

中等职业学校长租公寓管理学老师应当改变传统的教学态度，在教学观念上作出全新的改变，将教学以及传统教学理念充分融合，扬长避短，全面提升中等职业学校长租公寓管理学课程教学的质量以及效率。由过去的被动教学，改变成为中等职业学校学生主动思考学习的教学形式。并且，要求中等职业学校的学生大胆地表现，从而进一步实现中等职业学校长租公寓管理学课程教学与实践的充分结合，引导中等职业学校学生形成不怕困难、敢于挑战的学习思维。

由于长租公寓管理学课程学习讲求学生的逻辑思维能力，所以中等职业学校学生的长租公寓管理学课程教学需要进一步引导其主动思考能力，主动投入到长租公寓管理学学习当中，形成积极、主动的思考能力，进而形成规范化的思维模式。

与此同时，结合相关的实践活动，与传统的长租公寓管理学课程教学课程充分融合，从而不断引导培养学生的主动思考能力，强化中等职业学校学生的逻辑学习思维，并且在数据学习中也更加提升其学习兴趣，真正爱上长租公寓管理学学习。

（三）创新优化长租公寓管理学课程教学模式

为了保障教学信息传递的可持续性，中职老师应及时反馈实际教学阶段出现的不足及信息。教学是一个长期化、创新化的模式，目的是希望全面提升中等职业学校学生的逻辑思考能力，将零散、枯燥的中等职业学校长租公寓管理学知识点以系统思维的方式快速记忆、深层理解。所以，在教育改革阶段，教学创新能有效提升教学效率及质量，并且从根本上有效解决长租公寓管理学课程教学体系中部分中等职业学校学生关注度不集中、知识点理解不透彻、长租公寓管理学课程教学体系不适应等不足。

基于此，在传统长租公寓管理学课程教学的基础上，进一步引入创新教育科技手段，例如通过电子化教学体系等形式，全面丰富长租公寓管理学课程教学的形式，让中等职业学校的学生能够真正喜欢上长租公寓管理学课程，并且在长租公寓管理学课程中不断提升自我的学习能力和专业素质，为后续的专业学习奠定扎实的基础。

三、结语

在教育改革背景下，中等职业学校长租公寓管理学课程教学能够有效提升教学质量及效率。中等职业学校长租公寓管理学老师在这段特殊时期中，应当改变自己的固化思维，不断以创新化的教学模式与传统教学模式相融合，真正将长租公寓管理学课程教学体系成果落到实处，帮助中等职业学校的学生形成完整的逻辑思维体系，在中等职业学校长租公寓管理学学习中能够更快跟上思维速度，并爱上中等职业学校长租公寓管理学学习。

参考文献：

[1] 王天宇.北京市长租公寓租户满意度研究[D].北京：北京建筑大学，2020.

[2] 许天知.长租公寓内装装配式成本研究[J].价值工程，2020，39（20）：21-22.

[3] 王浩东，冷云浩.浅谈长租公寓建筑工程施工资料的管理[J].科技资讯，2020，18（15）：85-86.

作者联系方式

姓　　名：张　斌

单　　位：聚落（厦门）公寓管理有限公司

地　　址：福建省厦门市思明区岭兜佳园 5 号楼

第三篇

保障性租赁住房发展

租赁住房 REITs 现状与展望

张 峥

一、引言

2021年7月，保障性租赁住房纳入基础设施 REITs 试点范围，目前市场上已成功发行四单 REITs，分别是红土深圳安居 REIT、中金厦门安居 REIT、华夏北京保障房 REIT、华夏华润有巢 REIT，累计发行规模总计 50.26 亿元。这四单 REITs 受到了密切关注，也引发了相当的热度。

当前，中国经济进入新发展阶段，结构性问题破题已成为实现高质量发展的关键点，如何实现共同富裕、如何实现房地产行业顺利转型、如何进一步发挥好资本市场的功能，是当前中国面临的三个结构性问题。这些问题相互交织、相互影响，加剧了改革的难度。破题关键在于找到这些问题的消费点。而保障性公共住房 REITs 的推出，不仅仅是 REITs 的试点，也是站在三个重大结构性问题的交汇点，为实现共同富裕、房地产转型和进一步发挥资本市场功能给出了举措。

二、保障性租赁住房 REITs 的作用与意义

（一）保障性租赁住房 REITs 的推出是扩大内需、实现共同富裕的政策选择

我们国家收入不平衡主要体现在城乡二元结构，2022年我国城镇居民可支配收入是农村居民可支配收入的2.4倍。大量农村居民可支配收入是非常低的，财产性收入占比更加低。要实现共同富裕和包容性增长，必须缩小城镇区域和农村区域收入的差距，这是中国经济高质量发展非常重要的一个问题。

形成城乡二元结构的一个重要原因是农业转移人口的效率非常低，他们的有效工作时间、收入来源和发展机会与城市居民不一样，在享受公共服务方面也不一样。农业转移人口有很多，如何把他们真正变为新市民是解决城乡二元结构、缩小城乡差距的一个关键，也是一个可行的路径。

另外，2035年要实现中国式现代化，要实现就业结构和产业结构的匹配。光华管理学院测算，未来15年有超过20%的农业就业人口，即大概1点多亿，需要重新配置到第二产业或者服务业。在产业结构变迁和人口流动这个大背景下，农业转移人口、新增的农业转移人口市民化会带来大量住房需求，尤其是租赁性住房，REITs 可

以推动保障性住房规模化、专业化，针对新市民群体给予不同的需求供给，让农业转移人口能够在城市里住下来。当城市有了大量人口流动，产业结构优化水平、公共服务领域的投资效率都会得到一定的提升。农业转移人口能在城市里住下来，他们的消费能力以及对自身人力资本的投资也会有所提升。这是解决城乡收入不平等、财富不平等、发展机会不平等的一个重要途径。

（二）保障性租赁住房 REITs 的推出有助于推动我国房地产行业顺利转型

传统租赁模式有两个特点，一是快周转，二是多种业务混合，即销售型业务和持有型业务。通过我对全球市场的观察，发现房地产行业有两个重要发展趋势。第一，随着由增量阶段进入存量阶段，持有型房地产业务将越来越重要。第二，房地产行业将向专业化、精细化方向发展。当前房地产行业面临较大的转型压力，持有型的业务是目前房地产行业一个重要的方向。而租赁这一具体的市场类型，为全行业平稳过渡提供了重要的现实抓手。

原因在于，在未来一段时间有较大的投资需求，且它在产品形态、管理模式上与传统的住宅业务存在一定的关联性，应该说为房企提供了合理可行的转型选择。

租赁住房 REITs 是发展持有性业务的适配金融工具，租赁住房 REITs 可以作为权益型成熟的资产持有平台和运营平台。除了为前期的投资提供退出的渠道，它还能够更好地利用市场化机遇提升市场运营水平。

另外，对房企来说，可以在不增加杠杆的情况下进行规模化成长，实行一个可持续的平衡模式。

REITs 的发展壮大有助于改善中国目前以个人供给为主的市场结构。促进住房租赁市场规模化、机构化和专业化发展，通过向租客提供与他的需求相适配的租赁住房，有利于解决目前存在的结构性失衡的问题。同时，提升服务水平、稳定租赁关系、规范市场主体的行为、保障租客权利，有利于解决租住品质差、租期不稳定的问题。

（三）保障性租赁住房 REITs 是进一步发挥好资本市场功能，服务经济高质量发展的具体体现

发展保障性租赁住房 REITs，助力住房租赁市场以存量带动增量。十四五规划提出加快发展住房供应市场，有效盘活市场资源，有利于有序加强城市住房供给，各个城市都提出了需求，通过租赁住房 REITs 可以盘活存量带动增量，并且吸收社会基金进入这个领域，规模化地发展租赁住房。

REITs 是资本市场的其中一个工具，此外还有权益工具、IPO 市场。在我看来，租赁住房 REITs 和住房租赁企业直接 IPO 相比，REITs 可能是更为适合的工具。原因在于，REITs 的价值主张从它的设计来讲，在于持续稳定的租金现金流，不只是估值的关键，而股市特别是 A 股市场估值是重成长性的，所以 REITs 的估值逻辑和租赁

住房商业逻辑更为匹配，可以形成良性的市场激励。

（四）REITs 试点项目取得了良好的示范效应

虽然四个 REITs 项目的规模并不大，但是意义非常重大。

第一，打通了募投管退的循环，以存量带动增量效果显著。

第二，完善制度建设，落实房住不炒。公募 REITs 在保障性租赁住房和《关于规范高效做好基础设施领域不动产投资信托基金（REITs）项目申报推荐工作的通知》（发改投资〔2023〕236 号）上一脉相承，政策上有一个双隔离，即全员隔离跟房地产和资金隔离。我认为，双隔离不仅与现有房地产金融政策相协调，也符合房地产未来专业化和精细化的发展方向。同时，也解决了多业务混合下融资结构的选择难题，避免了企业未来的具体财务风险。

第三，在四单 REITs 里面解决了很多多样性问题，提出了很多合理的创新，对未来规模化推动保证公募 REITs 发行有非常大的示范作用。

现有的保障性租赁住房大部分是在原有各类租赁住房存量资产基础上，经过纳保认定转化的，因此在土地权属、管理定位和经营管理模式、定价、调整机制等方面呈现了较强的多样性、差异性，客观上也为保障性租赁住房 REITs 的发行增加了底气。但是我们发现办法总比难点多，比如说这四单，有几个点可以借鉴，比如产品定位方面，既有基础民生的公租房，也有服务于大学毕业生、新青年人、新势力的人才项目。

三、租赁住房 REITs 发展的几个建议

（一）充分发挥资本市场定价功能，形成保障性租赁住房 REITs 的合理估值

资产估值定价始终是金融产品，特别是 REITs 产品的核心关注点。比如，估值的时候，预测未来的增长数和不同区域资产定价上应该呈现什么样的关系？资本市场对于租赁住房 REITs 的风险收益偏好是什么样的？这些都是要关注的问题。

再者，估值的合理性还需要进一步明确，IPO 资产估值在折现率损益上并没有和市场化其他的产权类资产有明确的区别。市场化的产权类资产通常可以有更高的空间保障。这个选择是不是要呈现一个差异性？这是需要进一步研究的。因此，这是我的第一个建议，就是要充分发挥资本市场的定价功能，形成一个合理的估值体系。

（二）制定合理稳定的补贴政策及租金调整机制，构建符合保障属性的商业逻辑，形成保障性租赁住房发展的长效机制

目前，真正的保障性住房的状态还处于市场化范围之内，由于各地保障性住房相关政策和最近的调整机制存在较多的差异，且实际情况和既有政策贴合度也不尽相同，因此在保障性租赁住房 REITs 定价方面，关于补贴和未来租金的预测是普遍难题。

从行业总体更加透明化和专业化发展的角度出发，建议持续优化租金补贴政策及租金调整机制，探索社会民生属性和市场化的结合点，形成更加科学理性的长效机制。

（三）将住房公积金制度改革与租赁住房建设、保障性租赁住房 REITs 发展结合起来，推动新型住房体制建设

一方面，公积金可以通过全流通方式以住房租赁企业和社会资本的形式，从供给端参与保障性租赁住房的建设。另一方面，给未缴纳公积金的新市民青年人，提供职住平衡、高性价比的租赁住房，给予一定优惠，这不仅仅有利于农业转移人口融入城市，消除因身份识别等因素形成的不平等现象，还可以有效扩大公积金缴纳存量，提高住房公积金收益，未来可以成为缴存养老金的一个补充。住房租赁上下游配套产业能否发展起来，社区建设非常关键，租赁社区的建设对租赁住房是非常关键的，因为长期来讲是社会稳定的另外一个支柱。

（四）进一步鼓励多主体、多类型资产参与发行保障性租赁住房 REITs 产品，研究租赁住房 REITs 的推出方案

在原始权益人方面，四单 REITs 主要是政府运营的租赁住房企业和大型国有企业，因此建议鼓励民营住房租赁企业和房企参与发行 REITs。对于出让用地之外其他的土地获取方式，也可以进一步探讨发行 REITs 的可行性。最后，研究探索市场化租赁住房 REITs 推出的问题。

作者联系方式

姓　　名：张　峥

单　　位：北京大学光华管理学院

地　　址：北京市海淀区颐和园路 5 号

邮　　箱：zheng86@gsm.pku.edu.cn

我国城市青年群体居住状况及租赁型住房保障优化研究

陈 杰 张 宇

摘 要：青年群体是城市发展的未来，其住房保障成为城市住房工作的重点方向。本研究以第七次人口普查数据为基础，展示了城市青年群体居住的基本情况，发现从人均居住面积上看，青年群体的居住面积不算差，但相对于年长者存在劣势，相对于整体居住而言，租住群体的住房面积更低，对于一线城市的合租、宿舍型租住群体更是如此。实证发现，青年群体对租住品质具有较高的要求，表现为更高的租金支出，同时女性、有孩子的群体和流动人口的租金消费也更高。结合研究发现，本文建议加强对青年群体的租赁型住房保障。

关键词：保障型租赁住房；青年；住房保障；七普；人口普查

青年住房问题一直是社会的关注热点。一方面，青年是"最富活力、最具有创造性的群体"[1]，直接关系国家和民族的未来，其居住状况对其就业稳定性和未来发展潜力影响巨大，需要高度关注。从社会期望角度来说，社会普遍盼望青年人住房问题能有比较好的解决，因为青年人是社会未来的希望，直接涉及生育问题。如有研究指出，住房产权与财富影响中国青年人的就业选择[2]、创业行为[3,4]，也影响他们的政治参与意愿[5]。对于来自农村迁移的新市民而言，居住状况与社区还会影响他们的城市定居意愿[6]，和社会融合状况[7]。同时，居住状况是青年人幸福感的重要决定因素[8]。另一方面，城市青年在住房市场竞争中处于劣势，也在传统的住房保障中难以被容纳，最容易成为住房"夹心层"群体。青年人财富积累比较少，首付支付能力低，在住房市场竞争中处于弱势地位[9]。相较有较多储蓄的中老年群体，住房的融资约束对青年人的住房选择约束力更大[10]。同时，城市青年面临婚姻问题、职住平衡和孩子教育问题，也最容易为住房问题而焦虑[9,11]，住房压力是青年人精神健康问题的重要原因[12]。大量研究和调查显示，城市高房价导致的居住条件不佳是抑制城市青年人生育率的重要原因[13]。另外，青年人内部的居住状况差异也很大，但这种差别往往并不完全来自个体自身因素，更多的是因为家庭背景不同等"先赋因素"的差别[9,14,15]，为此更容易产生基于住房的阶层分化[16]。有迹象表明，青年群体正在因为住房财富的先天差别而产生阶层固化[17]。

城市是创新与经济增长的发源地,对于城市而言,城市青年安居状况也密切关系到城市发展的可持续性。随着中国人口进入负增长及人口老龄化程度加速深入,人力资本的重要性日益凸显。在未来的城市竞争中,对于青年人才的竞争越来越重要,可以说,谁吸引了更多青年群体,谁就是未来的赢家。但由于高企的房价和政策性门槛等因素,青年群体想在城市安居乐业还存在较多的障碍。租房通常是青年群体进入城市的第一站,随着城市发展方式的转变,亟需政策改善青年群体的住房状况,尤其是租住情况,以帮助青年群体在城市扎根。

然而,要让城市青年住房难题得到有效解决,首先需要对当前城市青年居住状况有一个准确、完整、系统的判断。以往由于数据所限,国内针对青年人居住状况的定量研究还十分有限,已有的研究,或覆盖面不足、仅局限于个别城市[18],或数据较老和变量较少,难以系统全面反映最新的全国层面状况。为此,急需要借助第七次全国人口普查数据中涉及城市青年居住状况的相关数据,对城市青年居住状况的总体情况及存在问题作出系统分析。本研究关注青年群体在城市的居住情况,重点分析租住情况,基于第七次全国人口普查数据(以下简称"七普"),结合相关研究资料,对我国城市青年居住和租住的总体情况与分区域、分人群的特征进行描述,提供总体概况,也指出存在问题,以期为有关决策提供支持。

一、当前我国城市青年群体居住的基本情况

(一)宏观数据视角下的城市人口和居住情况

根据第七次全国人口普查数据,在城市范围内,20~34岁人口占比为24.81%,35~44岁人口占比为15.71%,两个年龄段合计为40.52%,综合来看,青年群体是城市人口的主力军。如果仅考虑城镇范围,城镇20~34岁年龄段人口合计为2.07亿人,占城镇人口比重为22.99%,35~44岁年龄段人口合计为1.36亿人,占城镇人口比重为15.07%,两个年龄段人口合计占比为38.06%。在城镇的口径下,青年人口的比例会稍低于城市口径。2022年,我国毕业大学生人数破千万,预计2023届毕业大学生达1158万[19],不断新增的毕业生将为城市带来大量且持续的居住需求,特别是租住需求。

根据"七普"数据,2020年全国城市家庭户人均住房面积为36.52m^2,人均0.99间房、户均2.45间房,户均住房建筑面积90.32m^2。对比"六普"数据,2010年全国城市家庭户人均住房面积29.15m^2,人均0.88间房、户均2.37间房,户均住房建筑面积78.95m^2,在各个指标上都有一定的改善。2020年城市家庭户平均规模2.69人,较2010年的2.71人,家庭规模继续缩小,不过保持基本稳定。考虑到我国建筑面积如果换算为国际通用的居住面积要打八折左右,意味着全国城市范围居民人均住房居住面积约为27~28m^2,在中等发达国家中仅处于中等偏下的水平。

以家庭为单位看,根据"七普"数据,2020年我国城镇范围内有21.14%的家庭

是以租赁方式来解决住房问题的，其中3.44%租住在廉租房或公租房，租住占比显著低于世界上大多数国家。横向来看，不同地区的租住比例存在一定的空间差异。在大城市，租赁占比要比全国水平高不少。如2020年北京和上海的城镇租房家庭占比十分接近，都为36%~37%左右，但上海市场化租房家庭占比32.81%，比北京的30.25%高出2.5个百分点。与此同时，广东省城市家庭租房占比高达55.35%，福建省为42.8%，浙江省为42.7%。这三个地区恰恰是对外来人口吸引力大、外来流动人口众多的地区。以个体视角看，2020年全国租房人数约在1.8亿人（对应6788万户租户），其中1.6亿人在城镇（对应6171万户租户）。

从住户的住房来源看，城市范围内租赁性住房占比为25.57%，其中廉租房、公租房占比仅为3.74%，相较于日本、新加坡和我国香港地区的保障性租赁住房比例都要更低[20, 21]。

（二）基于"七普"微观大样本数据的城市青年群体居住情况

"七普"微观大样本数据是从全量数据抽样而来，能更详细地展示住户和个人层面的信息。

在居住面积方面，数据显示，城镇居民的人均住房面积是随着年龄段增长而增长的，青年群体存在明显的住房劣势，同时分化程度较高。21~35岁城镇青年群体，占城镇总个体样本的比重为23%，这个群体的人均面积为34.28m^2（表1），与36~50岁城镇中年群体的人均住房面积36.91m^2差别不算很大。但51~65岁的城镇中老年、65岁以上的城镇老年群体，人均住房面积分别达到了42.16和45.31m^2，与全国层面趋势一样（见表1），50岁以上群体与50岁以下群体在人均住房面积上有较大的差距，可能与家庭结构因素有关，有待后续进一步研究来探明原因。

全国城镇分年龄段的个体人均住房面积（2020年）　　　　　表1

年龄组	样本量	均值(m^2)	方差(m^2)	5分位数(m^2)	10分位数(m^2)	25分位数(m^2)	中位数(m^2)	75分位数(m^2)	占总数比
20岁及以下	178249	30.71	19.3	10.33	14	20	26.67	36.25	22.31%
21~35岁	183576	34.28	24.93	10	13.2	20	28.33	40.5	22.98%
36~50岁	195921	36.91	26.67	10	15	21.25	30	44	24.52%
51~65岁	148153	42.16	31.44	12.5	16	22.6	33.67	50.5	18.55%
65岁以上	92980	45.31	33.99	14	17.33	24.25	36.67	55	11.64%
全部	798879	36.87	27.23	10.71	15	20.67	30	44	100.00%

资料来源：国家统计局"七普"数据库—北大国家微观数据实验室。

目前，城市青年群体的租赁住房面积尚缺乏官方数据，不过贝壳研究院发布的《普惠住房——中国新居住发展报告2022》显示，城市整租型、合租型和宿舍型的人均使用面积分别为 28.8、16.2 和 9.2m², 考虑到使用面积与居住面积的比例转换, 整租型的人均居住面积与"七普"数据相当, 但合租型和宿舍型的人均居住面积就要远小于 36.87m² 的均值。在一线城市, 合租型和宿舍型的人均居住面积要更低。

就分布而言, 城镇青年群体的人均住房面积中位数只有 28.33m², 相当于均值的 82%; 有 10% 的城镇青年群体人均住房面积低于 13m², 有 25% 的城镇青年群体人均住房面积低于 20m², 只有 25% 的城镇青年群体人均住房面积高于 40.5m², 75 分位数与 25 分位数的比值是 2。而城镇中年群体的人均住房面积中位数为 30m², 相当于均值的 81.3%; 有 10% 的城镇中年群体人均住房面积少于 15m², 有 25% 的城镇中年群体人均住房面积少于 21.25m², 有 25% 的城镇中年群体的人均住房面积高于 44m², 75 分位数与 25 分位数的比值是 2.1。城镇中老年群体人均住房面积的 75 分位数与 25 分位数的比值是 2.2, 城镇老年群体的相应比值为 2.3, 这两个群体也基本上有接近 10% 比重的人的人均住房面积低于 15m²。根据这些信息看来, 城镇青年群体的住房面积不平等性和贫困率, 与城镇其他年龄段群体基本相当, 差别不是很大。

进一步考察了大城市城镇区域的住房情况。本研究中的"大城市"是指一线、二线城市和所有省会城市。表 2 显示, 全国大城市城镇居民样本的人均住房建筑面积的均值为 33.64m², 显著小于全国城镇样本的平均水平 36.87m²(根据"七普"汇总的数值是 38.62m²)。大城市城镇居民样本人均住房面积的中位数只有 27.5m², 相当于均值的 81.7%。大城市城镇居民中, 就人均住房面积而言, 有 5% 的居民低于 10m², 有 10% 的居民低于 12.5m², 有 25% 的居民低于 19m², 只有 25% 的居民超过了 40m²。

分年龄段来看, 大城市城镇居民的人均住房面积也是随着年龄段增长而增长, 青年群体的住房劣势仍然明显存在, 不过相对中年群体的差距不是很大, 同时分化程度较高。21~35 岁大城市城镇青年群体, 占城镇总个体样本的比重为 27%, 这个群体的人均面积为 32m², 与 36~50 岁大城市城镇中年群体的人均住房面积 33.3m² 差别不大。但 51~65 岁的大城市城镇中老年群体, 人均住房面积分布达到了 37.7m²。

全国大城市(城镇居民)分年龄段的个体人均住房面积(2020 年)　　　表 2

年龄组	样本量	均值(m²)	方差(m²)	5 分位数(m²)	10 分位数(m²)	25 分位数(m²)	中位数(m²)	75 分位数(m²)	占总数比
21~35 岁	77517	32.00	24.17	8.3	11	17.6	26	39.3	26.78%
36~50 岁	72120	33.30	24.35	9	12	19.2	28	40	24.91%
51~65 岁	51597	37.70	28.53	10	14	20	30	46.3	17.82%
全部	289484	33.64	25.16	10	12.5	19	27.5	40	100.00%

资料来源: 国家统计局"七普"数据库—北大国家微观数据实验室。

注:"大城市"包括一、二线城市和所有省会城市。一线城市包括"北、上、广、深"。二线城市包括非一线城市的直辖市、计划单列市和东部(含东北)中部经济发达省区的省会城市、其他 GDP 规模 2020 年在全国前 30 同时人均 GDP2020 年在全国前 50 的城市。

基于住房产权状况（表3），根据"七普"微观数据，可以看到2020年我国城镇居民的住房自有率达到了78.09%，低于全国水平。

全国城镇居民的住房来源结构(%)(2020年) 表3

年龄段	租赁廉租房/公租房	租赁其他住房	购买新建商品房	购买二手房	购买原公有住房	购买经济适用房/两限房	自建住房	继承或赠予	其他
21～35岁	3.28	23.81	31.96	9.87	3.09	2.92	19.98	0.66	4.43
36～50岁	2.81	15.68	35.95	11.50	4.60	3.72	20.44	0.74	4.55
51～65岁	2.61	9.44	31.56	9.41	7.98	4.28	28.34	0.84	5.54
全样本	2.64	14.39	33.02	10.39	5.49	3.63	24.77	0.79	4.89

2020年我国城镇自有住房中，自建住房占比只有24.77%，而通过购买新建商品住房占到33.02%，购买二手房占到10.39%，市场化比重合计达到43.41%，占到城镇自有住房的五成六，成为最主要来源。

分年龄段来看，2020年我国城镇（21～35岁）青年群体的住房自有率仍然较高，达到了68.48%（其中自建住房占比只有19.98%；通过购买新建商品住房占到31.96%，购买二手房占到9.87%，市场化比重合计达到41.83%，占到自有住房的六成，成为最主要来源），不过还是比城镇中年群体住房自有率76.95%低了近7个百分点，比中老年户主家庭的住房自有率82.41%更是低了14个百分点，差别显著。

从租赁渠道看，随着年龄的增加，租赁来源的占比逐渐下降。21～35岁的青年群体租住为27.09%，占比最大，相比之下，51～65岁的中老年人口的租住占比仅为12.05%。

（三）租客群体及租金情况

表4显示，针对租客来看，21～35岁青年群体的租金支出水平高于其他群体。青年租客群体中有18.91%月租金高于2000元，而36～50岁中年租客的这个比例则只有12.59%，51～65岁中老年租客和65岁以上老年租客的这个比例分别为12.30%和12.09%，全样本的比例为15.03%。同时，青年租客月租金低于1000元的比例只有54.58%，中年租客、中老年租客和老年租客的这个比例分别为67.45%、69.45%和71.38%，全样本的比例为62.47%。这从一个侧面说明青年租客是租赁住房市场上的主力，其对租房的品质要求较高。

分城市类别看（表5），一、二线城市的租金水平明显较高。一线城市租客月租金超过2000元的比重达到了34.69%，是二线城市17.43%的近两倍，是三线城市8.0%的4倍还多，四线城市租客支付月租金超过2000元的只有4.76%，全体租客样本的比例是15.03%。同时，一线租客月租金低于1000元的占比为41.33%，二线城市为52.29%，三线城市为69.39%，四线城市为80.39%，全部样本的比例为62.47%。可

全国按照年龄段分组的月租金分布情况（%）（2020年） 表4

年龄段	200元以下	200～499元	500～999元	1000～1999元	2000～2999元	3000～3999元	4000～5999元	6000～9999元	≥10000元
20岁及以下	9.91	25.11	28.23	22.96	6.75	2.82	2.11	1.44	0.67
21～35岁	5.46	21.84	27.28	26.51	9.18	4.14	3.38	1.77	0.44
36～50岁	10.66	29.16	27.63	19.96	5.97	2.56	2.11	1.31	0.64
51～65岁	18.12	27.96	23.37	18.25	5.64	2.84	2.04	1.28	0.5
65岁以上	28.9	22.64	19.84	16.53	5.52	2.26	2.15	1.35	0.81
全部	10.48	25.3	26.69	22.5	7.21	3.2	2.56	1.5	0.56

资料来源：国家统计局"七普"数据库—北大国家微观数据实验室。

见较高端租房市场（月租金超过2000元的租房）基本都在一线城市和少数二线城市。

全国按照城市类型分组的月租金分布情况（%）（2020年） 表5

城市类型	200元以下	200～499元	500～999元	1000～1999元	2000～2999元	3000～3999元	4000～5999元	6000～9999元	≥10000元	占租客比重（%）
一线城市	5.12	12.51	23.70	23.98	11.64	7.92	8.58	5.04	1.51	35.53
二线城市	6.89	20.95	24.45	30.28	11.10	3.73	1.80	0.62	0.18	15.58
三线城市	10.10	29.80	29.49	22.61	5.35	1.34	0.58	0.39	0.34	9.52
四线城市	17.36	34.49	28.54	14.85	2.28	0.90	0.53	0.66	0.39	6.43
全部	28.9	22.64	19.84	16.53	5.52	2.26	2.15	1.35	0.81	

资料来源：国家统计局"七普"数据库—北大国家微观数据实验室。

二、我国城市青年居住状况决定因素的实证分析

（一）成为户主的影响因素分析

运用logit模型，对城镇区域的常住居民成为住房自有者的影响因素进行计量分析。

流动人口是指居住地与户籍地不在同一城市的居民，长途流动人口是指居住地与户籍地不在同一省份的居民。第5列的"大城市"包括一、二线城市和省会城市。表7同。

表6显示，家庭规模越大、教育程度越高，总是与高住房自有者概率相联系；属于流动人口尤其跨省流动的户主或个体，则始终预示着住房自有者的较低概率。女性在大多数情况下，也预示着住房自有者的较低概率，但在老年群体中则相反。有伴侣（结婚或同居），大多数情况下与较高住房自有者概率相联系，但在青年（21～35岁）个体群体中，则情况恰好相反，在大城市青年个体中更是如此。家里有未成年孩子对

成为户主的影响因素 表6

被解释变量	房主 a	房主 b	房主 c	房主 d	房主 e	房主 f
女性 D	−0.144*** (0.011)	−0.042*** (0.007)	−0.089*** (0.009)	−0.124*** (0.011)	−0.135*** (0.016)	0.086*** (0.017)
基准组	20～31 岁					
31～40 岁	−1.333*** (0.024)	−0.913*** (0.016)	−0.361*** (0.014)	−0.108*** (0.013)	−0.125*** (0.018)	—
41～50 岁	−1.014*** (0.023)	−0.790*** (0.016)	−0.216*** (0.012)	—	—	—
51～60 岁	−0.711*** (0.022)	−0.526*** (0.016)	—	—	—	基准组 =60 岁
61～70 岁	−0.481*** (0.022)	−0.345*** (0.016)	—	—	—	−0.188*** (0.037)
71 岁+	−0.229*** (0.024)	−0.133*** (0.018)	—	—	—	−0.149*** (0.018)
有伴侣	0.196*** (0.013)	0.077*** (0.009)	−0.016 (0.012)	−0.103*** (0.014)	−0.142*** (0.019)	0.157*** (0.021)
有孩子	0.032** (0.015)	−0.105*** (0.009)	−0.098*** (0.011)	−0.077*** (0.014)	0.051** (0.022)	0.082** (0.032)
家庭规模	0.249*** (0.005)	0.254*** (0.003)	0.295*** (0.004)	0.308*** (0.005)	0.304*** (0.007)	0.161*** (0.007)
高等教育	0.789*** (0.012)	0.721*** (0.008)	0.722*** (0.010)	0.700*** (0.012)	0.696*** (0.016)	0.651*** (0.036)
流动人口	−1.311*** (0.016)	−1.099*** (0.010)	−1.086*** (0.013)	−1.034*** (0.015)	−1.124*** (0.020)	−0.849*** (0.035)
跨省流动	−0.300*** (0.018)	−0.312*** (0.011)	−0.239*** (0.014)	−0.242*** (0.016)	−0.065*** (0.020)	−0.329*** (0.044)
基准组	城市不明					
一线城市	−0.837*** (0.098)	−0.909*** (0.068)	−0.949*** (0.088)	−1.047*** (0.111)	−1.057*** (0.110)	−0.350** (0.173)
二线城市	−0.199** (0.098)	−0.301*** (0.068)	−0.184** (0.087)	−0.225** (0.110)	−0.206* (0.110)	−0.099 (0.172)
三线城市	0.055 (0.098)	−0.006 (0.068)	0.075 (0.087)	0.080 (0.110)	−0.120 (0.111)	0.335* (0.172)
四线城市	0.091 (0.098)	0.053 (0.068)	0.143 (0.087)	0.145 (0.110)	—	0.333* (0.172)
常数项	1.408*** (0.100)	1.505*** (0.069)	0.808*** (0.089)	0.579*** (0.111)	0.579*** (0.113)	1.271*** (0.173)

续表

被解释变量	房主 a	房主 b	房主 c	房主 d	房主 e	房主 f
样本量	297701	665538	339538	205860	89465	136859
样本区间	大于 21 岁的户主	大于 21 岁的个体	21～45 岁的个体	21～35 岁的青年	大城市的青年	60 岁以上老人群体

注：*** 统计显著性小于 1%，** 统计显著性小于 5%，* 统计显著性小于 10%。

成为住房自有者的影响也很复杂，对户主而言，是正效应，但对个体而言，则一般而言是与负效应相关联，但对于大城市青年个体反而是正效应。

在其他条件相同的情况下，各年龄段中，31～40 岁年龄段的群体始终是住房自有者概率最低的那组，然后概率随着年龄增长而依次增加。就城市效应而言，各线城市中，一线城市居民是住房自有者的概率最低，其次低的是二线城市，三线城市和四线城市之间则没有显著区别。

（二）租金水平的影响因素分析

表 7 报告了租客户主和租客个体月租金影响因素的实证分析。为纠正租赁消费中的样本选择性偏误，在回归模型中加入了通过之前 logit 模型计算得到的逆米尔斯比值，通过 Heckman 两步法来解决住房消费中的样本选择偏误。

实证研究主要有以下发现：女性、青年群体、高学历者、有孩子、流动人口尤其长途流动人口、一二线城市的租金支出水平较高，这些发现基本与业界报告、媒体报道和社会的通常认知吻合。

租金水平的影响因素 表 7

变量	租金消费 1	租金消费 2	租金消费 3
女性	0.24*** (0.011)	0.14*** (0.008)	0.13*** (0.010)
基准组	21～30 岁		
31～40 岁	-0.18*** (0.018)	-0.16*** (0.014)	-0.08*** (0.012)
41～50 岁	-0.35*** (0.027)	-0.32*** (0.020)	-0.25*** (0.020)
51～60 岁	-0.49*** (0.035)	-0.37*** (0.027)	—
61～70 岁	-0.49*** (0.044)	-0.33*** (0.033)	—
71 岁及以上	-0.67*** (0.051)	-0.48*** (0.039)	—

续表

变量	租金消费1	租金消费2	租金消费3
有伴侣	−0.21*** (0.014)	−0.23*** (0.012)	−0.13*** (0.012)
有孩子	0.02 (0.017)	0.07*** (0.011)	0.12*** (0.015)
家庭规模	−0.02** (0.009)	−0.04*** (0.007)	−0.14*** (0.013)
高等教育	0.34*** (0.030)	0.40*** (0.023)	0.19*** (0.032)
流动人口	0.53*** (0.042)	0.50*** (0.032)	0.61*** (0.040)
长途流动	0.30*** (0.017)	0.27*** (0.013)	0.35*** (0.016)
基准组	城市不明		
一线城市	1.46*** (0.137)	1.49*** (0.120)	1.72*** (0.178)
二线城市	0.46*** (0.132)	0.43*** (0.116)	0.38** (0.172)
三线城市	0.02 (0.131)	−0.04 (0.116)	−0.19 (0.171)
四线城市	−0.12 (0.131)	−0.19 (0.116)	−0.38** (0.171)
imr_h	1.71*** (0.096)	1.55*** (0.073)	
imr_y			2.41*** (0.120)
常数项	2.44*** (0.154)	2.48*** (0.131)	2.98*** (0.191)
样本量	51287	92763	64446
R−平方	0.228	0.220	0.227
样本	>21岁的租客户主	>21岁的租客个体	21~45岁的租客个体

注：*** 统计显著性小于1%，** 统计显著性小于5%，* 统计显著性小于10%。

三、研究结论及政策启示

本文利用"七普"宏观数据和大样本微观数据，分析展现了我国城市青年人口的居住状况，研究发现，在人均居住面积方面，我国青年群体的居住情况不算差。租住方面，我国租户群体总量较大但占比不高，租客集中于大城市及沿海地区。城市青年群体在租住选择方面，存在较高的品质要求，但受经济条件所限，在实际的居住面积方面，相较于非租住的群体，有一定的差距。在计量分析方面，研究发现，相较于男性群体，女性更不容易成为房主，随着年龄的增长，自有住房的概率逐渐增加。在租金方面，有孩子的群体有更高的租金支出，女性相较于男性有更高的租金消费，同时青年群体的租金消费也更高，显示出租金具有强烈的性别和年龄偏向。

由于职业和收入的生命周期原因，青年群体往往起薪较低、财富积累较少[22]，难以购买市场化的产权住房。但往往青年群体又存在较高的居住品质要求，这就导致了其支付能力与实际需要的结构性错位。对于大多数青年人尤其是外地青年人来说，首先要解决的是"住下来"的问题，能实现稳定居住和保障基本居住条件，同时，由于青年群体处在事业起点，其收入增长潜力很大，因此，对于青年群体而言，解决其住房问题的重要取向应当是"帮扶式""过渡式"的租赁型保障。结合研究发现，本文有如下政策启示：①鼓励年长者出租房租。相较于青年群体，年长者在住房面积上有较大宽裕，政策鼓励年长者出租房屋，如对年长者出租房屋租金给予定向补贴，将有利于提升市场租赁房源供给，同时促进混龄居住，缓解居住分层。②加强对进入社会过渡期的青年群体的租赁支持，如对新进入就业市场的大学生提供过渡性租赁住房。③调节租金消费的身份偏好效应，特别是对于携子女一起租住的群体，给予租金消费补贴。

参考文献：

[1] 新华社.习近平同各界优秀青年代表座谈时的讲话[EB/OL].[2022]. http://www.gov.cn/ldhd/2013-05/05/content_2395892.htm.

[2] FU S，LIAO Y，ZHANG J. The effect of housing wealth on labor force participation：evidence from China[J]. Journal of housing economics，2016，33：59-69.

[3] CHEN J，HU M. What types of homeowners are more likely to be entrepreneurs？ The evidence from China[J]. Small business economics，2019，52（3）：633-649.

[4] 田成志，胡元瑞，吕萍.居住方式对青年创业决策的影响研究[J].当代青年研究，2020（6）：64-69.

[5] 黄建宏，张文秀.住房私有化改革的政治参与效应：青年样本[J].社科纵横，2019，34（5）：63-69.

[6] 王伟，陈杰，艾玮依.新生代农民工在三四线城市定居意愿及其影响机制研究：基于2014年长三角地区流动人口动态监测数据的考察[J].华东师范大学学报（哲学社会科学版），2016（4）：30-37.

[7] ZOU J，CHEN Y，CHEN J. The complex relationship between neighbourhood types and migrants' socio-economic integration：the case of urban China[J]. Journal of Housing and the built environment，2020，35（1）：65-92.

[8] 胡蓉.青年中间阶层住房状况与幸福感的相关性分析：基于广州的实证调研[J].青年探索，2016（5）：25-33.

[9] 黄建宏.家庭背景与青年住房梦[J].青年研究，2018（1）：23-33.

[10] CHEN J，YANG Z. What do young adults on the edges of homeownership look like in big cities in an emerging economy：evidence from Shanghai[J]. Urban studies，2017，54（10）：2322-2341.

[11] 林蒙丹，林晓珊.结婚买房：个体化视角下的城市青年婚姻与住房消费[J].中国青年研究，2020（8）：28-35.

[12] 魏万青.住房需求、社会支持与个体压力对青年精神健康的影响研究：基于广州数据的路径分析[J].兰州学刊，2015（1）：139-146.

[13] 李勇辉，沈波澜，李小琴.未能安居，焉能育儿？：住房对育龄人群生育意愿的影响研究[J].中国经济问题，2021（2）：68-81.

[14] 杜本峰，黄剑焜.城市青年住房分层形成机制研究：基于先赋因素和自致因素的分析[J].北京社会科学，2014（9）：67-77.

[15] 宋健，李静.中国城市青年的住房来源及其影响因素：基于独生属性和流动特征的实证分析[J].人口学刊，2015，37（6）：14-24.

[16] 范一鸣.住房流动、父代资助与青年群体的阶层分化：基于北上广青年群体的实证分析[J].中国青年研究，2020（8）：43-50.

[17] 王先柱，王敏.青年群体住房获得：阶层固化能够打破吗[J].财经科学，2018（1）：54-63.

[18] ZHANG Y，CHEN J. The changing prevalence of housing overcrowding in postreform China：the case of Shanghai，2000–2010[J]. Habitat International，2014，42：214-223.

[19] 中国新闻网.2023届高校毕业生规模预计1158万人，同比增加82万人[EB/OL].[2023]. http：//www.chinanews.com.cn/gn/2022/11-15/9894889.shtml.

[20] 柴强.国内外住房租赁的比较与借鉴[J].中国房地产（市场版），2018（3）：20-23.

[21] 张茂林.国外公共租赁住房政策对我国的启示：以英国、德国、荷兰为例[J].生产力研究，2021（8）：26-30.

[22] 于淼，吕萍.城市青年住房现状、问题及对策研究：基于天津市青年群体的调查分析[J].现代管理科学，2019（10）：118-120.

作者联系方式

姓　　名：陈　杰　张　宇

单　　位：上海交通大学国际与公共事务学院　上海交通大学住房与城乡建设研究中心

地　　址：上海市徐汇区华山路1954号上海交通大学徐汇校区

邮　　箱：陈　杰（chenjie100@sjtu.edu.cn）；张　宇（yuzhangsjtu@sjtu.edu.cn）

基于新市民需求特征的保障性租赁住房发展探究

薛秋艳

摘　要：保障性租赁住房是解决新市民、青年群体住房问题的重要举措，对缓解大城市住房突出问题、推进以人为核心的新型城市化、建立租购并举的住房制度具有重要意义。随着一系列文件的出台，保障性租赁住房的政策体系逐渐完善。本文在分析新市民需求特征的基础之上，讨论了目前保障性租赁住房发展面临的挑战，并提出了相应的发展思路，以期为保障性租赁住房的长效发展提供借鉴。

关键词：新市民；保障性租赁住房；租购并举

一、引言

作为我国城市建设的主力军和生力军，新市民对城市的现代化建设发挥着不可或缺的作用。然而，新市民在给流入城市发展带来人口红利的同时，也对所在城市公共资源、住房保障等提出了新的要求，大城市高昂的房价和有限的支付能力使得新市民群体普遍面临住房压力大的问题。因此，如何满足新市民的居住需求，实现住有所居，是一个亟待解决的民生问题。

十九大以来，国家大力发展租购并举制度，新市民住房难题逐渐得到重视。《中华人民共和国国民经济和社会发展第十四个五年规划和2035年远景目标纲要》首次提出"保障性租赁住房"的概念，并明确提出加大保障性租赁住房供给。2021年国务院印发的《关于加快发展保障性租赁住房的意见》（以下简称《意见》）更进一步明确了其保障对象和相关支持政策，这也标志着我国以公租房、保障性租赁住房、共有产权住房为主体的住房保障体系的确立。在国家大力发展保障性租赁住房的背景之下，如何精准把握新市民住房需求特征，分析讨论保障性租赁住房目前面临的挑战以及未来发展思路，对新市民住房问题的解决具有重要意义。

二、我国新市民住房现状

（一）房价高，住房自有率低

住房支出对于一个家庭来说无疑是一笔巨大的消费支出。在目前房价居高不下的情况下，新市民群体仅仅依靠自身能力解决住房问题较为困难。根据国际惯例，房价收入比的合理区间为 3~6 倍，而我国一线城市的房价收入比几乎都远超合理区间的上限，上海、深圳等净流入较大的城市比率更是超过 20。高昂的房价无疑给普通工资收入的新市民带来了巨大的经济负担。住房自有率是衡量居民房屋所有权的重要指标之一，由 2018 年中国家庭追踪调查数据库可知，我国新市民家庭住房自有率只有 56% 左右，大大低于整体平均水平。一线城市住房矛盾突出问题更加严重，自有率则更低。因此，多数新市民寻找到合适房源的难度较大，住房困难问题突出。

（二）租赁住房质量差，居住环境有待改善

在高昂的房价和有限的支付能力面前，绝大多数新市民家庭倾向于单位宿舍或租住房屋，而住房租赁市场由于监管不到位，长期以来面临着配套设施和安全问题等难题。在租赁市场上，住房租赁主体以个人为主，居民的后续房屋装修改造、电器维护以及相关配套设施等相关配套服务难以得到保障，这也在一定程度上影响了租赁住房质量，从而进一步阻碍了租赁市场的发展。对于新市民来说，由于支付能力受限，选择租住的房屋多为地理位置偏僻的老房子，其安全性、舒适度和私密性均难以保证。

三、我国新市民住房需求特征分析

（一）住房需求量大

目前，我国一、二线城市房价和房租均居高不下，由于住房支付能力不足，新市民的住房需求问题难以完全依靠市场得到解决。而大多数城市的经济适用房、共有产权房、公租房等均设置户籍、收入限制，由于居住城市和户籍身份的分离，大多数新市民群体游离于城镇住房保障体系之外。目前，新市民群体有 3 亿人左右，城市规模越大，新市民群体数量通常越大。据兴业研究测算，一线城市新市民规模多在 500 万人以上，包括上海、深圳在内的超一线城市的平均人数在千万以上，人口净流入大的城市新市民住房困难问题较为普遍。可见，在房地产市场进入存量时代的今天，庞大的新市民群体的住房需求难以得到有效满足。

（二）住房消费呈阶段性

新型城镇化，其核心是人的城镇化。促进新市民群体在城市实现住有所居，为城市发展创造价值，是城镇化的基本目标。一般来说，新市民的住房消费选择随着工作时间的增长呈阶段性特征。新市民群体在城市工作初期多倾向于选择门槛较低的工作，如制造业、建筑业、服务业等，而这些行业普遍存在稳定性差、工作周期长、工资低、流动性大等特征。由于没有一定的财富积累，加之工资收入有限，租赁住房和集体宿舍便成为新市民的主要住房选择。但对于大多数新市民，尤其是大学生来说，租房更多的是一种过渡性选择。随着时间的推移，其自身经验和工作技能的日益成

熟，工资水平也随之增加，这个时期的新市民购房能力和定居意愿较强。

（三）追求品质化

随着人们对美好生活的向往，新市民群体对生活质量提升、居住品质的诉求日益强烈。住房除了满足人们基本的居住需求之外，更多的是对就业机会、便利交通、配套设施以及包括教育、医疗在内的公共服务需求的满足。由于各方面原因，新市民住房质量不容乐观，普遍面临居住环境较差、通勤时间长等问题。此外，在城市中，由于户籍限制，新市民往往会遭受"福利屏蔽"，不仅使得住房保障政策难以惠及新市民群体，更使得租赁群体子女的教育、医疗、社会保障等一系列公共服务的权利受到不同程度的限制。因此，完善的住房配套设施、较低的通勤成本、均等化的公共服务有利于提升新市民群体的居住满意度，促进城市安居梦的实现。

四、我国保障性租赁住房发展目前面临的挑战

（一）满足住房需求量大的挑战：供需不匹配，房源供应有限

从需求端来看，大规模新市民群体涌入一线城市，加剧了大城市的住房紧张状况。从供给来看，尽管国家提出了新建、改建、改造、租赁补贴和闲置住房再利用等多种方式筹集房源，但房源筹集渠道仍面临各种各样的挑战。具体来说，在新建方面，面临的最大难题是土地。利用集体经营性建设用地涉及包括村集体、政府、开发企业等在内的多个主体，各个环节利益博弈相对复杂，协调难度大。企事业单位自有闲置土地通常位置较偏且规模有限，难以满足职住平衡需求。在改建方面，无论是商改租还是工改租，均面临着盘活存量的共性问题：增容、增效、增值、增益的相关政策均不明确，对相关企业缺少吸引力，且改造过程缺乏合理的建筑标准和设计规范等问题。

（二）满足阶段性的挑战：资金平衡压力大，相关主体积极性不高

由于新市民群体普遍存在住房支付能力有限、租赁时间短暂的现象，其住房消费呈一定的阶段性特征。作为保障性租赁住房管理机制的重要内容之一，租金管理与新市民福祉和政策可持续性有着直接关系。尽管《意见》已对土地价款补缴、税费负担、水电气价格等难题作出了回应，并对保障性租赁住房建设开发提出了相应支持政策，但保障性租赁住房的平均租金标准低于市场水平，且租赁市场普遍存在投资周期长、投资回报率低等难题。在经济回报达不到预期的情况下，社会多主体投资的理想效果较难实现。因此，如何制定一个使租户接受且相关企业盈利的政府指导价，使其在缓解新市民租金压力的同时充分调动各方参与主体的积极性，是保障性租赁住房发展面临的一大挑战。

(三)满足追求品质化的挑战:住房租赁市场发展滞后,相关政策落实缓慢

我国长期以来重购轻租,住房租赁市场发展滞后。尽管国家提出以建立租购并举的住房制度为主要方向深化住房制度改革,各地政府也积极推进租购同权,以促进租购并举,但其刚刚开始试点,政策落实面临着诸多难题。此外,住房租赁市场长期以来存在市场秩序不规范、租赁双方权利义务不对等、相关配套措施缺位等问题,使得住房质量参差不齐,承租人的权益难以得到保障。就保障性租赁住房建设来看,一方面,目前关于其建设标准规范、运行管理等方面政策并不完善,住房质量难以保障。另一方面,尽管政策支持保障性租赁住房建设在配套设施完善、交通便捷的地方,但是大城市中心城区通常面临存量土地供应紧张且地价较高的问题,职住平衡需求难以满足。因此,如何规范市场秩序、合理规划区位,同时通过相关政策如租购同权、租金优惠等提高居民满意度,是保障性租赁住房建设需要考虑的一大问题。

五、基于新市民需求特征的保障性租赁住房发展思路

(一)因需供应,科学规划供应规模

首先,坚持供需匹配,充分摸排保障性租赁住房相关信息。各个城市应当充分摸排本地的存量土地以及住房资源情况,采取多种途径增加住房供给,激励各方主体参与其中。在摸清土地、房源的基础之上,可以利用宏观数据统计新市民人数及住房情况,合理预测本地区的保障性租赁住房需求量,实现数量上的供需均衡。此外,在住房矛盾突出、租金收入比较高的城市,政府在增加租赁住房供给的基础上还应配合补贴、财税等相关政策来提高新市民的住房支付能力。

其次,依据不同渠道,制定相应支持政策。在改建方面,政府可以制定闲置住房管理办法,明确相关主体持有成本及其责任,并结合财政补助、税费优惠等方式激发持有主体的积极性,推动闲置住房走向市场。在新建方面,政府可以允许额外承担保租房配建任务的地区和开发企业适当扩大容积率。利用集体经营性建设用地建设住房,政府应在充分遵循农民集体意愿的基础上,给予一定资金支持,允许给用地使用权办理抵押贷款,协调各方利益,探索各个主体合作共赢的运营模式。利用新供应国有建设用地建设,出让价款可分期收取,以缓解土地成本带来的压力。

最后,加强土地供应,明确政府主体责任。在土地供应方面,地方政府应将保障性租赁住房用地单列在用地计划中,并规定科学的用地比例。还可创新土地供应方式,建立保障性租赁住房专用地储备制度,并对用地审批程序进行精简,提高审批效率。在政府责任方面,由于土地出让金是地方政府基金的重要组成部分,保障性租赁住房的发展一定程度上挤占了政府财政收入,从而导致政府供地积极性不高。因此,应在地方政府绩效考核体系中增加保障性租赁住房土地供应相关指标,以此调动地方政府积极性。

（二）多措并举，提高可持续性

首先，加大财税支持力度。政府应当提高财政资金支持的精准度，引导建设运营主体积极争取资金补助支持。并且给予税费优惠，在存量房屋得到保障性租赁住房的认定之后，应当给予相关企业一定的房产税、增值税等税费优惠，以此来降低租户和运营企业的负担。

其次，灵活运用金融工具。政府应当鼓励银行面向保障性租赁住房持有主体发放长期贷款，在贷款额度、放款时间、利率等方面给予一定优惠，并鼓励其大胆引进REITs，以撬动社会资本，提高各个参与主体的积极性。

最后，完善政府指导价格运行机制。根据相关规定，保障性租赁住房的租金应低于同地段同品质市场租赁住房租金，一般为八折到九折之间。政府应当将相关配套支持政策内化成租金优惠，并实行动态调整，以确保租赁主体获得必要利润。此外，还可以把租住时间或者租赁者收入水平作为标准，设计阶梯型租金体系，即随着租住时间或收入水平的增长，逐步提高其租金水平，激励相关群体退出住房保障体系，以促进住房资源实现利用最大化。

（三）统筹规划，提升住房质量

首先，科学选址，优化布局。一方面，结合老旧小区改造和城市更新，充分利用现有房源，收储一定规模的老旧小区房屋，有效增加中心城区交通便利、小户型房源供应。另一方面，鼓励保障性租赁住房安排在产业园区及附近、交通站点周边，通过通勤成本的减少来促进职住平衡的实现。

其次，加强保障性租赁住房管理，积极培育专业化的住房租赁管理企业。可以推进包括投资主体、建设企业、运营单位和承租人在内的信用体系建设，以促进住房规范化运营，提高运营效率。同时，应尽快明确设计规范和建筑标准，促进住房改造过程的规范化。

最后，统筹协调，加强保障性租赁住房与户籍制度、现有住房制度的政策协同。一方面，做好保障性租赁住房与其他政策性住房的衔接，以避免保障对象重复，更好地形成合力。另一方面，在保障性租赁住房领域逐步实现租购同权，在公共服务资源有限的前提下，可以有限开放空间属性较弱的资源，如就业、社保、医疗等，循序渐进，逐步实现包括教育、医疗资源在内的公共服务与户籍和房屋产权的脱钩，增强公共服务资源的广泛性和灵活性，促进新市民权益的实现。

六、结语

保障性租赁住房对解决新市民、青年群体住房困难，促进房地产长效发展，实现全体人民住有所居，具有重要意义。本文在对新市民需求特征进行分析的基础之上讨论了目前保障性租赁住房面临的挑战，为更精准地把握住房需求，更好地化解这些挑战，本文认为保障性租赁住房发展应从以下几个方面作出努力：因需供应，科学规划供应规模；多措并举，提高可持续性；统筹规划，提升住房质量。

参考文献：

[1] 赵亮，张军玲.我国保障性租赁住房发展研究：以深圳为例[J].建筑经济，2023，44（3）：5-10.

[2] 余永华.新市民住房消费模式选择及其效用研究[J].价格理论与实践，2022（11）：93-97.

[3] 任荣荣，贺志浩.保障性租赁住房发展思路：基于对新市民住房需求特点的研究[J].价格理论与实践，2022（11）：37-42.

[4] 王桂梅.保障性租赁住房运作模式及问题研究[J].住宅产业，2022（4）：10-14，32.

[5] 金浩然.保障性租赁住房的定位、基础、难点和建议[J].团结，2021（5）：14-17.

[6] 李奇会，周伟忠，孙莉.保障性租赁住房建设面临的挑战及对策研究[J].建筑经济，2021，42（12）：13-19.

[7] 倪虹.以发展保障性租赁住房为突破口 破解大城市住房突出问题[J].行政管理改革，2021（9）：44-49.

[8] 蔡鹏，严荣.新市民的住房问题及其解决路径[J].同济大学学报（社会科学版），2020，31（1）：70-82.

[9] 李长安，刘娜.多措共举破解"新市民"住房难[J].人民论坛，2019（19）：78-79.

作者联系方式

姓　　名：薛秋艳
单　　位：山西财经大学
地　　址：山西省太原市小店区山西财经大学坞城路696号南校区
邮　　箱：e2674704545@163.com

保障性租赁住房，为国企盘活低效不动产打开了一条通路

袁 艺　于京博　魏 蓝

摘　要：保障性租赁住房，不仅为国有企业对低效不动产的盘活打开了一条通路，同时也为其践行社会责任提供了机会，在创造经济效益的同时又能为保障民生添砖加瓦。

关键词：保障性租赁住房；存量资产盘活；低效不动产

一、引言

随着国有企业改革的不断深入，国有资产大量闲置的问题逐渐凸现。2022年5月，国务院办公厅印发了《国务院办公厅关于进一步盘活存量资产扩大有效投资的意见》(国办发〔2022〕19号)(以下简称19号文)，提出要有效盘活存量资产，形成存量资产和新增投资的良性循环，此后各部委陆续出台配套政策，督导落地。今年以来，各家国企纷纷制订盘活目标，将提质增效作为企业当前的头等任务，而其中，不动产在这些存量资产中占比最大，低效不动产的盘活便成了该项工作的重中之重。

19号文中就存量资产盘活提出了七条建议路径，其中尤其强调要挖掘闲置低效资产价值，通过促进盘活存量和改扩建有机结合将低效不动产"唤醒"，而保障性租赁住房是文中被提及最多的"唤醒"方向。

二、国企利用保障性租赁住房方式盘活的优势

(一)什么是保障性租赁住房？

国务院办公厅在2021年7月印发的《国务院办公厅关于加快发展保障性租赁住房的意见》(国办发〔2021〕22号)(以下简称22号文)中首次提出保障性租赁住房的概念，并作出了以下定义："解决符合条件的新市民、青年人等群体的住房困难问题，以建筑面积不超过70m²的小户型为主，租金低于同地段同品质市场租赁住房租金，多主体投资、多渠道供给，由政府给予土地、财税、金融等政策支持，准入和退出的具体条件、小户型的具体面积由各城市人民政府按照保基本的原则合理确定的租赁住房。"

（二）国有企业利用保障性租赁住房方式盘活的优势

1. 土地支持政策直击国企"痛点"

国企低效不动产的形成原因较多：或因历史遗留问题，产权界定困难，如许多 20 世纪 90 年代划转的资产，至今无法办理产权登记手续；或因土地性质为划拨，进行高效商业开发受阻，若办理出让手续，又涉及大额出让金；或因建成年代太早，其利用状态落后于所在区片的发展，形成了功能性折旧和外部折旧，如一些位于市中心的工业厂房，若涉及土地变性，一是调规困难，二是涉及大额地价款，于企业而言难以享受到城市发展带来的红利。

根据 22 号文：①人口净流入的大城市和省级人民政府确定的城市，对企事业单位依法取得使用权的土地，经城市人民政府同意，在符合规划、权属不变、满足安全要求、尊重群众意愿的前提下，允许用于建设保障性租赁住房，并变更土地用途，不补缴土地价款，原划拨的土地可继续保留划拨方式。②允许土地使用权人自建或与其他市场主体合作建设运营保障性租赁住房。对闲置和低效利用的商业办公、旅馆、厂房、仓储、科研教育等非居住存量房屋，经城市人民政府同意，在符合规划原则、权属不变、满足安全要求、尊重群众意愿的前提下，允许改建为保障性租赁住房；用作保障性租赁住房期间，不变更土地使用性质，不补缴土地价款。③在确保安全的前提下，可将产业园区中工业项目配套建设行政办公及生活服务设施的用地面积占项目总用地面积的比例上限由 7% 提高到 15%，建筑面积占比上限相应提高，提高部分主要用于建设宿舍型保障性租赁住房。

以上国家给予保障性租赁住房的土地支持政策，恰好解决了国有低效不动产划拨土地经营受限，或低用途利用等问题，且无须补缴土地出让金，最大程度让利于出租企业。

2. 市场活跃，现金流稳定

国家大力支持保障性租赁住房的建设，旨在推行租购并举的住房制度，通过加大市场上长租住房的供给，利用监督机制及市场竞争机制起到稳定价格、提升品质、保障民生的作用。所以，保障性租赁住房相对于公租房、廉租房市场属性占比更大。而长租住房市场在北上广深以及其他人口净流入的大城市，一直以来都是供需两旺。根据笔者调查，北京、上海交通条件较好的新开业长租公寓项目，通常在 1~3 个月内出租率便可达到 90% 以上，成熟期更是能长期保持在 95% 以上。而具有物业利用方向替代性的办公物业，受经济下行等因素影响，出租率近年来持续下降。根据 SOHO 中国发布的财报，受市场情绪的影响，SOHO 中国北京及上海的办公楼租赁市场承压，平均出租率下降至约 76%。可见，相对而言，经营长租住房受经济周期等外部干扰更小，现金流更加稳定。同时，22 号文中明确，保障性租赁住房的租客可享受民用水电气的价格优惠，为经营方稳定客源增加了竞争力。

3. 享受金融支持，退出渠道完善

22号文提出，"加大对保障性租赁住房建设运营的信贷支持力度，支持银行业金融机构以市场化方式向保障性租赁住房自持主体提供长期贷款，支持商业保险资金按照市场化原则参与保障性租赁住房建设。"目前，各家银行纷纷推出保障性租赁住房类的专项贷款，利率及借款期限较其他信贷产品都非常具有优势。另外，众所周知，商业保险资金不可投资于居住类项目，但文件中支持其参与保障性租赁住房的建设，可见国家对保障性租赁住房支持力度之大，这也源于保险资金规模大、期限长、较为稳定的风险收益特征，与保障性租赁住房持续微利、现金流稳定的经营特征天然契合。同时，金融政策的包容性还体现在《国家发展和改革委员会关于进一步做好基础设施领域不动产投资信托基金（REITs）试点工作的通知》（发改投资〔2021〕958号）（以下简称"958号文"）将保障性租赁住房纳入到公募REITs的试点行业范围，且以是否取得保障性租赁住房项目认定书为界定标准，未对土地登记用途有所限制，为国企将此类资产变现打通了最后一个"关卡"，提高了不动产的流动性。

三、国企利用保障性租赁住房盘活的关注点

（一）科学选址

保障性租赁住房虽有诸多优势，但也并非适用于所有资产，科学的选址是成功盘活的第一步。首先，人口净流入量大、青年人群多、租赁需求旺盛的城市是投资建设保障性租赁住房的首选，其中北京、上海、广州、深圳、杭州、成都当为第一序列选择。其次，在微观区位选择上，根据笔者对租赁人群进行的问卷调查，租赁价格和公共交通便捷度是租户所最关注的两个因素，所以，位于城市中心行政区边缘，但公共交通便捷的区域，是投资建设保障性租赁住房性价比最高的区域；在物业实体方面，结构的灵活性、通风条件、采光条件，以及规模是否足以发挥坪效以及管理人员的人效，都是需要重点考量的因素。

（二）精准定位

保障性租赁住房根据建筑类型分为住宅型、公寓型和宿舍型，根据客群不同可分为白领公寓和蓝领宿舍等。不同客群因素偏好、价格接受度都存在很大差异，所以根据区位条件，找准目前客群，精准匹配产品档次，进行户配、装修等产品设计，是实现产品价值的关键，这需要专业机构作大量市场调研、投资测算，予以分析论证。值得一提的是，通过智能化设施的安装来提高管理效率，通过装配式工艺来实现建筑格局的灵活调整，随着长租住房供应量的不断加大，是为适应未来市场竞争需预备的必要手段。

（三）防范辅业占比过重

主辅分离是国有大中型企业改革的重要手段之一，为推进这一措施，国务院国有

资产监督管理委员会于 2010 年发布《中央企业负责人经营业绩考核暂行办法》（国资委令第 22 号），明确采用 EVA（经济增加值）对中央企业负责人进行考核，将央企从事非主业投资所获收益减半计算对税后净营业利润的贡献。故主业非房地产开发的国有企业，若有意自行开发经营保障性租赁住房，需防范辅业占比过重的问题。

根据 19 号文和 22 号文，产权企业可与其他市场主体采用 PPP 模式合作建设运营保障性租赁住房，目前北京市场上较为知名的华润有巢国际公寓社区—丰台葆台村店、万科泊寓·院儿—成寿寺社区、首创和园·繁星社区—十八里店等，皆是开发企业与土地使用权人采用 BOT 模式合作开发运营的保障性租赁住房项目，该合作模式可供既有经营保障性租赁住房诉求，又有主辅分离考核压力的国有企业所借鉴，以便同时实现以上两个目标。

四、结语

国家大力推动保障性租赁住房的建设，并制定了"十四五"期间 870 万套间的筹集计划，旨在让全体人民早日都能实现住有所居。保障性租赁住房，不仅为国有企业对低效不动产的盘活打开了一条通路，同时也为其践行社会责任提供了机会，在创造经济效益的同时又能为保障民生添砖加瓦，让更多的青年人能放开手脚为了幸福生活去奋斗！

参考文献：

[1] 国务院办公厅.国务院办公厅关于进一步盘活存量资产扩大有效投资的意见[EB/OL].[2022].http：//www.gov.cn/zhengce/content/2022-05/25/content_5692190.htm.

[2] 国务院办公厅.国务院办公厅关于加快发展保障性租赁住房的意见[EB/OL].[2022].http：//www.gov.cn/zhengce/content/2021-07/02/content_5622027.htm.

[3] 国家发展改革委.国家发展和改革委员会关于进一步做好基础设施领域不动产投资信托基金（REITs）试点工作的通知[EB/OL].[2022].https：//www.ndrc.gov.cn/xwdt/tzgg/202107/t20210702_1285342.html.

[4] 国务院国有资产监督管理委员会.中央企业负责人经营业绩考核暂行办法[EB/OL].[2022].http：//www.gov.cn/ztzl/kjfzgh/content_883736.htm.

作者联系方式

姓　　名：袁　艺　于京博　魏　蓝

单　　位：北京仁达房地产土地资产评估有限公司

地　　址：北京市西城区车公庄大街 9 号院五栋大楼 A 座 3 单元 12 层

邮　　箱：袁　艺（yuanyi007_1983@163.com）

注册号：袁　艺（1120110076）；于京博（1120070057）；魏　蓝（1120070129）

保障性租赁住房发展问题及建议

董 峰 韩 斌

摘　要：保障性租赁住房的建设和发展是关系民生的大事，也是稳就业、稳服务，提升城市建设能力和服务水平的重要体现。当前，国内超大特大城市，均存在不同程度的租赁住房供给结构性不足问题，且放长远来看，大城市的发展甚至可能演化为租购并举、租房主导的居住趋势。如何快速解决保障性租赁住房的筹集难题，尽快向市场提供一批优质的居住房屋，是提升新市民及城市青年人生活质量的重要举措。

关键词：结构性不足；租房主导

2021年，政府工作报告中指出，要"解决好大城市住房突出问题""尽较大努力帮助新市民、青年人等缓解住房困难""通过增加土地供应、安排专项资金、集中建设等办法，切实增加保障性租赁住房和共有产权住房供给，规范发展长租房市场，降低租赁住房税费负担"，2021年的中央经济会议重点工作的八大任务中提到"要高度重视保障性租赁住房建设，加快完善长租房政策，逐步使租购住房在享受公共服务上具有同等权利，规范发展长租房市场。"今年的3月5日，政府工作报告中指出，一直以来政府持续"坚持房子是用来住的、不是用来炒的定位，建立实施房地产长效机制，扩大保障性住房供给，推进长租房市场建设，稳地价、稳房价、稳预期，因城施策促进房地产市场健康发展"，且在今年的政府工作中要"加强住房保障体系建设，支持刚性和改善性住房需求，解决好新市民、青年人等住房问题。"国家在宏观层面大力支持保障性租赁住房的发展，各地市也积极响应，"突出住房的民生属性，因地制宜，采取新建、改建、改造、租赁补贴等多种方式，扩大保障性租赁住房供给"，但三年来各个地市保障性租赁住房的发展成果如何，仍然需要通过实践来检验。

一、保障性租赁住房发展中存在的问题

（一）建设周期长、成本高，企业投资意愿不强

为支持住房租赁市场发展，2019年国家在全国16个地市率先开展培育和发展住房租赁市场试点工作，并且给予了充分的资金保障，加快建立多主体供给、多渠道保

障、租购并举的住房制度,加快形成供应主体多元、经营服务规范、租赁关系稳定的住房租赁市场体系,实现居民住有所居目标。通过2019—2021年三年的筹集工作,部分试点城市的租赁住房建设取得了一定成绩,但是也存在一些问题,比较突出的问题之一就是租赁住房项目成熟缓慢。以J市某区为例,试点三年期间发展租赁住房项目14个,总建设规模7267套,但截至目前,已完成竣工验收的只有3327套(占比45.78%),已分配入住的只有1941套(占比26.71%)。很多项目还在建设中,尚未完工并达到入住条件,更有些项目建设缓慢。

笔者对部分不同类型的项目进行研究,数据如表1所示。

项目投资及回本周期表 表1

序号	项目名称	施工类别	建设投资(万元)	建设套数(套)	单套投资成本(万元)	建设面积(万m²)	工程周期(年)	回本周期(年)
1	国有居住用地项目1	新建	93484	800	116.86	4.73	3	40.6
2	国有居住用地项目2	新建	204600	1649	124.08	12.15	2.5	43.1
3	国有居住用地项目3	新建	87593	581	150.76	6.09	3.4	52.3
4	科研用地项目1	新建	33000	837	39.43	4.50	2.0	27.4
5	商业商务用地项目1	新建	13560	734	18.47	2.48	2.3	10.3
6	商业商务用地项目2	新建	8500	426	19.95	1.39	2.4	11.1
7	工业配套项目1	新建	8600	392	21.94	1.97	2.5	22.9
8	工业配套项目2	新建	5826	360	16.18	1.71	2.5	16.9
9	工业配套项目3	新建	8400	461	18.22	2.16	2.2	19.0
10	工业配套项目4	新建	2867.4	108	26.55	0.53	2.0	27.7
11	工业配套项目5	新建	2000	80	25.00	0.38	1.3	26.0
12	工业配套项目6	新建	3500	204	17.16	1.12	1.7	17.9
13	工业配套项目7	新建	4810.4	191	25.19	1.37	2.5	26.2
14	工业配套项目8	新建	35000	1320	26.52	5.67	2.6	27.6
15	非居住房屋改建项目1	改建	2007	277	7.25	0.85	0.3	4.0
16	非居住房屋改建项目2	改建	3402	335	10.16	2.02	0.7	5.6
17	非居住房屋改建项目3	改建	740	195	3.79	0.40	0.5	2.1
18	非居住房屋改建项目4	改建	1439	200	7.20	0.63	0.2	4.0
19	非居住房屋改建项目5	改建	2214	124	17.85	0.53	0.4	9.9
20	非居住房屋改建项目6	改建	2600	324	8.02	1.01	0.7	4.5
21	非居住房屋改建项目7	改建	2000	315	6.35	1.79	0.5	3.5
22	居住房屋装修项目1	装修	1300	872	1.49	7.85	0.1	0.8

资料来源:2023年3月20日保障性租赁住房项目汇总表。

对表 1 按类取平均值得出表 2、图 1、图 2 所示结果。

单套租赁住房平均投资及回本周期　　　　　　　　　　表 2

序号	项目用地类型	平均单套投资成本（万元）	平均工程周期（年）	平均回本周期（年）
1	居住地	130.56	3.0	45.3
2	科研地	39.43	2.0	27.4
3	商业地	19.21	2.4	10.7
4	工业地	22.09	2.2	23.0
5	改建	8.66	0.5	4.8
6	装修	1.49	0.1	0.8

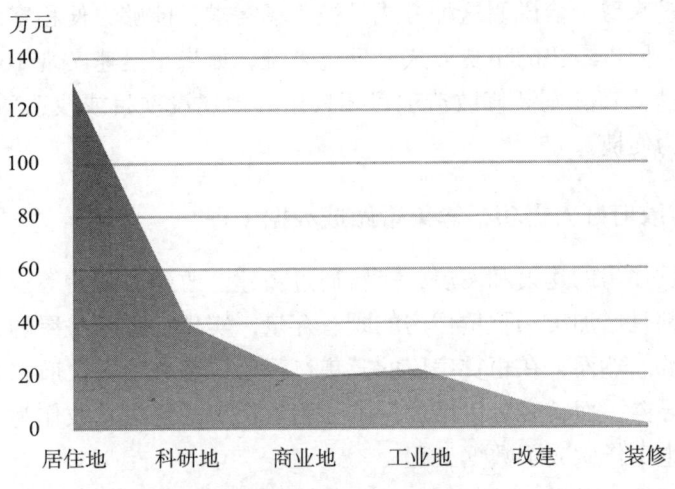

图 1　单套租赁住房投资成本

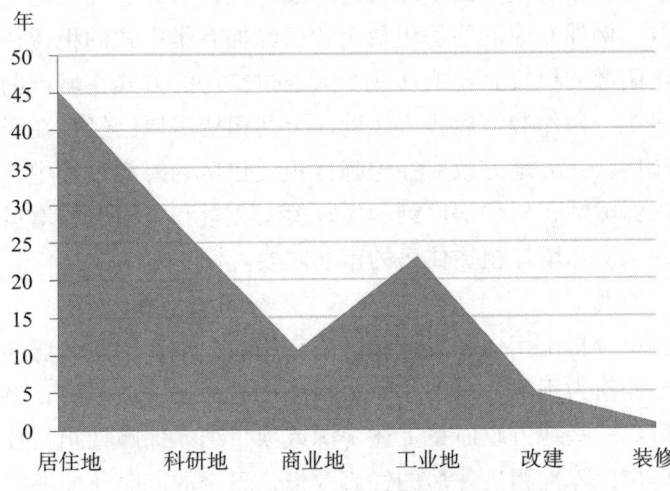

图 2　单套租赁住房回本周期

通过分析上述数据可知，通过国有住宅建设用地建设租赁住房，单套的投资成本是最高的，施工周期及回本周期均是最长的，尤其是回本周期，一个投资项目需要45.3年才能填补投资成本，对于任何一个市场化的房地产开发企业或者住房租赁企业来讲可能都是比较难接受的，导致市场化建设意愿不强。相对于工业地而言，商业商务用地由于建设的位置灵活，单套出租价格较高，则可以以低成本、短周期，形成建设商务公寓的热潮。非居住存量房屋的改建，是投资低、回本快的一种方式，目前比较有规模、有品牌的企业，都是通过集中式建筑改建用作长租公寓。居住房屋装修项目，指的是对现有的闲置零散居住房屋进行二次装修，通过隔断的方式在原有居住空间布局的基础上增加新的居住单间，以快速增加租赁住房数量的模式，当然有些地方称之为"群租房"，甚至有些城市还是明令禁止这种装饰装修行为的，担心消防隐患和用电隐患的发生。但市场是最能检验产品是否被需求的地方，大城市的"群租房"屡禁不止，反过来看恰恰说明这种方式是被市场需求且能够方便租客的，也是投资最低、施工最短、回本最快的租赁方式。反过来说，如果想迅速实现10000套拎包入住的租赁房屋快速入市，则装修改造项目相较于其他建设项目或改造项目，工期最短、投入最低，最为便捷。

（二）地方政府好大喜功，筹集量做成数据工程

保障性租赁住房的建设和发展，一般通过新建、改建、盘活等三种方式，三种方式的共同目标都是增加市场租赁住房的既有存量，实现一批新房屋的入市投用，增加租赁房屋的基数。然而，在租赁房屋的筹集过程中，部分地方政府忽视了增加租赁住房存量的结果导向，而转变为以增加保障性租赁住房的筹集套数作为考核该项工作的出发点，把民生工作做成了数据工程。

1. 企业在运营房屋

市场上很多住房租赁企业由于经营过一段时间，已经存在一定的规模，拥有一定的租赁房屋存量，例如专业的住房租赁企业已经拥有集中式的租赁住房项目或长租房运营项目，其他闲散的租赁企业或从业个人通过拿房的方式在城市的不同小区获得一批闲散的租赁房源，稍作装饰后投入运营。上述租赁房屋已经存在于租赁市场，且正在发挥着租赁作用。部分地方政府在保障性租赁住房的筹集过程中，将上述房源作为在营房源，纳入保障性租赁住房序列，实现筹集数量和规模上的增量，但从实际来看上述筹集方式并未实际增加租赁住房的市场规模。

2. 在建租赁房屋

一些企事业单位自由用地、工业园区配套用地，或者闲置非居住房屋，经过合法合规的手续，已经作为租赁住房的运营项目正在进行建设或改建，将于建设周期结束后用作租赁住房。一些地方政府将上述房源或项目纳入保障性租赁住房，给予相关建设单位或运营单位保障性租赁住房的优惠政策，惠企的同时还能够实现筹集规模的增加，取得了不错的成效。但面临的问题同样是未能够直接实现租赁住房项目的产生，

而是通过对既有租赁住房项目的鼓励变相带动，不能够新增加租赁住房的既有存量。

3."套"与"间"相互转换

保障性租赁住房的筹集既可以按照套计算，也可以按照间计算，增加市场租赁房屋的套数和增加市场租赁房屋的间数同样有利于租赁市场的发展。但是在部分城市的保障性租赁住房筹集过程中，部分地方政府为了迅速形成筹集规模，将现有按套计算的保障性租赁住房数量调整为按间计算，这样一个住宅项目冲抵的保障性租赁住房数量可以根据户型实现两倍或三倍的数据增量，但租赁房屋总数未能实际增长。

（三）租赁市场缺乏国资引导，小中介混乱不堪

实现国有资本对租赁市场的引导一直是一个不小的难题。目前，很多城市在探索建设自己的租赁住房运管平台，通过以国有资产注资的方式扩大平台的营业规模，进而带动租赁住房市场的发展。例如，有些城市成立单独的城市发展集团，专门从事国有租赁住房资产的运营和管理业务；有些城市在现有投资平台或控股公司名下新成立资产运营管理子公司，用于对平台持有的租赁住房资产进行运营管理。国有资本对租赁住房进行运营管理，背后是以政府的信誉进行担保，而且基于国有企业的社会责任和社会担当，盈利目的性相对没有私营企业那么强，特别是对于租房押金的退还、水电气暖费用的缴纳、物业费及网费等其他费用的收取均有相对规范的程序，而且不会恶意克扣或者收取未予标明的款项。

但国有资本引导的租赁住房体系目前还处于探索阶段或者新生阶段，尚未形成规模，在租赁市场上占的份额甚至不到10%，远远发挥不了市场规范和引领的作用，目前租赁市场还是以租赁公司和从业个人为主，其中品牌化的住房租赁企业持有房源大概在10%～25%，非品牌化普通租赁企业持有房源大概在25%～60%，租赁住房从业个人持有的房源大概在30%～50%，除去国有企业和品牌化租赁住房企业，剩余租赁住房运营主体持有的租赁市场房源数占到了70%～80%，是租赁市场的运营主体，采取的基本都是轻资本运营管理的方式。上述单位在租赁住房的运营管理过程中，因为不需要考虑社会责任、不需要考虑品牌建设，完全以盈利性和创收为目的，因此运营管理方式相对粗放或粗暴，恶意克扣租金押金、收取未予标明的费用、暴力恐吓或驱逐租客、甚至跑路和暴雷的事情时有发生，给地方政府的12345热线和信访带来了极大的负担（表3、图3）。

40万常住人口某区2022年全年租赁纠纷投诉量 表3

月份	1月	2月	3月	4月	5月	6月	7月	8月	9月	10月	11月	12月
投诉数量	491	392	777	654	713	897	1209	1225	1161	816	550	246

资料来源：12345热线平台调取。

以40万常住人口的某区为例，仅2022年收到的住房租赁纠纷12345投诉件就多达9131件，平均每月761件。地方政府住建部门花费了大量的人力和精力进行租赁

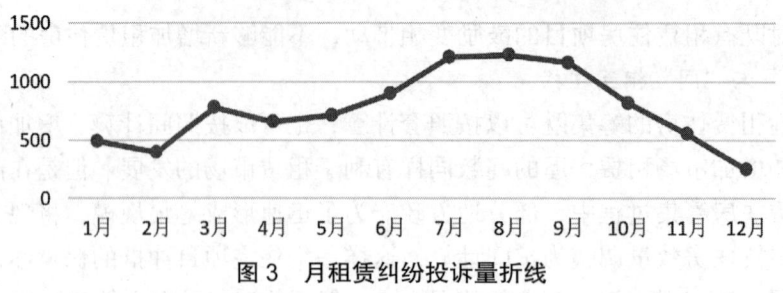

图3 月租赁纠纷投诉量折线

矛盾的调解，变相地为承租人"讨债""追债""追回欠款"，且引发上述租赁纠纷的租赁企业或从业个人工作极其隐蔽、手段极其多样、态度极其恶劣，一旦拒接电话或者不予配合、不提供经营地址或不提供收款人信息，调解工作就变得难上加难，且上述租赁矛盾本质上属于合同纠纷，政府职能部门也无权干涉合同履行，只能对市场主体进行教育和督促，协调效果并不明显。

二、保障性租赁住房发展的对策建议

（一）在筹集方式上再下功夫，迅速新增租赁住房的市场存量

"春江水暖鸭先知"，市场永远是检验民生需求的第一向导。近年来，北京、上海、杭州等大城市相继进行过"群租房"治理，换个角度思考，为什么"群租房"会出现在各大城市而非三四线小城市，恰恰体现了大城市对青年人、新市民的吸引力。上述情况说明，相对拿地建设，对市场闲置居住房屋进行装修改造，增加居住房间后再投入租赁市场，是最简洁、最省力、最快速、最省钱、回本周期最短的租赁住房市场发展模式。因此，在长远期谋划一批新建保障性租赁住房项目的同时，可先着手考虑如何增强城区存量闲置房二次租赁的规范性，即在不损害房屋设计结构、承重结构及消防结构的基础上，如何合理合法合规地予以改建、扩建，既保障承租人对居住环境、交通便利、租金压力的实际需求，又可以迅速新增租赁住房的市场存量。具体需要做的不限于以下几个方面：①明确可改造房屋的范围。例如，对房屋的建成年限、主体结构、户型设计等作出要求，对因装修改造施工可能带来居住风险或者引起周边群众不满的房源予以限制。②明确装修改造的标准。对两室户、三室户等情况房屋的装修改造标准予以明确，哪些空间可以改，哪些空间不可以改，在装修改造的同时消防或水电条件怎么保障。③明确改造手续的办理方式。不允许租赁企业或个人私自装修改造对外出租，有装修改造需求的，需要以企业为单位向街镇级住建部门进行申请，对改造方案进行简易审查，改造完成后由其组织消防等部门验收，以满足居住的各种标准。④明确房屋的使用规范。根据不同的房间结构，规定每种类型房间的出租人数、采光和通风条件、消防物品存放要求、公共区域管理要求等，并探索建设租户公约，约束承租人居住行为，对可能造成火灾、漏电等安全隐患的行为进行限制。在满足上述条件的情况下，对租赁房屋合理谋划、规范建设、安全使用，既能够保证租

住安全，又可以迅速增加市场租赁房屋存量，迅速实现保障效果。

（二）在成效考评上再变方式，以市场发展效果作为量化条件

住房租赁市场发展得好不好，不在于地方政府的工作汇报做得怎么样，也不在于上报的数据情况怎么样，而在于实实在在的租赁住房市场增量及对租赁市场的补充作用效果。住房租赁企业在营房屋、在建租赁住房等均是住房租赁市场的重要构成，上述房源纳入保障性租赁住房管理对市场发展的刺激作用远不如新增房源的补充作用。要在住房租赁市场发展效果考评上转换方式，不再以保障性租赁住房的筹集量为主要条件，而是充分增加对市场规模发展、年度新投产运营房源数量、租金涨幅降幅水平等指标的考核评价条目。具体表现为：①租赁市场的发展应当平稳有效。保持对租赁市场的动态检测，通过房屋租赁备案、租赁房屋巡查检查、租赁税费收取等方式，详细摸排租赁市场现有房屋存量，摸排市场租房人员数量，并设定租赁市场年度发展指标，保障租赁房源总量的年度增长。②新投产运营房源数量应当与新增城市就业人数保持正相关。与地方政府人才部门、社保部门、卫生部门等单位保持数据共享，及时了解城市当年的新就业职工（新市民及城市青年人）数量，同时核算当年住房租赁市场的新投产运营房源数量，并且对上述两个数据进行分析，保持数量变化的正相关，及时调整租赁住房发展计划和工作方针。③租金水平与房地产市场发展速度和居民收入水平保持正相关。租客的租金缴纳水平体现着城市的租赁住房发展水平，前期政府建设公共租赁住房、人才公寓等政府投资运营的房屋，也是为了保障城市低收入群体的生活条件。租赁市场发展越繁荣、竞争越激烈，则租金因竞争会存在不同程度的下调，租客的租金缴纳水平则可以变相反映出租赁市场的发展活力，也应当接受政府调控，与房地产市场发展速度和居民收入水平保持正相关。租赁市场的发展不应该是粗放式的，在注重发展速度和规模的同时，也要注重发展质量，注重承租人对市场化租赁房屋的接受程度和租金支付能力，要为城市的保障力和包容性创造条件。

（三）在市场规范上再想办法，深化国资引导并加强行业立法

如果问一个新市民或者城市青年人最想租住什么样的房子，答案可能是这样：明亮干净的房屋、规范明白的合同、正常缴纳的费用及说退就退的押金。想做住房租赁的业务很容易，想做好这个业务却不容易。住房租赁在房价居高不下的当今，如果未对房屋进行装修改造，收取租客的租金减去向产权人缴纳的租金后基本所剩无几，还要另算运营费用、维修保洁、宣传费用及人员工资。在这样一个薄利的行业里，没有强大的启动资金和支持资金，一般的小公司甚至可能抗不过一个疫情一样的寒冬，除非他不规范经营，通过恶意克扣租金押金、收取服务费网络费物业费水电费等各种未予标明的费用来维持房源周转，但这样的行为是严重损害承租人利益的。为了规范租赁市场，一定需要国有资本的引导，国有资本在市场份额中占到60%，或能创造健康有序的竞争和发展环境。具体方法是：①加大国有资本对租赁市场的投入。由国有

平台或企业积极盘活社会闲置房源，规范进行装修改造后高标准对外出租，既不降低小区居住品质、不影响周边邻居，又可以有效增加房源持有量。②开展租金的有效调解。将目前正在开展的租房补贴、税费减免等政策统一交给国有资本运作，对符合条件的承租人直接在租金中减免，不再由承租人另行申请，同时针对不同社会时期的情况，可以通过租金的降低或提高稳定社会青年群体的心理状态。③树立优质租赁服务品牌。推荐国有资本和有实力的非国有企业采取品牌化发展战略，通过务实的服务和规范的管理，稳定地向社会提供租赁房源，降低新毕业学生的选择恐惧，进一步增强市场的品牌化带动作用。④加强住房租赁行业立法。重新定义跑路暴雷、恶意克扣租金押金、不平等合同条约等行为，不再仅仅当作民事约定引导承租人去司法诉讼，而是对严重侵害承租人权益的行为通过立法严肃处理，特别是对小中介和个人二房东要严加约束，以规范租赁市场的稳定有序发展。

笔者前段时间遇到一个情况，一个刚毕业的大学生在某市租房一年，正常到期后退租，中介公司未按照约定 15 日内完成退款，拖了近 2 个月。这个学生表示"目前已经离开这个城市，也近乎绝望，黑中介太多，我只想要回我的钱而已。"这个大学生将情况反映后，虽然事情得到妥善处置，剩余押金和水电费已经退还，但他本人却可能不再回来。住房租赁市场的乱象降低了城市的包容性，使青年人才大量流失，希望保障性租赁住房能够在 2～3 年内迅速发展，快速补充租赁市场房源，由具有良好信誉企业规范运营，竭力留住城市的青年人才和新生力量。

参考文献：

[1] 任荣荣，贺志浩. 保障性租赁住房发展思路：基于对新市民住房需求特点的研究 [J]. 价格理论与实践，2022（11）：37-42.

[2] 李放，饶丹，杨斯淇，等. 保障性租赁住房政策的量化评价研究 [J]. 城市问题，2022（9）：65-75.

[3] 董峰. 城市群租房的协同治理研究 [D]. 济南：山东大学，2022.

[4] 李奇会，周伟忠，孙莉. 保障性租赁住房建设面临的挑战及对策研究 [J]. 建筑经济，2021，42（12）：13-19.

[5] 李东. 保障性租赁住房的政策与效用分析 [J]. 上海房地，2021（11）：6-10.

[6] 倪虹. 以发展保障性租赁住房为突破口 破解大城市住房突出问题 [J]. 行政管理改革，2021（9）：44-49.

[7] 张辉. 保障性租赁房政策对青年新市民群体的影响 [J]. 人民论坛，2021（26）：83-86.

[8] 保障性租赁住房政策研究 [J]. 中国房地产，2021（25）：12-13.

[9] 曹现强，李烁. 创新优化理念和评价机制构建营商环境新格局 [J]. 中国行政管理，2021（8）：19-21.

[10] 邵挺. 中国住房租赁市场发展困境与政策突破 [J]. 国际城市规划，2020，35（6）：16-22.

[11] 李晶. 完善保障性租赁住房政策的必要性研究 [J]. 城市规划，2008（5）：45-50.

作者联系方式

姓　　名：董　峰　韩　斌
单　　位：山东省济南市高新区建设管理部
地　　址：山东省济南市高新区舜华路 77 号
邮　　箱：董　峰（498532815@qq.com）

我国公共租赁住房发展研究

刘煜彤

摘　要：公共租赁住房的建设是真正为人民服务的工程，是我国住房保障体系的重要组成。公共租赁住房填补了我国住房保障体系的空白，我国住房保障体系日渐完善，真正以解决中低收入居民住房问题为主体。然而，随着公共租赁住房供应的增加，房地产服务管理不完善、住房建设地址偏远、公共基础设施不足等诸多问题凸显，本文在分析目前存在问题的基础上提出了一系列建议。

关键词：公共租赁住房

一、我国公共租赁住房发展现状

（一）我国公共租赁住房概况

为适应社会主义市场经济体制的要求，我国开始在住房建设商品化、社会化等方面全面推进城市住房制度改革，住房作为商品进入市场，住房供给商品化释放了城镇居民的住房要求，房地产发展迅速，成为经济支柱产业之一，房地产开发投资迅速增加，它已成为资本支出中增长最快的部分。房地产业的快速发展，带动了城市居民住房条件的显著改善，也带动了房地产价格的快速上涨。习近平总书记强调，必须绝对避免房地产投机的可能性，坚持房子是用来住的、不是用来炒的，并引入确保房地产市场平稳健康发展的长效机制，规范开发企业经营行为，使房地产市场的预警预报得到加强、商品房预售许可得到严格审批、商品房预售合同在网上签订并备案、监管预售资金，严厉查处房地产市场违法违规行为，引导市民理性消费住房，严格控制房地产市场过热、房价上涨过猛。但是全国多个城市的房价与经济社会发展水平不成正比，中低收入人群很难以自己的经济收入在市场上买房，很难实现"住有所居"，所以政府为解决住房困难的公共租赁住房的发展发挥了重要作用。

公共租赁住房是指通过限制住房类型和租金价格，使城镇住房短缺、新就业的无房职工和在城镇稳定就业的外来务工人员得到帮助的保障性住房。从公布的文件来看，责任在"市县政府"，表明公共租赁住房集中在全国所有城市，这与公共租赁住房定位为"兜底保障"是一致的。公共租赁住房支撑人民生活的基本公共服务，低收入住房困难人群的问题遍及各国，所以县级及以上政府提供公共租赁住房很有必要。

根据《公共租赁住房管理办法》，公共租赁住房在住房面积和收入财产上都设置了一定的门槛。公共租赁住房的保障包括实物配租和租赁补贴，实物配租主要限于不超过 60m²、集中在 40m² 左右的小户型，租赁补贴实行差别租金制度，根据配租户的住房需求程度，按比例降低租金。公共租赁住房的租赁期一般不超过五年，租赁期满后，承租人有义务根据相关法律法规和个人情况续租或者退租。公共租赁住房由政府出资购买、新建、改建和在市场上长期租赁，并分配给符合条件的家庭，通过设置分层补贴或分层租金，使公共租赁住房保障与目标群体的支付能力相适应，从而使目标群体能有效地得到各种保障。

（二）我国公共租赁住房制度发展过程

1. 福利分配住房制度时期

新中国诞生之后，全国的住房遭到严重损毁，出现"房慌"，城镇居民的住房环境非常拥挤，影响社会稳定，为了解决住房短缺问题，国家投资建设新的住房，在协调利用原有住房的基础上，帮助居民重建新房、修缮原有住房，缓解住房紧张问题。改革开放前，我国是计划经济体制，有关住房的建设、分配、管理由国家统一负责，国家统一分配城镇居民的住房，住房制度普遍适应，不存在特殊的住房保障制度。虽然国家在住房建设上投入了大量资金，但城镇居民的需求并没有满足，人均居住面积很低，国家财政捉襟见肘。

2. 廉租住房制度时期

改革开放以来，随着城镇住房制度的改革，社会住房的实物福利分配转变为货币的工资分配，住房不作为社会福利分配，而是作为商品投放市场，城镇居民通过市场购买住房，不同群体有不同的住房支付的可能性，出现无法从市场上获得住房的群体，出现住房困难。在这种情况下国家探索建立住房保障制度，这是社会保障体系的重要组成部分。1998年，国家首次提出为低收入家庭建设廉租房；2007年，国家提出将廉租房的对象扩大到低收入住房困难家庭，不局限于最低收入群体。

3. 公共租赁住房制度时期

我国城市化的过程中，出现大量被称为"夹心层"群体的外来务工人员，这些人被排除在保障制度之外，很多人不符合廉租房制度的租赁条件，并且还没有足够的经济能力购买经济适用住房，也有人既不符合经济适用房的购买条件又买不起商品住房。2010年，国家为了解决"夹心层"群体的住房困难问题，提出了建设公共租赁住房制度。

二、我国公共租赁住房制度运行中存在的问题

（一）公共租赁住房政策宣传力度有待提高

目前，我国居民很难获得关于公共租赁住房政策的准确信息，对政策的不了解会导致错过公共租赁住房的申请机会，或者因为对政策信息的不了解而错误理解公共租

赁住房政策，甚至是对政府机构缺乏信任。我国对公共租赁住房政策的宣传存在宣传力度不大、宣传重点不到位、宣传方式单一的问题，不知道如何利用新技术来宣传公共租赁住房，因此需要加强对公共租赁住房的宣传，有效利用新媒体传播公共租赁住房相关的信息。

（二）住房面积较小

住宅的大小直接影响到居住者的生活空间，是衡量住宅满意度的一个重要指标。目前，我国公共租赁住房的居住面积大部分在 40m^2 左右，包括厨房、卫生间、卧室、客厅。由于公共租赁住房住户的收入水平低，经济承受能力有限，容易自我贴上"贫困"的标签。由于人均居住面积较小，低收入居民故意将自己视为城市生活的边缘群体，没有归属感，而儿童在这种环境内可能会自卑。这样的环境会影响成年人的日常生活，也会影响儿童的身心健康。

（三）住房建设地址偏远，出行成本高

公共交通的使用可以反映一个地区的经济发展水平。拥有良好的公共交通意味着一个地区的经济发展水平高，如果相反，则意味着一个地区的经济发展水平低。这些年来，政府为建设公共租赁住房作出了巨大努力，但这导致财政紧张，大多数的公共租赁住房项目都建在远离市中心的地区，而且建设地址相距甚远，这意味着住户必须花费较长的出行时间，特别在交通拥堵的高峰期，这进一步增加了住户的出行成本，并进一步降低了他们的居住体验。

（四）公共设施维护修理不及时，物业管理水平低

公共租赁住房住户普遍反映由于物业管理人员效率低下，消极怠工，加上物业管理人员的服务态度不好，所以物业与小区住户的关系普遍紧张。由于物业管理人员很少定期检查和维护小区的公共基础设施，小区内的许多公共设施都处于失修状态，破败不堪。例如，生锈的健身器材、损坏的楼道感应灯都在影响住户的日常生活。

（五）公共租赁住房的隔声效果有待改善

公共租赁住房隔声效果差的主要原因与公共租赁住房资源的有限有关，公共租赁住房一般为一梯多户，这些一梯多户的住房结构噪声的产生和传播远高于商品房。隔声设施不足本身就引起住户不满，而因隔声效果不好与邻里发生冲突更是很大程度影响住户的居住体验，因此迫切需要改善公共租赁住房的隔声效果。

（六）政府的租赁管理不完善

目前，很多住户对当前的租赁合同签订、修改、续租等程序不满意，认为政府没有采取足够的措施来缩短或者续签租赁合同。许多潜在的住户还反映存在公共租赁住

房的申请名额有限、审批程序困难以及一些住户的收入水平高等现象，导致真正需要公共租赁住房的人无法租到的情况时有发生。

三、解决我国公共租赁住房问题的建议

（一）推进公共租赁住房政策宣传

公共租赁住房是政策性保障住房，保障的对象是中低收入家庭，政府及相关部门需要公布公共租赁住房的申请、筛选、摇号分配和轮候结果，使整个过程尽可能公开和公正。由于公示在相关政府门户网站的影响力有限，需要进一步拓展公示渠道，利用好微信公众号、微博等新媒体的宣传和传播，同时利用社区基层干部的力量，建设公共租赁住房社区微信工作群，定期更新社区微信工作群的群文件与群通告，及时管理社区微信工作群，真正做好政策宣传的最后一步，宣传到每一个家庭。

（二）合理规划公共租赁住房选址及完善配套设施

公共租赁住房的区位是影响居住满意度的重要因素，目前我国部分公共租赁住房选址不合理，距离相对较远。政府在规划和选择公共租赁住房的位置之前，需要进行合理、科学的城市规划，公共租赁住房的选址要考虑城市的未来经济和产业发展，为未来的居民创造就业机会；同时，在公共租赁住房规划选址时以公共交通为导向，降低住户的通勤成本；还要考虑到公租房周边的配套设施，为产业经济、教育、医疗、交通等配套设施的发展预留空间，做到公共租赁住房周边配套设施和公共租赁住房项目同步规划、建设和发展。

（三）优化户型设计

在选择公共租赁住房时，租户关注的是产品价值。因此，建设单位要格外注重住户的需求与期望。在进行建筑设计时，应考虑到住户将来居住的舒适度以及潜在住户所期望的采光通风、户型结构、朝向等。此外，还要合理规划和设计有效居住面积，住房面积的设计要最大限度地减少公摊面积，同时又要提供住户外出活动的各项基本空间。还可以进行市场调查，让住户参与到设计中，广泛听取和采纳民众建议，以此来提高住户满意度，改善住房面积设计的不合理之处。

（四）政府应加强对住房的租赁管理

政府要加强公共租赁住房的租赁管理工作，严格执行公共租赁住房申请使用制度，同时对合同减续工作给予一定的重视。此外，应建立监督和清退的动态机制，保证房源可以快速流入到真正的需求者手中。根据财产申报制度与检察监督制度，及时清退那些已经不符合租住公共租赁住房条件的住户，对于故意隐瞒真实财产和收入、无故拖延和强行霸占公共资源的住户，应采取强制措施使其退出公共租赁住房，并处以必要的罚款。

参考文献：

[1] 郭利川，陈欢，庞隽．有形化服务人员的专业性对顾客满意度的影响机制[J]．中国流通经济，2018，32（12）：95-103．

[2] 耿秀丽，薄振一，张永政．基于概率语义信息公理的顾客满意度测评[J]．计算机集成制造系统，2020，26（7）：1868-1874．

[3] 刘宇．顾客满意度测评方法的研究[J]．数量经济技术经济研究，2001（2）：87-90．

[4] 朱嬿，李章华．从住户满意度分析看北京住宅市场的走向[J]．城乡建设，2003（4）：31-33．

[5] 李晨．住户满意度和住宅市场分析[J]．大连理工大学学报，2003（3）：13-18．

[6] 吕宏芬．商品住房满意度实证分析及对策建议[J]．浙江统计，2004（10）：10-11．

[7] 韩子秋．物业管理的住户满意度[J]．产业论坛，2005：53-54．

[8] 李培．经济适用房住户满意度及其影响因素分析：基于北京市1184位住户的调查[J]．南方经济，2011（4）：15-25．

[9] 何大义，刘建生．构建中国顾客满意度指数（CCSI）的设想[J]．世界标准化与质量管理，2000（10）：7-10．

[10] 鄢章华，李倩，刘蕾．基于双因素理论的顾客满意度测量与提升[J]．计算机集成制造系统，2021，27（11）：3365-3372．

[11] 汪媛媛．重庆市公租房住户满意度及其影响因素分析[D]．重庆：重庆交通大学，2015：5-8．

[12] 张跃松．租赁型保障房居住满意度影响因素分析与评价：以北京市为例[J]．山东建筑大学学报，2017，32（1）：28-32，38．

[13] 王晓璇．厦门市公租房居住满意度分析及提升路径[D]．泉州：华侨大学，2015．

[14] 周伟忠．木地板产品顾客满意度理论与实证研究：以济南市木地板产品顾客为例[D]．南京：南京林业大学，2011．

[15] 张橘．顾客满意度理论辨析[D]．福州：闽江学院，2014．

[16] 徐虹，张行发．基于主成分分析和熵值法的历史文化街区游客感知评价研究：以天津市五大道为例[J]．天津商业大学学报，2021，41（3）：3-11，19．

[17] 保罗·萨缪尔森．公共支出的纯理论[J]．当代经济研究，1999：84-142．

[18] 朱国玮，郑培．服务型政府公众满意度测评理论与实践[M]．北京：科学出版社，2010：102-125．

作者联系方式

姓　　名：刘煜彤

单　　位：山西财经大学

地　　址：山西省太原市坞城路140号

邮　　箱：1060210426@qq.com

论保障性租赁住房之综合性保险体系构建

顾 呈 谷年松 丘 杰

摘 要：租购并举已成为我国住房制度的主要改革方向，大力发展保障性租赁住房是此方向下政策推动的核心。随着越来越多的保障性租赁住房项目面世，对于其建设、运营过程中的风险保障亦提出了更高要求。现有保障性租赁住房项目所购买的险种有限，存在保障范围不全面、保障主体不完善等问题。本文系统性分析了保障性租赁住房在建设、运营过程中所面临的各种风险，结合国外相关领域经验，从资产端、运营端和租客端三个纬度，对其保险体系进行了更为完整和全面的构建，以期实现对保障性租赁住房项目更好的保驾护航。

关键词：保障性租赁住房；房屋保险；保险；综合性保险体系

一、保障性租赁住房的发展历程及现状

（一）租购并举住房制度的提出

改革开放伊始，我国便经历了多轮住房制度改革试点，而具有里程碑意义的便是"98房改"，其全面停止了住房实物分配制度（福利分房），启动了住房供给的商品化和交易的市场化进程。与此同步，我国政策性保障性住房体系的建设也拉开大幕。目前，我国已累计建设保障性住房和棚改安置住房8000多万套，改善了2亿多困难群众的住房条件，住房供应的"双轨制"（"市场轨"和"保障轨"）建设不断走向成熟和完善。

我国原有的住房保障体系包括廉租房、公租房、经济适用房等，主要针对城镇中低收入家庭、困难户等。近年来，随着我国城镇化进程的加快，流动人口规模也不断扩大，大量新市民、青年人持续流入经济更为发达的大城市，房屋租赁需求不断增加，但原有的租赁市场供给并不能满足他们的租住需要，出现了"租房难、租房贵、矛盾多"等诸多问题。

在政策上，国家相继出台了一系列措施，一步步明确了租购并举的政策方针：2015年年底，中央经济工作会议首次提出"要明确深化住房制度改革方向，以满足新市民住房需求为主要出发点，以建立购租并举的住房制度为主要方向，把公租房扩大到非户籍人口"；2017年7月，住房和城乡建设部、国家发展改革委等九部委发文要

求在"人口净流入的大中城市加快发展住房租赁市场",鼓励各地通过新增用地建设租赁住房,多渠道增加新建租赁住房供应,优先面向公租房保障对象和新市民供应;2017年10月,党的十九大报告中明确提出:加快建立多主体供给、多渠道保障、租购并举的住房制度,让全体人民住有所居。这些政策的出台,为保障性租赁住房政策的提出,奠定了一个很好的基础。

(二)保障性租赁住房的提出

2020年10月,我国首次明确提出保障性租赁住房的概念。十九届五中全会通过《中共中央关于制定国民经济和社会发展第十四个五年规划和二〇三五年远景目标的建议》,明确指出:有效增加保障性住房供给,完善土地出让收入分配机制,探索支持利用集体建设用地按照规划建设租赁住房,完善长租房政策,扩大保障性租赁住房供给。

紧接着,在当年12月的中央经济工作会议上,将"解决好大城市住房突出问题"和"解决好青年人的住房问题"作为重要议题进行讨论,正式提出加大保障性租赁住房建设力度,并要求土地供应要向租赁住房建设倾斜,至此,保障性租赁住房正式成为我国住房保障体系的重要组成部分。

紧随其后,围绕保障性租赁住房相关的政策驱动愈加完善和系统。2021年7月,国务院办公厅印发《关于加快发展保障性租赁住房的意见》指出:新市民、青年人等群体住房困难问题仍然比较突出,需加快完善以公租房、保障性租赁住房和共有产权住房为主体的住房保障体系。《意见》首次在国家层面明确了我国住房保障体系的顶层设计,明确了保障性租赁住房基础制度及相关支持政策。同月,《国家发展改革委关于进一步做好基础设施领域不动产投资信托基金(REITs)试点工作的通知》中,将保障性租赁住房纳入REITs试点的基础设施范畴。中国经济进入新的发展阶段,结构性问题的破题成为实现高质量发展的关键点。如何实现共同富裕,如何实现房地产行业顺利转型,以及如何进一步发挥好资本市场功能,是当前面临的三个结构性问题,保障性租赁住房REITs的推出,是中国公募REITs试点的线性延续,更是站在三个结构性问题的交汇点,直接对其进行回应的重大改革举措。

(三)"十四五"保障性租赁住房供给计划及目前的完成情况

在实际的规划和执行层面,中央及地方亦呈现出强大的力度。2022年1月,《"十四五"公共服务规划》新闻发布会上,住房和城乡建设部有关负责人表示:"十四五"期间,我国将会进一步扩大保障性租赁住房的供给:40个重点城市初步计划新增650万套(间),预计可帮助1300万新市民、青年人等缓解住房困难,其中北、上、广、深四个一线城市的筹措目标分别为40万、47万、60万、40万套(间),占40个重点城市总筹建规模的约28.8%。

2023年2月,住房和城乡建设部住房保障司副司长翟波在《扎实做好住房保障工作，加快解决困难群众住房问题》一文中披露：2021—2022年，全国已建设筹集保障性租赁住房约360万套（间），可解决1000多万新市民、青年人的租住需求。据披露，2023年，北京将筹建保障性租赁住房8万套（间），上海和广州的筹措目标为7.5万套，深圳的筹措目标则高达16万套。

（四）小结

综上所述，以推动人本主义的新型城镇化为引领，以促进住房体系供给侧变革、完善住房制度改革为初衷，以满足新市民、青年人的租住需求为目标，自2020年起，我国保障性租赁住房在中央顶层设计的强力推动和地方政府的积极执行下，已全面进入快速发展通道。在此背景下，围绕保障性租赁住房产业链条的各种产品及服务，亦进入爆发式扩容及适配性创新阶段，以保障性租赁住房项目为主体的建设运营场景为核心的保险体系的配置、创新与重构也理应成为题中应有之义。

二、保障性租赁住房项目的参与主体及风险分析

鉴于我国经济社会发展的阶段所限，保险作为围绕保障性租赁住房产业链条的一种重要的服务，一直以来，并没有系统性地被研究、落地，从前文可知，面对如此爆发式的扩容及适配性的创新阶段，保障性租赁住房保险体系的构建，刻不容缓。在制定保险体系前，我们必须先研究本体的参与主体可能涉及的风险，进行初步的分析，用于指导保障性租赁住房保险体系的构建。

保障性租赁住房项目的主要运作环节有两个：项目建设装修（含新建及改建）阶段及项目运营阶段。项目的参与主体，主要由业主方（资产持有方）、运营管理方（含物业管理方）及终端租户构成。保障性租赁住房项目在不同运作环节，都面临着不同的风险，项目各关联主体亦承担着不同的义务和责任。下面笔者将就项目建设期和运营期两个阶段来对保障性租赁住房项目的风险类别及属性进行分析和归结。

（一）项目建设期的主要风险

自然灾害及意外事故风险：自然灾害指地震、海啸、雷电、飓风、台风、龙卷风、风暴、暴雨、洪水、水灾、冻灾、冰雹、地崩、山崩、雪崩、火山爆发、地面下陷下沉及其他人力不可抗拒的破坏力强大的自然现象；意外事故指不可预料的以及被保险人无法控制并造成物质损失或人身伤亡的突发性事件，包括火灾和爆炸。

工程技术性风险：这类风险源于地质勘探和设计的合理性、施工技术和装备的可靠性、施工工艺水平的高低以及原材料的技术指标是否合格。

人为风险：这类风险主要来自业主和承包商的资质和经验、施工的组织管理能力和水平、雇佣员工的素质、工地的安全检查制度以及外来破坏和盗窃等因素。

第三者责任风险：这类风险主要包括附近的第三者建筑及其用途、公共道路及设

施、人口密集程度、发生事故的后果、工地内现存的建筑物和活动人员等。

（二）项目运营期的主要风险

1. 资产风险

建筑物或相关设施设备的质量缺陷风险：保障性租赁住房一般建成时间较短，构筑物及相关设施设备较新。未来随着使用年限的增长，相关设施设备可能需要更换、维修，包括但不限于基本结构、外立面、内部装修、家具家电、电梯、水电相关设备等，该等维修费用具有一定的不确定性，甚至可能存在无法发现的重大工程或设备缺陷，就该等缺陷的维修可能会导致项目停运并产生额外支出，发生超出预期的相关维护及资本性支出。

建筑物或相关设施设备的物质损失风险：对于项目资产所有方来讲，建筑物或相关设施设备的物质损失风险以自然灾害等不可抗力造成的物质损失为主。自然灾害风险如地震、洪水、暴风、暴雨天气等，均可能对构筑物、楼宇及相关设备设施等造成严重的损失。

2. 运营管理方各类责任风险

因运营管理方疏忽过失导致的物质损失风险：由于运营管理方的疏忽过失导致的意外事故，如火灾、爆炸事故对于建筑物的破坏性将是巨大的，一旦发生，需要付出巨大的资金、时间成本，不管是对资产端还是客户端都将承担不可推卸的赔偿责任。

公众责任或运营责任风险：运营方承担着项目的日常运营维护工作，由于保障性租赁住房的租户人数较多、人员相对密集的经营特性，通常也会外聘物业管理服务机构或由第三方维修机构提供维修及保养服务，一旦发生租户在管理区域空间的人身伤害或财产损失，必将承担管理责任从而面临较大的经济赔偿风险。

用工责任风险：运营方日常运营过程中，必然涉及雇佣大量物业服务人员以维持日常工作，雇佣人员类型可能包括短期工、临时工、季节工等，在从事业务有关工作时，遭受意外而致受伤、死亡，都会面临雇佣合同及相关法律须承担的经济赔偿责任。

3. 运营期租户履约风险

租户包括企业租户和个人租户，租户数量较多、分散度较高。在租赁合同期限内，租户可能因各种原因导致其履约能力下降，如企业租户的经营状况下行、个人租户的收入和支付能力下降等，租户不能按照租赁合同的约定交纳租金，导致出现违约、退租等情形，降低项目的出租率、现金流，从而对项目产生财务风险。

4. 租客所面临的风险

租户住房财产损失风险：租户在居住期间，因意外事故导致房屋财产或自有财产发生物质损失及盗抢等的各类风险。

承租人责任风险：由于租客及其共同居住的家庭成员使用不当，造成出租人所有的租赁住房（或家具，或设施）遭受损失或损坏，按租赁合同约定本应承担赔偿责任的风险。

第三者责任风险：由于租户自身原因导致发生意外事故致使第三者遭受人身伤亡或财产损失的相关风险。

自身及家人意外风险：由于意外事故的发生，导致租户或共同居住的家庭成员身故、残疾等人身伤害及医疗费用的风险。

提前退租押金损失风险：租户因自然灾害、意外事故或其他客观原因造成无法继续租住租赁住房，对已经支付但不能退回的房租（包括押金）承担损失的风险（表1）。

保障性租赁住房项目在建设期和运营期所面临的风险 表1

项目阶段	风险	
项目建设期	自然灾害及意外事故风险	
	工程技术性风险	
	人为风险	
	第三者责任风险	
项目运营期	资产风险	建筑物或相关设施设备的质量缺陷风险
		建筑物或相关设施设备的物质损失风险
	运营管理方各类责任风险	因运营管理方疏忽过失导致的物质损失风险
		公众责任或运营责任风险
		用工责任风险
	运营期租户履约风险	
	租客面临的风险	租户住房财产损失风险
		承租人责任风险
		第三者责任风险
		自身及家人意外风险
		提前退租押金损失风险

三、国外房屋类保险体系借鉴

如前所述，笔者梳理了研究本体的参与主体可能涉及的风险，纵观全球市场，笔者发现，在美国、英国等发达国家，早已有了不同类型的房屋综合保险体系，在构建我国保障性租赁住房保险体系前，我们不妨作一了解，期望能对我国保障性租赁住房保险体系的构建，提供一些素材、视角和方法论。

（一）美国房屋综合保险

1. 美国房屋综合保险的分类

美国房屋保险被分为三类：屋主保险、住户保险和地震保险。

①屋主保险：保险公司只对屋主日常居住的房屋给予的险种，分为四种：基本保险、综合保险、特别保险、全面保险，等级依次变高。②住户保险：包括基本的住户保险、全面住户保险、特别保险、租户保险、综合保险、共有公寓住户保险、老旧房屋保险等，种类繁多。住户保险的范围包括除水灾、地震、战争、核能意外等自然灾害外的意外损失。③地震保险：包括地震、战争、核能意外、洪水灾害等，通常排除在大多数的保险条款之外。主要是在美国地震多发的西海岸如加州需要额外购买此险。

2.美国房屋保险的保障范围

①基本险（Basic Coverage）：基本险的保赔范围包括：因火灾、雷击、烟熏、风灾、冰雹、抢劫、偷窃、爆炸、玻璃破碎、飞机、汽车、暴乱、骚动及故意破坏对房屋造成的损坏，人体受伤，损坏他人财产，律师费，医药费，室内个人财产，房屋损坏后的额外住房生活开销。②扩充险（Broad Coverage）：除了基本险外，加保因电击、冰雪重压、水管冻坏、天空落体、热水器或空调系统断裂烧坏、室内漏水造成的损坏。③全保险（Special Form）：除了基本险和扩充险之外，全保险还加保除了战争、核灾、水灾、地震、地陷以外的几乎所有内容，也保赔客人在室内外发生的意外、路人在室外发生的意外、宠物咬伤人后赔偿的医药费、律师费等。④房客险（Renter's Policy）：保赔出租房内的房客个人财产。⑤综合险（Comprehensive Coverage）：比全保险的涵盖范畴更广，保费也更贵。⑥公寓险（Condominium Coverage）：保赔公寓屋主和室内个人财产、客人路人在室内外的事故、火灾、盗窃、漏水的损失。⑦活动房险（Mobile Home Coverage）：适用于活动房屋主的房屋保险。⑧老房险（Older Home Policy）：因为老房子的市价要低于重建价格，老房险允许屋主以低于重建价格的市场价来保险。

（二）租赁保证保险

租赁保证保险是一种防止因租客违约（如拒绝付租、拖欠租金等）给房东造成租金损失的保险。它属于房东保护保险，并将租客违约造成的租金损失风险由房东转移给保险公司。

在英国，租赁保证保险已经有20多年的发展历史，2011年被引入美国，也被称为租金违约保险（Rent Default Insurance）。在日本，也有相似的保险，称为"租赁债务担保保险"。房屋租赁债务担保公司担保对象不仅仅是房租，还可以是原状恢复费用、诉讼费、残留物搬离费用。

（三）小结

通过有限的资料，笔者对以美国为主的欧美发达国家的房屋类保险作了简单的梳理，可以看出，他们的房屋类保险体系发展已经较为成熟，以"屋主"和"住户"为核心主体，保险体系建构较为完整，产品类别丰富，保障范围也比较全面，这些，可为我国保障性租赁住房保险体系的构建，提供基础的参照和借鉴。

四、国内保障性租赁住房项目的投保现状及问题分析

梳理完我国保障性租赁住房的发展历史，界定了我国保障性租赁住房项目的参与主体及对应的风险分析，了解完国外发达国家房屋类保险体系，笔者期望能够整体观照，看一下国内保障性租赁住房项目目前的投保现状及问题分析，只有明确了现状和问题，才有可能制定出更为适宜的保障性租赁住房保险体系。

保障性租赁住房在我国是个新事物，相对应地，针对我国保障性租赁住房保险体系的政策引导和推动也处于起步阶段。2022年2月，中国银保监会、住房和城乡建设部发布的《关于银行保险机构支持保障性租赁住房发展的指导意见》中明确提出："支持保险机构为保障性租赁住房建设运营等环节提供财产损失、民事责任、人身意外伤害等风险保障""鼓励保障性租赁住房项目业主在项目建设期为在建工程投保工程保险，在项目经营期为租赁经营的财产投保企业财产保险"，以此为始，围绕中国保障性租赁住房项目的保险服务，正式进入快速发展阶段。

（一）投保现状

以目前已上市的四支保障性租赁住房REITs项目为例，其投保险种皆由财产一切险及公众责任险构成，因其皆为已交付项目，故而建设期相关保险未有体现，主要集中在运营期对于财产和公众责任的相关风险保障（表2）。

保障性租赁住房REITs发行项目投保状况　　　　表2

项目	购买险种
华润有巢	财产一切险、机器损坏险、公众责任险及停车场责任险
华夏北京	财产一切险、公众责任险
红土创新深圳人才安居	财产一切险、公众责任险
中金厦门安居	财产一切险、公众责任险

资料来源：各项目基础设施证券投资基金招募说明书。

通过投保现状可以看出，我国保障性租赁住房项目的保险体系及保险服务的建设，依然处于初级发展阶段，有着极大的可完善及可拓展的空间。

（二）保租房项目投保现状的问题分析

1. 保障范围不全面

从目前保障性租赁住房所购买的险种来看，种类非常有限，基本集中于对财产及公众责任的保障，而在建筑工程质量缺陷、雇主责任、租户履约等方面的保障体系不

足，保障范围不够全面，一旦出现相关风险，将对项目的运营稳定性及收益造成影响。

2. 保障主体不完善

从保障性租赁住房目前的购买险种看，基本集中在对于房屋的业主方及运营管理方的风险保障，而之于租客端，则基本上是缺失的。租客是保障性租赁住房项目中一个非常重要的主体构成，其在租房过程中，存在着自由财产损失、第三者责任、承租人责任、自身及家庭成员意外及押金损失等众多风险，从这个角度来看，目前项目的保障主体是不完善的。

五、保障性租赁住房项目的综合性保险体系构建

通过以上各维度的分析，笔者试图以国家政策为指导方针，以我国保障性租赁住房投保现状及问题为着力点，以发达国家成熟的房屋类保险体系为参考，探讨现时代下，外国保租房项目的综合性保险体系的构建原则、构建策略，并试图构建出符合我国国情的保障性租赁住房项目综合性保险体系。

（一）构建原则及策略

1. 全面、合理转嫁风险

项目正常运营受多方因素影响，以物质财产的安全为基础，以控制责任相关的风险为保障。日常运营的每一个环节的风险事故都会影响项目的正常运行，带来重大的财产、责任及利润损失。

原则：达成有效的风险转嫁规划。

策略：对项目运营整体风险进行分析；考量具体面临的风险点及自身承受能力；全盘把握总体风险的转移程度，有效利用各种风险处理手段。

2. 合理控制成本

通过保险管理风险也必然应考虑其成本。一般而言，保险成本同可获得的风险保障程度有一定的正比关系。实际情况下，需在风险保障及保费财务支出中作出权衡和取舍。

原则：控制成本支出。

策略：合理的保险方案设计，包括合理确认保额、设置免赔额、新增附加险等；充分利用市场风险转移供给能力。

3. 确保公平简便地理赔

通过购买保险转移风险的核心价值，最直接的体现在于出险后获得及时、合理的赔付补偿。

原则：确保理赔效果。

策略：设计规范全面的服务方案，对保险公司的理赔服务提出具体而明确的要求；保险采购时综合考量保险公司资质及承保能力，预设出现重大赔案后的赔付能力。

（二）保障性租赁住房综合性保险体系搭建

结合以上对于保障性租赁住房项目的风险梳理、投保现状以及所存在问题的分析，笔者基于风险转嫁、成本控制及高效理赔的前提，从资产端、运营端和租户端三个纬度对于保障性租赁住房项目的综合性保险体系进行了搭建，以期能为项目提供更为完整、全面、系统的风险保障方案（表3）。

保障性租赁住房项目综合性保险体系　　　表3

主体	风险	保险险种	保障内容
资产端	建设期风险	建筑/安装工程一切险（含第三者责任险）	主要保障工程项目的所在地因自然灾害及意外事故导致的损失所需重建或修复受损的相关费用及因发生与工程施工引起的第三者人身伤亡或财产损失应承担的赔偿责任
	运营期质量缺陷风险	建筑工程质量责任保险	主要保障建筑工程，在正常使用条件下，因潜在缺陷发生事故而损坏，对建筑工程进行修理、加固或重置的费用
	运营期不可抗力风险	财产综合险	主要保障由于台风、暴雨、地震等自然灾害引起的财产损失的风险
运营端	意外事故风险	财产基本险	主要保障由于火灾、爆炸等意外事故引起的财产损失的风险
	运营责任风险	公众责任险	主要保障的是企业在整个经营过程中由于疏忽或过失导致第三方财产损失或人身伤亡事故，依法应承担的经济赔偿责任
	用工责任风险	雇主责任险	主要保障经营方因其雇员遭受意外事故或患职业性疾病，而依法应承担的经济赔偿责任能够获得补偿
	租户履约风险	合同履约险	主要保障由于承租方违约导致合同租金不能按时收取产生的财务损失
租户端	自有财产损失风险	租赁住房财产保障保险（含盗抢）	主要保障由于意外事故、盗窃、入室抢劫导致室内财产发生损失
	第三者责任风险	第三者责任保险	主要保障租户因自身原因的意外事故致使第三者遭受人身伤亡或财产损失而依法应由租户或其共同居住的家庭成员承担的经济赔偿责任损失
	承租人责任风险	承租人责任保险	主要保障租户及其共同居住的家庭成员使用不当，造成租赁住房（含家具或设施）遭受损失或损坏，从而按租赁合同约定应承担的赔偿责任损失
	自身及家人意外风险	承租人及家庭成员人身意外伤害保险	主要保障租户及家庭成员因遭受意外事故导致身故、残疾及医疗所导致的相关费用或补助金
	押金损失风险	提前终止租赁房屋合同补偿费用保险	主要保障因意外事故或其他客观原因造成无法继续租住住房从而导致已经支付但不能退回的房租（含押金）损失

六、结论

综上所述,本文以保障性租赁住房项目为核心标的,尝试性地进行综合性保险体系的构建,具有以下几点创新:第一,从保障性租赁住房项目的生命周期角度,将其分为建设期及运营期,全面分析了在不同阶段可能面临的风险;第二,根据主体属性,把保障性租赁住房项目的保险主体分为三类:资产端、运营端和租户端,如此,可以全面覆盖保障性租赁住房的生态链条,既体现了我国保障性租赁住房保险体系设计的市场性,也体现了我国人本主义的新型城镇化的特征。第三,丰富了相关的保险产品品种,特别提出了建筑工程质量责任保险、雇主责任险、合同履约险等,并强调了发展和完善租客端保险的重要性。

不仅是保障性租赁住房,即使是在普通商品房及普通租赁住房领域,目前我国也鲜有对其保险体系进行综合性构建的研究。本文把"保障性租赁住房"作为研究主体,对其进行综合性保险体系的构建,得益于笔者多年来潜心于房地产行业转型研究以及对于不动产保险领域的关注。随着近些年对保障性租赁住房的研究逐渐进入深水区,期望能够探索出一条利用保险金融服务更好地赋能和护航保障性租赁住房建设及运营的新路径。

参考文献:

[1] 许谨良. 财产保险原理和实务 [M]. 上海:上海财经大学出版社,2007.

[2] 曾鸣. 财产保险及案例分析 [M]. 北京:中国人民大学出版社,2020.

[3] 贾林青. 保险法 [M]. 北京:清华大学出版社,2006.

[4] 中国保险资产管理协会. 保险资产管理实务 [M]. 北京:中国金融出版社,2018.

[5] 赵超,谈俊. 全国首批三单保障性租赁住房 REITs 解析 [R]. 上海:新世纪评级,2023.

[6] 刘清海. 模式初步跑通,金融保驾护航:金融支持住房租赁点评 [R]. 武汉:天风证券,2023.

[7] 沈娟,等. 支持住房租赁,加配优质金融 [R]. 南京:华泰证券,2023.

[8] 吕吉. 我国租客家庭财产保险发展研究 [D]. 沈阳:辽宁大学,2021.

作者联系方式

姓　名:顾　呈　谷年松　丘　杰

单　位:江苏新景祥网络科技股份有限公司 / 南京优望投资咨询有限公司

地　址:南京市鼓楼区清江南路 70 号水资源科技大厦 10 楼

邮　箱:谷年松(706663202@qq.com)

保障性租赁住房公募 REITs 的实践与发展
——以中金厦门安居保障性租赁住房 REIT 为例

杨慧玲

摘　要：REITs 起源于房地产领域，现已成为市场上重要的金融工具。我国在 20 世纪初就开始 REITs 的论证研究。为促进住房租赁市场的发展，我国于 2021 年首次将保障性租赁住房纳入 REITs 的发行范围。本文以中金厦门安居保障性租赁住房 REIT 为例，详细阐述了保障性租赁住房公募 REITs 的发行条件及关键要素，指出保障性租赁住房公募 REITs 的成功发行具有重大意义，并对保障性租赁住房公募 REITs 未来的发展提出了几点建议。

关键词：REITs；中金厦门安居保障性租赁住房 REIT

一、引言

（一）REITs 的起源与发展

REITs（Real Estate Investment Trust，不动产投资信托基金，也称房地产投资信托基金），是一种以发行收益凭证的方式汇集投资者资金，由专门的投资机构进行房地产投资经营管理，并将投资综合收益按比例分配给投资者的一种信托基金，是房地产证券化的重要手段。据统计，截至 2020 年，全球已有 42 个国家和地区，包括美国、新加坡、日本、英国、中国香港等，推出了 REITs 业务，市场规模达 2 万多亿美元[1]。大多数国家和地区的 REITs 业务主要起源于房地产领域，并逐步扩展至其他领域。

REITs 最早于 20 世纪 60 年代初产生于美国，旨在降低房地产投资门槛，为房地产引入投资资金，让中小投资者也能够参与投资不动产市场。为规范 REITs 的经营活动，美国进行了一系列立法工作，如出台《国内税收法案》《房地产投资信托法案》等相关法律。如今，REITs 已成为美国不动产证券化的主要形式之一，美国也成为国际成熟 REITs 市场的典型代表。

亚洲最早发行 REITs 的国家是新加坡。新加坡为了重振房地产市场，将 REITs 引入其国内市场。新加坡 REITs 具有收入稳定、长期增值、风险分散、税负较轻、公开透明等特点，在新加坡市场中受到极大的追捧，投资标的逐渐拓展到包括办公楼、城市综合体、医疗和工业物流等领域，投资范围国际化，包括马来西亚、中国、印尼等国家[2]。

中国香港是亚洲第三大 REITs 市场。香港 REITs 发行数量并不多，其中最为出名的是曾被称为"十倍股"的香港第一只 REITs——领汇 REIT（2015 年更名为领展 REIT）。领展 REIT 是香港政府私有化融资的产物，其发起人是香港特区政府下属房屋委员会，以公屋和居屋的配套商业设施和停车场作为底层资产，并于 2005 年成功上市。其后，领展 REIT 的业务并不局限于香港的公屋和居屋，及其配套的商业设施和其他非住宅设施，而是扩大到北京、上海、广州等地区的物业，将破旧、老化的物业翻新改造，提升物业价值，获得增值收益。

目前，REITs 已成为美国、日本、英国等发达国家的重要融资方式之一。全球已有 30 多个国家和地区都已经建立了专门针对 REITs 的法律法规体系，规范 REITs 的创立、发行、运营、售卖等各个环节的行为。同时，REITs 的发展依托于政府的税收优惠政策，纵观 REITs 市场，REITs 发展较好的国家或地区都呈现出税种少、税率低的特点，秉持"重交易、轻分配"的税收原则。REITs 的发展为市场注入了新的血液，拓宽了房地产市场的资金来源，缓解了财政压力，降低了政府的债务风险。

（二）境内 REITs 的探索与实践

为更好地促进金融支持实体经济发展，2004 年 1 月，国务院发布《关于推进资本市场改革开放和稳定发展的若干意见》，开启了我国对资产证券化业务的探索。中国 REITs 市场开始迈向研究论证阶段。2014 年 4 月，我国首单房地产私募 REITs——中信启航 REIT 在深交所挂牌上市，开启了 REITs 市场的新篇章。此后几年，我国发行的多数是类 REITs 产品。

2016 年 6 月，在《关于加快培育和发展住房租赁市场的若干意见》中，国家就提出要稳步推进房地产投资信托基金（REITs）试点。2017 年 7 月，在《关于在人口净流入的大中城市加快发展住房租赁市场的通知》中，再一次提出要积极支持并推动发展房地产投资信托基金（REITs）。REITs 被认为是发展住房租赁市场的重要金融工具，能为住房租赁市场引入社会资本，加快住房租赁市场的发展。当时住房租赁市场还处于起步阶段，各项条件尚不成熟，各项配套制度也尚未制定，运营企业对住房租赁的经营模式还在探索中，贸然引入社会资本存在较大风险。因此，在住房租赁市场进行 REITs 试点并没有很快推动起来。

2020 年 4 月，中国证监会、国家发展改革委发布《关于推进基础设施领域不动产投资信托基金（REITs）试点相关工作的通知》；同年 7 月，国家发展改革委发布《关于做好基础设施领域不动产投资信托基金（REITs）试点项目申报工作的通知》；同年 8 月，中国证监会发布《公开募集基础设施证券投资基金指引（试行）》，明确了推进基础设施 REITs 试点的基本原则和工作安排，并规定了基础设施 REITs 的试点要求及操作指引，标志着中国公募 REITs 正式拉开帷幕。

2021年5月17日，中国证监会、沪深交易所宣布，首批包括中航首钢生物质、首创水务、广州广河等共计9支公募REITs产品正式获批。我国首批公募REITs产品项目主要涵盖收费公路、产业园、仓储物流、垃圾处理及生物质发电、污水处理等基础设施领域。2021年6月21日，首批9支公募REITs产品正式上市，募集资金314亿元。首批9支公募REITs上市后，市场表现出色，产品收益良好，部分REITs还进行了提前分红，打响了公募REITs的第一枪。

基于首批试点的良好示范效应，国家进一步扩大基础设施REITs的试点范围。2021年6月，国家发展改革委发布了《关于进一步做好基础设施领域不动产投资信托基金（REITs）试点工作的通知》，首次将保障性租赁住房纳入REITs发行范围。这是在坚持"房住不炒"的政策背景下，对中国保障性租赁住房发展模式的全新探索。2022年8月，厦门、深圳、北京三个城市发行的全国首批保障性租赁住房REITs同时正式上市，开启了保障性租赁住房REITs的新纪元。

二、厦门保障性租赁住房REITs的探索与实践——以中金厦门安居保障性租赁住房REIT为例

厦门是保障性住房领域的先行者，多年来一直大力推动保障性住房探索与建设，曾被中央媒体誉为保障性住房"厦门蓝本"。在国家大力推行基础设施领域不动产投资信托基金试点工作的背景下，厦门"勇立潮头、勇毅前行"发挥特区先行先试的创新精神，率先进行保障性租赁住房REITs试点，并成功发行中金厦门安居保障性租赁住房REIT（以下简称"中金厦门安居REIT"）。中金厦门安居REIT的成功发行得益于国家政策支持，依托于厦门市政府领导，在企业与中介机构的积极探索与配合下，为全国发行保障性租赁住房REITs塑造了"厦门样本"。

（一）中金厦门安居REIT基本情况

中金厦门安居REIT（基金代码为508058）是厦门首单保障性租赁住房REIT，于2022年8月16日进行公众初始发售，发售价格为2.6元/份，发行规模为13亿元，本次发行估值为12.14亿元，溢价0.86亿元。

1. 目标基础设施资产

发行基础设施REITs的项目应成熟稳定，满足以下条件：①项目权属清晰，资产范围明确；②土地使用依法合规；③项目具有可转让性；④项目运营时间原则上不低于3年，对已能够实现长期稳定收益的项目，可适当降低运营年限要求，预计未来3年净现金流分派率原则上不低于4%；⑤首次发行资产规模原则上不低于10亿元等。

根据相关专业机构出具的意见及评估结果，厦门安居集团有限公司（以下简称"安居集团"）梳理出符合资产规模、现金流分派率等发行要求的项目，最终确定以园博公寓、珩琦公寓两个项目作为目标基础设施资产。

园博公寓和珩琦公寓属性为保障性租赁住房，主要面向厦门市无房的新就业大学生、青年人、城市基本公共服务人员等新市民群体，解决阶段性住房困难问题。园博公寓和珩琦公寓房源合计 4665 套，一室一厅套数占比约 61.3%，单身公寓套数占比约 33.3%，两室一厅套数占比约 5.4%。园博公寓于 2020 年 3 月竣工，由 7 栋钢混结构建筑物组成，共计 2614 套房源，总建筑面积约为 11.3 万 m^2。截至 2022 年 3 月 31 日，园博公寓出租率 99.42%，已出租部分加权平均月租金单价为 32.35 元 /m^2（含税）。珩琦公寓于 2020 年 3 月竣工，由 5 栋钢混结构建筑物组成，共计 2051 套房源，总建筑面积约为 8.6 万 m^2。截至 2022 年 3 月 31 日，珩琦公寓出租率 99.11%，已出租部分加权平均月租金单价为 30.52 元 /m^2（含税）。根据初始评估报告，截至 2022 年 3 月 31 日，投资性房地产资产组价值为 7.04 亿和 5.1 亿元，合计 12.14 亿元，折合单价分别为 6237 元 /m^2 和 5952 元 /m^2。根据实际运营数据，园博公寓项目自 2020 年 11 月投入运营后，2021 年 6 月平均租金单价为 31.04 元 /（m^2·月），2022 年 3 月平均租金单价为 32.35 元 /（m^2·月），期间增长 4.22%。珩琦公寓项目自 2020 年 11 月投入运营后，2021 年 6 月平均租金单价为 29.18 元 /（m^2·月），2022 年 3 月平均租金单价为 30.52 元 /（m^2·月），期间增长 4.59%。截至 2022 年 3 月，项目已处于饱和运营状态，并且项目房源需求量较大[①]。

2. 项目参与主体

中金厦门安居 REIT 项目的原始权益人为安居集团。金圆统一证券有限公司为财务顾问，主要负责统筹协调、组织研讨交流、对外沟通、提供咨询等。中金基金管理有限公司为基金管理人，负责管理基础设施公募基金，进行尽职调查，直接或委托第三方对基础资产进行运营维护，进行信息披露等公募基金日常运营管理工作，组织 REITs 持有人大会对重大事项进行审议决议等。项目计划管理人为中国国际金融股份有限公司，主要负责管理资产支持专项计划，对基础资产进行尽职调查等。项目运营机构为安居集团旗下的厦门住房租赁发展有限公司，负责园博公寓、珩琦公寓两个项目的运营管理工作。另外，项目还选定了评估机构、税务顾问、法律顾问、审计机构等其他中介机构，负责 REITs 实施过程中的具体工作。

3. 项目交易结构

为实施基础设施 REITs，安居集团新设立两家有限责任公司作为项目公司，分别为厦门安居园博住房租赁有限公司（"园博公司"）、厦门安居珩琦住房租赁有限公司（"珩琦公司"），并将园博公寓项目、珩琦公寓项目的项目资产、债务及人员等分别按照经审计的账面成本金额划转至园博公司、珩琦公司，完成基础设施资产重组。2022 年 7 月中旬，中金厦门安居 REIT 项目拿到上海证券交易所出具的 ABS 无异议函后由计划管理人中国国际金融股份有限公司设立、发行资产支持证券（ABS），并进行后续管理。资产支持专项计划受让标的园博公司和珩琦公司全部股权，并通过发放

---

① 资料来源于《中金厦门安居保障性租赁住房封闭式基础设施证券投资基金招募说明书》。

股东借款的形式完成对项目公司的债权投资，优先用于项目公司偿还应付原关联方债务，剩余部分（如有）用于补充生产、经营所需流动资金。2022年7月下旬，中金厦门安居REIT项目由中国证监会审核通过后出具基金注册通知，由基金管理人中金基金管理有限公司公开发售基金份额募集资金，通过购买ABS完成对标的项目资产的收购。

（二）中金厦门安居REIT发行主要经验总结

成功发行保障性租赁住房REITs，除具备基本的资质和条件外，还有以下几个关键因素。

1. 选择优质项目房源，为发行提供了基础条件

发行基础设施REITs的底层资产，不仅要经过国家发展改革委、中国证监会的严格审查，最终还要获得资本市场的认可。因此，底层资产必须具备权属清晰、运营成熟、达到要求的净现金流分派率等条件。在国家大力支持发展住房租赁市场的背景下，保障性租赁住房项目得到政府支持和市场认可，保障性租赁住房REITs在地方项目库中脱颖而出，成为厦门市发行基础设施REITs的先行示范项目。安居集团的园博公寓和珩琦公寓出租率、收益率、净现金流分派率等都达到要求，安居集团选择这两个优质资产，为本次保障性租赁住房REITs的成功发行奠定了基础。

2. 获取相关资质文件和政府批复，是发行基础设施REITs的必备条件

推进基础设施领域不动产投资信托基金发行是党中央、国务院关于防风险、去杠杆、稳投资、补短板的重大决策部署。对于基础设施项目的条件和发行流程具有严格的标准，特别是对于国有资产的交易需要按照严格的规定和程序进行，因此在发行基础设施REITs的过程中，获得相关资质认定文件和政府批复十分重要。发行保障性租赁住房REITs，要获得保障性租赁住房的项目认定，并进入项目库；要获得相关部门出具的发行保障性租赁住房REITs的无异议函；安居集团作为国有企业，要获得国有资产转让许可批复，并豁免进场交易；要获得证券交易所出具的ABS无异议函，中国证监会出具的基金注册通知等。这些文件和批复是发行基础设施REITs的必备条件，缺一不可。

3. 选择专业的中介机构，助推基础设施REITs成功发行

在本次发行中，为加快推进发行进度，中金厦门安居REIT项目选择厦门国企金圆统一证券公司作为财务顾问，为发行工作提供咨询沟通等专业服务，并选择有发行REITs实践经验的中金公司为基金管理人和计划管理人。选择专业的财务顾问机构和有实践经验的基金管理人和计划管理人，不仅可以提前把握好各个关键节点，对工作事项有预先研判，还可以准确把握各项申报政策、提交各项申报材料，为发行工作起到了关键作用，提高了发行的效率。

三、保障性租赁住房公募REITs发行的重大意义

中金厦门安居REIT作为全国首批保障性租赁住房公募REITs之一成功发行，是贯彻落实党中央坚持"房住不炒"定位的一项创新性举措，对保障性租赁住房发展具有重大意义。

（一）创新保障房建设管理模式，吸引社会资本参与，探索投资主体多元化

最初保障性住房建设管理主要采取的是"政府供地、政府投资、政府分配、政府管理"的模式，即"政府负责"的模式。此后，部分城市成立市属国企负责保障性住房投资、建设、运营、管理。"政府负责"模式逐渐转向"政府供地、政府监管、专营国企融资投资、专营国企运营管理"的"政府主导、企业运作"模式。这是目前保障性住房主要的两种管理模式。本次保障性租赁住房REITs的成功发行，将引入社会资本参与投资，建设"政府监管、社会投资"的新管理模式，为推进社会资本参与保障房建设，实现投资主体多元化取得实质性进展。

（二）通过盘活存量资产，回收资金，引入社会资本，探索形成可持续发展的保障性租赁住房建设投融资长效机制

保障性租赁住房REITs的底层资产是现有已经运营的经认定为保障性租赁住房的项目房源，保障性租赁住房REITs发行成功后所募集的资金及未来扩募资金将继续用于保障性租赁住房建设，可以较好地解决新建保障性租赁住房的建设资金问题。以往的保障房建设资金在融资上主要为银行贷款、发行债券筹集，均需要在一定时期内还本付息，而保障性租赁住房REITs所募集的资金无须还本，可以降低政府和企业债务率，从而确保后续良性运营。从现有情况看，保障性租赁住房REITs上市发行所要求达到的收益率低于银行贷款利息，融资成本较低。保障性租赁住房REITs的成功发行，拓宽了保障性租赁住房的融资渠道，为"十四五"期间及今后时期新增建设保障性租赁住房面临的资金问题提供了较好的解决方案。

（三）有利于加快建立多主体供给、多渠道保障、租购并举住房制度，推动实现全体人民住有所居

保障性租赁住房REITs上市后，其项目房源的属性仍然不变，其管理仍按保障性租赁住房的政策进行管理，筹集的资金投入建设新的保障性租赁住房项目。对于地方政府来说，保障性租赁住房REITs虽然投资主体改变为社会资本，但保障性租赁住房属性不变，既为社会资本找到了一个具有长期稳定收益的投资项目，又为政府探索利用社会力量投资建设保障性租赁住房，建立可持续发展的长效机制提供了一种可行方案。

四、保障性租赁住房公募 REITs 的发展建议

保障性租赁住房公募 REITs 为加快推进保障性租赁住房发展带来了新动力。通过对国内外 REITs 的比较研究，并结合此次发行中金厦门安居 REIT 的经验，对保障性租赁住房公募 REITs 未来的发展提出以下几点建议。

（一）出台基础设施公募 REITs 相关税收优惠政策

税收优惠制度不明确，导致 REITs 发行过程中一些税收问题难以有效解决。保障性租赁住房 REITs 在设立运营环节涉及的税费主要有增值税及附加税、所得税、契税、土地增值税、房产税、印花税等，如果涉及资产重组，该环节还涉及增值税及附加税、所得税和印花税等。国内尚未出台具体的税收优惠政策，这在很大程度上降低了发行主体的发行意愿。还有一些税收相关事项需要与当地税务局具体沟通，这大大降低了发行 REITs 的效率。在国外，成熟的公募 REITs 市场都以完善的税收优惠体系为支撑。为完善我国的基础设施公募 REITs 市场，需尽快出台与基础设施公募 REITs 相关的税收优惠政策，明确对于公募 REITs 设立运营、资产重组等各环节的税收优惠制度，助力推动基础设施公募 REITs 快速发展。

（二）明确基础设施公募 REITs 的会计处理方式

会计准则未明确对公募基金 REITs 的会计处理方式，导致各单位做账困难，不统一。按照现行的会计准则，公募基金 REITs 只能将资产分类为金融工具。对于发行人而言，REITs 份额只能记为以公允价值计量且其变动计入当期损益的金融资产。这导致持有比例达到控制，但未达到超过 50% 份额的发行人难以实现并表。基础设施 REITs 的标的资产很多是国有资产，特别是对于保障性租赁住房 REITs 来说，政府或者国有企业仍希望对保障性租赁住房享有一定的控制权，以稳定住房市场。鉴于基础设施 REITs 标的资产的特殊性，建议基础设施 REITs 的会计处理方式根据不同的 REITs 类型设置，明确像政府或者国有企业等对标的资产保留控制权的项目，降低并表的持有份额要求。

（三）明确基础设施公募 REITs 的退市机制

退市制度是保证优胜劣汰的基础性制度。目前，基础设施 REITs 处于刚刚试点阶段，《公开募集基础设施证券投资基金指引（试行）》只规定了公开募集的条件，对于如何退出及怎么退出等还没有明确的制度规范。对于上市的 REITs 分红比例持续不达标是否取消其 REITs 资格也尚不明确。从各国情况看，虽大多数 REITs 给投资人带来了稳定的收益，但也有极少数因经营不善而退市。为了防止 REITs 经营不善给市场带来巨大风险，建议对上市 REITs 建立淘汰机制，明确 REITs 退市的触发条件。

参考文献：

[1] 金永军. 境外市场 REITs 实践经验及与我国基础设施 REITs 试点制度研究 [J]. 证券法苑，2021，31（1）：57-72.

[2] 新加坡范本：以 REITs 为国策 [J]. 城市开发，2020（10）：50-52.

作者联系方式

姓　　名：杨慧玲

单　　位：厦门安居集团有限公司

地　　址：厦门市湖里区华泰路 3 号

邮　　箱：1751257385@qq.com

第四篇

住房租赁市场分析

落实落细、加快住房租赁市场健康发展

虞晓芬

摘 要：加快发展住房租赁市场具有重大意义。本文从影响居民选择租房的主要因素出发，分析了我国住房租赁市场发展中的阻点，就此提出以下进一步促进我国租赁住房市场发展的政策建议：城市政府对发展租赁住房的认识再提高；租赁住房用地政策再给力；金融支持政策再发力；公共服务供给再加力；住房立法应提速。

关键词：住房租赁；阻点；政策建议

一、影响居民选择租房的主要因素在强化

我们比较早关注影响居民选择租房的因素。2003年，在研究杭州住房市场时发现三大现象并存：从供求关系看，买卖市场供不应求与租赁市场供大于求并存；从住宅实际利用状态看，增量市场低空置率与存量市场高空关率并存；从价格体系上看，高房价与低租金现象并存。认为造成这种现象的微观基础是居民租购行为。通过收集杭州刚完成租购房的504位购房者和480位租房者调查问卷数据，并构建包括成本费用、家庭特征、住宅特征和心理因素等4个维度17个变量的影响租购选择因素体系，运用Logit模型分析发现：收入越低、家庭净资产越少的居民，选择租房的可能性越大；未婚居民租房可能性明显大于已婚家庭；到杭州时间越短的居民、非杭州户籍的居民、从事不稳定职业的居民、预期未来房价下降或难以判断、预计未来5年将离开杭州、不认同"购买住宅比租赁住宅更具有家的归宿感"的居民更倾向于选择租房，而学历和年龄对租购选择影响不显著。当前，影响我国居民租赁需求增加的因素进一步强化。

（一）房价上涨预期明显减弱

中国人民银行每季度储户问卷调查结果显示，2013—2021年期间，只有在2014年出现"认为房价下跌的人数超过上涨的人数"情况，2022年第三季度再次出现"认为房价下跌的人数超过上涨的人数"（图1）。可以肯定的是，随着供求关系、经济发展环境的改变，人们对房价上涨预期明显减弱，且这一趋势将会持续。

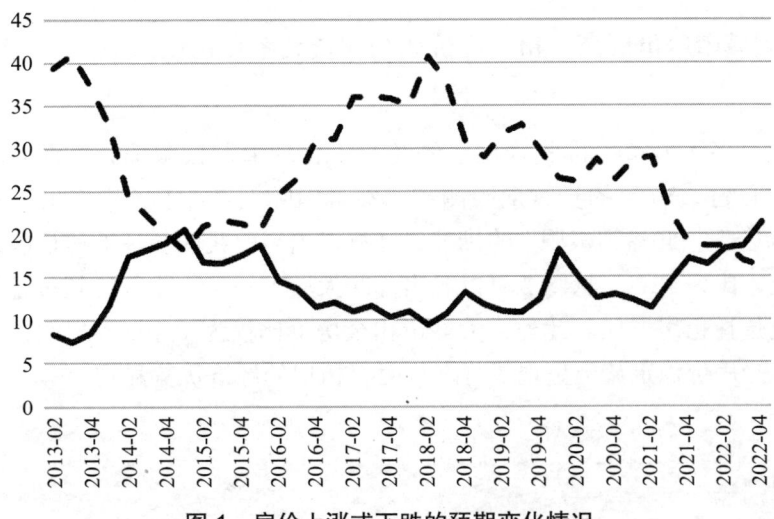

图 1 房价上涨或下跌的预期变化情况

（资料来源：2013年第二季度至2022年第四季度中国人民银行储户问卷调查结果（每季度在全国50个城市、400个银行网点各随机抽取50名储户，共20000名储户作为调查对象；虚线表示认为房价上涨的人员占比，实线表示认为房价下跌的人员占比））

（二）城镇一人户家庭规模大幅度增加

第七次全国人口普查（简称七普）数据显示，城镇一人户家庭较第六次全国人口普查（简称六普）时增加4728.5万户，单身家庭、不婚家庭等群体规模越来越大，相对地，一人户家庭选择租房比例更高，租房需求大（表1）。

七普中我国一人户家庭及占比情况　　表1

地区	一人户户数（万户）	占家庭户总数比例（％）	比六普增加户数（万户）
全国城镇	8145.39	—	4728.5
广东省	1165.60	35.89	669.29
浙江省	555.16	31.36	321.31
江苏省	479.34	22.46	277.04

（三）流动人口规模大、增长快

七普数据显示，全国流动人口为37582万人，其中，跨省流动人口为12484万人，与2010年相比，增长69.73%。庞大的流动人口，大量的都是通过租房解决居住问题。随着经济社会持续发展，人口流动趋势更加明显，流动人口规模将进一步扩大。

（四）大城市房价过高，租金房价比与房贷利率存在较大差价，租房经济优势显现

目前，很多大城市房价收入比已经超过了合理值和极限值，按照4%的贷款利率、30%的首付、30年的贷款期限测算，参考国际上"当年还贷支出不超过家庭收入的30%为合理、50%为极限"的标准，计算得出当前我国合理的房价收入比为7.4，极限房价收入比为12.7。从图2可以看出一些大城市的房价收入比超过了极限值，不少居民被迫选择租房居住。此外，大城市租金房价比仅为1%~2%之间，已明显低于贷款利率，当房价稳定甚至呈现下行态势时，租房的经济优势显现。

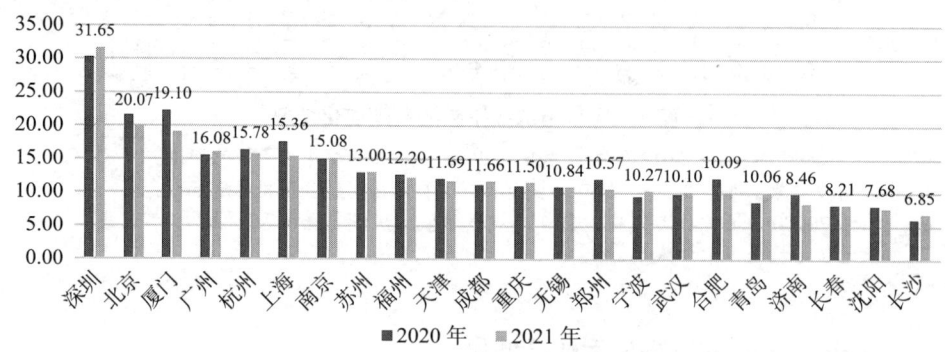

图2 2020—2021年22城新建商品住房房价收入比[①]

受上述因素影响，我国已形成庞大的住房租赁市场且预计仍有增长空间。七普数据显示，2020年我国城镇常住家庭户中约有1.9亿人租房，占城镇常住人口总量的21%，超过德国和英国两国的总人口。与发达国家租房人口比例普遍超过30%相比（表2），未来我国租房市场有很大的发展空间。尤其是，我国每年约有600万新增务工人员进入城市，约有1100万新就业大学生步入社会，从生源地农村、小城镇到大城市工作，租房需求规模大。

2014年各国租房比率情况　　　　表2

国家	租房比率（%）
澳大利亚	36.8
加拿大	30.2
法国	38.3
德国	58

---

① 除杭州不含保障性住房外，其余城市包含保障性住房，2020年武汉2月份数据缺失，结果为11个月平均。郑州、长春2021年房价收入比使用2020年城镇居民人均可支配收入计算。房价收入比中的人均住房建筑面积按35m²进行计算。

续表

国家	租房比率（%）
意大利	28.4
韩国	46.2
西班牙	22.3
瑞典	38.2
英国	36.3
美国	37.1

资料来源：OECD 数据库。

值得重视的是，随着 00 后步入社会，他们对租得到、租得起、有尊严的居住需求将更加强烈。日本 20 世纪 70 年代就提出有尊严的居住，明确了最低居住标准，该标准对住房最小面积标准、房间设施环境等均提出了要求（表3），推动和引领了日本居住现代化，值得我国借鉴。

日本 20 世纪 70 年代公布的居住最低标准　　表 3

家庭人数		最低居住水准			
		房间	居住室面积（m^2）	住户专用面积（m^2）	住宅总面积（m^2）
住房面积标准	1 人	1K	7.5	16	21
	2 人	1DK	17.5	29	36
	3 人	2DK	25.0	39	47
	4 人	3DK	32.5	50	59
	5 人	4DK	37.5	56	65
	6 人	5DK	45.0	66	76
房间	卧室	夫妇有独立房间，最多可与一名 5 岁以下儿童（学龄前儿童）同屋			
		6 岁到 17 岁的孩子（小学生到高中生），需有与父母不同的单独房间。每个房间最多 2 人			
		12 岁以上的孩子（初中生以上）需按性别分住不同房间			
		18 周岁以上的家庭成员，需有自己的单独房间			
		面积：主卧 $10m^2$，次卧 $7.5m^2$			
	厨房餐厅	住房需有厨房兼餐厅，单人家庭只保证有厨房即可			
设施		原则上每个家庭需有专用卫生间及洗漱室			
		原则上每个家庭需有专用浴室，单身家庭除外			
		在寒冷地区，需有取暖设施			
环境		要具备抵御灾害的安全性			
		要有确保卫生和安全的日照、通风、采光条件			

续表

家庭人数	最低居住水准			
	房间	居住室面积（m²）	住户专用面积（m²）	住宅总面积（m²）
环境	尽量避免噪声、振动、大气污染、恶臭等对居住环境的影响			

注：1K 指 1 个厨房 +1 个卧室；1DK 指 1 个卧室 +1 个餐厅 +1 个厨房；2DK 指 2 个卧室 +2 个餐厅 +2 个厨房。

资料来源：虞晓芬等著《我国城镇住房保障体系及运行机制研究》，经济科学出版社。

二、我国住房租赁市场发展中的阻点及经验借鉴

面对如此庞大的市场，2016 年之前，我国对租赁市场无专项规划、无专项用地支持、无匹配的金融产品支持，租赁市场长期处于自生自灭状态，问题众多。2016 年之后，国务院办公厅下发《关于加快培育和发展住房租赁市场的若干意见》（国办发〔2016〕39 号）、《关于加快发展保障性租赁住房的意见》（国办发〔2021〕22 号）等文件，租赁住房市场发生了较大变化：供给主体从居民为主转向政府、企业、居民多元供给主体并存；供给结构从小区住宅、城中村"散户市场"逐渐转向租赁公寓等"机构市场"；从无序市场开始转向有序市场。但是离新市民青年人为主体的租赁群体对美好生活的需求还有很大距离。二十大报告再次强调加快构建"两多一并"住房制度，2021 年中央经济工作会议提出"探索新的发展模式"，2022 年中央经济工作会议提出"推动房地产业向新发展模式平稳过渡"，我们认为促进住房租赁市场发展是新发展模式的重要内容，是我国当前住房领域最重要的工作之一。

当前，我国住房租赁市场发展中面临的最主要的三大阻点：一是住房租赁项目税收贡献少，地方政府积极性偏低，项目落地难；二是租售比偏低、项目投资回报率达不到合理要求，导致企业重资产开发与持有租赁资产意愿低，且面临的风险大；三是没有实现真正的租购同权，租房者缺乏归属感、获得感。从探索实践来看，近几年租赁闲置或低效商办物业、工业仓储用房、城中村改造安置房等改建成租赁住房项目的"轻资产"运行模式取得了一定的成效，但是企业获得闲置或低效利用非住宅项目的难度很大，"重资产"租赁经营更是困难重重。

韩国政府发展租赁住房的经验值得借鉴。1997 年，韩国租赁住房仅有 58.4 万套，2010 年增加到 139.9 万套，2021 年增加到 326.9 万套（不含私人零散出租住房，见表 4）。其核心举措为提供立法和资金保障：①立法保障，《住宅法》第二十条规定可放宽容积率建租赁住宅，第三十条规定公有地优先出售用于住房租赁，这从土地源头上解决了租赁住房供给问题，此外还专门出台了《公共住宅特别法》《租赁住宅建设促进法》等。②资金保障，成立住宅城市基金，2021 年该基金筹集金额约合 6850 亿元人民币，其中 1103 亿元用于支持住房租赁，占总金额的 16.13%，极大地推动了租赁住房市场快速发展。

1997—2020 年韩国租赁住房存量情况（万套）　　　　　　　　表 4

年份	合计	永久租赁住房	国民租赁住房	50 年租赁住房	企业职员宿舍	民间建设租赁住宅（保障性、纯民间市场）	民间购买租赁住宅	全租租赁
1997 年	58.4	19.0	—	3.2	6.6	26.8	2.8	—
2010 年	139.9	19.0	37.5	10.1	2.8	14.2	26.0	30.3
2020 年	326.9	21.3	74.2	11.1	1.2	94.0	96.8	28.3

注：不含私人零散出租住房。
资料来源：韩国统计厅。

三、进一步促进我国租赁住房市场发展的若干建议

（一）城市政府对发展租赁住房的认识再提高

城市政府掌握资源，尤其是土地资源，发展租赁住房市场离不开城市政府的大力支持。城市政府需要进一步提高对发展住房租赁市场的认识，充分认识到住房是民生之要，是社会稳定的重要基石。发展租赁住房是优化投资环境、促进实体经济高质量发展的重要内容。安居才能乐业，进入新发展阶段，我们必须把居民的安居问题放在更突出的地位，否则会影响实体经济可持续发展。比如：原本各大城市依托城中村解决大量外来务工人员的居住问题，随着城中村的改造，就需要及时地发展租赁住房项目进行补充。人口净流入城市要通过大力发展租赁住房完善和提升城市功能。

（二）租赁住房用地政策再给力

在规划中，要根据产城融合、职住平衡、供需结构匹配原则，安排一定比例的租赁住房用地；在用地价格上，城区用于租赁住房用地地价应按租金价格倒算，园区用于租赁住房建设的土地应按产业配套用地价格计算。鼓励用人大户高等院校、科研单位、医院、大型企业等在守住安全红线的基础上，适当提高容积率，利用存量用地新建，愿建、能建的尽建，给予保持用地性质不改变、不补交土地出让金的政策。

（三）金融支持政策再发力

2023 年 2 月，中国人民银行、银保监会发布《关于金融支持住房租赁市场发展的意见（征求意见稿）》（以下称征求意见稿），其中一些政策力度应进一步加强。一是延长租赁住房开发建设贷款期限。将征求意见稿中"租赁住房项目……贷款期限一般 3 年，最长不超过 5 年"延长到 10 年。二是放宽团体批量购买租赁住房贷款条件。征求意见稿规定"必须为已竣工验收的房屋"，限制了期房项目的购买，也不利于"保交房"，建议只要满足当地政府规定的项目销售或转让要求，即可申请贷款。三是按用途细分住房租赁经营性贷款期限。征求意见稿规定经营性贷款的期限最长不超过 5 年，由于 5 年时间难以回收装修款等资金，建议：用于改造、装修的，贷款期限最长

不超过15年；用于购买家具家电和支付租金的，贷款期限不超过8年；用于租赁业务日常运营等经营周转用途的，贷款期限不超过3年。

此外，可以借鉴美国做法，成立国家租赁住房信托基金，募集资金专门用于开发、修建价格可承受的租赁住房，并根据常住人口和住房成本等因素将募集资金分配给各省市。

（四）公共服务供给再加力

一是按常住人口规模配置公共资源，严格落实教育等配套设施与居住区"同步规划、同步建设、同步竣工验收、同步交付使用"，大力推进完整社区建设，保证与居住人口相匹配的、充足的公共资源，适度利用社会力量增加公共服务等。二是建立中央对人口净流入省份的适度资金补助制度，专项用于接收非本地户籍学生义务教育的费用。三是全面落实居住证权益保障制度，积极推进租购同权。

（五）住房立法应提速

尽快制定我国住房的基本法律，包括《住房法》《租赁住房条例》等配套法律，十九大提出的"七有"中，唯有"住有所居"目前还没有立法。我国迫切需要一部固根本、稳预期、利长远的住房法律，从而从根本上保障住房租赁市场的发展。

作者联系方式

姓　　名：虞晓芬

单　　位：浙江工业大学

地　　址：浙江省杭州市潮王路18号

邮　　箱：yxf@zjut.edu.cn

租赁住房建设运营经验分享

孙雪鹏

摘 要: 做好住房租赁行业需要提升各方面的能力。本文从全国范围内打造标杆门店、开展强基行动、实践案例分享三个方面介绍了华润有巢运营管理经验,以期为同行企业提供参考借鉴,为行业健康发展助力。

关键词: 住房租赁;运营管理;实践案例

一、引言

住房租赁是微利行业,要想做好这个行业,各个方面的能力都非常重要。这其中既包括投资的判断能力、融资的能力,又包括建设的能力、产品塑造,还包括了管理运营以及投资的退出。华润有巢属于华润置地,作为一家央企背景的长租公寓品牌,这几年除了投资拿项目之外,也在做一些突破性的事,包括去年华润有巢发行了第一只市场化保障性租赁住房公募REITs资金,并在上海尝试打通住房租赁的"投融建管服退"的闭环管理。

但是今天的分享更多的还是集中于运营提升的事项。正如大家所知,华润有巢这个品牌来自于开发企业,本身也是华润响应国家号召做住房租赁行业,去做一些自己央企的贡献。而经过多年的实践,发现对于租赁项目的运营是一个非常难的事情,也是我们持续想提升的一件事情。在此过程中,华润有巢也摸索出了一些有益的经验。

首先,从经营角度来讲,我们是要做细基础管理,夯实一些基础动作。因为从客户角度来讲提升运营是要作出一些特色服务和品质服务,从而提升客户满意度。其次,从运营角度来讲,要去做精细化的管理,并创新一些管理方式,来实现降本、提质、增效三个目标。最后,就品牌长久来讲,要把品牌服务运营本质做好,提升产品价值,有助于市场拓展。简单汇报三个方面的内容,在全国范围内打造标杆门店,开展强基行动,实践案例分享。

二、打造"标杆门店"

目前,华润有巢有33个项目开业运营房源约25000间,此外,还有一些项目在路上，总房量约为 56000 间。在不停投资开店的过程中，我们发现管理标准化很重要，业务大了管理标准化会起作用。所以，我们的行动也是针对过去运营中出现的问题，提出了开业好、运营好、回报好、品牌好的"四好"目标，推出"标杆门店"打造计划，希望通过项目品质整改及创建服务亮点，提高客户满意度，助力品牌发展，提升市场影响力。

我们的做法的整体思路是吸取了很多市场经验加上华润有巢自己的实践。一个是在准入门槛上统一标准，并明确了门店进入稳定期以及安全合规性的一些要求（表 1）。

准入门槛评价标准　　　　　　　　　　　　　　　　　　　　　　　　　表 1

序号	指标名称	不参评情况
1	EHS 事故事件	生产安全事故，重大风险预警
2	负面舆情	发生橙色及红色预警负面舆情事件，引发全国主流媒体曝光，对公司声誉造成较大负面影响
3	合法合规	（1）因公司违法违约引发重大法律纠纷案件的。 （2）未按国资委、集团要求控制公司层级或擅自设立新公司的
4	开业时间	爬坡期（开业 6 个月以内）项目不参与（参评年进入稳定期至少 6 个月及以上）
5	经营水平	稳定运营期（开业 6 个月以上）项目出租率 90% 以下 / 当期经营利润为负

接下来就是建立一个比较全面的细目表，核心包括两块：一个是业绩管理，一个是业务管理。业绩是门店最主要的目标，业绩表中包含了每个月度、季度的计划，还有整个年度的商业计划，作为基层门店整个业绩指标是最重要的一件事情。同时，我们把客户满意度也放到了这里面。还有一个就是业务管理，业务管理就是一些标准动作，包括一些具体指标（表 2）。

华润有巢 2022 年长租公寓事业部标杆门店评价标准体系　　　　　　　表 2

评价维度	业务板块	指标数	评价指标	重资产占比	评价依据 / 数据来源
业绩管理	核心业绩（39%）	5	营业额完成率	8%	财务系统、RIS 系统
			EBITDA 完成率	8%	
			EBITDA 回报率	8%	
			EBITDA 年增长率	8%	
			平均出租率	7%	
	核心管理（26%）	4	客户满意度	7%	RIS 系统
			营销费效比	7%	财务系统、RIS 系统
			单房运营成本	7%	财务系统、销售成本表、RIS 系统
			应收账款回款率	5%	财务系统、RIS 系统

续表

评价维度	业务板块	指标数	评价指标	重资产占比	评价依据/数据来源
业务管理	营销板块（18%）	6	渠道管理	3%	RIS系统、销售成本表、渠道汇总表
			销售现场管理	3%	飞行检查
			大客户管理	3%	企业客户商机表
			团队与人员管理	3%	门店人员分工倒排表
			市场与竞品对标	3%	竞品调研记录表、来电来访登记表
			数据与合规性管理	3%	RIS系统、飞行检查
	营运管理（12%）	4	环境管理（29项）	3%	飞行检查
			客服管理（16项）	3%	飞行检查
			维修维保（32项）	3%	飞行检查
			EHS管理（53项）	3%	飞行检查
	增值业务（3%）	1	单房增值业务收益	3%	RIS系统
总分加减分（总加分不超过5分）	党建管理	2	党建空间	—	加分指标：党建活动、联创联建、学习记录、党建宣传、党建知识、作风形象等
			政商联动	—	
	品牌传播	3	传播影响力	—	
			品牌忠诚度	—	
	其他		形成安全示范、推行节能环保举措、智能化手段应用、人物事迹等亮点，取得突出效果或获得外部荣誉的，酌情加0.1～1分/项。		
总计			25	98%	—

同时，在过程中第一批每个区域选一个门店落实的时候也有几个标准动作和过程（图1）。一个是要发现问题，并找到一些关键改进项。再一个是全面自查，作全面提升，就是提升基础项。此外，每个门店还要有亮点打造，比如我们在思考市场上我们的价值在哪，或者这个品牌能够赋予客户最主要的是什么？是品质？还是生活、风格？还是安全等？之后，我们将在此过程中总结出来的共识、目标，也融入每个门店的最佳实践和它的亮点打造里面，共同构成我们这个品牌的亮点。

三、开展"强基行动"

强基行动是我们在过去三年都在做的。因为从2021年开始，华润有巢发现门店运营面临着比较大的压力，包括市场变化；同时新开的店比较多，在这个过程中出现

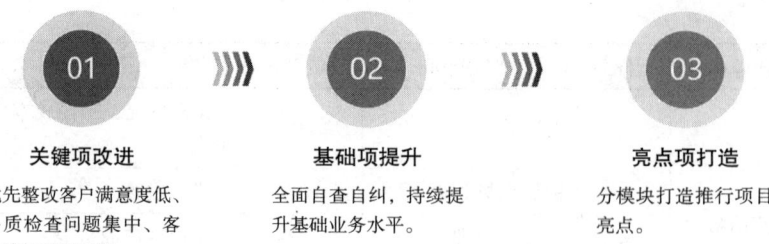

图 1　标杆门店的实施思路

了一些问题，这个情况下我们通过检查反思，发现基础管理动作是要持续夯实的。所以，我们从 2021 年开始采取了强基行动，最主要是以针对平台、中后台以及门店营销管理的专项提升为目的。

强基行动的过程中也是分了一些标准动作，这些动作我们考虑了一些基本逻辑，一个是让门店可操作，再一个是相当于通过这个动作分解告诉门店，怎么来做好门店营销管理，逻辑在哪儿。因为在我们的实际调研中发现，门店业绩不好的原因，既可能是它的市场研究、客户研究和竞品对标往往做不到位；也可能是团队管理和人员分工不好，渠道管理、渠道回应做得不好或是销售现场疏于管理。所以，我们针对不同的门店检查中发现了不同的问题，做成体系化服务管理标准，并通过强基行动去落实。

此外，在 2021 年强基行动展开之后我们有一个自查表格，同时希望能够持续记录并发现新的问题。而针对这些新的问题，在 2022 年华润有巢提出了强基行动 2.0 版，最主要的体现在继续以之前的自查和提升为基础，形成了一个标准化的管理手册。这个手册的内容包括大客户、门店开酬、销售管理等，比较详细的过程管理的方法。之后，我们依据这个手册，对于员工和运营管理层进行培训和赋能。

今年，应该算是强基行动的 3.0，我们在之前基础上作了一些精益课题研究，解决了自查和好的标准是什么，要做什么动作，最后形成了标准化执行手册。并通过最佳实践展示，将过去两年没有解决的问题、持续出现的新的问题，以一些创新性的方法展示出来。

四、实践案例分享

结合之前的实践，下面给大家汇报一下华润有巢所做的一些标杆门店建设。北京的华润有巢总部基地店，也是当前我们比较主力的项目（图 2~图 4）。该项目现在被认定为北京第一批保障性租赁住房，是我们在北京开业的第一个大型租赁社区项目。项目面积约 10 万 m^2，公寓房间 2314 间，这个门店 2021 年 9 月份开业，到现在为止开业近 20 个月，整体运营周期花了 4 个多月爬坡，爬到 90%，整体运营出租率 93% 以上，租金平均 3500 元/月左右。

图 2　华润有巢丰台花乡有巢国际公寓社区总部基地店项目鸟瞰图

图 3　华润有巢丰台花乡有巢国际公寓社区总部基地店项目活动区

图 4　华润有巢丰台花乡有巢国际公寓社区总部基地店健身区

华润有巢总部基地店项目运营之初，我们的团队就考虑到了整个产品空间运营和客户感受的重要性，并将其付诸产品的生活社区的打造。这一思路的落地是以空间为基础的，我们希望塑造为客户的生活标杆。为此，有巢在总部基地项目中规划了园区的绿地和散步道及篮球场，配套空间里我们做了自习室、观影室和健身房等。

最后一个是安全，也是我们经过讨论之后大家达成共识的，也是作为有巢品牌内涵里比较重要的、排在前面的一个品质。过去说到安全重点是从建设、竣工验收到消防都是非常合规的。但是在实际运用过程中，我们发现对于租赁住房的安全并不仅仅局限于建设施工阶段，而是贯穿于整个运营管理过程中。

事实上，从总部基地店开业到现在，前后经历了大概外部、内部以及企业聘用的第三方机构，经历了不下五轮的各种检查。五轮检查过程中发现了各种问题，安全隐患、安全问题每次查每次有，包括管理行为、实际安全状况，累积起来都是几百条。而我们处理这个问题的原则就是随查随清，查出来就"快速作战"，一个月或者两个月之内百分之百清掉，然后持续地作安全管理的改正。

另外，对于客户触点来讲，华润有巢也作了一些可以提升客户满意度的计划。这些计划涵盖了前台接待、入住服务、客户访谈等。具体来看，对于门店前台服务，因为大型门店每天到访量比较大，我们的服务标准包括做到在接待过程中提供一杯茶、一块糖等。对于入住，我们的要求是，对于客户入住的时候要把验房环节做到标准化，包括验房标准、入住贺卡以及档案管理。这里需要特别指出的是档案的管理，这块内容以往不是很重视，我们现在把所有档案都开发整理好，做好目录，门店自己建立标准档案室、档案柜，保障所有事情安全受控。通过强基和标杆门店建设，对总部基地店的短期和长期都有不少的提升。这是一个持续的工作，我们还会持续地进行。

作者联系方式

姓　　名：孙雪鹏

单　　位：华润置地（北京）股份有限公司

地　　址：北京市丰台区福宜街9号院5号楼12层

自如三年的"质变"历程

熊 林

摘 要：本文分享了自如开启企业变革之路的历程，介绍了模式质变、产品质变、服务质变的价值创造方式质变和"团队能力质变"之"增长方法质变+行为认知愿景驱动质变"四个方面，以此助力行业发生真正"质"的变化。

关键词：自如；企业变革；质变

一、"价值创造方式质变"之"模式质变"

为什么要变革？租赁和汽车、房地产等行业一样，都是核心行业，万亿级市场。但任何一个行业里很难有一种模式超过十年不去创新，不去变化。身在国家、城市、用户需要的行业里，我们必须对模式进行变化。

"模式"是商业思考里的第一层面，只有模式创新才能带来产品创新。在租赁行业里，"二房东""包租"等模式一定不是未来。因此，我们提出了新变化：要作增益模式转型。

一句话总结过去3年的话，我们几乎是all in到企业"质"变上，我们比任何一年都更加关注企业到底有没有发生"质"的变化。而要想在模式上变化，首先一定要聚焦用户，去思考如何在价值创造方式上实现"质"变。沿着这个思路，我们首先革自己的命：把自己用了十年的模式彻底变革掉。

十年前从北京起步，我们创立了C2B2C的自如模式。但是2021年春节后，经全员奋战，我们启动并全员切换到新模式，即"增益租"。我们认为这是一个"颠覆的模式"，并配以"划时代的居住产品"。业主得到的是"无差价、无空置期、收益有保底"。

这个模式的推行，我们坚决到什么程度？答案是一上来就把原模式彻底切掉。过去收8000套、10000套是常事，但新模式推行时第一个月数据就大幅下滑，变化剧烈。但我比较坚定地认为，增益租是未来唯一行得通的模式，为什么呢？

住房租赁行业本质上是"存量经营"行业，存量经营和买卖一次就实现全产品生命周期95%以上收入的行业完全不一样。我们持有一套房子，会希望在未来5年都持续产生收益。

也就是说：如果一套房子、一栋楼托管5~10年，第一年只实现这个房屋20%的收益。但是过去很多经营模式里，大家进行了透支，比如第一年为了扩规模或提高承诺，给业主既保租金又100%保底，那么未来5年这个企业会面临巨大的风险。今天回头来看，租赁行业在2019年出现的问题，就是因为模式选择透支了企业未来3~5年的发展。

如果我们仍不改变，或者幻想住房租赁行业会像过去十年那样快速、粗放式地增长，而不去向更健康持久、更长周期的运营模式转型的话，我相信任何一个企业在未来都会面临巨大的风险和利润的打击。

二、"价值创造方式质变"之"产品质变"

所以"增益租"模式是非常符合未来行业经营本质的模式。这个模式下，我们要让业主理解这样的模式好处是什么。于是，除了模式变化以外，还要让业主看到更好的产品。

几乎每周六下午，我和我的团队、城市总经理例行到小区探房，因为我们必须"看到"，收来的几十万间、上百万间房两年以后、三年以后甚至五年以后会成什么样子。

自如目前有面向整租群体的心舍2.0，面向高端客户的曼舍等多种租住产品。这些租住产品都需要从根本上升级，才可以让业主认可"我的房子交给自如可以变得更好""我将来出租出售可以更好"，只有把产品做得更好，才可以满足疫情后更挑剔的租客需求。

产品的变化可以非常具体，针对装修我们推出了"1800承诺"，第一个承诺就是中国装修行业做了20年没做到的"按图施工"。

在推行过程中，我们又发现造价超支20%等问题，但我们决定给业主作出"零增项承诺"，并且多退少不补。也就是说，业主付费后，哪怕多收100元，装修完工后都会退回；哪怕少收1万元，装修完工后也不需补缴。

这件事情对于我们这样一个以前习惯了快速增长、大包干的行业来说会很难，但我们在努力尝试一点点推行开来。这种态度也是一个企业会不会发生质变的根本因素。有些难题必须攻克，否则租赁行业无法跟上国家当今的高质量发展，无法跟上租赁行业存量持续经营的底层逻辑。

三、"价值创造方式质变"之"服务质变"

住房租赁也是讲求服务的行业，这三年除了闷头做事我们并没有其他的高招。自如仍然希望能把基础的事情做好，主抓这些看似简单的事情。比如每次服务着工装、戴鞋套；比如保洁做完了客户不满意无条件返工。这个事情好像很简单，但是如果作行业探访，十家公司有超过三家员工戴鞋套进屋，这个行业就很了不起了。

随着模式的变化，如今房子有了业主的参与，很多环节业主也会把关，给我们省掉了很庞大的质量监管团队。让业主都很满意的房子，也推动我们在服务上去做得更完善。

四、"团队能力质变"之"增长方法质变 + 行为认知愿景驱动质变"

目前自如团队有 1 万多人，加上劳动者 2 万 ~3 万人，整个企业 3 万 ~4 万人，让大家放弃一个习惯了十年的模式，是一件极难的事情。所以，在推动内核变化的时候，对于一个业务遍布十城，员工万人的企业来说，首先要统一方法。

今天自如总监以上人员都有一套自己的方法，即 GTOK，具体来看就是：定增长、带团队、达目标、解难事。这个方法，我们花了很长时间非常具体地固化下来，并且通过系统实现。

但是还要突进的是大家的共识，我们每年会做"总监融炼营"实战训练。当员工、管理团队身先士卒走在前面的时候，不管变化有多难，总会一点点突破、达成共识。

经过三年时间，我们的团队带来了"增益租"点—块—面的突破。截至目前，2021 年以来我们新收的业主委托房源 100% 采用增益租模式。过去大家对自如的印象多为合租，但今天，增益租委托房源中整租房源（一居、两居、三居或者曼舍）占比为 55%，整租已经成为很重要的产品类型。

在这些变化下，虽然自如总规模没变，但我们的资产组合发生了巨大变化。我们今年春节后首周签约量比起 2019 年同期同比上涨了 11%。

不仅分散式房源可采用增益租，如今整栋自如寓也可采用增益租模式，目前资管平台有三个项目都是业主付费装修，我们先做装修、设计这样的服务，后面再管理整栋房源。

所以整栋里面，我认为本质逻辑是一样的，也希望和相信未来的模式要发生变化，我们才有可能把这个行业做得更好。

今天中国企业单纯以规模扩张的时代已经过去，需要通过"质变"推动"量变"。今天自如已有 4 款 App，自如（下载量过亿）、自如业主（输入小区及房源信息即可看租金预估价格）、自如家服（超 100 万会员，每月固定 50 万非自如租赁家庭）、智爱家。

智爱家，是一款能像造智能汽车一样装修房子的 App，也是帮业主打造全屋智能的自如家装业务。自如智爱家的房子没有墙上传统的开关面板，全部由智能产品进行语音交互控制串联。

我们相信未来所有的房屋都会像智能手机、智能汽车一样，房屋智能化是未来的趋势。那些住过自如的年轻人，他选择装修房子的时候不会选择带一把钥匙。用智能手机、智能面板成长起来的下一代，也会希望开关像手机一样一点屏幕会亮。这个业务是我们近几年通过潜心优化产品和运营后找到的新业务增长方向。

五、结语

很多企业发展有的时候要去"量变"，有的时候要去"质变"。但是总归是想推动企业有序经营。而今天，我们比任何时候都需要一起去推动这个行业发生真正"质"的变化，才能让未来变得更美好。

作者联系方式

姓　　名：熊　林

单　　位：北京自如信息科技有限公司

地　　址：北京市朝阳区将台路 5 号院 -16 层

什么影响了住房租金回报率?
——基于存量住房交易数据的实证分析与现实启示[*]

黄佳琳　刘方媛　王欣怡　宋一祎　张英杰

摘　要：住房租赁领域前期投入成本高、融资渠道受限、租金回报率低等问题成为制约其发展的关键因素。在"房住不炒"和"租购并举"的宏观背景下，租金收入是住房租赁的主要收益来源，而住房租金回报率则是各类金融支持存量住房租赁模式和路径中的核心指标。因此，聚焦存量住房的租金回报率，结合基础存量住房资产的建筑特征、社区特征和区位特征开展深入的量化分析，识别租金回报率的客观规律、影响因素与空间差异，能够为金融支持存量住房租赁市场的收益风险评估和相关投资决策提供更为科学的参考依据。具体来看，本文借助北京市存量住房市场中住房租赁和买卖交易的微观数据——共涉及2322个小区的52992条住房租赁交易数据和31790条住房买卖交易数据，基于居住需求和居民选址行为理论，借鉴特征价格模型的实证分析思路，量化分析了住房租金回报率的基本特征、影响因素和空间异质性；并进一步探讨了实证发现的主要结论对于金融支持存量住房租赁过程中相关投资决策的参考价值。本文的主要发现有：一方面，建筑特征中的房龄、卧室数量和住房面积，社区特征中住房所在小区的物业服务质量，以及区位特征中住房所在社区周边的生活服务等配套设施，对租金回报率的贡献最为显著。另一方面，进一步分析不同建筑特征、社区特征和区位特征的存量住房租金回报率的异质性，对于老房子，其租金回报率更多地取决于其社区与区位特征；而房龄越小即越新的住房，租金回报率受住房自身建筑特征的影响更大。本文的主要结论对金融支持住房租赁领域内公共和私人部门的相关决策均具有一定的启示意义。其一，对于公共部门而言，借助对现有存量住房项目或潜在可供应租赁住房项目租金回报率的评估和预判，识别关键问题和具体工作抓手，可以实现更为有效的住房租赁供给，从而提高解决新市民居住问题的效率；其二，对于各类投资主体而言，结合基础存量住房资产建筑、社区和区位特征方面的综合评估分析，能够筛选出具有更加稳定租金回报率的优质投资标

---

[*] 本文系中国房地产估价师与房地产经纪人学会资助课题:《社会资金支持长租房发展的政策障碍及如何突破》的阶段性研究成果，课题负责人张英杰为本文通讯作者。

的，在基础存量住房资产的收购过程中有效控制潜在金融风险，有助于促进金融支持存量住房租赁项目实现可持续的盈利；其三，对于住房租赁运营企业而言，精准识别存量住房资产租金回报率的影响因素及其贡献程度，有针对性地新建、改建长期租赁住房或盘活存量住房，能够促进其提升租赁住房的供给能力和运营水平。

关键词：金融支持；住房租赁；存量住房；空间异质性；管理对策；投资决策

一、引言

党中央、国务院高度重视发展住房租赁市场，多次明确提出"坚持房子是用来住的、不是用来炒的"的定位，坚持租购并举的住房制度，培育和发展住房租赁市场成为房地产领域的重点任务。随着我国新型城镇化进程不断深入以及住房租赁市场发展变化，新市民、青年人等群体面临的居住问题受到了广泛关注（易成栋，2021）。国家统计局 2021 年 5 月发布的第七次全国人口普查数据显示，我国流动人口总量大幅扩增。从 2010 年的 2.21 亿人增加至 2020 年的 3.76 亿人，年均增长率高达 6.97%，其中 70% 的新市民群体通过租赁方式满足自身住房需求。根据《2021 中国城市租住生活蓝皮书》[①]，中国的租房者将在 2030 年达到 2.6 亿人，住宅租赁市场的规模接近 10 万亿元。住房升级需求、第二居所需求等新趋势不容忽视，有潜力成为未来城镇新增住房需求的新兴来源（吴璟，2021）。

在城市流动人口日益增多和劳动力市场流动性不断加强，加之城市房价居高不下的背景下，住房租赁市场的健康发展越发关键并受到重视（陈杰，2021）。然而，当前我国住房租赁市场的现实问题与其所面临的巨大发展潜力及发展空间之间，仍然存在着较大的差距（吴宾，2021）。我国当前住房租赁市场的规模为 1.1 万亿元，仅为交易市场规模的 7%。而同期美国、日本等发达国家的住房租赁市场规模占到住房交易市场的 40%。根据"七普"对于全国城镇家庭住房来源占比的测算数据，目前国内城镇家庭租房比例约 20%，而美国、德国、新加坡等地部分大都市的租房比例高达 50%～80%（陈杰，2020）。造成这种差异的主要原因，不仅是国内外经济社会发展阶段、居民住房消费习惯，以及配套制度特别是有效的金融支持政策的差异，而且还与我国重点城市中房价相对较高，租售比或住房租金回报率较低的客观现实有关。

住房租赁领域投资者的收益不足，住房租金回报率不高，亟需关注租金回报率激发住房租赁市场活力。为进一步加强金融支持住房租赁市场发展的质量，中国人民银行和中国银保监会于 2023 年 2 月 24 日发布了《关于金融支持住房租赁市场发展的意

---

① 详见 http://www.news.cn/2021-11/16/c_1211447876.htm。

见（征求意见稿）》，旨在支持住房租赁供给侧结构性改革；重点支持自持物业的专业化、规模化住房租赁企业发展；建立健全住房租赁金融支持体系。本文通过对学术文献和国内外典型经验的梳理发现，在金融支持存量住房租赁市场发展的过程中，各类金融工具、模式与路径均需要关注核心的租金回报率指标。而投资主体选择投资标的时可能会因缺乏对基础住房资产必要特征的全面考虑，从而对投资风险评估不足，最终导致利益受损。关键问题在于投资主体尚未有效开展针对基础存量住房资产投资回报率的精细化评估与定量分析。然而，当前对于金融支持存量住房租赁市场的实证研究一般聚焦于整体模式路径的案例分析与经验借鉴，基于基础住房资产特征量化分析租金回报率的实证研究相对较少。

基于此，本文的研究目标是回答两个递进的关键问题：基础存量住房资产的建筑特征、社区特征和区位特征，会如何影响其租金回报率？更进一步，基于住房租金回报率影响因素及其客观规律的分析结论，对住房租赁领域的宏观政策、各类投资主体的投资决策，以及住房租赁运营企业的管理决策，会有哪些现实启示？具体来看，本文在实证研究部分，依托北京市存量住房市场中住房租赁和购买交易的微观数据，基于居住需求和居民选址行为理论，借鉴特征价格模型分析思路，结合住房的建筑特征、社区特征和区位特征，量化研究租金回报率的影响因素。

综合来看，本文对于租金回报率的客观规律、影响因素与空间差异的精准识别，有助于从评估投资收益和风险的角度，为住房租赁领域公共部门的宏观管理决策、各类投资主体的投资决策和住房租赁企业的运营管理决策提供参考，从而助力于实现风险可控、商业可持续的住房租赁市场。本文余下部分的结构安排如下：第二部分是国内外文献梳理；第三部分是实证研究方案设计与数据基础；第四和第五部分分别是实证分析对基础影响因素和异质性规律的主要发现；第六部分是主要结论与对策建议。

二、文献综述

（一）国内外关于租金回报率的实证研究

租金回报率是房地产投资收益的判断指标，也是衡量房地产市场健康程度的重要参考（田莉，2022）。目前，国内外对住房租金回报率的研究主要围绕房屋售价和租金的关系展开。通常情况下，租金反映房屋的使用价值，是市场的真实需求，按照一般的资产定价理论，房价是房租的资本化，在给定其他条件不变的情况下，正常的住房市场应该是房价和房租的涨幅一致，而现实却是房价长期比房租涨得快。国内外不少学者对租金回报率进行了实证研究，但由于研究的地区和时间期限不同，结论也存在较大的差异。

具体来看，Katja Taipalus（2006）利用时间序列数据发现房价租金比存在单位根，是不平稳的，所以无法利用租金价格比预测未来房价；Meese 等（1994）利用阿拉梅达和旧金山市的房价、租金及资金成本的时间序列数据发现房价与租金存在长期的协整关系；Blackley等（1996）的研究结果显示，租金与住房持有成本的增长速度并不一致，租金调整相对而言更加缓慢；Joshua Gallin（2008）采用误差修正模型研究了1970—2003年美国的房价和租金的关系，结果显示当房价相对于租金更高时，租金变动更大，房价变动更小；林莹等（2007）利用1999—2006年北京的相关时间序列数据进行单位根检验和格兰杰因果检验，发现房租与房价不存在相互影响；余华义等（2009）使用误差修正模型利用我国1997—2007年的季度数据考察了房价与租金之间的关系，结果显示二者之间存在双向的正向影响关系。

虽然由于地区和时间期限不同，学者们的研究结论存在较大的差异，但众多学者仍采用租金回报率来对我国住房投资市场进行衡量。杨兴权（2011）认为仅用租价比来衡量房价会失真，必须用动态的、发展的视角来看租价比；杨巧、党琳（2015）建立起了租金、房价联立的长视距回归模型，分别测度当期租价比对未来半年至两年内房价、租金走势的预测能力。实证结果显示，北京市住宅租赁价格与销售价格（新建、二手）之间存在长期均衡关系，但短期内互动机制缺失。刘华（2020）采用Engle-Granger与VAR自回归的分析方法，分析租买同权下的广州市住房房价与租金的关系发现，租金上涨以达到新的均衡点的过程中，租金回报率虽有上涨，但也仅仅是回升至均衡点的收益水平，依然处于较低水平，且可能将长期保持这一状态。

（二）国内外关于租金回报率影响因素的研究

在探究租金回报率的影响因素方面，Morris等（2008）通过对1960—2007年间美国住房普查的微观数据及租金和房价指数的季度数据进行考察，认为是住房收益折现率的降低和预期房价增值的增加导致了租金房价比的持续大幅下降；赵奉军（2010）和任超群、吴璟（2013）均使用住房使用成本模型，发现预期是推动房价上涨的最主要因素；许家军和葛杨（2011）基于长期均衡所派生的面板误差修正模型对中国35个大中城市的实证研究，发现住房租金回报率与利率正相关，与房价的上涨预期负相关；郑景龄（2014）的研究中提出了一个"投机程度"的解释变量，发现投机程度对租金回报率会产生较大的影响；梁云芳和高铁梅（2006）对中国大陆28个省市1999—2006年面板数据的研究也表明，实际利率对房价的影响很小，利率不是影响房价的主要因素；李丽婷（2019）谈到我国住房价格租金回报率严重失衡，租金回报率也大幅度偏离全球热门城市的平均水平，同时不同城市租金回报率的影响因素是不同的，但房价上涨预期对全国所有城市均有显著影响；根据经济学意义从家庭角度计算房价租金比，发现现实租金回报率远高于理论租金回报率，使得房产投资回报倒挂，房地产泡沫增多。

（三）文献综述小结与创新机会识别

已有研究更多利用时间序列数据，关注长周期内住房租金回报率的动态变化规律；或者在更大的研究范围内作国家或城市之间的比较分析。相比之下，较少研究使用微观交易数据定量探讨住房租金回报率的空间分布规律,并据此提出面向各类管理决策的针对性建议。基于此,本文借助存量住房的微观交易数据,结合房价和租金两个维度信息测算住宅小区层面的租金回报率,并借鉴特征价格模型实现对租金回报率影响因素的识别以及空间差异分析,为金融支持存量住房租赁项目中选择优质基础资产提供了量化分析与实证证据。

三、实证研究方案设计与数据

(一)实证模型构建

1. 基准回归模型

本文借鉴该模型的分析思路,探究住房租赁价格、买卖价格以及最终租金回报率的影响因素。具体来看,本文的基准实证分析模型为:

$$P \text{ 或 } ROI = a_0 + a_1 X_{h,i} + a_2 X_{c,j} + a_3 X_{a,j} + \varphi_t + \varphi_s + \varepsilon_{i,t} \tag{1}$$

其中,P 是某交易住房单位面积的租金的自然对数(Ln_rent)或单位面积房价的自然对数(Ln_price);ROI 是租金回报率(即 Return On Investment,单位面积的年租金与房价比值,详见公式(4))。a_0 为常数项;$\varepsilon_{i,t}$ 是误差项;$X_{h,i}$ 是住房 i 的建筑特征;$X_{c,j}$ 是社区 j 的社区特征;$X_{a,j}$ 是社区 j 的区位变量。估计系数 a_1、a_2、a_3 表示上述三类特征对租金、房价或租金回报率的贡献。φ_t 为月度时间固定效应,反映了随时间变化的不可观测变量。φ_s 为空间固定效应,针对研究区域内的街道进行控制,反映了空间上的不可观测变量。

2. 分组对比回归模型

为探究不同住房特征下住房租金回报率的影响因素差异,在公式(1)的基础上通过对主要特征依据其中位数进行分组回归对比以分析其发挥影响的异质性效果。其中,X_n 为单一住房特征,分别选择建筑特征中房龄(Age)、房屋面积(Area),社区特征中容积率(Plotratio)、绿化率(Greenrate),区位特征中到市中心距离(Dis_tam)和到最近公园距离(Dispark)进行分析。$Median_n$ 为 X_n 这一住房特征所对应的中位数值。

$$ROI(X_n \leqslant Median_n) = a_0 + a_1 X_{h,i} + a_2 X_{c,j} + a_3 X_{a,j} + \varphi_t + \varphi_s + \varepsilon_{i,t} \tag{2}$$

$$ROI(X_n > Median_n) = a_0 + a_1 X_{h,i} + a_2 X_{c,j} + a_3 X_{a,j} + \varphi_t + \varphi_s + \varepsilon_{i,t} \tag{3}$$

(二)研究的空间范围与变量选取

本文后续实证研究是在北京市"城六区"(即东城区、西城区、朝阳区、海淀区、丰台区和石景山区)范围内存量商品住房租赁和买卖微观交易样本的数据基础上,展开对租金回报率的定量研究。

1. 因变量:存量住房的租金回报率

租金回报率是指通过投资而应返回的价值,本文研究的是住房租金回报率

(Return on Investment，ROI)，具体是指月租房获得租金同房屋价格的比值①，用来衡量地产方面投资收益情况，这将作为判断项目是否值得投资的重要指标，其公式为：

$$租金回报率 = 住房的每月租金 \times 12 / 住房的买卖交易价格 \qquad (4)$$

2. 自变量：租买群体在居住选址时重点关注的三个维度

基于居住选址行为理论，本文对居民家庭在居住选址时重点关注的因素进行梳理。从图1中可以看出，居民家庭在购买或租住一处住房时，主要考虑的是住房内部的建筑特征、住房所在小区的社区特征和住房所在小区周边的配套设施等区位特征。

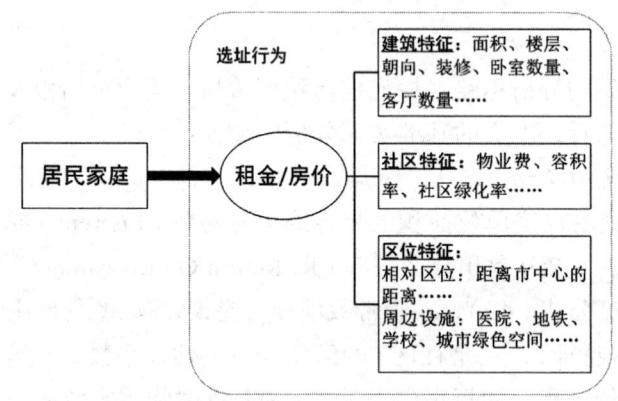

图1 居民租赁或者购买住房的主要考虑因素（本文实证研究关注的三类特征）

（三）数据基础与描述性统计

本文的实证数据基础是2019年北京城六区（东城区、西城区、朝阳区、海淀区、丰台区、石景山区）的存量住房微观交易数据，共计涉及2322个小区，图2所示为北京市城六区2322个住房小区的空间分布图。其中，住房租赁交易有52992条，住房买卖交易有31790条。二手商品房买卖和租房交易数据来源于链家网②（https://bj.lianjia.com/）。区位特征匹配信息来源于百度地图2019年各类基础设施数据库（POI数据），主要提取了其中重点小学、三甲医院、城市公园和地铁的位置坐标。此外，由于近十年来北京市新增了多条地铁线路和大量站点，研究期内各个居住小区的公共交通可达性是动态变化的，因此本文结合北京地铁官网③中公示的北京市各个轨

---

① 实证分析中因为量纲问题，将该原始数值乘以了1000倍，只影响回归系数的量纲，并不影响对影响因素及其客观规律的识别。

② 链家的存量房交易在北京市场的占有率是所有存量房经纪机构中最高的（接近50%），因此其数据源具有一定的代表性和可信性；同时，该数据也已经得到了学术界和政策研究领域的广泛使用和普遍认可。

③ https://www.bjsubway.com/index.html。

道交通站点的实际开放使用时间,并根据住房交易发生时间与各小区的微观交易样本进行匹配。

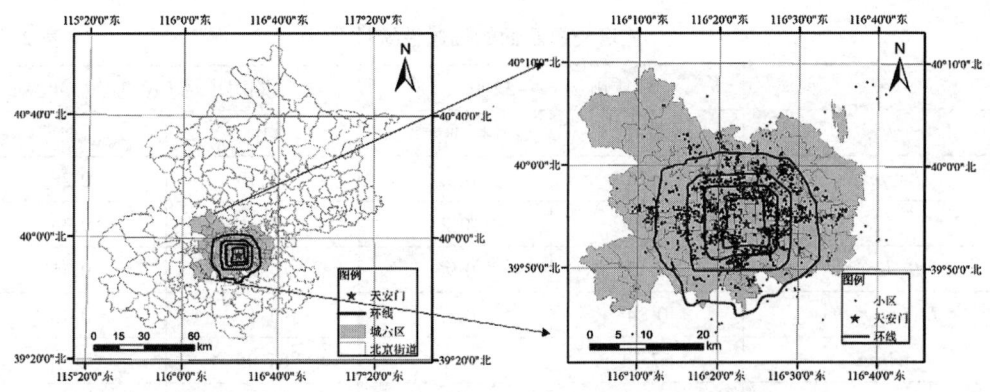

图 2 北京市"城六区"的空间范围与住房小区的空间分布

在本文的实证研究环节,借鉴相关实证研究经验,结合数据可得性的现实情况,从上述三个维度的特征中各选取 3～5 个重要变量作为回归分析的自变量,其具体名称和定义如表 1 所示。

变量设置及其定义　　　　　　　　　　　　　　　　　　　表 1

	变量名称	变量符号	变量含义
因变量	住房租金回报率	ROI	单位面积住房年租金与房价比值的 1000 倍
	租金	Ln_rent	单位面积住房租金的自然对数
	房价	Ln_price	单位面积住房房价的自然对数
建筑特征	住房年龄	Age	住房年龄(年)
	卧室数量	Bedroom	住房房间数量(个)
	客厅数量	Living_room	住房客厅数量(个)
	住房面积	Area	住房面积(m^2)
	住房朝向	Orient_n	n=[东,南,西,北,东北,东南,西北,西南],1=是,0=否
社区特征	容积率	Plotratio	所在小区的容积率(%)
	绿化率	Greenrate	所在小区的绿化率(%)
	物业费	Pm	所在小区的物业费[元/(m^2·月)]
区位特征	到市中心的距离	Dis_tam	从住宅小区到市中心的距离(km)
	轨道交通可达性	Subway	所在小区周边 1km 内的地铁站的数量(个)
区位特征	教育配套	Education	所在小区周边 500m 内是否有重点小学:是=1;否=0
	医疗配套	Hospital	所在小区周边 500m 内是否有三甲医院:是=1;否=0
	公园可达性	Dispark	从住宅小区到最近的公园的距离(km)

表 2 所示是 2019 年北京城六区（东城区、西城区、朝阳区、海淀区、丰台区、石景山区）微观住房交易层面的变量描述性统计，分为租赁市场和购房市场两个方面。

住房交易层面的描述性统计　　　　　　　　　　表 2

变量	租赁市场（N=52992）		购房市场（N=31790）	
	均值	标准差	均值	标准差
Ln_price	4.76	0.32	11.13	0.28
Age	22.02	10.24	21.4	9.35
Bedroom	2.12	0.96	2.02	0.75
Living_room	0.84	0.55	1.1	0.43
Area	67.14	39.72	81.05	36.15
Dis_tam	9.12	3.79	9.45	3.91
Subway	0.78	0.42	0.77	0.42
Education	0.1	0.3	0.09	0.28
Hospital	0.05	0.22	0.05	0.22
Dispark	1.21	0.63	1.24	0.63
Plotratio	2.7	1.26	2.63	1.22
Greenrate	0.31	0.07	0.32	0.07
Pm	2.03	1.23	1.87	1.16

实证分析中，因为很难匹配到同一套或同类型住房在同一时点的租金水平和住房价格，因此在分析住房租金回报率时，住房建筑特征、社区特征、区位特征都通过计算该住宅小区在研究期内所有住房微观交易的平均值进行度量，即基于小区内的微观交易样本测算整体小区层面的平均值。表 3 所示是 2019 年北京"城六区"（东城区、西城区、朝阳区、海淀区、丰台区、石景山区）住房小区层面的变量描述性统计。

小区层面的描述性统计（小区数量 N=2332）　　　表 3

变量	均值	标准差	最小值	最大值
Ln_price	11.21	0.29	10.53	11.77
Ln_rent	4.75	0.24	4.01	5.62
ROI	19.32	3.93	12.04	35.76
Age	23.61	9.74	2.27	44.92
Bedroom	2.13	0.49	1.00	5.20
Living_room	1.00	0.28	0.14	3.20
Area	76.33	33.09	26.96	271.08
Dis_tam	8.46	3.92	1.05	20.83

续表

变量	均值	标准差	最小值	最大值
Subway	0.77	0.42	0.00	1.00

四、住房租金回报率的影响因素分析

本文采用特征价格模型对住房特征进行分解，基于 OLS 回归分别研究住房租金回报率、租金和房价的影响因素，如表 4 所示。由于样本中小区数量的有限性，第（1）列基于小区层面样本的租金回报率分析。第（2）、（3）列分别基于住房租赁和买卖微观交易样本进行研究。

基于 OLS 回归的租金回报率、租金和房价的影响因素分析结果　　表 4

变量	（1）ROI	（2）Ln_rent	（3）Ln_price
Age	0.065*** （7.058）	−0.002*** （−14.271）	−0.004*** （−25.797）
Bedroom	1.241*** （6.272）	0.066*** （48.708）	0.026*** （11.911）
Living_room	−5.424*** （−11.837）	−0.026*** （−7.296）	0.042*** （15.025）
Area	0.027*** （5.296）	−0.003*** （−57.963）	−0.002*** （−26.943）
Dis_tam	0.023 （0.349）	−0.029*** （−25.951）	−0.030*** （−31.739）
Subway	0.109 （0.607）	0.062*** （20.783）	0.044*** （17.014）
Hospital	0.566*** （2.606）	0.046*** （9.181）	0.027*** （6.978）
Dispark	0.627*** （4.467）	−0.003 （−1.284）	−0.024*** （−10.971）
Plotratio	−0.019 （−0.375）	−0.004*** （−4.162）	−0.017*** （−19.950）
Greenrate	−0.863 （−0.842）	0.172*** （10.881）	0.220*** （15.705）
Pm	0.095* （1.670）	0.053*** （45.861）	0.033*** （26.996）

续表

变量	（1） ROI	（2） Ln_rent	（3） Ln_price
常数项	22.546*** （15.316）	4.680*** （215.661）	11.192*** （447.716）
其他控制变量	是	是	是
月度固定效应	是	是	是
街道固定效应	是	是	是
N	2475	52992	31790
R^2	0.588	0.599	0.756

注：1. 第（1）列的因变量是住房租金回报率的1000倍，第（2）、（3）列分别是二手房租金、房价的自然对数。

2. 括号中的数字代表稳健的 t 统计量。

3. *、** 和 *** 分别表示10%、5%和1%的显著性水平。

针对租金回报率影响因素分析发现，房龄（Age）、卧室数量（Bedroom）、房屋面积（Area）、医疗配套（Hospital）、到最近公园的距离（Dispark）、物业费（Pm）可以提高租金回报率。而客厅数量（Living_room）与朝向（Orient_n）降低租金回报率；到市中心距离（Dis_tam）、地铁站的数量（Subway）、容积率（Plotratio）与绿化率（Greenrate）对租金回报率的影响效果均不显著。

五、住房租金回报率影响因素的异质性分析

（一）建筑特征方面的异质性

针对建筑特征，选择房龄和房屋面积两个指标进行分组对比。表5第（1）小房龄和（2）大房龄列分别是房龄小于和大于中位数（21.82）的回归结果；第（3）小面积和（4）大面积列是房屋面积小于和大于中位数（64.55）的回归结果。

住房租金回报率影响因素在建筑特征方面的异质性　　表5

变量	（1）小房龄 ROI	（2）大房龄 ROI	（3）小面积 ROI	（4）大面积 ROI
Bedroom	1.639*** （6.918）	1.991*** （4.327）	1.292*** （4.900）	1.608*** （5.669）
Living_room	−5.891*** （−10.864）	−1.024 （−1.146）	−2.914*** （−3.490）	−5.545*** （−10.030）
Dispark	0.839*** （4.011）	0.358** （1.989）	0.365** （2.124）	0.927*** （4.502）

续表

变量	（1）小房龄 ROI	（2）大房龄 ROI	（3）小面积 ROI	（4）大面积 ROI
常数项	22.624*** (12.148)	26.150*** (17.123)	31.962*** (21.316)	21.456*** (11.786)
其他控制变量	是	是	是	是
月度固定效应	是	是	是	是
街道固定效应	是	是	是	是
N	1245	1230	1235	1240
R^2	0.600	0.700	0.726	0.588

注：1. 因变量是住房租金回报率的1000倍。
2. 括号中的数字代表稳健的t统计量。
3. *、**和***分别表示10%、5%和1%的显著性水平。

针对建筑特征角度的主要发现有：①房龄维度：老旧存量住房租金回报率受卧室数量的正向影响更大。而选择租住在新房中的租房群体更能接受远离公园。②房屋面积维度：面积相对更大的存量住房租金回报率受到卧室数量、远离公园的正向影响更大，同时受客厅数量增加的负面影响也更大。

（二）社区特征方面的异质性

针对社区特征，选择容积率和绿化率两个指标分别进行分组对比。表6第（1）低容积率和（2）高容积率列分别是容积率小于和大于中位数（2.49）的回归结果；第（3）低绿化率和（4）高绿化率列是绿化率小于和大于中位数（0.31）的回归结果。

针对社区特征角度的主要发现有：①容积率维度：容积率相对较低的存量住房租

住房租金回报率影响因素在社区特征方面的异质性 表6

变量	（1）低容积率 ROI	（2）高容积率 ROI	（3）低绿化率 ROI	（4）高绿化率 ROI
Age	0.071*** (5.776)	0.061*** (4.126)	0.059*** (4.596)	0.066*** (4.763)
Bedroom	0.686** (2.557)	1.920*** (6.504)	1.159*** (4.045)	1.265*** (4.511)
Area	0.039*** (5.750)	0.013* (1.669)	0.024*** (3.646)	0.030*** (3.710)
Subway	−0.015 (−0.058)	0.388 (1.445)	0.104 (0.383)	−0.011 (−0.042)
Hospital	0.550* (1.849)	0.570* (1.736)	0.352 (1.279)	1.017*** (2.826)

续表

变量	（1）低容积率 ROI	（2）高容积率 ROI	（3）低绿化率 ROI	（4）高绿化率 ROI
Dispark	0.629*** （2.963）	0.747*** （3.788）	0.356* （1.776）	0.962*** （4.520）
常数项	22.506*** （13.116）	21.678*** （8.681）	22.358*** （10.936）	23.201*** （13.663）
其他控制变量	是	是	是	是
月度固定效应	是	是	是	是
街道固定效应	是	是	是	是
N	1234	1241	1317	1158
R^2	0.596	0.619	0.614	0.605

注：1. 因变量是住房租金回报率的 1000 倍。
2. 括号中的数字代表稳健的 t 统计量。
3. *、** 和 *** 分别表示 10%、5% 和 1% 的显著性水平。

金回报率受房龄、房屋面积的正向影响更大，受客厅数量的负向影响更大。容积率相对较高的存量住房，其租金回报率受卧室数量、生活配套设施可达性、远离公园的正向影响更大。②绿化率维度：绿化率相对较高的存量住房的租金回报率受房龄、卧室数量、房屋面积、远离公园的正向影响更大。

（三）区位特征方面的异质性

针对区位特征，选择到市中心距离和到最近公园距离两个指标分别进行分组对比。表 7 第（1）靠近郊区和（2）靠近市中心列分别是到市中心距离小于和大于中位数（7.82）的回归结果；第（3）靠近公园和（4）远离公园列是到最近公园距离小于和大于中位数（1.13）的回归结果。

针对区位特征角度的主要发现有：①距离市中心距离维度：距离市中心越远，租金回报率受卧室数量的正向影响越大。而距离市中心越近，其受房屋面积的正向影响越大。②公园可达性维度：距离公园越远，租金回报率受卧室数量的正向影响越大。距离公园越近，租金回报率受房屋面积的正向影响越大。

住房租金回报率影响因素在区位特征方面的异质性 表 7

变量	（1）靠近郊区 ROI	（2）靠近市中心 ROI	（3）靠近公园 ROI	（4）远离公园 ROI
Bedroom	0.642* （1.941）	1.795*** （6.792）	0.891*** （3.165）	1.612*** （5.766）
Area	0.035*** （5.138）	0.018** （2.367）	0.027*** （3.968）	0.024*** （3.115）

续表

变量	（1）靠近郊区 ROI	（2）靠近市中心 ROI	（3）靠近公园 ROI	（4）远离公园 ROI
常数项	17.300*** （15.502）	21.995*** （12.216）	23.629*** （10.800）	21.567*** （12.124）
其他控制变量	是	是	是	是
月度固定效应	是	是	是	是
街道固定效应	是	是	是	是
N	1222	1253	1227	1248
R^2	0.643	0.529	0.629	0.566

注：1.因变量是住房租金回报率的1000倍。
2.括号中的数字代表稳健的 t 统计量。
3. *、** 和 *** 分别表示10%、5%和1%的显著性水平。

六、主要结论与对策建议

（一）主要研究结论

1.住房租金回报率的影响因素

（1）在住房自身的建筑特征方面。第一，房龄对于住房租金回报率存在正向影响。基于北京市存量住房微观交易的实证研究发现，在其他条件不变的情况下，房龄越大，住房的租金回报率越高，这本质上是因为房龄越大，房价和租金都会下降，而其中房价相对于租金对于房龄更为敏感，因而呈现出房龄越大，租金回报率相对更高的结果。第二，卧室数量的增加有助于提高住房的租金回报率。在其他条件不变的情况下，卧室数量的增加可以同时提高单位面积住房的价格和租金水平，其中，租金相对于房价更加敏感。这也体现了租房群体和买房群体的不同偏好特点。第三，客厅数量的增加对住房租金回报率存在负向影响。在其他条件不变的情况下，客厅数量的增加对住房价格和租金的影响是相反方向的，会显著降低单位面积的租金而提高房价，这也符合租房群体住房选择偏好的差异，相对于购房群体，租房群体对客厅的需求更低。综上所述，单纯考虑住房的建筑特征等物理属性，在其他条件不变的前提下，卧室数量较多、客厅数量较少、房龄较大的存量住房，会具有更高的租金回报率。

（2）在住房所在小区的社区特征方面。本文的实证研究确认了一个新的发现，在其他条件不变的情况下，存量住房所在小区的物业服务质量越高，该住房的租金回报率越大。这意味着对存量住房的后期管理服务，是有助于提高其租金回报率水平的。就该因素的影响作用机制而言，类似于上文的卧室数量，更高质量的服务水平可以同时提高住房价格和租金水平，而租金相对房价更为敏感，因而总体呈现出更高质量的服务可以提高租金回报率。

（3）就住房所在小区周边配套设施等区位特征而言。一方面，基础配套生活服务类资源对于住房价格和租金均有正面贡献，而租金相对更加敏感，因而整体上有助于提高租金回报率。另一方面，在其他条件不变的情况下，远离公园反而会提高住房租金回报率。这主要是因为靠近公园的住房房价相对较高，另外租房者在租房时更看重基础生活服务设施的便利性，对公园绿地的偏好相对购房者更小，因此远离公园会提高住房租金回报率。

2. 住房租金回报率影响因素的异质性

（1）从建筑特征的角度来看：①房龄维度的异质性：与相对较新的存量住房相比，相对老旧存量住房的租金回报率受卧室数量的正向影响更大。而相对较新存量住房的租金回报率受到远离公园的积极影响更大，即选择租住在新房中的租房群体更能接受远离公园，就这类群体的租房偏好而言，公园的重要性更低。②房屋面积维度的异质性：与面积较小的存量住房相比，面积相对更大的存量住房租金回报率受到卧室数量、远离公园的正向影响更大，同时受客厅数量增加的负面影响也更大。由此可见，无论是住房租赁企业进行新建或改建，还是投资方选择长期租赁住房的投资标的，都需要结合不同存量住房的建筑特征进行分类分析，从而提高决策的精准性和科学性。

（2）从社区特征的角度来看：①容积率维度的异质性：容积率相对较低的存量住房，其租金回报率受房龄、房屋面积的正向影响更大，受客厅数量的负向影响更大。容积率相对较高的存量住房，其租金回报率受卧室数量、生活配套设施可达性、远离公园的正向影响更大。②绿化率维度的异质性：绿化率相对较高的存量住房的租金回报率受房龄、卧室数量、房屋面积、远离公园的正向影响更大。因此，对于房屋老旧、卧室数量多、房屋面积大、距离公园远的住房，更值得考虑如何改善小区内部的绿化和相关服务设施水平，以提高居民舒适度，获取更高的长期出租收益。

（3）从区位特征的角度来看：①距离市中心距离维度的异质性：距离市中心越远的存量住房，其租金回报率受卧室数量的正向影响越大。而距离市中心越近的存量住房，其租金回报率受房屋面积的正向影响越大。②公园可达性维度的异质性：距离公园越远的存量住房，其租金回报率受卧室数量的正向影响越大。距离公园越近的存量住房，其租金回报率受房屋面积的正向影响越大。

（二）政策启示与对策建议

本文借助北京市存量住房微观交易数据，借鉴居民选址理论、显示性偏好方法和特征价格模型分析思路所开展的系列实证分析，以定量研究结论揭示了基础存量住房资产的建筑、社区和区位等不同维度的具体特征，会如何影响其买卖和租赁价格乃至最终的租金回报率，并且进一步分析了各类影响因素的异质性。本文的结论不仅可以精细化度量住房租赁市场中房屋租金回报率的空间分布规律，而且有助于为存量住房租赁市场的收益风险评估和相关投资决策提供更为科学的参考依据，从而辅助金融支持住房租赁市场的高质量发展,促进房地产市场平稳健康运行。在《关于金融支持住房租赁市场发展的意见(征求意见稿)》的政策指引下,结合本文的系列实证研究结论,分别面向公共部门、投资主体和住房租赁企业,提出以下对策建议。

1. 面向公共部门的政策建议

精准识别基础存量住房资产的实际收益和风险,不仅有助于相关金融监管部门针对住房租赁市场中各类金融工具的进入和退出方式进行合理的监管,从而有效防范并化解金融支持住房租赁市场发展可能出现的各类风险;与此同时,公共管理部门还可以据此合理引导社会资本进入到住房租赁市场,使金融支持住房租赁惠及更多的新市民和青年群体,提高解决居住问题的效率。

(1)监管部门合理监测评估并管控潜在金融风险,提高资金的利用效率。对于以租金为主要收益来源的住房租赁领域的资产证券化类项目,监管部门可以通过客观全面评估基础住房资产的实际价值(租金回报率和潜在风险等),更为科学地评估该项目的收益和风险水平,合理引导各类投资主体的资金投向,提高资金的实际利用效率,形成有效的住房租赁供给,同时为商业投资提供风险预警。

(2)金融支持可以酌情向特定类型的租赁住房倾斜,提高解决新市民等群体居住问题的效率。本文针对住房租金回报率的实证研究发现,在其他条件不变的情况下,综合考虑住房的建筑特征、社区特征和区位特征,何种类型的住房租金回报率更高,这本身也反映了租房群体的真实需求特点。因此,通过筛选合适的区位,大力推进对最符合需求的租赁住房的金融支持,通过新建或改建,可以更为有效地缓解新市民和青年群体的居住问题。

(3)统筹结合城市更新工作改善住宅小区的配套设施和服务水平,助力住房租赁市场发展。住宅小区内部的配套设施条件和服务水平主要体现在社区品质上,如社区的容积率、绿化率及物业服务水平等。虽然一些先天条件限制了住宅小区的改进空间(比如容积率调整难度较大),但实证结果证实社区后期物业服务水平的改善对于住房租金回报率的提升有较大贡献。这意味着,加强对管理服务等"软件"投入改善社区品质和居民获得感,可以有效提高存量住房的租金回报率。因此,条件成熟的地区,可以结合城市更新和发展住房租赁市场工作,二者统筹安排,能够为缓解新市民和青年群体的居住问题,形成更为系统高效的解决方案。

2. 面向相关投资主体的建议

本文研究所揭示的存量住房租金回报率的客观规律,能够从评估投资收益和风险的角度,为各类投资主体制定更加科学的住房租赁市场投资决策提供参考,从而助力于实现风险可控、商业可持续的住房租赁市场。

(1)精准评估基础存量住房资产的潜在收益和风险,筛选优质投资标的。精准评估基础住房资产的实际价值是各类投资主体进行决策时关注的核心问题。以本文分析的北京市为例,租金回报率最高的地区集中于三到五环之间,最临近市中心区位的存量住房并没有表现出较高的租金回报率。北京市市中心的东城与西城作为首都功能核心区，由于良好的配套资源和区位条件使得其住房价格偏高，依托租金收入的收益率反而偏低。从微观行为机制来看，租房群体也倾向于选择性价比更高的非核心区域居住。因此，住房租赁领域的投资主体在筛选基础住房资产的过程中，特别需要关注其租金回报率和稳定性，本文的研究可以为此提供科学合理的量化评估依据，辅助其筛选优质标的的住房资产。

（2）合理控制增量项目规模，优化存量资产组合。本研究可应用于评估住房租赁企业基础住房资产的盈利和风险水平，以不同维度各类特征的客观情况及其未来变化，量化评估基础资产价值，并对住房租赁企业的运营能力作出评估。建议投资主体在对住房租赁企业的调研中，特别增加对租金回报率及其影响因素的评估和监测，可以更为全面、客观地掌握其资产质量和经营风险，据此合理控制自身投资项目的增量，并优化存量资产的组合结构。

3. 面向住房租赁运营企业的建议

对住房租赁经营企业来说，通过对现有或目标存量住房资产的租金收益率的精准识别并关注其关键影响因素和变化趋势，有针对性地进行长期租赁住房的建设与改造，或者盘活存量住房，可以帮助其提高租赁住房的运营水平和盈利能力。

具体而言，在新建长期租赁住房时，以提高总体租金回报率为导向，优先考虑最为关键的各类区位特征（如到市中心的距离、周边公共交通以及配套生活服务设施的可达性等）进行选址，并且在产品设计中充分考虑住房的建筑特征（房屋面积和卧室数量）和社区特征（容积率、绿化率和管理服务水平）。改建存量住房作为长期租赁住房时，通过对户型的合理改造和优化，完善配套服务内容并提高标准等方式，提升运营管理和服务质量，进而提高租金回报率。

（三）研究不足与未来展望

当然，本文的研究存在着进一步完善和拓展的空间。一方面，当前的研究仅局限于单一城市、较短研究期内"截面"数据的静态研究。在后续研究中，将拓展到更多城市，更长时间跨度数据的实证研究，利用不同类型城市、时间跨度相对较长且样本数量丰富的面板数据，提高对住房租金回报率及其动态变化规律的识别精细度。另一方面，本文侧重住房购买群体选址行为机制的微观视角，从更为全面、系统的分析思路来看，对于宏观经济大环境、当地城市社会经济发展阶段的影响、社区内部及周边的人口构成（如年龄和社会经济地位的结构），以及居民家庭收入变化等因素考虑不足，这也是后续更高质量研究的拓展方向。

无论如何，笔者将持续聚焦并跟进这一研究主线，针对上述不足和局限，在今后的系列研究中加以改进和拓展。长期致力于将本文以及后续的系列研究成果，在公共管理部门、各类投资主体和具体企业运营的相关实践决策中加以应用推广，其本质都在于精准识别租房群体的真实需求和支付意愿，采取有效措施供应最符合市场需求的租赁住房，进而助力于实现风险可控、商业可持续的住房租赁市场，切实缓解热点城市新市民和青年群体的居住问题。

参考文献：

[1] 陈杰，齐昕，张柳依."租赁赋权"的战略意义与实施路径[J].经济研究参考，2021，2980（12）：5-20.

[2] 陈杰.大都市租赁住房发展模式的差异性及其内在逻辑：以纽约和柏林为例[J].国际城市规划，2020，35（6）：8-15.

[3] 李丽婷.我国住房价格租售比失衡原因分析[D].广州：华南理工大学，2019.

[4] 梁云芳，高铁梅.我国商品住宅销售价格波动成因的实证分析[J].管理世界，2006（8）：76-82.

[5] 林莹，吕萍，周滔.房价、地价和房屋租金关系研究：以北京市为例[J].价格理论与实践，2007（4）：45-46.

[6] 刘华.基于D-W四象限解释模型的住房租购问题分析与对策[J].建筑经济，2020，41（S1）：238-241.

[7] 任超群，吴璟，邓永恒.预期对租金房价比变化的影响作用研究：基于住房使用成本模型的分析[J].浙江大学学报（人文社会科学版），2013，43（1）：58-72.

[8] 田莉，夏菁.租赁住房供应与发展的国际模式比较及对我国的启示[J].建筑学报，2022（6）：11-17.

[9] 吴宾，赵灵芝.住房租赁研究述评及前景展望[J].北京交通大学学报（社会科学版），2021，20（4）：100-112，178.

[10] 吴璟，徐曼迪.中国城镇新增住房需求规模的测算与分析[J].统计研究，2021，38（9）：75-88.

[11] 许家军，葛扬.房价预期对租价比的作用机制：35个大中城市的实证研究[J].经济经纬，2011（4）：51-55.

[12] 杨巧，党琳.基于长视距回归模型的住房价格与租金关系研究：以北京市为例[J].城市学刊，2015，36（1）：30-37.

[13] 杨兴权，黄昳暝.投资视角的住宅租价比分析[J].华中农业大学学报（社会科学版），2011（2）：81-84.

[14] 易成栋，陈敬安.增加租赁住房有效供给的现实困境和优化路径研究[J].行政管理改革，2021（9）：50-59.

[15] 余华义，陈东.我国地价、房价和房租关系的重新考察：理论假设与实证检验[J].上海经济研究，2009（4）：11-21.

[16] 褚超孚，郑景龄.我国住房限购政策效果研究：兼论住房限购政策效果城市差异[J].价格理论与实践，2012（8）：36-38.

[17] 赵奉军.基于住房持有成本模型的租金房价比变动[J].武汉理工大学学报（社会科学版），2010，23（2）：182-187.

[18] BLACKLEY D M, FOLLAIN J R.In search of empirical evidence that links rent and user cost[J]. Regional science and urban economic,1996(26):409-431.

[19] GALLIN J.The long-run relationship between house prices and rents[J]. Real estate economics,2008,36(4):635-658.

[20] LIU F, CHEN K, ZHANG T, et al. Will good service quality promote real estate value? Evidence from Beijing, China[J]. Land, 2022, 11(2):166.

[21] MEESE R, WALLACE M R, WALLACE N. Testing the present value relation for housing prices : should I leave my house in San Francisco? [J]. Journal of urban economics, 1994, 35(3):245-266.

[22] MORRIS A D, LEHNERT A, MARTIN R F.The rent-price ratio for the aggregate stock of owner-occupied housing[J].Review of income and wealth, 2008, 54(2):279-284.

[23] TAIPALUS K.A global house price bubble? Evaluation based on a new rent-price approach[J]. Bank of finland research discussion papers, 2006(29):1-68.

[24] ZHANG Y, ZHANG T, ZENG Y, et al. The rising and heterogeneous demand for urban green space by Chinese urban residents : evidence from Beijing[J]. Journal of cleaner production, 2021, 313(3):127781.

作者联系方式

姓　　名：黄佳琳　刘方媛　王欣怡　宋一祎　张英杰

单　　位：北京林业大学经济管理学院

地　　址：北京市海淀区学院路街道清华东路 35 号

邮　　箱：张英杰（zyj2015@bjfu.edu.cn）

北京住房租赁市场的主要特征与发展趋势

宋俊梅

摘　要：北京住房租赁市场已经成为房地产市场的重要组成部分，租赁住房成为居民尤其是新市民解决住房需求的重要途径。本文根据北京我爱我家住房租赁数据以及国家统计局普查数据等，研究2013—2022年十年间北京住房租赁市场交易量、租金以及交易结构等特征，通过近十年的市场变化，冀望揭示北京住房租赁市场的发展趋势。

关键词：住房租赁；市场规模；租金；交易结构

近年来，国家大力发展租赁住房市场，不断完善住房体系建设，"租购并举""租售同权"等政策的落地，保租房与长租房的建设发展，为进一步解决好居民住房问题，起到了重要的推动与促进作用。2022年，党的二十大报告强调"加快建立多主体供给、多渠道保障、租购并举的住房制度"。2023年，全国两会提出"加强住房保障体系建设，支持刚性和改善性住房需求，解决好新市民、青年人等的住房问题"。2023年1月，北京两会提出"坚持'房住不炒'定位，加快健全多主体供给、多渠道保障、租购并举的住房制度"。目前，北京住房租赁市场已经成为房地产市场的重要组成部分，租赁住房成为居民尤其是新市民解决住房需求的重要途径。而且，随着北京住房租赁市场的快速发展，居民收入与消费水平的提升，租赁客户对居住品质要求的提升，北京住房租赁市场的交易量、分布区域、租金水平、交易结构也在不断发生变化。

目前，关于住房租赁市场的研究多是从供给端进行分析，而且以定性分析居多，涉及的定量分析大多数是从挂牌房源量、挂牌租金等指标维度进行。本文根据北京我爱我家住房租赁数据以及国家统计局普查数据等，从需求端的角度，通过对交易量价、交易结构等指标数据的定量分析，研究2013—2022年北京住房租赁市场的量价走势、交易结构变化等主要特征。结合定性分析，总结归纳北京住房租赁市场近十年的发展变化与趋势，并简单分析这些变化与趋势背后的逻辑与形成原因。通过近十年的市场变化情况，冀望揭示未来北京住房租赁市场的发展趋势。

一、租赁住房成为解决北京居民住房需求的重要途径

(一)十年间北京住房租赁交易量翻倍增长,但近六年市场稳定保持较高的市场规模

根据北京2013—2022年住房租赁数据①,2022年北京住房租赁交易量较2013年增长翻了一倍。在这十年间,2016年与2017年成为北京住房租赁市场交易量增长的两个转折年份。自2016年开始,北京住房租赁交易量开始出现较为明显的增长,较2015年增长超过30%;2017年交易量继续保持30%以上的增幅,基本达到2013年的两倍,且这一交易量级基本与2018—2022年这五年的年度租赁交易量相差不大。2017—2022年这六年间,除2020年受初次疫情影响,北京住房租赁市场交易量下降略为明显外,其余五年各年基本保持较为稳定的市场成交规模。若以2022年为比较基准,除2020年外,2017—2021年各年交易量的波动幅度保持在±3.5%以内。可见,近六年北京住房租赁市场交易量波动较为平稳,市场规模达到较高水平(图1)。

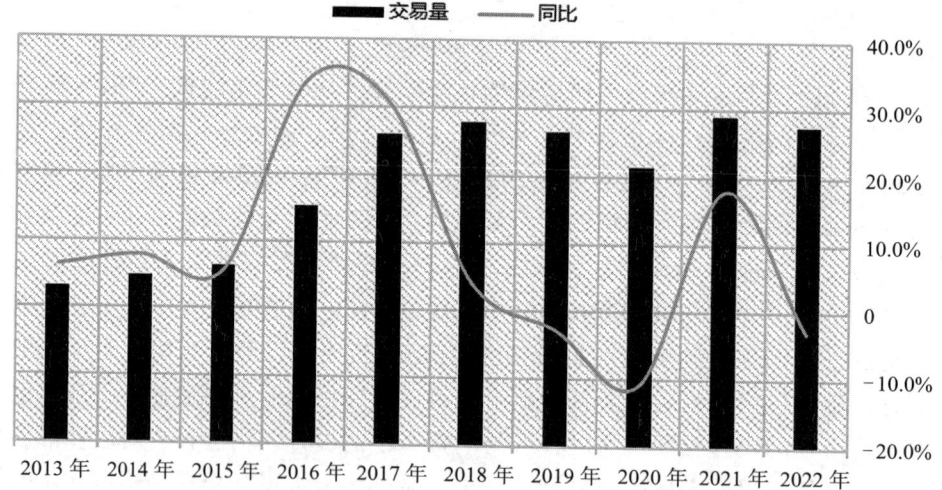

图1 2013—2022北京住房租赁市场交易量年度走势

(资料来源:我爱我家研究院)

(二)十年间北京市城镇家庭住房租赁比例保持在一定水平

根据国家统计局普查数据,2020年,北京市城镇家庭住房来源中,租赁非廉租

---

① 北京2013—2022年住房租赁数据:根据我爱我家长租公寓与普租交易数据统计得出,受公司市场份额占比、覆盖区域范围等局限性因素影响,量价绝对值、变化百分比或与全市情况有偏差,或不能完全代表整体市场,相关数据可作趋势参考。以下报告中凡是源自我爱我家研究院的数据均同理。

房/公租房的家庭比例为30.2%，租赁廉租房/公租房的家庭比例为5.6%，全市累计35.8%的城镇家庭户通过租赁住房来解决居住问题。虽然，这一比例较2010年下降了0.8个百分点，但变化幅度较小。十年间，北京市城镇家庭住房租赁比例保持在一定水平。按照2020年北京市718.67万城镇家庭户计算，2020年北京市租赁住房的城镇家庭为257.51万户，十年间增加了45.20万户。十年间北京市城镇家庭增加了138.36万户，约三分之一的新增家庭通过租赁住房来解决居住问题。考虑到2020年受疫情影响，年份略为特殊，租赁需求或相对走低，普查中的租赁数据有偏低的可能，故2020年北京市城镇家庭住房租赁比例或比以上比例值略高一些（图2）。

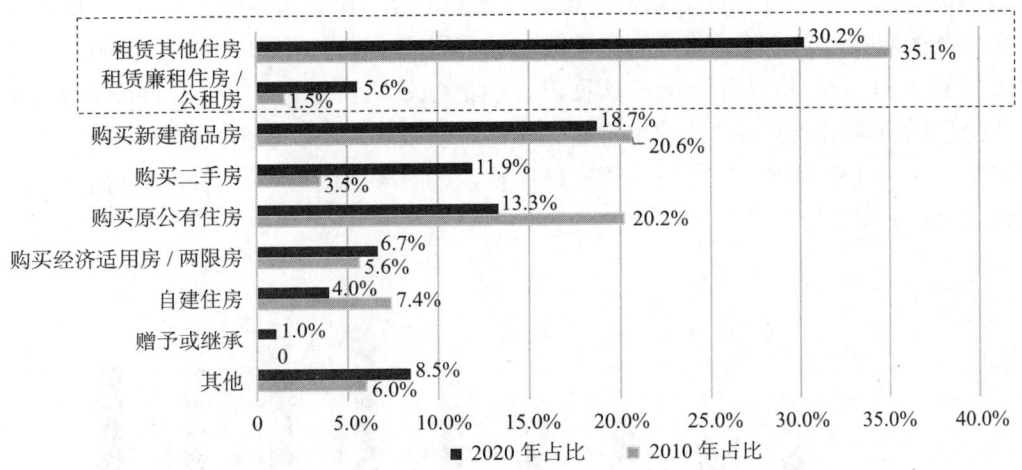

图 2　2020 与 2010 年北京市城镇家庭住房来源分布对比

（资料来源：国家统计局）

近年来，由于购房成本增加、城镇化率不断上升，我国住房租赁市场快速发展。2015年年底，中央经济工作会议首次提及发展住房租赁市场，并强调将"租购并举"确立为我国住房制度改革的主要方向。从此，全国住房租赁市场进入全面发展时期，北京住房租赁市场规模开始以较快的速度增长。2016年与2017年成为北京住房租赁市场快速发展的转折年，自此以后，北京住房租赁市场进入以较高交易规模、较平稳水平发展的市场模式，且租赁住房在北京市城镇家庭住房来源中的比例保持一定水平。经过近几年的发展，北京住房租赁市场已经成为房地产市场的重要组成部分，租赁住房成为解决北京居民尤其是新市民住房需求的重要途径。

二、租金支出水平明显提升且有平稳发展趋势

（一）十年间租金涨幅过半，近五年租金水平保持平稳

根据北京 2013—2022 年住房租赁数据，2022 年北京住房租赁整租套均租金[①] 较 2013 年上涨 45.2%。租金峰值出现在 2019 年，较 2013 年上涨近 50%。十年间，北京住房整租套均租金有两个增长关键年份，分别是 2016、2018 年，平均每套月租金较上年上涨超过 500 元，租金上涨幅度较高。

2018—2022 年五年间，北京住房租赁市场整租套均租金基本保持平稳。2020 年，受初次疫情影响，租金跌幅略为明显一些。随着居民对疫情认知度的提升，租赁市场逐渐恢复，2021 与 2022 年租金有所回升，但涨幅较小。不过，自 2018 年开始，北京住房租赁市场租金上涨到一定水平后，年度波动幅度较小，租金水平保持相对平稳的趋势。这与北京加强租赁市场监管、秩序整顿、服务规范等一系列政策举措的落地有较大关系（图 3）。

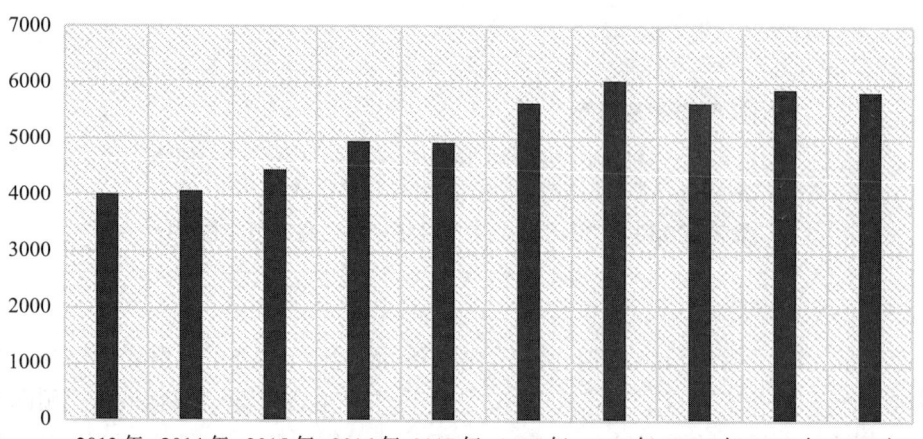

图 3　2013—2022 北京住房租赁市场整租套均租金情况

（资料来源：我爱我家研究院）

（二）十年间北京市城镇租房家庭主要月租房费用翻倍增长

根据国家统计局普查数据，2020 年，北京市城镇租房家庭中，月租房费用在 500～5999 元的家庭占比达到 71%，大多数家庭主要租房费用支出在 500～5999 元/月。另外，月租房费用超过 1000 元的家庭占比超过 70%，且月租房费用超过 2000 元的家庭占比也超过 50%，3000 元以上月租房费用支出家庭占比达到 38.8%，较 2010 年

[①] 北京住房租赁整租套均租金数据覆盖范围不包括怀柔、平谷、密云、延庆，文中套均租金绝对值相比全市平均值或偏高。

的 3.3% 增加了 35.5 个百分点。然而，2010 年，超 65% 的租房家庭月租房费用仅在 500 元以下，月租房费用超过 1000 元的家庭累计占比为 22.7%，而 2000 元以上月租房费用租房家庭累计占比仅有 10.7%。

十年间，北京市城镇租房家庭主要月租房费用由十年前的 500 元以下提升至 2020 年的 500~5999 元，租房家庭的主要月租房费用翻倍增长，并且月租房费用支出超过 3000 元的家庭较十年前有明显增加。随着经济的发展、收入的增加、生活水平的提升以及租客对居住品质要求的提升，未来月租房费用支出超过 3000 元的家庭比例仍将会有一定幅度的增长（图 4）。

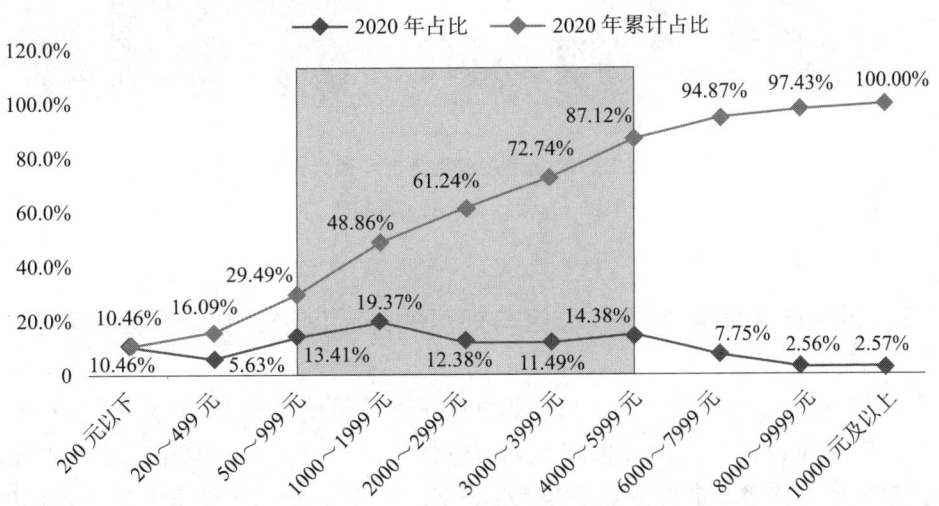

图 4　2020 年北京市城镇家庭月租房费用支出户数比例

（资料来源：国家统计局）

（三）十年间高价位租金支出比例明显提升

根据北京 2013—2022 年住房租赁数据，2022 年，北京住房租赁交易中，八成以上月租金支出集中在 1000~7000 元，2013 年八成以上月租金支出集中在 1000~6000 元。十年间，主力租赁客户租金支出上限上升了一个价格段档位。另外，2013—2022 年十年间，5000 元以上的月租金支出比例增加了 17.2 个百分点，占比达 35.2%；而 3000~5000 元的月租金支出比例则下滑 20.6 个百分点，占比由 2013 年的 47.7% 降至 27.1%。十年间，中等价位的月租金支出比例下滑明显，而高价位的月租金支出比例则明显提升（图 5）。

综上可见，随着经济的发展，居民收入、消费水平的提升，十年间北京市城镇家庭住房租金支出有较为明显的上升，而且随着居民对居住品质要求的提升，高价位租金支出比例明显提升。不过，随着近几年租赁市场监管、租金管控力度的加大，近五年北京住房租金上涨到一定水平后，波动幅度较小，租金水平保持平稳。目前，北京住房租赁客户的租金支出已达到近十年较高的水平，且租金水平有保持平稳发展的趋势。

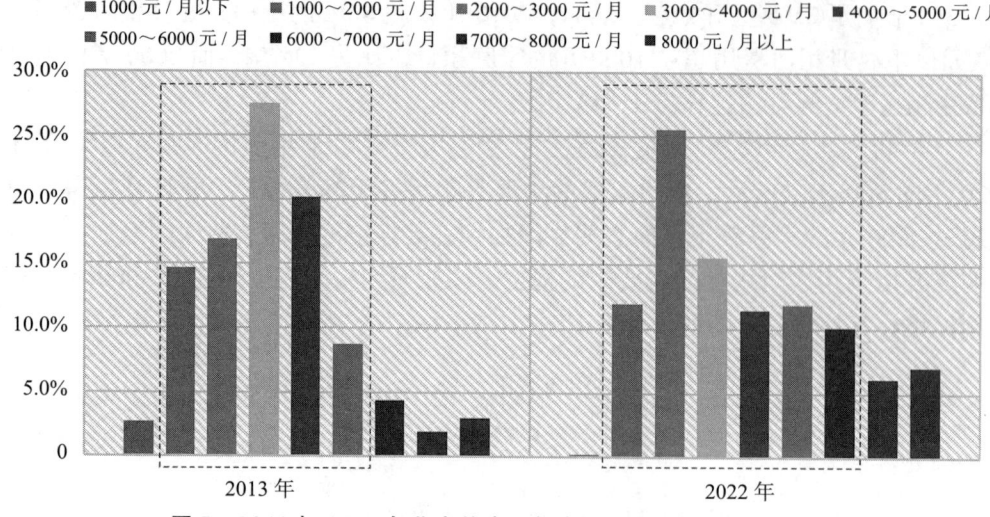

图 5 2013 与 2022 年北京住房租赁市场租金价格段分布情况

（资料来源：我爱我家研究院）

三、近三年租赁需求有向城区与郊区的外围区域、向南向西外延的趋势

分区域来看，2022 年，我爱我家北京区域交易量较多的 12 个区[①]（含亦庄开发区）里，交易量占比排名前四的依次为：朝阳、海淀、丰台、昌平，累计占比超过 70%，较上年微升 0.2 个百分点。与上年相比，丰台、石景山的交易比例增幅略高，而东城、西城、海淀、昌平四区的交易比例降幅则略高。

对比 2020—2022 年各区交易比例，主城六区中，朝阳、海淀、丰台为租赁的主要需求集中区，且近三年朝阳、海淀的需求比例基本保持稳定；而丰台、石景山的需求比例呈逐年上升趋势；东城、西城的需求比例变动不一，但 2022 年同比均略有下滑。近郊六区中，昌平的交易比例相对较高，其次是通州。近三年，昌平、通州的租赁需求有逐年下滑趋势，房山、大兴、亦庄的需求比例则略有上升（图 6）。

由此可见，近三年来，无论在主城区还是近郊区，租赁需求都有向其外围区域、向南向西外延的趋势。这与这些外延区域近几年经济发展加快、交通条件改善、配套设施完善等有较大关系，叠加其相对较低的租金水平，租赁区域优势突显。

---

① 不包括门头沟、怀柔、平谷、密云、延庆 5 个区。

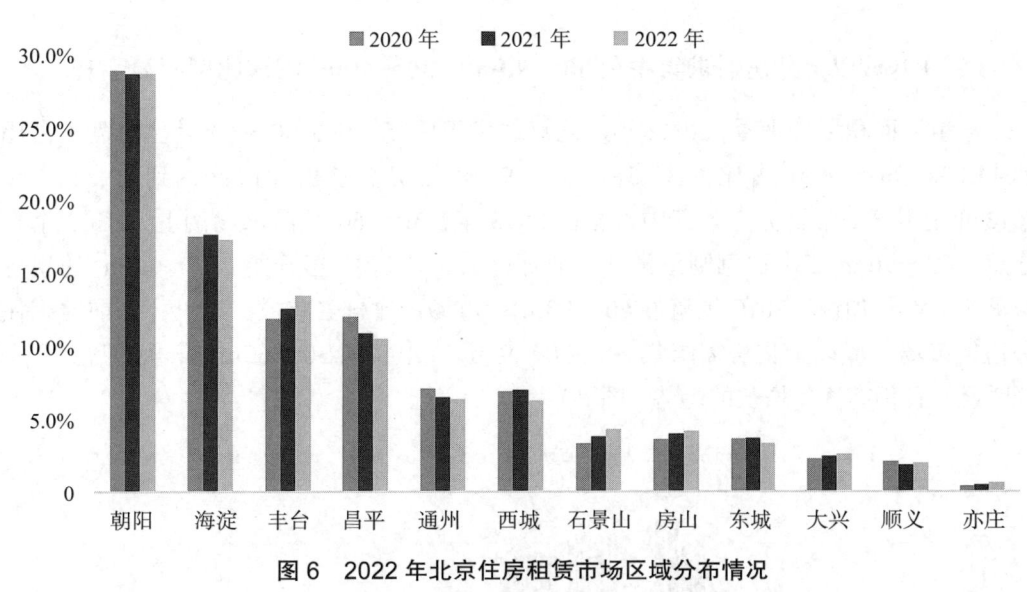

图6 2022年北京住房租赁市场区域分布情况

（资料来源：我爱我家研究院）

四、中小户型需求增加且达到较稳定比例，30～60m² 需求比例明显上升

（一）中小户型需求比例超九成，十年间需求增加且达到较稳定比例

根据北京2013—2022年住房租赁数据，2022年，北京住房租赁交易中，一居室与两居室的租赁需求比例累计达到91.5%，较2013年上升4个百分点。其中，两居室租赁需求比例最高，达到52.4%，一居室需求比例为39.1%。与2013年相比，一居室与两居室的需求比例均有不同程度的增加，且一居室需求增加比例高于两居室。不过，总体来看，各户型的需求比例变动幅度不是很大，当前北京住房租赁市场中小户型累计需求占比达到较稳定的比例（图7）。

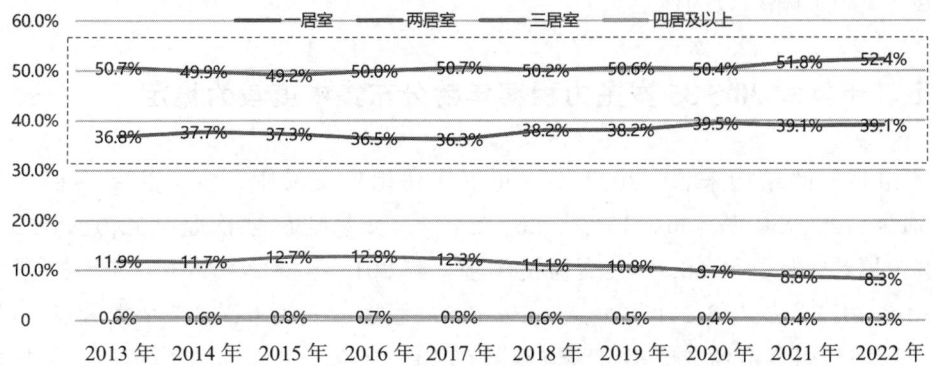

图7 2013—2022年北京住房租赁市场户型分布情况

（资料来源：我爱我家研究院）

（二）八成以上住房需求集中在 30～90m²，30～60m² 需求比例明显上升

从租赁面积划分来看，2022 年，北京住房租赁交易中，30～60m² 住房需求占比为 44.8%，60～90m² 占比为 37.5%，30～90m² 住房需求累计占比达到 82.3%，较 2013 年上升 8.2 个百分点。其中，相比 2013 年，30～60m² 需求比例上升 13.3 个百分点，60～90m² 需求比例则下滑 5.1 个百分点。自 2017 年开始，30～60m² 的租赁需求比例增长加快，2019 年超过 60～90m²，市场占比排名首位。可见，当前北京住房租赁市场八成以上住房需求集中在 30～90m²，十年间 30～60m² 需求比例上升十分明显，且仍有逐年增长的趋势（图 8）。

图 8　2013 与 2022 年北京住房租赁市场面积区间分布情况

（资料来源：我爱我家研究院）

根据历次人口普查数据，2000 年北京平均家庭户规模为 2.91 人，2010 年为 2.45 人，2020 年为 2.31 人，家庭户规模明显呈现小型化发展趋势。叠加租赁成本的不断上升，近十年中小户型需求比例有所提升，尤其是 30～60m² 的住房需求提升更明显一些。随着市场的不断发展，预计未来小户型尤其是 30～60m² 的租赁需求仍将会有所提升，但提升幅度不会很大。未来，中小户型需求比例变化幅度较小，基本保持在九成以上，比例相对较为稳定。

五、十年间 20～35 岁主力租客年龄分布集中度较为稳定

按租客年龄结构来看，2022 年，北京住房租赁交易中，主力租赁客群的年龄段分别为：25～30 岁、30～35 岁、20～25 岁，交易比例依次是：32.0%、22.9%、13.9%，累计占比达到 68.8%，交易比例基本与 2013 年持平。其中，30～35 岁租客比例相比 2013 年提升 3.2 个百分点，20～25 岁租客比例则下滑 3.7 个百分点。可见，当前北京住房租赁市场主要租赁客群年龄在 20～35 岁，十年间主力客群交易比例变化幅度较小，最高比例与最低比例变化幅度不超过 3.5%，主力租赁客群年龄分布集中度较为稳定，但主力租客年龄有逐年增加的趋势（图 9）。

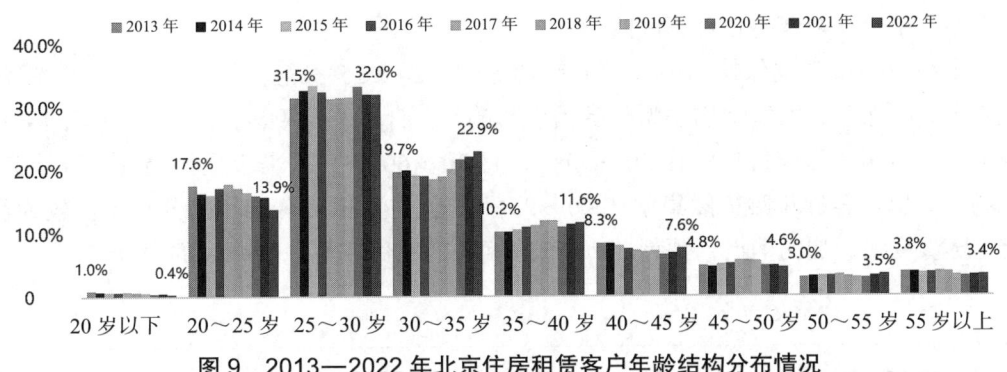

图 9　2013—2022 年北京住房租赁客户年龄结构分布情况

（资料来源：我爱我家研究院）

六、结论与展望

通过以上分析，我们看到 2013—2022 年十年间，北京住房租赁交易量实现翻倍增长，市场规模达到较高水平。近年来，无论是在主城区还是近郊区，租赁需求有向其外围区域、向南向西外延的趋势。当前，北京住房租赁市场租金达到较高水平，近五年租金波动较为平稳，高价位租金支出比例明显提升。交易结构方面，中小户型需求占比超过九成，较十年前略有增加，不过 30～60m² 需求比例上升较为明显；主要租赁客群年龄集中在 20～35 岁，十年间主力客群交易比例变化幅度较小。

在房地产结构多层次、多元化的发展背景下，北京住房租赁市场发展速度明显加快，制度建设进一步完善。2022 年，作为住房租赁的首部地方性法规，《北京市住房租赁条例》正式出台与落地实施，对北京市住房租赁市场、租赁企业及租赁当事人均具有重要的意义。《条例》明确提出坚持租购并举，推动租赁市场监管制度化，旨在规范住房租赁活动，保护租赁当事人合法权益，稳定住房租赁关系，促进住房租赁市场健康发展，推动实现住有所居。

预计今后北京住房租赁市场交易量将保持平稳增长的发展趋势。目前，北京住房租赁市场交易量较十年前已经实现翻倍增长，市场达到较高规模。虽然，受疫情影响，近三年市场波动较大，2020 年交易量下行略为明显，但总体在波动中小幅上行。随着国家对租赁市场发展的大力支持，当前经济也在持续恢复向好，各行各业逐渐恢复并进入正轨，预计未来北京住房租赁市场将进入稳步上升的发展趋势。由于当前市场规模已经具备一定水平，城市人口、产业等发展达到一定规模，且市场基数达到较高量级，预计未来十年出现近十年这么高增幅的可能性很小，北京住房租赁市场年度增长幅度将保持平稳上升的发展趋势。

北京住房租金将持续保持稳中小升的发展趋势。随着未来交易量的平稳上升，预计租金也将保持上涨趋势。不过，由于《北京市住房租赁条例》的正式实施、市场监管力度的加大、稳租金等一系列举措的落地，预计今后北京住房租金的上涨幅度将保持平稳，租金涨幅保持在合理区间。

中小户型将基本保持当前九成的市场比例，20～35 岁租客仍为市场主力。受租金支出成本上升、家庭结构小型化等因素影响，预计中小户型未来仍将是市场的主力需求，住房租赁面积仍集中在 30～90m^2，且 30～60m^2 住房需求比例仍有上升趋势。市场主要租赁客群年龄依然集中在 20～35 岁，且主力租赁客群年龄分布比例较为稳定。随着疫情影响的消退，预计 20～25 岁租客的比例或有一定幅度的回升。

作者联系方式

姓　　名：宋俊梅

单　　位：我爱我家集团研究院

地　　址：北京市朝阳区朝来科技园西区创远路 36 号院 8 号楼

邮　　箱：songjunmei@5i5j.com

我国稳租金政策体系发展、实践效果与优化方向

孙 毅 刘 刚 刘 莉

摘 要：稳租金是租购并举住房制度发展的内在要求，也是保障全体居民住有所居的重要举措。我国稳租金政策体系在住房租赁市场发展与监管的基础上逐步形成，目前已经形成了以租金行为规范、租金使用监管、租金价格调控、供给端优化为主的稳租金政策体系。在多元政策体系支持下，全国主要城市租金水平的无序上涨得到了有效控制，租赁市场乱象及租赁资金安全风险得到妥善化解，承租人的租赁满意度不断提高。但我国稳租金政策的进一步实践仍面临困难和挑战：一是低租金收益率影响了市场发展积极性；二是现有稳租金政策在解决住房租赁市场结构性矛盾方面略显不足；三是租金监测体系不健全，限制了稳租金政策的动态精细化调整。下一步政策优化应围绕以下方面开展：一是建立灵活调控机制，允许租金价格合理上涨；二是在重视价格调控的同时也要重视结构性调控；三是提升租金监测信息化水平，为动态精细化调控提供有力支撑。

关键词：稳租金；政策体系；实践效果；优化

住房商品化改革以来，我国房地产销售市场蓬勃发展，但是住房租赁市场发展却相对滞后，其中供需不平衡、供给主体单一尤为突出。构建多元化住房供应体系首要工作就是要培育住房租赁市场，早在2015年住房和城乡建设部就发布了《关于加快培育和发展住房租赁市场的指导意见》，将商品房销售和住房租赁确立为同等重要的住房供给渠道，此后陆续出台了一系列支持住房租赁市场发展的配套政策。在政策支持下，我国住房租赁市场快速发展，在解决居民住房问题方面发挥了重要作用。与此同时，住房租赁市场发展还不能完全适应经济社会发展需要，存在总量不平衡、结构不合理、监管措施不完善等一系列问题，特别是在租金监管与调控方面既面临控制房源、哄抬价格、租赁资金安全管理不到位等问题，也面临低租金收益率下住房租赁企业生存问题。对此，稳租金政策从多方面发力，为住房租赁市场规范发展提供了有力支撑，既避免了市场租金大起大落，也对随意涨租导致租赁关系不稳定、"高收低租""长收短付""租金贷"等市场乱象起到了抑制作用。但面对新形势、新变化，稳租金政策也面临着新问题、新挑战，需要进一步调整和优化。

一、我国稳租金政策体系构成及发展进程

我国稳租金政策体系在住房租赁市场发展与监管的基础上逐步形成，目前已经形成了以租金行为规范、租金使用监管、租金价格调控、供给端优化为主的稳租金政策体系。

（一）住房租赁市场发展初期以规范租金行为为主

在住房租赁市场发展初期，法律法规不健全、市场秩序不规范，为了保障承租人合法权益，进而鼓励住房租赁消费，需要对出租人的租金行为予以约束。2016年，国务院办公厅发布《关于加快培育和发展住房租赁市场的若干意见》，明确提出"住房租赁合同期限内，出租人无正当理由不得解除合同，不得单方面提高租金，不得随意克扣押金"。这一时期的稳租金政策本质在于督促出租方规范履行租赁合同义务，防止出租方随意提高租金以侵害承租人利益，但并未对合同租金提出限制要求，具体租金金额还是由双方自主协商而定。

（二）为防范机构恶性竞争加强租金使用监管

随着住房租赁市场的发展以及租赁消费的活跃，专业化的住房租赁机构开始出现并逐步发展壮大，这些机构从自身经济利益出发，通过恶性竞争的方式控制房源、抢占市场，住房租赁市场一度出现"高收低租""长收短付""租金贷"等乱象，租赁资金面临安全风险。特别是长租公寓"爆雷"事件的陆续发生，更是直接导致了租赁双方利益受损。在此形势下，租金使用监管开始受到重视，全国各地开始制定政策，开展住房租赁资金监管，将租金和押金纳入监管账户，保障资金安全。加强租金使用监管有利于限制市场恶性竞争，避免租赁企业通过垄断区域市场后提高租金水平，对租金价格稳定具有一定的积极作用。

（三）针对租金短期快速上涨进行租金价格调控

2021年，全国主要城市租金价格出现短期快速上涨，克而瑞统计数据显示，2021年年中，全国重点监测的55个城市平均租金水平同比上涨近10%，多地租金水平更是创下近年来新高。这不利于实现2021年政府工作报告提出的"尽最大努力帮助新市民、青年人等缓解住房困难"。因此，2021年8月，住房和城乡建设部发布《关于在实施城市更新行动中防止大拆大建问题的通知》，其中明确指出"城市住房租金年度涨幅不超过5%"。与此同时，北京、广州、成都、合肥、南宁、厦门等地纷纷出台政策，通过进行租金涨幅限制、制定租金参考价等方式引导租金合理定价。

（四）发展保障性租赁从供给端弱化租金上涨动力

为了进一步缓解新市民、青年人等群体住房困难问题，完善住房保障体系，2021年7月国务院办公厅发布《关于加快发展保障性租赁住房的意见》，明确加快发展保障性租赁住房的基础制度和支持政策，并规定保障性租赁住房租金低于同地段同品质市场租赁住房租金。这一方面缓解了住房租赁市场供需结构性矛盾，另一方面有利于从供给端缓解供需失衡问题，从而弱化租金上涨动力。

二、我国稳租金政策的实践成效

稳租金政策的多端发力、精准落地推动了我国住房租赁市场健康发展，全国主要城市租金水平的无序上涨得到了有效控制、租赁市场乱象及租赁资金安全风险得到妥善化解、承租人的租赁满意度不断提高，为租购并举住房制度的加速建立提供了有力支撑。

（一）全国租金价格水平整体保持稳定

根据易居房地产研究院中国房地产测评中心发布的中国城市租赁价格指数，自2017年开始，全国主要城市租赁价格指数变化逐渐趋于平稳，除2017年同比上涨幅度相对其他年份较大外，基本保持稳中有降的态势，说明全国租金价格水平整体保持稳定，未出现明显上涨的情况（表1）。

中国城市租赁价格指数　　　　　　表1

时间	指数	环比	同比
2017年3月	1037.8	0.13%	3.23%
2017年6月	1045.6	0.26%	3.08%
2017年9月	1050.0	−0.29%	1.93%
2017年12月	1042.1	−0.37%	1.11%
2018年3月	1039.5	−0.09%	0.16%
2018年6月	1041.1	0.03%	−0.43%
2018年9月	1045.2	−0.07%	−0.46%
2018年12月	1037.2	0.01%	−0.47%
2019年3月	1039.3	0.01%	−0.03%
2019年6月	1040.6	0.07%	−0.05%
2019年9月	1043.2	0.01%	−0.19%
2019年12月	1043.7	0.02%	0.63%

续表

时间	指数	环比	同比
2020年3月	1044.2	0.03%	0.48%
2020年6月	1042.9	−0.14%	0.22%
2020年9月	1041.6	−0.03%	−0.15%
2020年12月	1039.9	−0.09%	−0.37%
2021年3月	1042.6	0.42%	−0.16%
2021年6月	1035.1	−0.45%	−0.75%
2021年9月	1039.2	−0.01%	−0.23%
2021年12月	1033.1	0.01%	−0.65%
2022年3月	1034.3	−0.05%	−0.80%
2022年6月	1030.3	0.02%	−0.47%
2022年9月	1027.7	−0.41%	−1.11%
2022年12月	1017.3	−0.51%	−1.52%

资料来源：易居房地产研究院中国房地产测评中心。

（二）重点城市租金水平涨幅可控

基于我国住房租赁市场发展的客观现实，稳租金政策往往更针对大城市、热点城市，因为这些城市人口多、住房租赁需求旺盛，租金上涨的动力更强，是稳租金调控的重点领域。从重点城市租金价格变化趋势来看，2019—2022年全国重点40城租赁房源挂牌均价并未出现明显上涨，截至2022年7月的毕业季租赁市场旺季，重点40城租赁房源挂牌均价为39.2元/（m²·月），尚未恢复至疫情前水平。

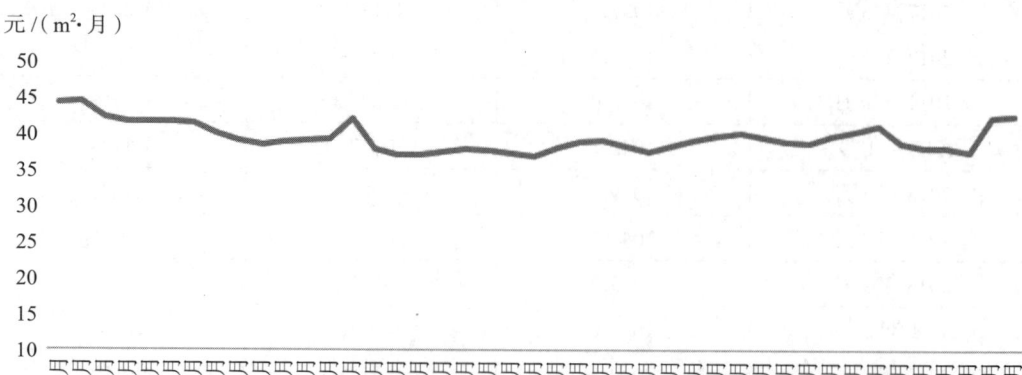

图1　2019—2022年贝壳平台全国重点40城租赁房源挂牌均价走势

（资料来源：贝壳研究院）

(三)租赁资金安全和租户权益保障更加充分

在稳租金政策多端发力的形势下,此前住房租赁市场出现的克扣租金押金、长收短付、高收低租、长租公寓暴雷、二房东卷钱跑路等市场乱象得到有效控制,租赁资金安全和租户权益保障更加充分和完善,租客满意度随之不断提升。由《中国消费者报》发起的 2020 年消费者信赖的长租平台满意度调查显示,长租公寓的租住满意度整体较高,其中头部长租平台自如的满意度已达到 83%,反映出在住房租赁市场稳租金政策体系不断完善的背景下,住房租赁企业的运行更加规范、更加注重保障承租人合法权益。值得一提的是,为了减轻承租人租金支付压力,头部长租平台已经开始尝试实施租房"免押金"措施,其中自如正在持续推进"信用免押"活动,帮助信用达标的用户免除租房押金,进一步降低承租人负担,从而间接降低了承租人住房租赁成本。

三、我国稳租金政策进一步推进面临的困难和挑战

虽然稳租金政策在推行过程中取得了积极成效,保障了住房租赁市场租金水平的稳定,缓解了新市民、青年人的住房困难问题,为租购并举住房制度的加速建立提供了有力支撑,但是,随着我国经济社会以及住房租赁市场发展形势的转变,稳租金政策的进一步推行仍然面临诸多困难和挑战。

(一)低租金收益率影响了市场发展积极性

当前,限制我国住房租赁市场发展的基础性问题是租售比过低,租售比即房屋租金与房屋售价的比率,是衡量房地产投资价值的重要指标。租售比过低不仅影响租赁房源的有效供应,而且还会影响住房租赁企业可持续发展,对自持重资产的住房租赁企业影响更大。稳租金政策的实施固然稳定了市场租金水平,但在各类运营成本支出不断增长的背景下,住房租赁企业可持续经营面临挑战,特别是近年来叠加疫情影响,住房租赁企业经营困难进一步加大,这其中主要原因在于当前租售比失衡导致的低租金收益率难以覆盖住房租赁企业运营成本。目前各城市在租金基本稳定的情况下,租金收益率相对较低,从租金收益率具体情况来看,一二线城市租金收益率普遍低于 2%,远低于易居研究院统计的全球 80 个主要城市平均租金收益率(4.2%),也远低于正常投资收益率水平,这无疑降低了住房租赁机构发展的积极性。与此同时,在正常经营受到影响的情况下,住房租赁企业难以获得融资支持,进一步限制了住房租赁专业化、机构化发展(表 2)。

(二)稳租金政策在解决住房租赁市场结构性矛盾方面略显不足

目前,我国住房问题已经由总量短缺转为结构性矛盾,主要体现为区域住房供给

我国主要代表性城市租金收益率（2020 年）　　　　　表 2

城市类别	城市	租金收益率
一线城市	北京	1.6%
	上海	1.7%
	广州	1.7%
	深圳	1.4%
二线城市	天津	1.6%
	重庆	2.6%
	南京	1.7%
	杭州	1.9%
	武汉	2.0%
	成都	2.4%
	厦门	1.2%
	郑州	2.2%

资料来源：城市房产网、易居研究院。

不均衡、职住不平衡、住房质量难以满足群众需求等。具体到住房租赁市场而言，当下我国住房租赁市场的主要需求者为新市民和青年人，此类人群的租赁需求主要表现为对位置便利、租金合理、小户型、环境好的租赁住房需求较高，但大城市，特别是热点城市位置便利、租金合理、小户型的租赁住房供给严重不足，这种结构性矛盾往往难以通过稳租金政策加以解决。

（三）租金监测体系不健全，限制了稳租金政策的动态精细化调整

目前来看，系统有效监测租金变动、稳定住房租金水平是全国各大城市住房租赁市场发展的核心诉求。为此，诸多城市已经开始建立租金价格监测机制，通过租金参考价、住房租赁价格指数等形式监测地区租金水平，引导住房租金合理定价。但是，现有租金监测体系和监测机制并不完善。例如，各地租金参考价一般每年发布一次，发布频率和时效性较低，难以准确反映市场真实租金水平和变动情况。与此同时，现有租金监测体系的信息化程度不高，在动态监测、智慧监测、精准监测等方面还存在诸多不足和短板，不利于精准把握市场趋势、优化监管和政策调控，限制了稳租金政策的动态精细化调整。

四、我国稳租金政策体系的优化方向及建议

针对我国住房租赁市场发展面临的新形势以及现有稳租金政策实践面临的困难和

挑战，下一步政策优化应围绕以下方面开展。

（一）建立灵活调控机制，允许租金价格合理上涨

当前房地产市场、住房租赁市场发展进入了新的阶段，市场发展的矛盾和诉求也出现了新的变化，主要表现为不同城市的住房供求关系差异进一步分化、租金上涨动力弱化、住房租赁企业经营压力加大等。因此，需要进一步深化因城施策的调控方向，建立灵活调控机制。要加强政策调控与人口规模、人口流动的匹配，充分研判人口流动情况和住房供给情况，定期开展稳租金政策实施效果评估，及时调整和优化政策方向和措施，增强政策调控的灵活性。具体而言，对于一线城市和人口流入的二线城市，应进一步增加供给、加强保障，同时适当控制租金涨幅，但不宜实行租金管制，因为从长期来看，租金管制会导致租赁住房供给不足，结果适得其反。其他城市应侧重规范市场主体行为，保障承租人合法权益，在租金监管方面重点整顿控制房源、哄抬价格等行为，同时应允许合理的租金上涨，以保障住房租赁机构可持续经营，更好地提供租赁服务。

（二）在重视价格调控的同时也要重视结构性调控

随着稳租金政策体系的多端发力和落地见效，目前我国租赁市场乱象得到有效控制、市场租金水平保持基本稳定，住房租赁市场发展形势和矛盾也发生了新的变化。对此，稳租金政策调控方向也应进行相应转变，应在保持对租金价格动态监测和适度调控的基础上更加重视结构性调控，以供给优化改善供给不均衡、职住不平衡等结构性问题，间接推动热点区域租金价格水平稳定。具体而言：一是充分发挥保障性租赁住房的"补位"功能，在城市人口较为集中的中心城区和核心区，筹建一批"位置便利、小户型、低租金"的保障性租赁住房。二是对配合政府结构性调控的租赁企业给予定向支持，通过出台专项支持政策，对为解决新市民、青年人住房困难问题作出贡献的住房租赁企业，给予税收优惠、信贷资金倾斜、贷款贴息、运营补贴等方面支持，激励住房租赁企业更好地支持住房租赁市场发展。三是做好高中低端租赁市场的供需匹配优化，根据租赁市场需求转变，在增加中低端租赁市场供给、稳定中低端市场租金的同时，培育和发展高端租赁市场，提供高品质租住产品，满足都市中高收入人群对品质租房的需求。

（三）提升租金监测信息化水平，为动态精细化调控提供有力支撑

针对目前租金监测体系不健全、时效性不强、监测效率不高等问题，需要以提升租金监测信息化水平为突破，利用大数据和信息化技术构建租金价格综合监测体系，为动态精细化调控提供有力支撑。提升租金监测信息化水平的基本思路是构建租金监测评价体系和智能监测平台，通过自动导入基础数据实现对市场租金水平的连续、动态监测，及时发现市场异常波动和潜在风险。实现这一目标，一方面需要高频、及时

的数据支持,可以借助租赁备案数据对接和租赁企业定期上报为主,人工抽样采集和复核为辅的方式加以解决;另一方面需要建立更加科学的租金监测体系和算法模型,实现对各区域、各维度租金变动情况的精准监测。

参考文献:

[1] 尹上岗,杨山,朱奕衡.经济发展与住宅市场异速增长时空格局及其形成机理:以长三角地区为例[J].人文地理,2022,37(3):140-150.

[2] 刘刚,孙毅.租售比失衡与租金调控矛盾:政策调控如何权衡:来自国内外的观察与思考[J].西南金融,2022(2):42-53.

[3] 程雪军.场景消费金融的风险检视与监管对策:以长租公寓"租金贷"为例[J].南方金融,2021(12):71-83.

[4] 曾辉,马知瑶,虞晓芬.主要发达国家租赁住房租金管制的逻辑、模式及效应[J].价格理论与实践,2021(9):102-105,202.

[5] 尹上岗,马志飞,李在军.长三角地区住宅售租比时空格局演变及影响机制[J].地理研究,2021,40(6):1701-1715.

[6] 孙伟增,邓筱莹,万广华.住房租金与居民消费:效果、机制与不均等[J].经济研究,2020,55(12):132-147.

作者联系方式

姓　名:孙　毅　刘　刚　刘　莉

单　位:武汉天恒信息技术有限公司

地　址:湖北省武汉市东湖新技术开发区光谷金融港 B18 栋 11F

邮　箱:孙　毅(88948193@qq.com);刘　刚(jinguan1668@163.com);
　　　　刘　莉(760649240@qq.com)

上海合租房户型租金价格特征分析

李 婧 黄 海

摘　要：合租市场是居住租赁市场的重要组成部分，本文尝试对合租房的户型租金价格特征进行实证分析。通过对上海 2022 年 3—10 月巴乐兔与自如网站上的挂牌合租房源数据进行多元回归统计，结果表明，合租房的户型差异中，房间面积大小、南北朝向、是否包含独立卫生间对租金价格有重要影响，并且各因素的影响程度在不同区域之间存在较大差异。

关键词：合租房；线上；租赁平台；上海；分类数据；OLS 回归

一、引言

合租房，作为一种"共享式"住房模式，因其具备高性价比、低投入等特点而广受青年群体的青睐[1]。尤其是一线城市，合租房在年轻租房群体中占据主流，比例达到 70% 以上[2,3]。随着网上合租房租赁平台的兴起与不断蓬勃发展，年轻人对于通过线上的便捷选房方式进行合租房租赁的热情度高。而作为租房主力军的高校毕业生，人数规模也在不断扩大，2023 届毕业生总数预计将达到 1158 万，合租房是个不容忽视的巨大市场。

政府对合租房市场的关注度也在日趋增长。国务院、住房和城乡建设部自 2016 年起陆续出台若干有关房屋租赁的鼓励意见[4]，支持与促进了全国住房租赁市场的快速发展。住房和城乡建设部等部门于 2021 年出台《加强轻资产住房租赁企业监管的意见》，进一步加强住房租赁市场与资金的监管，规范了住房租赁相关的经营活动与行为，有效保障了租客与经营者双方的合法权益[5]。上海人大于 2022 年 11 月通过《上海市住房租赁条例》[6]，明确了合租、群租的定义，进一步约束、规范了上海合租房的房间改造、消防安全保障等问题。上海，作为一座拥有 2400 多万人口的城市，租房市场较为活跃。研究上海区域间合租房不同户型与价格的关系差异，对于合租房型设计以及合理估计上海地区的合租房租金价格具有积极意义。

二、文献综述

当前,学界对于国内大中城市的住房租赁意愿及其影响因素有较为丰富的研究。周刚华(2018)通过问卷调查及分析指出2017年义乌租房人群对于合租有较大需求,对于房屋户型、面积、楼层等房屋内部因素较为关注,外部因素如小区安全性、生活配套设施和子女就近入学政策等非常关注[7]。李梓铭(2022)通过对北京租房群体调研数据进行Logistic回归,分析了租房正负面影响因素,值得注意的是,除常规区位、房间配置等因素外,房屋的内部采光、公区整洁度及管理服务费用等对于租房意向均有显著影响[8]。路征、杨宇程和赵唯(2016)通过多元线性回归模型(OLS)和有序响应Probit模型对公租房需求的影响因素进行了分析,并指出公租房的租金价格、房屋结构、受访者年龄等对于公租房的需求有较大影响[9]。

而关于房地产、住宅等价格影响因素方面,学界也有较为广泛的研究。空间地理加权回归模型(GWR)、因子分析、主成分分析(PCA)和机器学习等模型均有所应用[10~12]。此外,王世桢、江莉、李齐霖(2021)通过ARDL模型对上海近13年的数据进行分析得出结论,租金价格增长率与住房价格增长率和经济增长相关,且经济增长带来的正向影响在1年内持续扩大[13]。

尽管学界在房产行业有较为翔实的研究,但大多数仅仅聚焦于整租房、公租房。然而合租房,作为一种主流且相对活跃的租房方式,学界对其研究却较少。上海,作为合租房市场最为活跃的地区之一,其各大租房网站上的合租房挂牌交易数据亦较为丰富。本文旨在通过对2022年3—10月份上海合租市场相关数据进行定量分析,尝试对合租房市场的经济规律进行初步探究。

三、研究数据

(一)研究对象及数据来源

本文的研究对象为租房网站的挂牌合租房源的数据信息。数据主要来源于巴乐兔租房网站和自如租房网站,覆盖地区为上海市,覆盖时间范围为2022年3—10月。

(二)数据预处理

1. 重复值处理

由于数据抓取对于同一案例可能存在多次样本采集的情况,且可能存在某一房源长期挂牌未成交现象,造成数据偏差,故对原始采集数据进行去重处理。对于同一多次出现的案例,仅保留最后一次集采数据作为案例样本。在对数据进行多元回归时,若该案例第一次和最后一次被采集的时间跨度大于80d,则认为该案例不具备参考价值,移除该案例。而在对数据进行月度修正合租均价计算时,重复值处理则将重复案例保留至当月最后一次出现的数据，不对长时间未成交案例进行删减。

2. 异常值处理

由于网站数据可能存在漏填，造成集采数据存在空值的现象，且空值数据量不大，故本文将空值数据删除。并针对数据中租金 Rent 和建筑面积 Construction Area 这两个连续变量可能存在极端值的情况，本文采用主流 1.5 倍四分位距（IQR）的方法进行极端值的删除。

3. 变量分段处理

对于建筑面积 Construction Area 这一变量，其对租金的影响可能并非线性，若直接采用连续型数值，可能造成参数不可靠。又由于 Fisher Jenks 自然间断点分类法，是根据组间方差最大、组内方差最小的聚类原理，得到的分类效果好，便于进一步分析。故使用该方法，将面积分成 5 个区间，形成一个新变量 Area。

此外，对于房间朝向 TW 这一属性，由于案例数据中，朝向的种类多达 8 种，同时存在种类内数据较少、难以开展分析的问题，本文因此进行了简化处理。鉴于上海位处北半球，受季风影响，南北走向的房屋有利于采光和室内保温，故主流为南北朝向。因此，将所有朝东和朝西的房源案例删除，并把所有朝向为南、东南、西南的处理为朝南，所有朝向为北、东北、西北的统一处理为朝北。

将所有数据处理完毕后，得到表1，变量的分布情况如表2所示。处理后，2022年3-10月巴乐兔和自如上海合租网站挂牌房源共有 54351 个案例。租金 Rent 主要分布在 400～4390 元/月之间，中位数和平均值主要处于 2300 元/月上下，房间卧室类型主要为非主卧，房间大小主要集中于 12.63～15.45m^2，无独立卫生间。

数据处理后的变量及赋值　　　　表1

变量	符号		类别变量含义/赋值
租金价格	Rent	连续	每月该房源租金价格（元/月）
面积	Area	分类	A.3.00～9.83m^2=0
			B.9.83～12.63m^2=1
			C.12.63～15.45m^2=2
			D.15.45～18.63m^2=3
			E.18.63～23.70m^2=4
朝向	TW	分类	A.北/东北/西北=0
			B.南/东南/西南=1
主卧	MsBed	分类	A.否=0；B.是=1
独卫	PB	分类	A.否=0；B.是=1
挂牌平台	Plat	分类	A.巴乐兔=0；B.自如=1
地理信息	Geo	地理	经度、纬度、行政区划、板块、环线、轨交等信息

（三）数据特征分析

1. 租金价格

本文基于合租房案例小区所在位置，利用 ArcGIS 绘制了如图 1（a）所示的上海合租房位置分布图，同时绘制了上海不同环线区位的合租房均价分布柱状图（图 1b）。其中，颜色代表租金高低，从 980 元／月至 4390 元／月，颜色越深，租金价格越高，反之亦然。从地图中，可以很明显地看到合租房呈发散状，从中心向外，沿地铁线路呈放射状分布，租金价格也依次递减；从环线来看，内环内的合租房主要集中在内环线沿线内的住宅区域，且租金最高，月均价高居 3201 元，中环内均价也相对较高，在 2794 元／月以上，而包括中外环、外郊环和郊外环在内的中环外地区，合租均价则相对较低，在 2500 元／月以下；而郊环外均价最低，仅 1450 元／月，与中外环地区合租房均价相差 1000 元／月左右。

变量间分布情况　　　　　　　　　　表 2

变量	Rent	MsBed	Area	TW	PB
Count	54351	54351	54351	54351	54351
mean	2319.81	0.10	1.66	0.69	0.10
std	705.87	0.30	1.19	0.46	0.30
min	980	0	0	0	0
25%	1790	0	1	0	0
50%	2260	0	2	1	0
75%	2790	0	2	1	0
max	4390	1	4	1	1

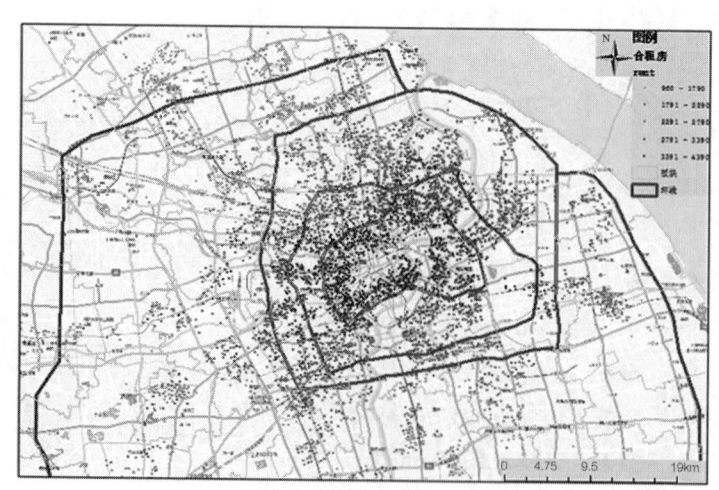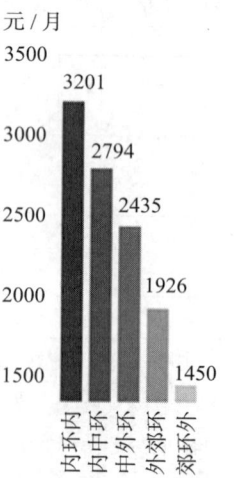

（a）位置及租金分布地图　　　　（b）环线租金均价分布

图 1　上海合租房位置分布及租金情况

2. 房间朝向分布

根据合租房的房间朝向分别绘制了如图2(a)、(b)所示的两张地图，其中绿色代表朝南，红色代表朝北。可以看到朝南和朝北的合租房间在分布上无明显差异。进一步根据不同环线区位绘制合租房间朝向的比例图（图2c），从比例图中可以观察到上海合租房源中朝南的房间在不同环线区位中均占据了主流，占比达到约70%。

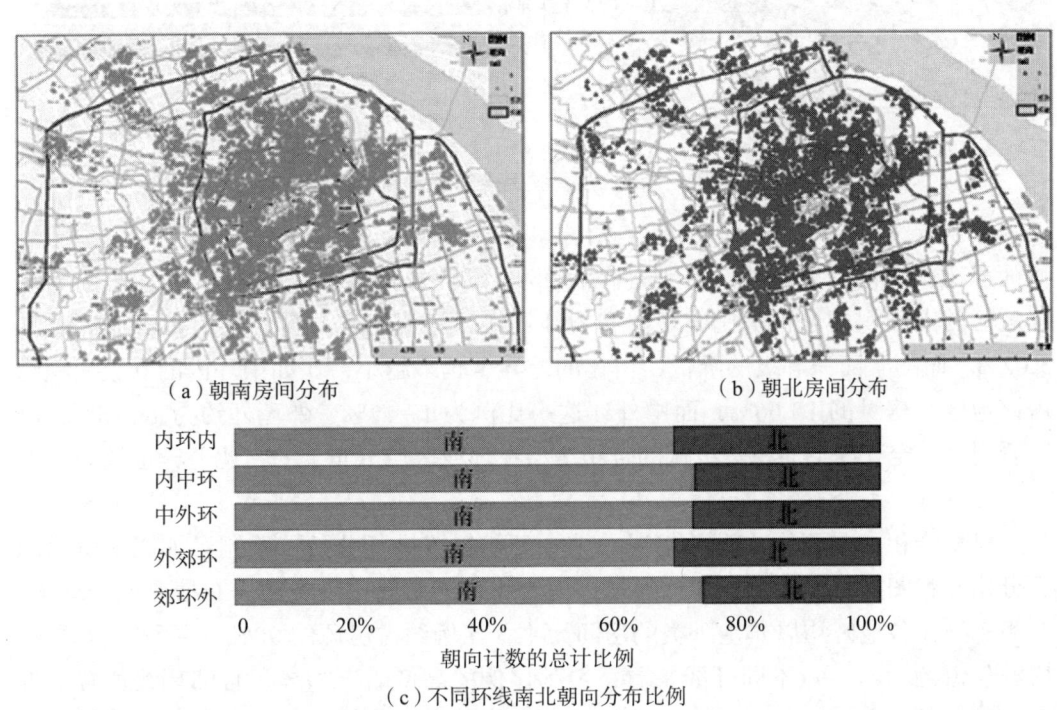

(a) 朝南房间分布　　　　　　　　(b) 朝北房间分布

(c) 不同环线南北朝向分布比例

图2　上海合租房朝向分布及占比情况

3. 房间独卫分布

对于合租房是否包含独立卫生间，绘制如图3(a)、(b)所示的位置分布地图和比例条形图，红色为不包含独卫的合租房间，绿色为包含独卫的合租房间。从图中可以看到，多数合租房源均不包含独卫，而含独卫的合租房仅零星分布在各区域，内环内和内中环含独卫的合租房比例接近，相对较少，仅占约7%，而中环以外含独卫的合租房比例有较大提升，占比约10.57%，其中外郊环含独卫的占比最高，达到了14%。

4. 面积分布

从合租房面积来看（图4），纵观上海整个地区，合租房源小面积户型占据主流地位，其中面积在第1级 $T_1[9.83m^2, 12.63m^2)$ 和第2级 $T_2[12.63m^2, 15.45m^2)$ 的房源最多，各占30%左右，而面积在第4级 $T_4[18.63m^2, 23.70m^2]$ 的大面积房源则相对最少，平均仅占约9%，面积在第0级 $T_0[3m^2, 9.83m^2)$ 和第3级 $T_3[15.45m^2, 18.63m^2)$ 的相对多一些，各占所有户型的16%左右。分环线来看，中环外地区的房

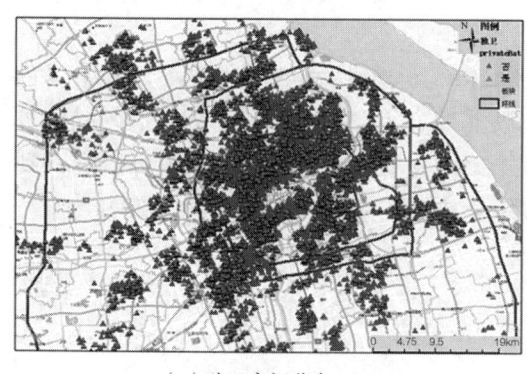
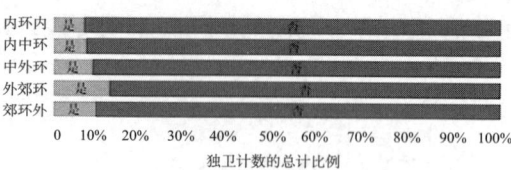

（a）独卫房间分布　　　　　　　　（b）不同环线独卫比例

图3　上海合租房独卫分布及占比情况

型面积比中环内的大一些，特别是在大面积合租房的房量的分布上，第4级的外环外地区的大面积的合租房比中环内和中外环地区的合租房源多，分别高出1.83%和3.02%。而随着面积等级的降低，占比的差异也越来越小，比如中环内的0级面积约占该地区总房量的17.66%，而中外环这一比例为17.17%，外环外约为18.15%，可以看到，一定程度上面积等级低的合租房型在环线区域分布上的占比差异也较低。

5. 主卧类型分布

根据合租房是否为主卧的情况，结合环线位置进行分析，绘制了如图5所示的百分比柱状图。总的来看，各环线地区内合租房的房间主卧类型分布情况比较均衡，合租房型在各地区均以非主卧类的房间为主，比例约占房源的90%，主卧较为稀缺，房源仅占约10%。从不同环线来看，主卧比例的高低略有差异，且随环线位置由近及远呈递增趋势。内环内合租房主卧比例仅占约7.36%，而这一比例在郊环外达到了11.08%，增加了近3.72个百分点。

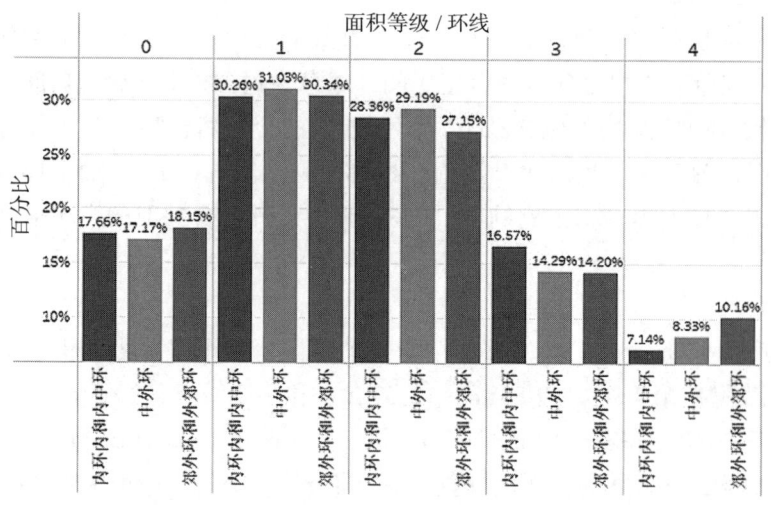

图4　上海不同区位合租房间面积比例分布

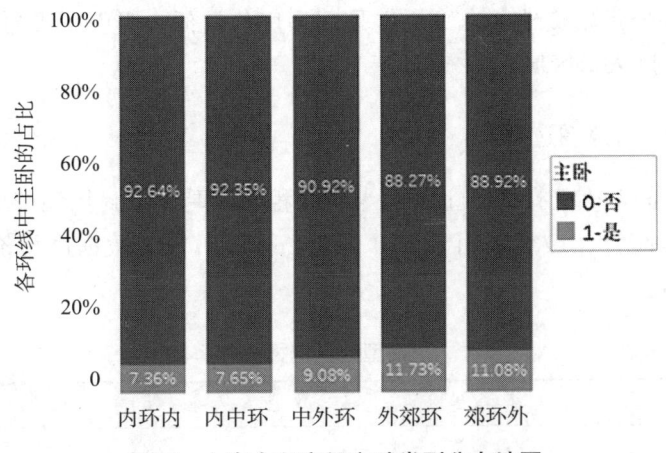

图 5 上海合租房间主卧类型分布地图

四、房型价格特征模型构建

(一)多元回归模型

多元回归分析是一种较为基础的用于研究多个自变量与因变量之间的关系的统计方法。其目标是为了定量研究多种自变量的变化在多大程度上影响因变量的变化,并在许多领域,如经济、社科、金融、医学等方向都有非常广泛的应用,以更好地理解复杂的关系并对未来的结果作出预测。分析从关于变量之间关系的假设开始,然后使用数据建立模型,并使用统计方法进行测试。这有助于确定变量之间关系的强度和方向,并深入了解哪些变量对因变量的变化贡献最大。

使用多元回归模型来构建合租房间特征分析的目的是为了识别各种因素,本文中为房间面积大小、是否包含独卫、房间朝向等因素与租金之间的关系。通过应用该模型可以掌握每个特征对租金的影响,并基于该信息进行预测。并有助于物业运营经理和租客对合租房租金价格进行评估,作出较为合理的决策。此外,多元回归模型具有灵活性的特点,有助于处理多种不同的变量,因此是处理变量较为复杂的一些问题如合租房的价格特征分析的理想选择。

(二)数据区域范围选择

根据环线和轨交两个区位因素,将上海划分为三类区域,大区 A、B、C,依次代表中环内、中环外且近轨交(距站点 2km 内)、中环外无轨交对应的所有房源。

中环内地区是上海的中心地段,物业价格较高。交通非常便利,且各类配套设施齐全,许多商业、办公、文化和娱乐设施位于此地区,吸引了大量的高收入人群,是上海市高密度人口区域。中环外近轨交地区的房价比中环内要低一些,但是交通便利性依然很好,吸引了大量的中等收入人群,是上海较为普遍的居住地区。中环外无轨交地区是上海市中心最远的地段,交通不太便利,房价也相对较低。虽然配套设施不如中环内和中环外近轨交地区丰富，但是因为房价较低，吸引了大量的低收入人群，是上海市的低密度人口区域。

（三）数据时间范围选择

在数据的时间范围选择上，上海上半年合租市场受政策封控和市场短期波动影响较大，结合趋势统计，最终采用8—10月市场平稳阶段的数据进行价格影响因素分析（表3、图6）。

模型地区选择　　　　　　　　　　　　　　表3

模型	地区	大区	数据量
M1	徐家汇、枫林	大区A	326
M2	黄浦滨江、老西门片区	大区A	216
M3	江宁路、曹家渡、长寿板块	大区A	217
M4	张庙1号线	大区B	319
M5	大场7号线	大区B	1132
M6	南翔10号线	大区B	422
M7	吴泾镇	大区C	108
M8	嘉定主城区	大区C	62
M9	安亭汽车城	大区C	347

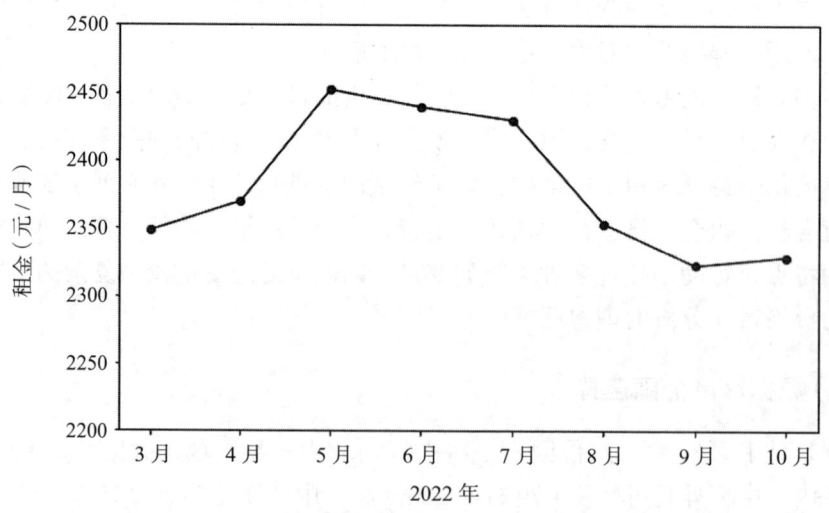

图6　上海合租房租金均价折线图

（四）变量选择

首先探究数据间的相关性，如表4所示。Pearson 相关系数矩阵结果显示，所有变量的 Pearson 相关性系数均通过显著性检验，且主卧 *MsBed* 与 *PB* 有较强的相关性，

且由于主卧 $MsBed$ 与独卫 PB、面积 $Area$、朝向 TW 均有较强的相关性,若放入回归模型中,可能造成多重共线性,故将此变量剔除。

从地理学来看,中国位处北半球,太阳自赤道从南边照射,且大部分地区多属典型的温带季风气候,室外温度普遍高于室内。朝南的卧室,享受的日照时间较长,可以有效提升室内温度,使得室内比室外更舒适。此外,独立卫生间设置在卧室中,便于洗漱,且有效保障了个人的隐私和安全,使得室内更加安静、舒适。因此,朝南且独卫房间绝大多数为主卧。因此,在回归中,租金 $Rent$ 将作为被解释变量,而独卫 PB、面积 $Area$ 和朝向 TW 将作为解释变量并以虚拟变量的形式纳入模型中进行回归分析。

各变量间相关系数矩阵　　　　　　　　　　　　表4

变量	$Rent$	$MsBed$	$Area$	TW	PB
$Rent$	1	—	—	—	—
$MsBed$	0.215**	1	—	—	—
$Area$	0.313**	0.226**	1	—	—
TW	0.290**	0.132**	0.363**	1	—
PB	0.189**	0.718**	0.218**	0.095**	1

注:** 在 0.01 级别(双尾),相关性显著。

(五)多元回归及结果

分别对这9个地区依次进行多元回归分析,得到的回归结果见表5。整体来看,前7个模型的 R 方均在0.35以上,整体的拟合度 R^2 较好,说明多元回归的整体效果较好。而最后两个模型的拟合度较差的原因可能在于郊环外无轨交地区本身居住区和居民均较少,造成合租研究样本的数据量较少,经济规律性不足。而从单个变量的回归参数来看,几乎均通过 t 检验,说明各变量对于整体模型的偏回归系数多数均非常显著,解释力度较好。

多元线性回归结果　　　　　　　　　　　　表5

变量/系数	M1	M2	M3	M4	M5	M6	M7	M8	M9
$Area\text{-}T_1$	323.23***	258.11***	231.67***	193.58***	173.88***	93.42*	-6.03	113.37***	99.46*
$Area\text{-}T_2$	384.55***	551.50***	448.00***	348.91***	328.39***	245.58***	163.74*	159.88***	177.84***
$Area\text{-}T_3$	601.84***	592.67***	582.75***	348.11***	499.73***	299.53***	235.20**	194.59***	117.85***
$Area\text{-}T_4$	713.04***	721.55***	733.02***	331.39***	546.40***	323.61***	181.34	265.01***	184.17***
$TW\text{-}T_1$	253.93***	112.22***	233.95***	282.06***	214.42***	264.11***	240.36	258.27***	207.91***
$PB\text{-}T_1$	659.12***	520.62***	693.45***	503.38***	489.23***	282.80***	77.49	257.91***	72.51***

续表

变量/系数	M1	M2	M3	M4	M5	M6	M7	M8	M9
Intercept	2786.81***	2941.23***	2739.18***	1738.50***	1544.54***	1452.36***	1436.86***	1181.13***	1163.32***
R^2	0.553	0.444	0.650	0.426	0.443	0.346	0.393	0.261	0.146

注：*** 在 0.01 置信水平下显著；** 在 0.01~0.05 置信水平下显著；* 在 0.05～0.1 置信水平下显著。

（六）价格影响系数

单纯横向比较各解释变量系数的绝对值大小而不考虑整体价格，可能会造成偏差，于是进一步考虑单个解释变量对被解释变量影响程度的贡献大小。通过应用相对权重法，计算除该变量外其他所有子模型与该子模型增加该变量后，整体模型拟合度 R^2 的平均增加量 $\overline{\Delta R_{u,i2}}$，与所有解释变量平均增加量之和的比重大小，来衡量面积 $Area$、朝向 TW 和独卫 PB 对整体拟合度影响因素的大小排名。

$$Contribu_{u,i} = \overline{\Delta R_{u,i2}} / \sum \overline{\Delta R_{u,i2}}, \quad i \in I$$

其中，$Contribu_{u,i}$ 代表解的释变量 i 在地区 u 的回归模型中贡献率大小，$\overline{\Delta R_{u,i2}}$ 表示解释变量 i 在地区 u 对模型整体拟合度的平均增加量，I 代表所有解释变量组成的集合。

贡献率计算结果如图 7 所示，从图中可以明显观察到，以大区 A 为首的中环内轨交密集地区，合租房影响因素贡献率最大的为面积 $Area$ 和独卫 PB。而对于中环外无轨交的大区 C 来说，朝向 TW 的贡献率最大，其次为面积 $Area$，独卫 PB 几乎无贡

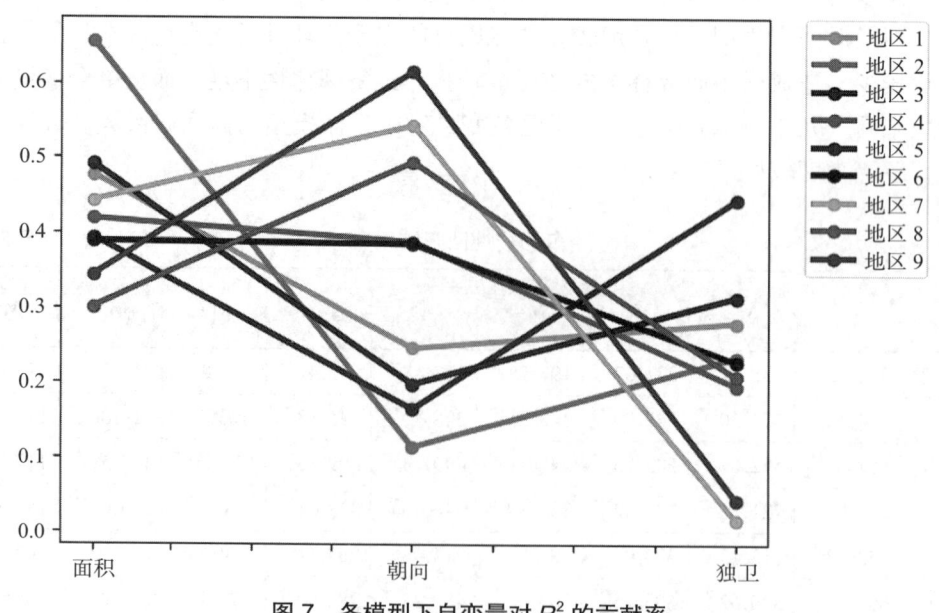

图 7　各模型下自变量对 R^2 的贡献率

献率。而大区 B 中环外近轨交合租房的三个影响因素，贡献率较为均匀，面积 *Area* 稍大，朝向 *TW* 次之。影响因素贡献率在不同大区之间的差异可总结为以下特点：

大区 A：面积 > 独卫 > 朝向；

大区 B：面积 > 朝向 > 独卫；

大区 C：朝向 > 面积 > 独卫。

从大区内部各自居的房型来看，尽管多数为小面积，朝南，无独卫，但在区域之间合租房型的主力户型仍略有差异。由于面积这个变量原始为连续变量，而中位数能较好地代表连续变量的群体特征，故选取中位数来作为主力户型的判断依据，从横纵向角度来细化、精确至多个不同组合的房型类别内，进而来比较地区间合租房价格及其影响因素差异，结果如表 6 所示。在所有大区中，主力户型的朝向 *TW* 和独卫 *PB* 这两个属性特征均保持一致，均为朝南、无独卫。而不同大区之间，主力户型的面积 *Area* 略有差别。大区 A 和大区 C 的主力户型面积区间位于 $T_2[12.63m^2, 15.45m^2)$，略大于大区 B 的 $T_1[9.83m^2, 12.63m^2)$。

不同大区的主力户型及其对应的变量取值　　　　　　表 6

变量/地区	大区 A	大区 B	大区 C
Area	2	1	2
TW	1	1	1
PB	0	0	0

（七）回归系数修正比例计算当前房地产估价市场现状

基于上述所得各大区对应的主力户型，计算主力户型的该属性若修正至当前户型时，租金所增加或减少的百分比。计算方法见如下公式：

$$adj\text{-}coef_{u, i, t} = (\beta_{u, i, t} - \beta_{u, i, main}) / y_{u, main}$$

其中，$adj\text{-}coef_{u, i, t}$ 代表地区 u 变量 i 取值为 t 时的修正参数比例，$\beta_{u, i, t}$ 代表地区 u 变量 i 取值为 t 时回归模型的参数，$\beta_{u, i, main}$ 代表地区 u 变量 i 取值为主力户型所对应的值时回归模型的参数，$y_{u, main}$ 代表地区 u 所有变量取值均为主力户型所对应的值时回归模型的租金估计值。

对系数的修正比例计算结果进行对比，可发现大区 A、B、C 内部修正系数比例较为一致，大区间差异较大，故可进一步对各自大区内部对应的变量修正系数进行平均，得到大区 p 的主力户型平均修正参数比例

$$adj\text{-}coef_{p, i, t}$$

五、结论与建议

本文通过在 2022 年 3 月至 10 月期间对巴乐兔和自如网站采集挂牌合租房源信息等相关数据，利用 ArcGIS 等软件分析上海合租房租金价格及房型分布情况，采用 FisherJenks 对合租房的面积进行了分类，并根据不同区位条件对租金价格、房间朝向、独卫情况、小区类型等特征进行了空间分布情况的描述性分析。并通过分区域对分类数据进行多元回归，分析区域间模型差异。进一步通过回归模型结果，计算各因素贡献率，得出以下结论：

结论一，户型的差异对合租房价格有重要影响。总的来看，合租房屋的面积、朝向与是否包含独卫，分别代表了合租居住生活的几个特性，且各自对房价有不同程度上的提升作用。首先，从房屋面积来看，面积越大的合租房价格就越高。大面积房间的生活空间更宽敞，环境更舒适，因此价格也相对较高。同时，大面积的合租房也更适合 2 人居住，非常适合情侣、夫妻合住，可以在提高整体生活质量的同时节省住房成本。其次，独卫也是影响合租房价格非常关键的因素。独卫的合租房提供了更高的隐私性和便利性，因此价格也相对较高。对于对生活质量有较高要求的租房者来说，独卫的合租房是首选。最后，房屋朝向决定了合租房的日照情况，房间的采光与温度非常影响居住体验。朝南的房间兼具采光与温度的舒适性优势，因此朝向良好的合租房价格通常比其他朝向的合租房更高。

结论二，不同环线区域之间，户型差异对于合租房租金影响也略有差异。从供需来看，中环内独卫房型相对稀缺，仅占区域内约 7% 的房源，比中环外近轨交地区低了 3 个百分点，比中环外无轨交地区 15% 的占比率低了 7 个百分点。又由于中环内租客群多数为高收入人群，对于生活品质和隐私的追求较高，对于租金价格的承受能力和容忍度高，这可能是造成独卫 PB 对于合租房价贡献率在大区 A 比大区 B 和 C 都大的原因。而对于中环外无轨交地区来说，该地区的合租房房型面积普遍较中环内和中环外近轨交地区偏大一些。在较为充足的大面积合租户型供应下，租客对房间面积等生活品质的要求普遍较低，对房租价格较为敏感，这可能是导致面积 $Area$ 这一因素在中环外无轨交地区的贡献率略低于中环内和中环外近轨交地区的原因之一。而对于朝向 TW 这一因素来说，尽管它在中环内、中环外近轨交和中环外无轨交地区中的贡献程度依次递增，但由于供应方面，南北朝向的合租挂牌房源供应比例在各大区的分布无较大差异，所以可能是客户群体对于房间朝向的习惯偏好以及重要程度的不同而造成区域间的差异。

对于开发商、经营者、合租房东等合租房源提供者，本研究可针对差异化区位情况，提供具有差异性的合租房间户型设计、定价以及宣传等方面的合理化的策略指导，提升整体的相对竞争力，提高市场地位。

在企业利益最大化的基础上，同时更好地满足租客的需求，提供更优质的服务。

对于政府及市场管理者，本研究可提供合租房、保租房定价方面的规范建议。并依此加强对租房市场的监督和管理，进一步完善相应的法律法规，遏止合租市场的恶性竞争、哄抬租金等现象，使得交易过程更加规范化、透明化，促进合租房市场的健康发展。对于租客群体，本研究可快速提供不同区域的合租房房型及价格等信息方面的选择指导，或提供预算范围内合理的房型或租房地区选择与建议，避免因信息不对称或时间仓促，而匆忙作出决定。

本文不足之处在于数据层面上，研究使用的租金价格为网站采集案例的挂牌合租价格，尽管可以代表大部分合租市场的租金价格水平，部分价格仍然与最终成交价存在一定的差异，出现系统误差，从而一定程度上影响了分析结果的精确性。

参考文献：

[1] 李小白.一线城市青年群体合租行为偏好研究：基于北京市的调查分析[J].统计与管理，2021，36（5）：88-93.

[2] 巴乐兔研究院.2019年轻人租房大数据报告[R].广州：巴乐兔研究院，2019.

[3] 自如研究院.2021年10城毕业生租房报告[R].北京：自如研究院，2021.

[4] 国务院办公厅.国务院办公厅关于加快培育和发展住房租赁市场的若干意见[EB/OL].[2022]. http：//www.gov.cn/zhengce/content/2016-06/03/content_5079330.htm.

[5] 中华人民共和国住房和城乡建设部.住房和城乡建设部等部门关于加强轻资产住房租赁企业监管的意见[EB/OL]. [2022]. http：//www.gov.cn/zhengce/zhengceku/2021-04/27/content_5602856.htm.

[6] 上海市人民代表大会常务委员会.上海市住房租赁条例[EB/OL]. [2022]. https：//www.mohurd.gov.cn/jigou/sjjg/jgzfbzs/bzsgzxx/202303/20230317_770805.html.

[7] 周刚华.住房租赁市场需求调查及其对策研究：以义乌市为例[J].中国房地产，2018（25）：27-31.

[8] 李梓铭.北京市机构化长租房租住影响因素分析及实证探究[D].北京：商务部国际贸易经济合作研究院，2022.

[9] 路征，杨宇程，赵唯奇.城市外来务工人员公租房需求与影响因素分析：基于成都外来务工人员的调查[J].湖南农业大学学报（社会科学版），2016，17（4）：89-95，102.

[10] 金就砺.农村县域住宅价格影响因素实证分析：以庄浪县为例[J].农家参谋，2022（21）：76-78.

[11] 徐博雅.武汉市二手房价格影响因素空间分异研究：基于POI数据[J].中国房地产，2022（26）：30-37.

[12] 毕文杰，扶春娟.基于机器学习的Airbnb房源价格预测及影响因素研究：以北京市为例[J].运筹与管理，2022，31（9）：217-224.

[13] 王世桢，江莉，李齐霖.基于ARDL模型的上海市住房租金影响因素分析[J].上海房地，2021（4）：22-25.

作者联系方式

姓　名：李　婧　黄　海

单　位：上海城市房地产估价有限公司

地　址：上海市黄浦区北京西路 1 号

邮　箱：李　婧（lijing@surea.com）；黄　海（hh@surea.com）

第五篇

境外住房租赁市场发展经验借鉴

从政府积极干预视角浅谈新加坡住房市场发展经验

贺 静 王志伟 周思庭

摘 要：新加坡是世界著名的城市国家之一，同时也是世界上住房市场发展最为成功的国家之一。在过去的几十年中，新加坡政府通过保障公共住房建设、落实住房购买优惠政策、实施住房税收优惠政策、监管住房市场等一系列创新性的住房政策和措施，成功地解决了住房问题，为国民提供了舒适、安全、负担得起的住房，同时也推动了住房市场的快速发展。

关键词：新加坡；政府干预；住房市场

新加坡政府一直以来都在住房市场中扮演着重要的角色。政府不仅对住房市场进行监管，同时也通过制定一系列有力的住房政策来鼓励公共住房的建设。政府积极推动的公共住房计划，为国民提供了舒适、安全、负担得起的住房，同时也为住房市场的稳定发展提供了重要保障。本文将从政府积极干预视角对新加坡住房市场的发展经验进行探讨。

一、保障公共住房建设

新加坡政府通过公共住房建设，为中低收入家庭提供质量高、价格实惠的住房。政府通过公屋项目、组屋项目等方式，建设了大量公共住房，为广大市民提供住房保障。

新加坡的公屋项目是由政府全资建设、拥有和管理的公共住房项目。公屋项目通常位于城市周边的发展中心，提供的住房类型有单身公寓、两房式、三房式等。组屋项目则是政府与私人开发商合作建设的住房项目。组屋项目由政府提供土地，开发商负责设计、建设和销售。组屋项目通常位于城市中心或郊区，提供的住房类型有公寓、排屋、联排别墅等。无论是公屋项目，还是组屋项目，房价相对于私人住宅都较为实惠。并且，政府会定期对公屋和组屋进行重建和升级，以确保住房的质量和安全。在重建计划中，政府也会为原住户提供新房或其他住房选择，以确保他们的住房需求得到满足。

但在购买公屋或组屋时，购房者需要符合一定的条件，如属于新加坡公民或永久居民、家庭收入符合一定标准等。此外，购房者需要向政府支付一定的首付款，并通过长期的住房贷款还款方式逐步购买自己的住房。政府也会为购房者提供贷款利率补贴等优惠政策，以帮助购房者减轻负担。

二、落实住房购买优惠政策

政府为购房者提供了各种优惠政策，例如住房贷款利率补贴、家庭优先配套权、公共住房补贴等方面，使得购房成本降低，提高了购房者的购房能力。

（一）首付款和住房贷款

购房者需要向政府支付一定比例的首付款，首付款比例视购房者的收入水平而定。政府也为购房者提供长期住房贷款，购房者可以选择最长达25年的贷款期限。此外，政府也会为购房者提供低利率的贷款，以帮助购房者减轻负担。

（二）住房贷款利率补贴

政府会为购房者提供住房贷款利率补贴，购房者可以享受低于市场利率的贷款利率。利率补贴的额度根据购房者的收入水平而定。

（三）家庭优先配套

政府会给予符合条件的家庭在公屋和组屋分配上的优先权，以帮助他们更快地解决住房问题。例如，政府会为有孩子的家庭安排靠近学校的住房，以方便他们接送孩子。

（四）公共住房补贴

政府会为符合条件的低收入家庭提供公共住房补贴，以帮助他们支付房租或贷款。补贴的额度根据家庭的收入水平而定。

这些优惠政策旨在帮助低收入和中等收入家庭解决住房问题，并鼓励他们购买房产，以增加个人和家庭的财富积累。同时，政府也通过这些政策来控制住房市场的价格和供应，以确保住房市场的稳定和可持续发展。

三、实施住房税收优惠政策

新加坡的住房税收政策主要包括不动产税和买卖房产税收两个方面。

（一）在不动产税方面的优惠

新加坡的不动产税是一种针对房地产所有者的年度税收，根据房地产的市场价值和用途来计算。对于自住房产，政府给予一定的豁免和折扣，而对于出租房产，税率则较高。

此外，在一些情况下，政府会提供一些优惠措施。一是家庭税额优惠。家庭住宅的不动产税可以获得税额优惠。这项优惠适用于一户人家只拥有一处住宅的情况，住宅必须是本人的常住住所，而且家庭必须满足一些资格标准。二是老年人税额优惠。对于年龄超过60岁的老年人，他们可以获得特别税额优惠。这项优惠将有助于减轻老年人的经济负担。三是绿化税额优惠。新加坡政府鼓励人们为环境作出贡献，因此房地产所有者如果在住宅外围种植绿植或树木，可以获得额外的税额优惠。四是建筑质量税额优惠。如果房地产所有者的房屋建筑质量较高，他们可以获得额外的税额优惠。这项优惠将鼓励人们建造更高质量的住房，提高城市的整体建筑质量。

（二）在买卖房产税收方面的优惠

新加坡买卖房产的税收包括印花税和利得税。印花税是在购买房产时收取的一种税收，税率根据房地产的市场价值而定，对于自住房产和某些特定类型的房产，政府给予一定的豁免。购房者可以享受减免或豁免印花税的政策。例如，对于首次购买私人住宅的居民，可以享受豁免首20万新元房价的印花税。利得税是在卖出房产时产生的一种税收，税率根据房产的卖出价格和购买价格之间的利润而定。比如，在出售房产时，房产升值所得可以免征资本利得税。这一政策的具体实施方式和条件会根据具体情况而定，新加坡的遗产税税率较低，且有一定的免税额度。对于房产继承人而言，可以通过合理规划财产继承方式，来降低遗产税的负担。房屋转让费是在房屋出售或转让时需要支付的费用，它通常由买方和卖方共同承担。政府会定期调整房屋转让费率，以确保其合理性和适应市场变化。

需要注意的是，新加坡政府的税收政策并不是针对住房市场而制定的，而是一种全面的税收政策。具体的税收优惠政策和实施条件可能会根据不同情况而异，购房者需要根据具体情况咨询专业人士或相关政府部门。

四、监管住房市场

新加坡政府在监管住房市场方面采取了多种措施，既保证了住房市场的稳定，又充分考虑了低收入家庭的住房需求，同时也保护了购房者和市场的公正和透明，推动了房地产市场的可持续发展。

（一）限制外国人购买住房

新加坡政府规定，非新加坡公民和永久居民需要获得政府批准才能购买某些类型的房屋，这样可以避免外国投资者通过投机手段推高房价。具体表现有三方面：一是限制外国人购买私人住宅。外国人只能购买符合特定条件的私人住宅，如公寓、联排别墅和半独立式住宅等。此外，政府还规定外国人必须获得特定资格，如持有特定类型的工作签证或在新加坡拥有某些业务。二是限制外国人购买公共住房：外国人在新加坡不可以购买政府公屋和组屋，这些房屋仅供新加坡公民和永久居民购买。即使是已经在新加坡工作和生活多年的外国人，也不具备购买公共住房的资格。三是加强对外国人购房的管控：政府要求开发商必须严格核实购房者的身份和居留资格，并向政府报告外国人的购房情况。政府还会定期进行检查和审查，以确保规定得到遵守。

通过以上措施，新加坡政府有效地限制了外国人在住房市场中的参与和购买力度，保护了本地市民的住房需求。同时，这些措施也有助于维持房价的稳定性和防止住房市场泡沫的产生。

（二）严格控制房屋供应

新加坡政府根据市场需求和未来规划，精确控制房屋供应量和销售计划，避免过度供应和浪费资源，从而保持房价的稳定性。一是政府通过土地政策来控制房屋供应。政府每年发布土地供应计划，并根据市场需求和供应情况适时调整。政府通过拍卖土地、租赁土地和直接出售土地等方式来提供土地资源。二是规定开发商必须按计划分阶段出售房屋。新加坡政府规定开发商必须在一定时间内按计划分阶段出售房屋，以防止开发商通过不合理手段操纵房价。三是政府大力支持公共住房建设。通过公共住房来满足低收入人群的住房需求，避免这部分人群对市场住房的争夺，同时还可以减少市场上的住房需求。四是鼓励开发商提供可负担房屋。政府通过提供优惠政策，鼓励房屋开发商提供更多可负担房屋，以满足市场需求。五是政府加强对房屋市场的监管，防止开发商操纵市场，防止房屋价格过高。政府会定期公布房屋市场数据，让市民了解市场情况，有针对性地采取措施。

通过以上措施，新加坡政府有效地控制了房屋供应，保持了房屋市场的稳定。这有助于保护本地市民的住房权益，提高住房的可负担性，同时也有利于社会的稳定和经济的可持续发展。

（三）加强住房贷款审批

新加坡政府规定，购房者必须先通过一系列的审批程序，包括评估他们的财务状况和信用记录，才能获得住房贷款。这可以防止购房者过度借贷，从而使房价不受过度的市场需求推高。以下是购房者主要经历的审批程序：

一是贷款利率压力测试。银行会对贷款申请人的还款能力进行评估，以确保贷款人在利率上升时仍能够偿还贷款。二是获得房屋贷款。购房者需要从银行或其他金融机构获得贷款才能购买房屋。购房者需要向银行提供个人和财务资料，并经过银行的贷款审核批准程序，以确保购房者有能力偿还贷款。三是收到购房者意向书。购房者需要向房屋开发商提交购房意向书，以表示他们有意购买房屋。购房意向书通常需要支付一定的定金，以证明购房者的真实意图。四是签订购房合同。一旦购房者的贷款已经获批,购房者需要签订购房合同。购房合同将详细说明房屋的交付日期、购房价格、付款方式等。五是支付定金和首付款。购房者需要支付定金和首付款,以确认购房意向并支付部分购房款项。六是注册房地产交易。购房者需要在新加坡土地管理局注册房地产交易,以确认交易的合法性并获得产权证书。

新加坡政府鼓励银行使用标准化的贷款审批流程,以确保审批过程公正、透明,不会因个人因素影响贷款审批结果。这些措施都旨在保护购房者和银行,降低金融风险,并确保住房贷款审批过程公正、透明。

(四)提高二手房交易的透明度

新加坡政府建立了完善的房地产市场交易机制,要求所有房屋买卖交易都必须在政府指定的地方进行登记和审核。这样可以提高交易的透明度和公正性,防止房地产市场存在非法交易和欺诈行为。

一是记录房价。新加坡政府通过记录房价来提高市场的透明度,公布所有房屋买卖交易的价格和交易数据,包括房屋类型、位置和卖方/买方的身份。二是限制贷款。新加坡政府对购房者的贷款进行严格的限制,这有助于防止过度杠杆化和房价泡沫,同时也提高了购房者对市场的透明度。三是严格监管。新加坡政府对房地产市场进行严格的监管,包括对经纪人和开发商的监管,以确保他们遵守法规和行业标准。四是配有房屋估价师。新加坡政府要求所有的房屋交易必须由注册的房屋估价师进行估价,以确保价格公正和透明。五是消费者教育。新加坡政府积极开展消费者教育活动,帮助购房者了解市场和法规,提高购房者的知情水平和透明度。

总之,通过以上措施,新加坡政府成功地提高了二手房交易的透明度,为市场的稳定发展和购房者的权益保护作出了重要贡献。

新加坡政府监管住房市场的措施被普遍认为是非常有效的。一是保证了房价的稳定性。新加坡政府通过控制住房供应、限制外国人购买住房、规定开发商分阶段销售房屋等措施,有效地维护了房价的稳定性,避免了住房泡沫的产生。二是着重关注低收入家庭的住房需求。新加坡政府大力推行公屋和组屋项目,使低收入家庭有了相对便宜的住房选择。此外,政府还对低收入家庭提供了各种财政援助,如租金补贴和住房贷款利率优惠等。三是建立了透明、公正的房地产交易市场:新加坡政府建立了完善的房地产交易机制,要求所有房屋买卖交易都必须在政府指定的地方进行登记和审核。这使得房地产交易更加公正、透明,有效地防止了非法交易和欺诈行为。四是支持房地产市场的可持续发展:新加坡政府采取了各种措施来促进房地产市场的可持续发展,例如通过限制土地供应和实行土地征用制度来避免过度开发土地,推行绿色建筑和节能措施等。

参考文献：

[1] Singapore Ministry of Law. Guidelines for property transactions[Z].2019.

[2] Singapore Real Estate Exchange.Enhancing transparency and efficiency of secondary market transactions[Z]. 2021.

[3] National University of Singapore. Real estate market transparency in Singapore[Z]. 2017.

[4] LEE N. Buying and selling property in Singapore[Z]. Palgrave Macmillan，2017.

[5] LIM K. The Singapore real estate market：an overview[J]. International real estate review，2019，22（3）：315-331.

作者联系方式

姓　　名：贺　静　王志伟　周思庭

单　　位：瑞庭网络技术（上海）有限公司郑州分公司

地　　址：郑州市二七区铭功路华润大厦22层

邮　　箱：贺　静（hejing-zz@58.com）

中德住房租赁体系比较与借鉴

郭朝英

摘　要：本文将中德两国的住房租赁制度体系、租赁住房体系、承租人权益保护机制及出租人权益保护机制进行比较和借鉴，提出我国应尽快完善与承租人、租房中介及中低收入群体等主体相关的法律，建立起独立于政府及市场的第三方住房供应机构，不断推进长租房发展、落实租购同权，保护出租人权益。将德国住房租赁体系与我国进行比较，结合我国国情，学习借鉴德国相关经验，促进我国住房租赁市场的发展，以期获得更好的效果。

关键词：住房租赁；住房保障；租赁体系

一、引言

在新时代坚持贯彻落实"房子是用来住的，不是用来炒的"基本政策已经成为全社会的共识，建立起一个适用于中国特色社会主义市场发展的租赁住房体系。住房市场随着经济进步迅速发展，逐渐形成了以售为主的市场现状，房地产业也在发展过程中成为我国的支柱性产业，房价日渐攀升，租房成为越来越多人的新选择，通过租房来实现"住有所居"，所以发展租赁性住房市场对我国发展具有重要意义。2018年两会工作报告上指出建立"租购并举"的住房制度，加大对租房保障的力度，更好地解决群众住房问题，培育住房租赁市场，发展共有产权，加快建立多渠道、多主体的住房供应体系；2019—2022年也分别对老旧小区改造、坚持房住不炒、解决大城市居住问题等提出了新政策；2023年两会工作报告上也指出刚性及改善型住房需求需重点关注，解决好新市民、青年人等住房问题。由此可见，我国对住房租赁市场给予高度重视。

中国住房市场的蓬勃发展在很大程度上得益于新型城镇化率的上升，我国也不断推进和落实长租房、长租公寓的发展，保证"居者有其屋"。在此过程中我国可以学习和借鉴德国住房租赁市场稳健发展的经验，从住房租赁制度体系、住房租赁体系、承租人及出租人权益保护机制等方面进行比较和借鉴，在立足国情的基础上，学习借鉴德国经验，对于我国建设具有中国特色的社会主义住房租赁体系有重大意义。

二、住房租赁制度体系比较与借鉴

中德两国的《民法典》作为基础法对于其他法律都有指导性及规范性的作用，对于租赁双方当事人的权利和义务作出了详细规定。德国还通过《住房租赁法》《住房补贴法》《住房中介法》等多部法律来维护住房租赁体系及市场稳定，对于承租人权益保护、租金涨幅、中低收入群体及家庭租金补贴和对租房中介的限制都作出了详细的规定；我国也通过《中华人民共和国城市房地产管理法》《城市房屋租赁管理办法》及各省市根据地方经济发展及住房租赁市场的现状所制定的相关条例来维护住房租赁市场运行与发展，《城市房屋租赁管理办法》保障租赁双方当事人的合法权益，各地区可按照市场发展现状进行制定，其中主要对不得出租的情形、租赁合同、租赁登记及双方当事人的义务及权利等进行规定。

德国与我国在法律法规上存在差异并值得我国学习借鉴：第一，法律层次不同，德国出台了多部法律来维护租赁市场的稳定，我国专门的相关法律较少，与之相关的都是各省市根据当地发展现状来制定的相关条例及管理办法，法律的效力一般高于法规，所以与法律相抵触的法规在实际的审判和操作过程中以法律为准；第二，相关法律不完善，德国出台《住房租赁法》严格保护承租人的权益，我国仅仅是在《城市房屋租赁管理办法》中规定了如何保护双方当事人的合法权益，对于承租人权益保护等核心内容没有给出具体规定。所以，德国相关法律的制定是值得我国借鉴的，我国应尽快完善与相关主体有关的法律，如承租人权益保护、对中低收入群体补贴及住房中介相关行为的限制，应尽快上升到法律层面，各地区根据法律制定适合本地区发展的条例及管理办法。

三、租赁住房体系比较与借鉴

多渠道、多主体住房供给是稳定住房租赁市场的重要手段和举措，随着租赁住房体系不断发展和完善，德国形成了由开发商建房、合作建房、私人住建房及政府保障性租赁住房等多主体的住房供应体系。德国政府鼓励开发商建造房屋，政府能够为开发商提供低利息甚至是无息贷款，租金随着市场经济发展进步在符合规定的条件下进行上涨，收取的租金能够支付利息，房屋因此也就具备了可投资性，开发商享受的优惠政策越多，所受到的相关租金限制也就越多。政府要求开发商自持资金需在15%～20%之间，也会要求开发商将75%的房屋按照政府规定的租金进行出租，剩下的25%可按照市场价格进行出租。合作建房主要包括合作社建房及联建住房，住房合作社主要面向住房租赁市场，不以盈利为其主要目的，通过入股的方式为社员提供能够负担得起的住房，它是对政府公益性保障性租赁住房及商业性的开发商私人建房的一种补充；联建住房主要是面向购房市场，让市民参与开发过程来降低开发成本，同时能够提高住房匹配度，虽然联建住房面向购房市场，但是能够解决特殊群体住房困难，还能够满足多样化的住房需求，在一定程度上也能够保证住房租赁市场的稳定。政府保障性租赁住房货币补贴是其最基本的保障形式，全额补贴对无收入的居民提供能够维持其基本生活的全部补助，住房部分补贴则是对居民提供部分租房补贴来维持适宜的生活，为租房困难者、特殊群体等提供不同价位、不同类型的住房，确保其居住权益得到满足。

习近平在党的第二十次全国人民代表大会上指出要明确"坚持房子是用来住的，不是用来炒的"定位，加快建立多主体供给、多渠道保障、租购并举的住房制度。我国供给主体、供给渠道多元化，通过开发商建房、政府供给保障性租赁住房、企事业单位自有土地建设住房及集体经营性建设用地建设保障性租赁住房来对住房市场进行供给，其责任供给主体就为开发商、政府、企事业单位及农村集体。开发商新建商品房要按照一定比例配建公租房，如贵州省贵安新区要求的配建比例为项目住宅总面积的5%，以中小户型为主，单套建筑面积控制在60m^{2}以下，在交付备案时应明确标注公租房的面积、套数、楼序号等；企事业单位利用自有土地建设的住房多为宿舍型保障性租赁住房，在一定程度上能够满足职工的居住需求，保持职住平衡，也是稳定住房租赁体系的重要举措；对于集体经营性建设用地建设保障性租赁住房处于探索阶段，后续仍会成为重要的供给渠道。

合作社建房是德国住房供应体系的一大亮点，其面向住房租赁市场而且不以盈利为主要目的，能够对政府公益性保障住房及开发商私人提供住房进行补充。我国缺乏一个能够对政府及开发商供给住房之外的补充机构，我国应尝试探索建立一个独立于市场及政府外的第三方机构对住房市场进行补充。由于两国土地制度不同，集体经营性建设用地建设保障性租赁住房为中国特色，但在探索发展过程中仍存在一些问题：集体经营建设用地多数远在郊区，周边基础设施不完善，入住率低造成资源浪费；集体土地建设保障性租赁住房得到了金融支持，但因其低收益性、盈利长周期性及风险性，银行还是更加倾向于投资商品房，在一定程度上限制了其发展。我国集体经营性建设用地建设保障性租赁住房处于探索阶段，要对其进行大力支持，使之成为多个供应渠道之一。

四、承租人权益保护机制比较与借鉴

德国主要从租金、租约限制、"租购同权"相关权益落实等方面对承租人进行保护，因承租人在市场上处于弱势位置，所以德国法律注重保护承租人的合法权益。首先，《住房租赁法》重对租金和租约进行限制，租约以不定期合同为主，出租人不得随意解除与承租人的合同而且在出租人进行转卖时有优先购买权，对租金的严格限制是，出租人要上调房租需15个月内租金未变，目标房租也不能超过同类型的标准房租，三年内租金涨幅不得超过20%，这极大地保护了承租人的权益，使承租人租房居住也能获得安全感。很多德国居民愿意通过租房解决居住问题，从保护承租人权益角度，法律规定，不允许出租人直接将无钱支付房租的承租人赶出去，须先将其上诉法庭，并提供承租人确实没有足够收入的明确证据。《住房中介法》中对租房中介也有严格的限制，如果中介任意提高佣金，一经发现，将被处以高达2.5万欧元的罚金。关于落实"租购同权"，享受公共服务方面，承租人在按时缴纳税款、依法纳税的情况下就能够享受到和购房者相同的教育资源、医疗资源以及各种福利补贴等。同时，根据《住房补贴金法》中的规定，德国政府提出根据家庭收入及规模向租户提供住房补贴，补贴金额逐年上涨，满足低收入群体、家庭的住房需求。

我国为了规范租房市场，保障租户权益作出了诸多努力，严厉打击违约涨租、克扣押金、隔断房等行业乱象，全国各地纷纷出台相应的法规及政策条例对市场进行规范，如《北京市住房租赁条例》明确规定，出租人不得采用停止供水、供电、供热、供燃气或者是采取暴力、威胁手段等方式强行解除合同，否则要承担相应的违约责任；住房中介向承租人收取房屋押金一般不得超过一个月租金，此押金按照规定由第三方机构进行管理，出租人与承租人续签合同的不得再次收取押金；我国也不断推进保障性租赁住房的建设，以租金补贴或是实物配租的方式对中低收入人群及有住房困难的人群提供保障性住房，在此过程中也存在着设计相对滞后、安全质量隐患、管理存在漏洞等问题。中国住房持有率高的主要原因还包括租购同权落实不到位，此问题在一线及新一线城市尤为突出。我国不断推动落实租购同权，但落实仍不到位。上海、深圳等城市采用积分制，准入门槛高，高等学历、高级技工及符合人才引进标准的人员可获得积分，但对于低学历人群保障并不到位；教育资源、医疗资源等公共服务体系是对于租购同权最基本的落实，但对于有"同权"概念的住房，租金都是居高不下，单纯依靠房屋主管部门对租购同权进行落实无法解决因户籍、学籍、社会保障等多方面问题所带来的差异，整体资源仍和房屋产权挂钩。

房地产业是德国的福利性产业，在我国为支柱性产业，二者经济地位的不同势必会导致相关规定及权益落实的差异。第一，在租金及租约上：德国支持建立不定期合同及长期合同，鼓励长期租赁；我国也支持长租房和长租公寓的建设与落实，但《中华人民共和国民法典》规定租赁合同不得超过二十年，超出部分无效，不利于长租房发展建设。德国对租金涨幅进行严格限制，主要是防止出租人为提高租金而破坏稳定的租赁关系；我国对租金涨幅也有限制，对哄抬房价、破坏市场秩序的做法给予处罚，但明显落实不到位，常因租赁时间短、租金涨幅大而终止租赁关系，这也使得承租人权益无法落实。第二，租购同权落实差异：在德国租房后按时缴纳税款、依法纳税就可以享受到与购房人同等的公共服务；在我国租购同权落实困难，受到户籍、学籍等多方面的限制，优质资源得不到有效分配。我国支持长租房的发展建设，鼓励签订长期合同，延长长租房租赁年限，对因抬高租金破坏租赁合同的人员及相关市场主体进行处罚，对租金涨幅进行严格限制；盘活存量住房，增加住房供给，扩大教育资源、医疗资源的覆盖面，关注中低收入群体及底层人民群众，才能够不断推进租购同权的落实。

五、出租人权益保护机制及借鉴

德国着重保护承租人权益，但并不是对出租人的利益置之不理，房东有资格要求承租人在租房前提供其相关信息，如征信记录、银行流水、工作证明及前房东推荐信等。承租人在退租时，出租人也有权要求承租人将房屋还原，对于名下房屋较多的房东，其本人可以购买保险来保障房屋空置而造成的损失。中国亦是如此，出租人有权按时收取租金，承租人如若违约，出租人有权收取违约金，承租人若无正当理由拖欠租金累计6个月以上或连续拖欠租金3个月以上的，出租人有权解除租赁合同。出租人若想提前收回房屋，需提前告知承租人，在收回房屋时有权要求承租人将损坏部分进行修缮或将房屋恢复原貌。

中德两国对于出租人权益保护的相关规定有一定的相似性，尤其是在中国出租人并非处于弱势地位，但是为了保证双方的合法权益不受损害对出租人及承租人双方的权利与义务都作出了相关规定，在后续出租人权益保护上中德两国可互相借鉴，推进住房租赁市场的稳步发展。

六、结语

我国正处于社会主义发展建设的重要时期，不断推进租赁住房体系的建设与发展是保障"老有所养、住有所居"的重要举措。我国要立足于基本国情，学习借鉴德国相关经验，取其精华、为我所用。随着社会的进步和市场经济的发展，我国势必会建立起一个完善的社会主义租赁住房体系。

参考文献：

[1] 汪广丰. 德国租赁住房制度经验[J]. 城乡建设，2021（5）：74-75.

[2] 单爽. 关于我国发展租赁住房的几点思考：基于德国的经验[J]. 中国房地产，2021（13）：29-32.

[3] 赵鑫明. 德国《民法典》的住房租赁规制及借鉴[J]. 中国房地产，2020（13）：27-32.

[4] 陈立中，徐声星，陈新政. 发达国家住房租赁市场管理的成功经验及对我国的启示[J]. 当代经济，2019（12）：130-132.

[5] 钟庭军. 多主体供应、多渠道保障的德国住房租赁市场[J]. 中国房地产，2019（34）：10-15.

[6] 王梓安，周政旭. 德国合作建房的制度、实践与经验启示[J/OL]. 国际城市规划. https：//doi.org/10.19830/j.upi.2022.405.

[7] 张茂林. 国外公共租赁住房政策对我国的启示：以英国、德国、荷兰为例[J]. 生产力研究，2021（8）：26-30.

[8] 浙江大学公共政策研究院. 推进集体性经营建设用地建设保障性租赁住房的政策建议[EB/OL]. [2022]. http：//www.ggzc.zju.edu.cn/2022/0922/c54163a2634920/page.htm.

[9] 王明珠，宋梦美. 德国住房租赁合同对承租人权利保护及其借鉴：基于德国住房租赁市场调研情况分析 [J]. 中国房地产，2021（10）：33-36.

作者联系方式

姓　　名：郭朝英

单　　位：山西财经大学公共管理学院

地　　址：太原市坞城路 140 号

邮　　箱：1906516225@qq.com

发展住房租赁市场之国际经验借鉴

王 萍

摘 要：大力发展住房租赁市场，健全住房租赁体系，是促进房地产市场健康平稳发展的应有之义。在工业化、城市化的进程中，发达国家遇到住房问题和解决住房问题相对较早，对于发展我国住房租赁市场具有重要的借鉴意义。通过对国际、国内住房租赁市场发展现状进行对比分析，总结我国住房租赁市场发展缓慢的原因，梳理国外住房租赁市场发展的有益经验，进而从政府合理干预住房市场和充分发挥市场自主调节机制两个方面，为我国租赁市场的良好发展提出几点思考。

关键词：租赁住房；住房租赁市场；国外经验；政策建议

住房租赁市场是住房供应体系的重要组成部分，没有发育完善的租赁市场就难以建立起租购并举的住房制度体系，也难以实现全体人民住有所居的目标。近年来，我国住房租赁市场发展较快，但也暴露出一些问题，例如住房租赁法律法规体系尚不健全、租赁市场不规范的行为时有发生、市场供需错配问题依然存在、住房租赁机构发展存在困境、租金收入比过高等。美国、英国、德国、日本的城市化率均已超过75%，已经进入城市化和住房建设缓慢增长阶段，它们遇到的问题和对住房问题的解决相对较早，对于推进我国住房租赁市场发展进程具有一定的参考价值。以日本为例，近20年，日本租金长期维持在较低水平，甚至出现不断下降的趋势，租赁家庭比例不断上升，人均租房面积不断扩大，租房人群日益多元化。在完善住房租赁市场上我国应积极借鉴国外成熟的经验。

一、国际、国内住房租赁市场发展现状的对比分析

（一）国际住房租赁市场占比较高，租赁住房供给主体呈现多元化、机构化特征

德国、荷兰、美国等发达国家住房租赁市场占比较高，租赁住房约占3~6成，在这些国家的大城市或者成长型城市中，租赁住房比例更是明显高于全国平均水平，占比约为4~9成。以德国为例，其住房租赁市场较为发达，租赁住房占比显著高于住房自有率，而其中心城市柏林住房租赁者占比高达9成。典型国家大多依靠市场化

方式调节住房供求关系，政府通过激励政策引导市场主体发展，并对低收入群体提供托底保障。美国、德国和日本鼓励市场化的租赁发展，且机构化程度较高。在美国，大部分的出租房属于完全市场化，没有租赁管制或政府补贴，只是面对低收入群体提供公租房。在德国，租赁市场的供应者包括小规模私人房东、私营住房公司、公共住房公司、市政住房公司、住房合作社、教会等。根据 GdW 数据显示，2011 年，在租赁住房中，私人出租（小规模私人房东）提供租赁住房占比约为 61%，租赁机构提供租赁房源约占 39%，其中私营住房公司为 18.5%、公共住房公司为 0.5%、市政住房公司为 10.4%、合作社为 9.2%、教会等为 0.7%。在英国和法国，公营出租住房约占租赁住房的一半（表1、表2）。

部分国家、城市住房所有权形式占比（%） 表1

国家	自有	租赁	其他	城市	自有	租赁	其他
德国	40	60	—	柏林	11	89	—
荷兰	53	47	—	鹿特丹	26	49	25
美国	66	34	—	纽约	45	55	—
加拿大	62	33	5	多伦多	58	42	—
英国	69	31	—	伦敦	58	41	—

资料来源：国外住房发展报告（2016 年）。

存量住房结构分析（%） 表2

国家	自有住房	租赁住房	其中	
			民间出租	公营出租
法国（2006 年）	57.2	42.8	19.4	17.1
德国（2011 年）	40.5	59.5	—	—
英国（2013 年）	64.4	35.6	18.1	17.5
美国（2013 年）	65.3	34.7	29.9	4.8
日本（2013 年）	61.7	38.3	28	5.4

资料来源：日本住宅经济数据集、GdW。

（二）国内住房租赁市场占比较低，住房租赁机构化、规模化程度低

自住房制度改革以来，我国住房租售市场就一直处于发展不平衡的状态，住房租赁市场长期处于边缘地位。2015 年以来，国家和地方层面高度重视培育和发展住房租赁市场，出台了一系列政策促进其发展，住房租赁市场进入快速发展阶段。通过一系列举措，我国住房租赁市场虽然取得了一定的成效，但与典型国家相比，住房租赁市场发展还相对滞后。从租赁住房占比来看，国外住房租赁市场较为发达，租赁住房

占比较高，典型国家租赁住房占比大多高于 30%，部分国家高达 60%，而我国租赁住房占比不足 25%[①]，租赁住房占比相对较低，且租赁需求更多集中于一线城市和热门二线城市。从租赁机构占比来看，我国租房市场以个人房东为主，住房租赁企业供应占比较低，专业化程度不高。据易居研究院测算，目前我国住房租赁企业管理的公寓不超过 200 万间，住房租赁企业的出租面积在租房市场中的占比约为 2%，最集中的城市也不到 5%，而美国的机构持有租赁住房占比为 31.1%，德国的机构持有租赁住房占比约 38%，日本 85% 的租赁住房为个人所有，其中 90% 以上的私人业主委托专业的托管机构运营管理租赁住房。目前，我国租赁住房供应主体主要包括住房租赁机构（房地产开发商、房地产中介、酒店和创业公司）、个人和政府，缺乏例如金融机构、企业公司等社会部门的参与，供给主体较为单一。

当前我国住房租赁市场发展缓慢，究其原因，主要表现为以下几个方面：首先，我国尚未构建完善的住房租赁法律法规体系，目前仅北京、上海出台了住房租赁条例，且条例落实效果还有待考察。其次，租赁双方行为未得到有效规范，租金上涨过快、租赁关系稳定性差、个人房东租赁登记备案率低、房屋存在安全隐患等问题依然存在，监管机制有待完善。再次，市场供需错配问题较为突出，包括租赁期限不匹配、供求结构不平衡，且现有存量住房未得到有效利用。最后，长租公寓企业受政策体系不够完善、房源获取困难、融资成本高、投资回收期长等问题制约，发展面临困境，对于市场化租赁住房的政策支持力度还有待加强。

二、国际住房租赁市场发展的经验借鉴

（一）政府制定专项法律全面规范房屋租赁行为，完善住房租赁规范管理制度

典型国家均重视立法指导，构建了完备的房屋租赁法律体系，贯穿房屋建设、管理和维护的全流程。一是为土地征用等提供法律依据。新加坡《土地征用法》规定，建屋发展局可以以较低的价格征收土地以用于建设组屋。二是明确租赁双方的权利和义务，侧重保护承租人的合法权益。德国、日本均以《民法典》为核心，通过专门立法，以规范住房租赁市场。德国制定了《住房租赁法》《农佃法》《租赁保障法》《租房法》《出租权利修改法案》等，日本颁布了《民法》《借地借家法》《关于促进特定优质租赁住房供应法》等，以规范市场主体行为，维持租赁市场的稳定。三是建立住房租赁经纪管理制度，制定严格的市场准入制度，对中介机构及其从业人员的职责等进行了细化。如德国的《住房中介法》、美国的《代理法》均要求住房租赁中介机构持有牌

[①] 据《中国人口普查年鉴（2020 年）》显示，我国约 25.57% 的城市家庭租房居住。根据《中国统计年鉴（2020 年）》，我国城镇人口占比 63.89%，农村人口占比 36.11%。而据全国农房出租信息发布平台美丽新乡村网统计，截至 2022 年 12 月中旬，全国农村房子出租数量为 6000 多套，农村租房较少。

照，中介从业人员需要通过专业的考试或职业培训才能从事经纪业务。日本的《不动产交易商业法》等律法要求成立房产中介机构须满足盈利性、专业人员足额以及交付保证金等要求。

（二）通过资金支持、税收优惠、金融扶持等手段，增加租赁住房供给

在供给端，为鼓励房屋出租，典型国家通常采取资金、税收、金融支持措施，鼓励开发商开发并自持运营，扶持出租机构，鼓励个体出租人出租闲置住房。一是资金支持。英国对开发商建造社会出租房直接给予补贴。二是税收支持。为激励出租机构，德国主要采取所得税和公司税的折旧扣除、资本收益的免税制度两种税收支持手段。美国出租机构投资低收入社区将获得税收抵免。为鼓励个体出租，典型国家对出租房屋的业主实行税收优惠政策，部分国家对空置房屋征收空置税。在德国，将二套住房出租，可以免交"二套房税"。美国为了刺激私人出租房屋，允许私人出租给低收入家庭的住房加速折旧。三是金融支持。德国住房储蓄银行通过长期低息甚至免息贷款政策，鼓励私人业主和开发商投资开发适用于出租的房屋。英国投资10亿英镑成立租赁住房建设基金，推出100亿英镑的债务担保计划，为出租机构提供股权和债务融资。美国对REITs实施"穿透性税收待遇"，税法规定租赁型企业的收益与损失可以冲抵所得税应税收入，从而避免了双重征税。

（三）实行租金补贴政策，鼓励租赁需求

在需求端，通过推行租房券补贴政策，激发租赁需求，引导住房租赁市场的发展。美国采取租房补贴向需求端倾斜政策，针对公共、社会租赁住房，实行补贴计划。为解决房租在居民消费结构中占比过高的问题，出台了住房租金补贴政策。政府对低收入家庭进行租金补贴，住房租金主要采取租金凭证（对租房子的具体补贴凭单）和住房优惠券两种方式。里根时期将基于项目的补贴取消，保留了基于租户的补贴。1988年联邦政府将其更名为租房券（HCV）项目，相较于供给方的补贴，需求方的补贴效率更高，租客可以有更大的自主权在私人市场上选择自己合适的住房，同时避免了低收入家庭集中于某一地区的问题。这与我国租赁市场的货币补贴逐渐取代实物补贴有相似之处。德国总体上由市场手段来调控住房租赁市场，通过补助的形式帮助低收入家庭提升住房消费的租赁能力。依照《住房保障法》和《私人住房补助金法》，对较低收入的家庭发放租房补贴，以使其可以享受一定的住房标准。俄罗斯对军人及多孩家庭提供贷款补贴支持。

（四）构建以承租人为中心的权益保护制度

由于住房租赁的特殊性质，承租人往往处于弱势地位，典型国家在权益保护方面注重向承租人倾斜，包括保证租约稳定和进行租金管制等。

首先，建立租约终止保护制度。限制出租人任意终止住房租赁合同，以保持租

赁关系的稳定性与持续性。德国即颁布有《住房解约保护法》，严格限制出租人解约，仅在租客违约、房东有自用需求或改造升级需求情况下，才可解约，且必须拿出充分的证据征得承租人同意。日本的《借地借家法》规定，除房屋的出租人及承租人必须使用房屋的情形外，不得解约，且需提前半年向租户提出退房请求。随着日本人口结构的持续老龄化，日本于2001年颁布《稳定供应老年人住房保障法》，赋予独居老人或老年夫妇的终身租赁权。

其次，建立租金管控制度。在特定时期及特定地区，为控制租金过快增加，许多国家会进行租金管制，但是一般不作为长期持续使用的手段。德国制作租金一览表，设置对比性租金，严格控制租金调整。2013年，《住房租赁法修正案》规定，在市政府判定的住房供应严峻的区域，租金在3年内涨幅不得超过15%。截至2000年，美国仍有4个州（纽约、加利福尼亚、新泽西、马里兰）的200个城镇实施了不同程度的租金管制，包括设置基础租金和租金上限，限制租金上涨幅度和频率，这些地区的共同特点是城市人口密度高，租赁市场的需求大于供给。

最后，在疫情期间针对租赁住房推出纾困政策，以稳定住房租赁市场。英国住建局针对疫情期间住房租赁困难提出多条财政支持措施，暂停驱逐令。澳大利亚为因新冠疫情而陷入困境的租户提供一份租金减免清单。美国通过宣布暂停驱逐令、英雄法案、建立租金支付追踪系统等一系列措施以保护租客合法权益。

（五）加快构建面向低收入群体的住房保障体系

在加快建设住房市场的同时，为了解决贫民窟加速恶化问题，各国都重视建设面向低收入人群的住房保障体系。在德国，住房建设被视为德国社会福利机制的重要组成部分，20世纪50—70年代，为了解决二战后的住房短缺问题，德国政府通过提供30~35年无息住房建设贷款，鼓励投资企业开发建设公共租赁住房，通过税收减免和直接补贴的方法，激励建筑企业和社会群体建设社会公租房。20世纪60年代，美国颁布的《住房法》中202条款、236条款等规定，通过提供低息贷款等方式共建面向低收入人群的廉租房。1974年颁布的《住房法案》，激励私人开发商、业主与政府共同协作开发保障性住房（LIHTC项目）。美国政府设立"公共住房管理局"来实施公共住房的立项、建设和运营管理，其中包括为中低收入家庭提供公共租赁住房，公房租金一般不到市场租金的50%。20世纪50—60年代，日本大规模建造了公共租赁住房。1951年，为了推动面向低收入人群建造公共租赁住房的工作，日本颁布了《公共住房法》，日本政府为建造和运营公共租赁住房提供补贴，还向非常低收入的承租户提供租金补助。截至2013年，日本全国共有196万套公共租赁住房。英国社会住房最早可以追溯至1919年，2007年之前，地方政府是主要的供应主体，2008年以后，住房协会成为最主要的供应者。起初是作为部队新兵提供体面的住房，到20世纪50年代，重点转向清除贫民窟。"第106款协议"要求私营开发企业提供"经济适用住房"，以此作为获得规划许可的一个条件。

三、国外住房租赁市场发展经验对我国的启示

发达国家住房租赁市场起步早,经过长时间的积累,已经形成比较成熟的机制,对于我国住房租赁市场具有一定的参考意义。目前,关于供给端的激励集中于土地、规划、金融、财政支持,需求端的激励主要包括税收减免、公积金支持、公共服务均等化、公租房货币化。政策在深度和广度上还有待进一步挖掘,且经历三年疫情后,地方政府普遍面临财政紧张的问题,更需注重激发市场主体的活力。因此,本文主要从政府加强市场监管和充分发挥市场的调节机制两个角度,包括立法保障、权益保障、金融税收、租赁供应四个方面提出几点思考。

(一)政府加强对租赁市场的监管,完善政策体系

1. 加快构建住房租赁法律法规体系

完善的法律框架可以保障租赁的稳定性、租户的可负担性、房东的盈利性和房屋的安全性。目前,我国住房租赁法律体系的发展相对滞后,尚未出台住房租赁专项法律,且部分法规与市场实际存在脱节。因此,需加快制定住房租赁专项法律法规,明确各市场主体的责权利关系,规范住房租赁企业经营行为、政府相关部门的职责和处罚违法违规行为的依据,明晰商改租和租赁交易监管等政策、网上备案流程等,同时,为租赁住房REITs等新生事物提供法律规范。加强建立承租人权益保护制度,完善租户的居住保障政策,逐渐实现公共服务均等化。应将公共服务权利的享受机会"去房产化",从子女教育、医疗保障、就业扶持、养老服务、社会福利、政治参与等方面,不断扩大承租人的权利范围,使其与购房者享有同等的社会公共服务获取机会。

2. 完善基础管理制度

首先,加强对住房租赁登记备案的管理,住房租赁登记备案是加强城市社会综合管理的一项基础性抓手,应明确住房租赁登记后可享受的权利,如对稳定合法居住和就业的承租家庭给予应有的教育、医疗卫生等方面的公共服务享受权。其次,健全住房租赁市场监测体系,建立稳定的住房租金体制,做好租赁价格监测工作,适时发布租赁指数,对租金价格进行引导,便于形成良好的预期。最后,建立住房租赁行业的信用体系,将机构及其从业人员的信用评价机制与信贷、补贴等因素挂钩,加大对住房租赁违法违规行为的查处,形成信用体系的激励及惩戒机制,通过信用体系加强行业监管的制度化建设。

3. 加大财税金融政策联动

从供给侧角度,针对提供长租房房源和管理服务的企业、个人,加大其应缴税费的减免力度,探索与房地产税征收试点工作相联动,推动存量闲置住房进入长租房市场。扩宽住房租赁企业融资渠道,鼓励政策性金融机构通过发行专项债券等方式募集资金,加快推进房地产投资信托基金(REITs)试点,多渠道筹措资金,以减少房企

的资金沉淀压力，以便其能够获得"二次开发"的市场机会和溢价收益。从需求侧角度，重点落实租房补贴，拉动住房租赁消费。考虑到地方政府财政压力，可以采用租房券的形式，以调节租赁住房的区域性、结构性矛盾。

（二）充分发挥市场主体的积极性

1. 培养规模化、专业化的住房租赁企业

一是鼓励房地产开发企业通过自持物业发展住房租赁业务，伴随着城市化和大城市土地供应紧缺的问题，以住宅开发销售为主的传统发展模式也将难以为继，积极引导房地产开发企业从销售为主的经营模式向租购并举的经营模式转变，结合市场情况和区位条件，部分地块在出让环节增加自持比例。二是鼓励租赁企业与开发企业合作，通过收购或者长期租赁的方式，开展住房租赁业务。三是支持租赁企业盘活存量住房用于租赁，引入专业化品牌公寓企业，利用闲置或低效利用的工业厂房、办公用房以及个人住房，将其改建为租赁住房用于出租。加强市场调研，促进租赁住房精准供应，重点在产业园区和城市轨道交通沿线地区，减少承租人通勤时间，促进职住平衡。

2. 不断完善保障性租赁住房供应机制

建立市场租赁机构、功能性国企、非营利机构等社会化力量参与保障性租赁住房建设和运营管理的体制机制，提高保障性租赁住房供给效率。应加快推进租赁住房的建设，尤其是保障性租赁住房项目的开工和供应；梳理现有各类支持租赁住房政策，将符合规定的租赁住房纳入保障性租赁住房规范管理，并享受保障性租赁住房的相关优惠政策；利用集体经营性建设用地、产业园区配套用地、企事业单位自有闲置土地建设，有效盘活存量土地和存量住房。

3. 激发个体出租人的积极性

个人房东提供的分散房源量大且覆盖范围广，在住房租赁市场上占据重要地位。在房地产税优惠政策设计中，可考虑当房东签订长期租赁合同时，给予其一定房地产税抵扣优惠，以增加长期租赁房屋供给，实现租赁市场的长期稳定。搭配使用个人所得税（租金收入税）等进行综合施策，如对出租房屋征收房地产税时，可对租金收入税等相关税费进行减免等。

参考文献：

[1] 张东，马学诚. 中国住房租赁市场：现状、发展路径和影响因素[M]. 北京：中国财政经济出版社，2020.

[2] 毛馨卉，周璞，侯华丽，等. 住房租赁体系建设的国际经验与启示[J]. 中国国土资源经济，2022，35(10)：60-66.

[3] 吉野直行，马蒂亚斯·赫布尔. 亚洲新兴经济体的住房挑战：政策选择与解决方案[M]. 严荣，译. 北京：社会科学文献出版社，2017.

[4] 张英杰，任荣荣. 住房租赁市场发展的国际经验与启示 [J]. 宏观经济研究，2019（9）：115-122.

[5] 曹云珍. 日本租赁住宅市场的经验与借鉴 [C]// 中国房地产估价师与房地产经纪人学会. 房地产经纪的当下与未来：中国房地产经纪年会文集. 北京：中国城市出版社，2019：222-234.

作者联系方式

姓　　名：王　萍

单　　位：上海市房地产科学研究院

地　　址：上海市复兴西路 193 号

邮　　箱：18818275196@163.com

国外典型住房租赁经营模式的发展现状及启示

黄 卉 赵 丹 杨琳琳

摘　要：我国住房租赁市场不断发展，对加快改善城镇居民住房条件、推动新型城镇化进程等发挥了重要作用，但市场供应主体发育不充分、市场秩序不规范等问题仍然存在。当前，我国住房租赁机构化率仍然处于较低水平，住房租赁经营模式较为单一。本文选取了英国 Foxtons、Connells、美国 Greystar、日本 Minitech、Leopalace21 等五家典型的机构作为研究案例，对其发展概况与历程、经营模式进行比较分析，通过借鉴国外典型住房租赁机构的发展经验，为国内住房租赁经营模式的升级提供参考。对国外典型租赁机构的经营模式研究发现，在运营方式上典型机构普遍采取了线上线下相结合的方式提升经营效率，经营模式上经历了从包租模式向轻托管模式的多元化转变，结合服务对象及应用场景提供多样化租赁服务等。因此，研究建议积极引导多元化模式发展、促进良性线上运营环境、完善房屋和设备设施标准以及搭建行业信用体系等，以此完善对住房租赁机构的培育和发展，推动我国住房租赁行业的高质量发展。

关键词：住房租赁；经营模式；包租；轻托管

从国际大都市住房发展经验来看，机构化是提升租赁市场专业服务的必要途径和重要载体。培育专业化和规模化经营的住房租赁机构，有助于促进租赁市场以及房地产市场的平稳有序发展。根据2020年中房学公布的数据①，全国规模前100家住房租赁机构管理房源总数超过 400 万套间，机构持有管理运营房源占比不到 5%。美国由专业机构持有运营和机构托管的房源占比为 54.7%，英国为 66%，德国为 48%，日本为 83%。与国外住房租赁市场相比，我国住房租赁机构化发展水平不足。当前住房租赁机构发展面临诸多问题和挑战，我国住房租赁机构专业化发展水平较低，企业经营模式长期以来一直以赚取租金差价的包租模式为主，占比超 80%，新的模式尚处于起步阶段。住房租赁行业是重要民生行业，单一模式容易导致行业风险集中、产品服务单一化，不利于行业长期稳定可持续发展。现有的研究中有较多对国外租赁

---

① 中国房地产估价师与房地产经纪人学会.2022 中国住房租赁发展论坛举办 [EB/OL]. https：//finance.eastmoney.com/a/202205182384409121.html.

市场进行了研究，如施继元[1]、何伟等[2]、刘波[3]等均对美日英德等国的租赁市场进行了研究，为我国发展租赁市场提供借鉴，本文则聚焦国外典型住房租赁的经营模式，对我国租赁机构提供经验借鉴，有利于模式的迭代升级，推动国内住房租赁机构经营模式的多元化发展。

一、国外典型租赁机构发展历程及现状

国外成熟的住房租赁市场会培育出城市稳定运营的机构，经过研究对比，选取英国Foxtons、Connells、美国Greystar、日本Minitech、Leopalace21五家典型机构。依据各机构财报、公开研报等，对五家企业的发展现状进行对比，如表1所示。

国际典型租赁机构经营现状指标对比　　　表1

国别	Foxtons	Connells	Greystar	Minitech	Leopalace21
	英国	英国	美国	日本	日本
机构类型	交易、租赁	交易、租赁	住房租赁类	住房租赁类	住房租赁类
机构营收	1.265亿英镑	10亿英镑	50亿美元	260亿日元	4601亿日元
机构利润率	7.10%	7.69%	—	8.2%	5.90%
租赁营收	7430万英镑	1.83亿英镑			4127亿日元
租赁营收内容	业主服务费	业主服务费	委托建设费 业主服务费 租客租金 租客服务费	业主服务费 租客服务费	委托建设费 托管服务费 租客租金 租客服务费
租约/房源量	2.5万	15万	75.4万	26.6万	57.3万

资料来源：Wind，各个企业公开财报，招股说明书，贝壳研究院整理。

Foxtons[4]成立于1981年，目前在伦敦市场占有率约为10%，在伦敦的物业品牌中知名度排名第一。Foxtons拥有1000多名专业人士，在50多个相互关联的分支机构工作。为英国伦敦住宅物业市场提供服务，分为销售、租赁和抵押经纪。截至目前，Foxtons支持了超过2.5万个租户，包含50多个互相连接的分支机构。

Connells Group[5]成立于1936年，为英国最大、盈利能力最强的地产代理和物业服务供应商之一。主要经营服务内容包括将住宅销售、租赁服务及一系列个人与机构所需的服务相结合的服务类型，包括经纪代理、住宅出租、拍卖、土地和规划、新房、抵押服务、资产管理、机构出租、能源级别认证、转让、经适房服务、商业代理等。除Connells之外集团还拥有80多个知名本土经纪品牌，全国拥有1250多家分支机构，1.6万员工规模，服务范围覆盖英国大部分地区，市场份额10%，其中每年地产销售量约14.1万单、租约管理超过15万单、抵押贷款超过350亿英镑。

Greystar[6]成立于1993年，多年专注于发展跨地域租赁公寓，以垂直一体化的运

营商业模式支撑着全球各地租赁住房项目的发展，业务涵盖投资管理、开发设计、运营管理三大领域，管理着 585 亿美元的资产，持有全球超过 207600 套自持公寓 / 出租床位资产，在开发项目价值约 140 亿美元，作为总承包商开发超过 47000 套公寓，在全球层面则管理着超过 78.3 万套公寓，是美国最大的租赁公寓运营商和英国第三大学生公寓业主。

Minitech[7] 成立于 1975 年，是 Minimini Group 旗下专营出租物业综合管理、转租等业务的租赁管理服务公司，依托于集团旗下专门从事住宅租赁经纪业务的 Minimini 公司，从租赁中介业务延伸至租赁资管业务领域，业务模式以委托管理为主。2022 年 5 月管理租赁住宅 26.6 万套间，2021 年公司营业收入为 260 亿日元。

Leopalace21[8] 成立于 1973 年，是日本租赁住宅管理户数位列日本第五的资产管理公司，2021 年管理户数为 57.3 万户，在东京证券交易所第一部（主板）上市，目前总市值约 45 亿元人民币。随着经济大环境的变迁，Leopalace21 在产业价值链的位置多次移动，目前主要营业收入则为资产管理业务。

二、国外典型住房租赁经营模式特征

从各机构详情对比来看（见表 1），五家机构在管房源体量最高约 75 万，各机构同时在轨运营商业模式 1～3 类，取费模式分业主端取费、双边取费两类，见表 2。分运营流程来看，大部分机构的包租、代管模式均覆盖招租阶段、租务管理阶段，部分中长期包租模式覆盖到房屋空置期管理阶段。

国际典型租赁机构经营模式对比详情　　　　表 2

国别	Foxtons 英国	Connells 英国	Greystar 美国	Minitech 日本	Leopalace21 日本
具体模式	F1：长租模式	C1：租户介绍	资产管理模式	M1：托管模式	L1：30 年空置担保
	F2：长租 + 租后管理	C2：租户介绍 + 收租		M2：最低租金保障模式	L2：30 年轻担保
	F3：短租 + 租后管理	C3：全面管理			L3：委托管理
模式种类	3	3	1	2	3
收费模式	业主端取费	业主端取费	双边取费	双边取费	双边取费

资料来源：贝壳研究院整理。

住房租赁机构的运营流程一般分为房屋筹备、招租匹配、租务管理、空置期管理四个阶段。大部分机构的包租、代管模式均覆盖招租阶段、租务管理阶段，小部分中长期包租模式覆盖房屋空置期管理阶段（图 1）。

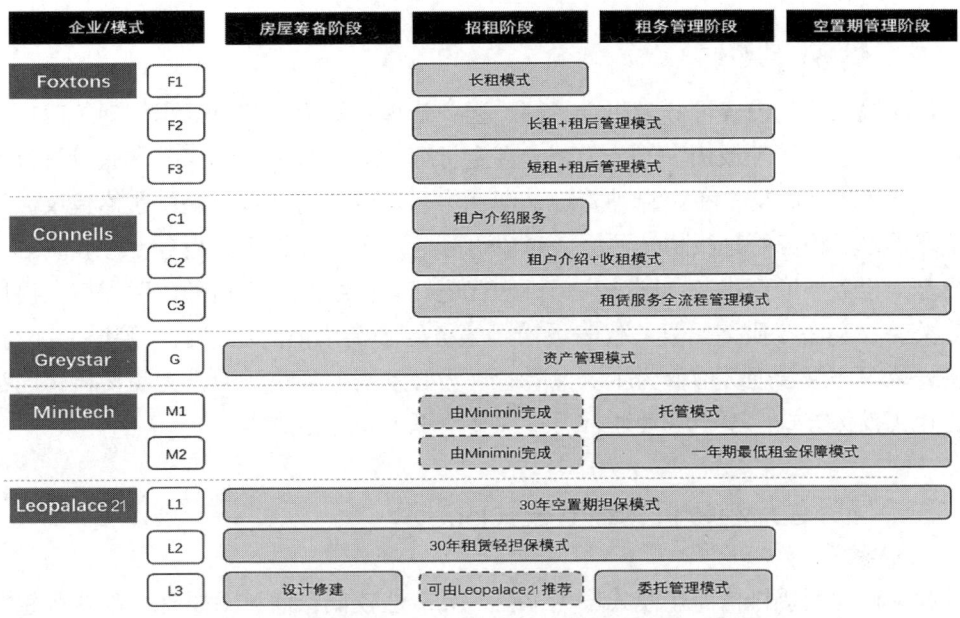

图 1 国际典型住房租赁机构各类经营模式分布情况

(一) 房屋筹备阶段

该阶段包括房源获取、房屋装修及配置、房屋检查验收等几个关键环节。房源获取是住宅租赁机构的护城河，头部机构的房源获取主要分为两类路径：一类，集中式新建及改造类，通过业务链条向前延伸，形成垂直一体化产业链条，自动获得后续租赁运营权；另一类，个人闲置住宅装修盘活及直接激活类，则主要通过经纪赋能、房东端多样化模式吸引等方式。关于租赁房源的优化配置，由基础到增值可以分为四类，分别为硬装翻新、家居配置、家电配置、风格化软装配置。配置方式可分为由租赁机构内化能力提供，外包由第三方机构提供两类。房屋检查环节各机构基本均以行业规范为基准进一步精细化制定机构标准，其中长期托管类、包租类及自营类模式房源更倾向制定机构自有房源标准。

(二) 房屋招租阶段

该阶段一般可分为租金定价、招租推广、信用审查、合同签订四个关键环节。招租阶段的房客匹配是运营提效的核心环节，头部机构全部采用"线上＋线下"全渠道营销模式，以线上展示搜索平台建设结合线下自营网点建设为主。当前租房青年基本均为互联网原住民一代，信息平台成为不可缺少的经营基础设施。信息平台主要覆盖三个功能，包括信息展示、条件筛选及交互操作。特别是条件筛选、交互操作两项功能，能有效提升租客根据自身需求进行房源匹配的效率。住房租赁信用记录系统通常包括三类主体，租客信用记录、房东信用记录、租赁机构信用记录。

（三）租赁管理阶段

该阶段按管理内容可分为租金管理、租务管理、保险管理及退租管理等四项主要管理板块。租金管理板块一般分为租金押金管理，即代房东按法律要求完成符合租金押金监管要求的收支；租金滞纳管理，即代房东拟定违约条款、提供法律建议以及提起法律诉讼。租务管理板块按照服务对象可分为房东租务、租客租务，按收费方式可分为基本租务、增值租务。国外头部机构普遍拥有精细的增值租务体系，房东侧以出租相关报税、法律质询回复、代表诉讼等事务管理类增值为主，租客侧以专项清洁、设备安装等房屋管理类增值为主。保险管理为必备服务板块，通常为租赁机构向第三方公司代投保方式。退租管理通常通过押金清算抵扣还原成本。

三、国外住房租赁机构经营模式的启示

我国住房租赁机构商业模式较为单一，灵活性较低，通过对国外头部住房租赁机构的经营模式进行深入分析，为我国住房租赁机构经营模式升级迭代提供借鉴。

（一）由包租模式向轻托管模式转变

以国外经验为例，轻托管模式运营机构将原来向业主支付的固定租金价格，调整为结合实际出租率与市场租金水平计算的动态租金价格，并将空置期由机构全部承担转变为由业主或业主与机构共担。Leopalace21最初推出了"30年租赁空置期担保"，经过业务的快速发展，30年的房屋管理与房租保证成为巨大的固定成本负担，向业主刚性兑付租金占租赁业务成本结构的77%。为改良"30年租赁空置担保模式"的"过重"问题，Leopalace21推出了"30年租赁轻担保模式"，该模式下每个月支付房东的租金与市场租金、房屋空置情况相挂钩，房屋空置风险由房东承担，Leopalace21作为委托方收取每月租金的5%作为托管手续费，同时收取租客换租过程中的中介手续费。

（二）通过线上线下相结合的方式提升经营效率

Foxtons、Connells等国际头部住房租赁机构通过线上化快速提升机构运营管理效率。在房源线上呈现上，以客户需求为导向，清晰呈现待出租房源的室内装修、家电配置、小区环境等信息，同时持续提升搜索效率，Foxtons在2009年便构建了3D线上搜索技术。在线上交易流程上，从租户申请、租户签约、租金支付、租后服务以及退租流程打造全流程线上化。Foxtons 2012年就实现全流程线上交易，Connells则通过租房申请线上化积累了庞大的租户数据，房屋去化能力快速提升。在机构内外链接上，基于机构数据库，提高客户需求与行为的预判，强化租客端营销能力。Foxtons凭借领先的数据库与CRM系统，将内部自动工作流系统、管理信息以及职能运营与

外部"My Foxtons"门户网站、搜索平台相关联，有效驱动业务增长。

(三) 交易、租赁联动提升经营效率

英国 Foxtons、Connells 及日本 Minitech 都经历了从经纪业务延伸至租赁经营业务的发展历程。租赁经纪通过交易撮合解决租客匹配、房源寻找的需求，为了实现租客的全租住周期的需求与品质服务，机构将业务进行延展，延伸至租赁经营，形成了"交易驱动经营，以经营促进经纪"的联动模式。

该模式有三个显著特点：一是以交易业务为基础。依托于线下门店的交易业务，机构快速获取房客源信息，通过线下与租客交互，提升信任基础，促进业务开展。二是租赁经纪业务为经营业务导客。完成交易撮合业务后，租客可以继续选择租后服务来提升租住品质，机构通过服务精细化，包括保洁、维修、安装、合同等，形成一揽子产品服务包，提升租住体验，以多元化经营业务促进经纪业务开展。三是租购联动。通过深度服务加强客户黏性，打造机构自身护城河。从住房生命周期来看，从租房到买房、再到改善，是一个持续的换房链条。租赁经营业务通过为客户提供深度服务，强化品牌认知，为后续客户买房、换房需求做好铺垫与引导。

(四) 结合服务对象及应用场景提供多样化租赁服务

相比于国内住房租赁机构，国际头部住房租赁机构面向租客、房东提供的服务更为多样化。房东服务方面，以 Connells 为例，房东端提供服务内容包括全程管理、租户寻找、租户参考、房屋翻新维修、空置物业服务、客户账户和报告、租金收取及拖欠管理、租赁协议准备、房屋安全检查、租金评估等，其中还包括为房东提供报税手续代理，包括提供保税相关报表、协助寄送保税材料等。在租客服务方面，国外头部住房租赁机构提供的服务内容包括：①线下紧急状况，如钥匙遗失、意外被困房间、房屋遭入侵等；②线上房屋使用咨询，如断气、断水等；③线上健康咨询及心理辅导，如居住过程中受意外伤害、因压力患精神疾病等；④其他权益类服务。此外，在换租方面，很多机构也提供了面向现有租客的换租优惠。Minitech 的租客端服务方案中，明确若因工作调动、结婚、分娩等原因需要更换租住位置或户型，可以搬迁至 Minimini 集团旗下由 Minitech 管理的物业，继续享受房屋租住使用权，同时免收任何类型的换租费，具备相类似服务方案的还有 Leopalace21。

(五) 积极参与行业信用系统共建

国外头部住房租赁机构积极参与由政府主导、市场推动的信用系统建设。共建内容按信用记录对象可分为租客记录、房东记录、住房租赁机构记录，涵盖租客、房东的银行信用历史记录，租赁机构的经营信用记录等内容。其中，租客信用记录主要应用于住房租赁机构收集并向房东提供的信息参考，重点内容包括租客个人收入、个人征信、有无破产记录、有无犯罪记录、历史租房不良行为记录等；房东信用记录主

要用于租赁机构收集，重点内容包括房屋是否具备出租资质、房东历史出租违规记录等；住房租赁机构信用记录主要应用于租客、房东机构选择时参考，主要内容包括机构违规经营记录、机构员工违规行为记录等。

四、对我国住房租赁经营发展的建议

当前我国住房租赁行业正处于新模式发展关键时期，综合以上对国外典型住房租赁经营模式的分析，结合我国住房租赁市场发展现状，对推动国内住房租赁企业发展模式创新提出以下建议。

（一）引导住房租赁机构拓展多元化经营模式

结合国际企业经验和我国企业实践，住房租赁企业靠单一的商业模式往往面临较大的经营风险，建议引导住房租赁企业拓展多元化商业模式。在住房租赁经营上，不仅限于包租模式，鼓励企业积极拓展轻托管、重资产模式。对于轻托管模式，鼓励运营成熟的品牌住房企业通过输出运营品牌，获取并运营住房租赁房源。对于个人房东端或非改租产权方，引导住房租赁企业由刚性兑付转向灵活兑付，定期发布租金水平作为租赁双方调整租金的参考，使得通过品质基础服务和品质服务来获取房源，而非更高的租金承诺。对于重资产模式，可引导住房租赁企业与房地产企业联合开发建设租赁房源。

（二）推动形成良性住房租赁线上运营环境

从租客的需求导向来看，住房租赁"线上+线下"运营是未来发展的必然趋势，建议通过严格线上监管措施，加快推动线上住房租赁服务平台，形成良好的租赁线上运营环境。从国际头部企业经验来看，住房租赁企业将持续推动线上化住房租赁运营，以持续提升企业内部的运营效率，降低企业的运营成本。因此建议，一方面完善和落实对互联网租赁房源发布以及信息保密等相关的监管措施，如"真实房源"等，现阶段《北京市住房租赁条例》已经对互联网信息发布作了明确的规定，未来需加快相应的细则规定；另一方面，推动住房租赁行业基础设施的线上化，如加快住房租赁信息平台的建设，使得住房租赁合同备案以及行业监管更有效、便捷。

（三）完善住房租赁房屋和设备设施标准

个人房东租赁房源及租后服务参差不齐，所需的租赁监管成本较高，建议完善住房租赁房屋及屋内的设备设施标准，通过发挥住房租赁企业的专业价值，持续提升租客租住体验。借鉴国际经验，为了保障租客端的合法权益、提升租客租住体验，政府应积极推动住房租赁房屋标准及设备设施标准的建立，包括房屋出租前的检查标准、个人房东押金监管与退还、出租房屋税务管理、房屋维修义务界定、合同备案等。住

房租赁企业是住房租赁品质产品和专业服务的载体，鼓励个人房东向住房租赁企业委托出租房源，依托住房租赁企业积极落实作为个人房东应当承担的义务。借此提升租客租住体验，也能更大地发挥住房租赁企业的专业价值，助力"租购并举"的实现。

（四）搭建住房租赁行业信用体系

建议由主管部门或行业协会主导，推动住房租赁行业参与方共建行业信用体系。目前，国内很多城市已经初步形成了住房租赁企业黑白名单、信用评价的政策，建议在此基础上，打通司法信用、银行信用、工商监管、行业协会等的信息通道，形成覆盖企业信用、房东信用、租客信用的信用体系，为租客选择租赁企业/个人房东、房东选择租赁企业/租客、租赁企业选择房东/租客、各类投资方选择住房租赁企业提供借鉴和参考，以此建立住房租赁行业监管和运行的良性循环。

参考文献：

[1] 施继元，李涛，李婧骅. 国外住房租赁管理经验及对我国的启示 [J]. 软科学，2013，27（1）：31-36，46.

[2] 何伟，殷文凯. 住房租赁市场之国际比较 [J]. 中国房地产，2021（31）：25-29.

[3] 刘波. 国外大城市稳房租的经验及启示 [J]. 城市观察，2018（6）：82-89.

[4] Foxtons 机构官网 [EB/OL]. [2022]. https：//www.foxtons.co.uk/.

[5] Connells Group 机构官网 [Z/OL]. [2022]. https：//www.connellsgroup.co.uk/.

[6] Greystar 机构官网 [Z/OL]. [2022]. https：//www.greystar.com/.

[7] Minitech 机构官网 [Z/OL]. [2022]. https：//www.minitech.co.jp/.

[8] Leopalace21 机构官网 [Z/OL]. [2022]. https：//www.leopalace21.co.jp/.

作者联系方式

姓　　名：黄　卉　赵　丹　杨琳琳

单　　位：贝壳找房（北京）科技有限公司贝壳研究院

地　　址：北京市海淀区创业路 2 号东方电子科技大厦

邮　　箱：黄　卉（huanghui01@ke.com）

国外住房租赁市场的经验与启示

陈晓玲

摘　要：本文旨在分析国外住房租赁市场的现状和特点，并比较其与我国住房租赁市场存在的差异。国外住房租赁市场的法律法规和监管机制相对完善，租赁住房供给来源多元化，采用租金控制手段，租赁双方享有金融税收优惠和土地专项供应及税费减免等优势。然而，我国住房租赁市场存在供求不均、公共服务不足、监管机制不够完善、租购不同权等问题。为促进住房租赁市场的健康发展，本文提出了一系列对策和建议，包括完善法律法规和监管机制、加强租赁服务和管理水平、增加住房租赁供给、扩大市场规模以及建立租赁市场信用体系等。

关键词：住房租赁；国外经验；住房租赁市场；住房政策；租购并举

一、引言

随着我国城市化进程的加速和人口流动的增加，住房租赁市场已成为我国房地产市场中的重要组成部分。然而，住房租赁市场的快速发展面临着一系列问题和挑战，包括供需不平衡、公共服务缺乏、监管机制不完善、租赁市场发展滞后、租购权利不平等、租户权益难以得到保障、金融服务滞后等。这些问题不仅妨碍了市场的健康发展，也给租户和房东带来了极大的困扰。因此，为改善住房租赁市场状况，借鉴国外的经验和做法，并探索适合我国国情的租赁市场改革方案变得非常紧迫。本文的主要目的是通过探讨国外住房租赁市场的经验和启示，为我国住房租赁市场改革提供可行的思路和参考。

二、国外住房租赁市场概述

住房租赁市场是发达国家房地产市场不可或缺的一部分。在这些国家，租赁市场发展历史悠久，租客数量众多，且配套的租赁服务体系十分完善。下文以德国、英国、美国、法国、新加坡、日本、俄罗斯等国家的租赁市场为例，介绍它们的现状和主要特点。

（一）德国的租赁市场现状

在供应方面：德国是住房租赁比例最高的国家之一，目前租赁住房占比达58%，而自有住房比例仅为42%。德国的租赁房源主要由私人和机构提供，而家庭租户占据了市场供给的81%，市场规模集中化。

在法律制度方面：德国主要通过《住房建设法》《住房补贴金法》《住房租赁法》和《私人住房补助金法》等住房政策和制度来保障住房供应。此外，《联邦土地税法》和《房地产交易税法》确立了土地和房产税的征收原则。德国长期以来坚持以租房为主的房地产政策，并拥有独特的"房地产储蓄"制度。

在租金管控方面：德国的住房机构和住房管理协会依据市场租金情况制定并定期更新《租金明镜》（房屋租金参照表），以过去3~4年类似的租赁住房租金跟踪计算来调整各级租金标准。如果房东的租金超过指导价格的50%，则被视为可能牟取暴利，最高可判处三年有期徒刑。此外，德国政府于2013年出台新规，规定租金3年内涨幅不得超过20%，否则房东将面临一定的处罚。

在土地政策方面：政府会将符合规定的土地用于保障房建设，并推出土地税和所有税的减免政策，以促进企业将自有土地用于建设福利性租赁住房。

在税费方面：德国针对租房市场制定了优惠的税收政策，出租房屋可以享受税收减免。

在金融监管方面：德国的房地产金融制度采用基于抵押贷款价值的抵押物价值评估和固定利率主导的方式，差别化补贴和税收制度有效地降低了房地产市场的投机行为。

（二）英国的租赁市场现状

在法律制度方面：英国的法律体系以住房为核心，包括《住房法案》《购买权法案》《住宅与建房控制法》《住房与规划法》及其修正案，以及《城乡规划法》等。

在租金管控方面：针对私人租赁住房，英国采取"租期管制"政策以稳定租金价格指数并减少租金波动。但由于住房私有化和长期住房短缺等原因，房价长期上涨，使得住房资产价值在居民财富中所占比例具有绝对优势。同时，英国为租住私人房屋的租户提供住房津贴，并直接支付给房东。公共租赁房则主要采用"租金绑定收入"和"限制规定最高涨幅"政策，并出台相关配套政策以提高公租房使用效率。

（三）美国的租赁市场现状

在供给方面：美国的住房租赁市场占比高达37%，提供多种方式，其中直接提供资金的方式包括年度租房计划、组团基金和租房券等。租赁住房的供应渠道多样化，涵盖私人房地产开发商建造的租赁住宅、美国住房和城市发展部（HUD）与开发商合作建造的租赁房屋，以及联邦政府建造的保障性住房。

在法律制度方面：美国在国家层面出台了《公平住房法案》《住房租赁统一法》和《租客保护法案》等一系列法规，不断完善政府和市场在租赁住房发展中的职责。

在租金管控方面：对于市场化租赁住房，美国部分州政府规定租金上限及上涨幅度。例如，华盛顿特区规定困难群体（例如老年人和残障人士）租金水平不得高于居民消费价格指数（CPI），且涨幅低于5%。对于公共和社会租赁住房，美国采取了向需求端倾斜的政策，使用租房券等货币补贴来调节低收入家庭的租金，并享受税收优惠，例如免征贷款利息税、所得税和减免财产税等。

在土地政策方面：美国主要采用土地私有地产模式，通过对租赁项目的供应方和承租人进行两头补贴，促进整个住房租赁市场的发展。

在税费方面：物业所有者需要缴纳高昂的房产税；业主通过"自住2年，出租3年"的免税模式，可以周期性增加房源供应；房屋折旧用于抵税，进而减轻租赁房屋的租金。美国还采用PPP模式，即社会资本合作开发住房项目，其中的税收抵免指标可以在二级市场进行交易，从而为开发商带来额外收益。

在金融监管方面：美国不断加强房地产金融审慎制度，推行标准化评估贷款人的贷款能力和执行"指数指导利率"政策。此外，美国还设立了第三方贷款机构来全程监督贷款发放，成立了金融稳定监督委员会和消费者金融保护局等机构，以加强宏观审慎管理，建立抵押贷款实施标准，并巩固房地产金融市场的平稳运行。这些措施不仅有助于公共房地产政策的实现，还加强了一级和二级市场的监管。

（四）法国的租赁市场现状

在供给方面：法国推行低租金和廉租房政策，这些廉租房占据了法国住房总数的17%。此外，法国的租赁期限是永久性的，这为租户提供了更加稳定的居住环境。

在法律制度方面：法国于"繁荣三十年"时期颁布了《保护承租人权益的公共秩序义务法》，该法规定房屋所有人必须承担保护承租人利益的责任。

在金融监管方面：法国政府对房地产金融化进行了严格的监管，通过国家补贴和人员任命等方式干预。政府制定了多项政策，包括为房地产建设和竣工提供补贴，为自建和出租房屋提供一次性补贴，为低收入家庭提供额外贷款，并设立房地产储蓄项目等，以促进可持续的房地产市场发展。

（五）新加坡的租赁市场现状

在供给方面：新加坡的住房市场主要由公共房和私人房组成，其中公共房占据了该国房地产市场的80%。政府对公共房进行精细化管理，制定了严格的准入、配售、转售和惩罚机制，并由法定机构进行统筹规划和统一定价。此外，政府还为低收入者提供额外的中央公积金补贴，帮助他们购买住房。

在土地政策方面：新加坡主要采用土地公有制度。

在法律制度方面：新加坡出台了《中央公积金修改法令》，明确规定政府对公积金的统筹使用权。

在税费方面：政府通过转移支付手段对部分公积金和组屋租金进行管理，帮助困难家庭满足住房需求。此外，政府还购买政府特别债券为土地征用和建屋发展局申请贷款提供资金支持，从而间接促进了组屋建设。

（六）日本的租赁市场现状

在供应方面：日本的"公营住房"仅占日本住房总数的4.7%，而私人业主则提供了70%的租赁住房。

在法律制度方面：政府制定了一系列法规，如《民法》《借地借家法》《促进特定优质租赁住房供应法》等，明确规定了租赁双方的权利义务和租金管理，并注重监管租赁企业的准入和营业管理。政府制定了《住房租赁公司登记规则》《不动产经纪业法》等法规，以约束和规范市场。此外，政府还颁布了《长期优良住宅普及促进法》，以促进优质存量住宅的流通，增加租赁住房供应，解决因人口缩减而造成的部分住房空置的问题。

在土地政策方面：日本的土地大多是私有的，政府鼓励土地所有者自建自住并出租。为鼓励市场化租赁住房的发展，政府放松了土地和容积率的管制。

在税费方面：政府将非自用房地产视为商业用房，提高了相关贷款利率。

三、针对我国住房租赁市场的建议与措施

（一）完善法律法规和监管机制

在国外发达国家的住房租赁市场中，政府加强监管和制定完善的法律法规是市场健康发展的重要保障。我国住房租赁市场目前尚缺乏完善的法律法规和监管机制，这导致了市场秩序混乱、违规行为频繁出现。因此，我国应该借鉴国外发达国家的经验，建立完善的法律法规和监管机制，适时出台房租管控措施，制定房租平均水平标准。

（二）加强租赁服务和管理水平

在国外发达国家的住房租赁市场中，各类租赁服务机构的服务质量和管理水平相对较高，这为市场提供了有力的保障。我国住房租赁市场中，需要进一步提升租赁服务机构的服务质量和管理水平，严格落实房屋租赁合同备案制度，严厉打击黑中介，推进"租售同权"、税收优惠，租赁企业提供一站式拎包入住服务。

（三）增加住房租赁供给，扩大市场规模

我国住房租赁市场规模相对较小，供需矛盾尤为突出，需要进一步增加住房租赁供给以满足市场需求。为此，政府可以出台相应的政策措施，鼓励社会资本进入住房

租赁市场，促进空置房源流转至租赁市场，以增加住房租赁市场的供给。同时，政府还可以通过土地出让等方式，将商业用房、写字楼、空置国有厂房等改建为租赁住房，土地使用年限和容积率不变，土地用途按程序调整为居住用地。改建后的租赁住房应执行居民价格标准，推动租赁住房的建设和供应，进一步扩大住房租赁市场规模。

（四）建立租赁市场信用体系，提高租赁市场透明度和稳定性

在住房租赁市场中，存在着房东和租客之间的信任问题，这也是制约住房租赁市场发展的因素之一。建立租赁市场信用体系，可以提升住房租赁市场的透明度和稳定性，提高租赁市场参与者的信任度。政府可以推动建立租赁市场信用评级机构，收集并公开租赁市场参与者的信用信息，帮助房东和租客更好地了解对方，降低交易风险，促进租赁市场的健康发展。

（五）推动住房租赁市场与金融市场的融合发展

住房租赁市场与金融市场的融合发展可以促进住房租赁市场的规范化和健康发展。政府应当鼓励金融机构参与住房租赁市场，提供租赁贷款、租金保险等金融服务，以满足市场需求。此外，政府还可以支持住房租赁企业的融资，例如住房租赁贷款、房地产信贷投资基金等，拓展融资渠道，同时发展个人房屋消费租赁贷款，促进住房租赁市场的发展。

（六）加强住房租赁市场相关数据的收集和分析

住房租赁市场相关数据的收集和分析对于制定科学合理的政策和发展住房租赁市场具有重要意义。政府可以建立住房租赁市场监测和数据分析平台，及时收集和分析住房租赁市场的相关数据，为政策制定提供科学依据。

（七）更新消费者的住房观念，通过经济杠杆的手段向租房倾斜

将房地产物业回归住宅属性，维持稳定的租赁价格，不受通货膨胀的影响，提高租房的长期性和稳定性。政府可以采用补贴和税收优惠相结合的方式，适时推出房产税，实现租售同权，让租房者和购房者享有同等的权利。

参考文献：

[1] 李嘉.英国住房租赁市场管制政策演进及其借鉴[J].价格理论与实践，2022（3）：72-76，203.

[2] 王桂虎，侯懿芮，王宇.房地产金融化对共同富裕的影响评价研究[J].西南金融，2022（11）：17-28.

[3] 刘波.国外大城市稳房租的经验及启示[J].城市观察，2018（6）：82-89.

[4] 彭莉莉，邹江. 国外住房租赁市场发展的经验及启示 [J]. 科技资讯，2021，19（15）：232-234.

[5] 付一夫，童鸾. 美国住房租赁市场调控经验的启示 [J]. 大众理财顾问，2018（10）：26-27.

[6] 毛馨卉，周璞，侯华丽，等. 住房租赁体系建设的国际经验与启示 [J]. 中国国土资源经济，2022，35（10）：60-66.

[7] 汪建强. 规模化住房租赁企业的政策塑造：德国经验解析 [J]. 石家庄学院学报，2020，22（5）：60-65.

作者联系方式

姓　　名：陈晓玲

单　　位：北京京城捷信房地产评估有限公司

地　　址：北京市朝阳区芍药居甲 2 号院 1 号楼北楼 4 层

邮　　箱：2507391@qq.com

德国住房租赁市场发展特点及管理经验借鉴

许 军　钱佳琦　陈 敏

摘　要：近年来，我国住房租赁市场经历了快速发展，住房租赁市场规模不断扩大，租赁住房已成为居民满足住房需求的重要途径之一。在住房租赁市场快速发展的同时，也存在一些亟待解决的管理痛点，如租赁价格管理、供需结构平衡管理等。通过对国外租赁住房市场先进管理经验的学习与借鉴，可以有效地引导我国住房租赁市场持续、稳健、健康地发展。德国是一个拥有成熟住房租赁市场与完善住房租赁管理体系的国家，本文通过梳理德国住房租赁市场的发展历程与市场特点，分析德国住房租赁市场的政策制度及管理特点，研究总结出德国住房租赁市场健康有序发展的根本原因，并分析德国住房租赁管理经验对我国住房租赁市场发展的重要借鉴和启发意义。

关键词：德国；住房租赁市场；管理经验；住房租金评估

一、德国住房租赁市场的发展历程及市场特点

（一）发展历程

1. 增加住房供给（1949—1978 年）

二战结束后，德国面临着严重的住房短缺问题。据统计，前联邦德国有近 225 万套住房在战争中被摧毁，相当于当时住房存量的 20%。为了加快住房建设，德国推行了"公共住房管控体系"，在资本市场无法向市场提供足够融资的背景下，积极推动非盈利的住房公司建设租赁住房。同时，政府制定了《第一住房法》，即推动建设"在设施、面积和租金等方面都适合广大群众"的住房，并以"在 6 年内建设 180 万套社会住房"作为目标，这是德国社会住房建设的开始。

2. 鼓励社会投资（1979—1990 年）

经过战后近 30 年的发展，德国的住房体系基本形成，住房短缺问题也得到了基本缓解。但在 1976—1980 年间，德国的失业率近 3%，比前 5 年提高了 1 倍多；同时，德国对社会住房建设的大力支持也给联邦财政带来了一定的压力，尤其在 20 世纪 80 年代初，包括美国、英国等主要西方国家开始推行新自由主义政策，这在一定程度上也影响了德国的住房政策。德国在这一时期积极推动社会力量参与租赁住房的供应，

包括减少政府对社会住房建设的投资,通过税收减免等手段鼓励各类机构投资建设租赁住房。

3. 保持市场平稳(1991—2010 年)

在此期间,德国人口总量减少,老龄化趋势凸显。同时,经济增速持续下滑、失业率增加。20 世纪 90 年代,基于人口结构变化及人口迁徙等原因,德国面临着住房供应紧张的局面,需着力加强住房供应。政府对住房建设提供建房补贴、税收优惠以及低息贷款等措施,新房建设量快速增加。同时,受 2008 年全球金融危机的影响,德国的住房市场也受到了较大冲击,"稳定住房市场"是该时期德国住房政策的主要目标。

4. 应对新挑战(2010 年以来)

首先,也是受 2008 年全球金融危机的影响,欧洲部分国家陆续出现"欧债危机",德国的房地产市场在房价上体现出了一定程度的上涨;其次,人口老龄化程度加剧以及外来移民增加,不仅提高了其住房自有率,同时也增加了住房需求;再次,国外避险投资需求的增加也对德国房价起到了助涨作用。面对以上情况,德国政府通过颁布《阻止住房紧张的市场中租金过快上涨》等相关法律,同时加大住房建设力度来抑制租金增长过快。

(二)市场特点

德国住房租赁市场是欧洲最大、最成熟的市场,其住房租赁体系相对成熟,呈现出住房租赁占比较高、租房供给主体多元、租房市场结构稳定、管理制度健全等特征。

1. 德国住房租赁比超过 50%,远高于欧盟其他国家和美国

德国目前的住房租赁比在欧盟成员国中排名第一,且远高于欧盟其他国家和美国。根据德国联邦统计局 2019 年发布、2020 年更新的《德国住房》报告最新数据显示,在总人口约 8000 万的德国,共有存量住房 4198 万套,除去宿舍类住房和空置住房,实际居住的住房共有 3692.7 万套,这其中租赁住房 1976.8 万套,占比 53.5%,住房自有率比不少发达国家低。德国主要城市中租赁住房占比最高的柏林,其住房租赁比更是高达 82.6%。

2. 德国整体租住需求持续旺盛,未来有更多市场化机构进入

通过对德国住房租赁运营机构的监测来看,在近十年的发展过程中,行业的资本投资回报率(ROA)始终保持稳定(约 3.1%),这充分反映出德国整体住房租赁市场较为成熟稳健。而投资回报率(ROI)和净资产收益率(ROE)处于逐年稳步攀升状态,说明德国住房租赁市场仍处于供小于求的状态,租住需求持续旺盛,同时加上德国政府对于行业的扶持政策,将吸引更多市场化机构进入(图 1)。

3. 德国租赁住房以集合住宅形式为主,2 室与 3 室户是租赁市场的户型主流

在德国 1976.8 万套出租住房中,1734.5 万套住房为集合住宅形式,位于多层或

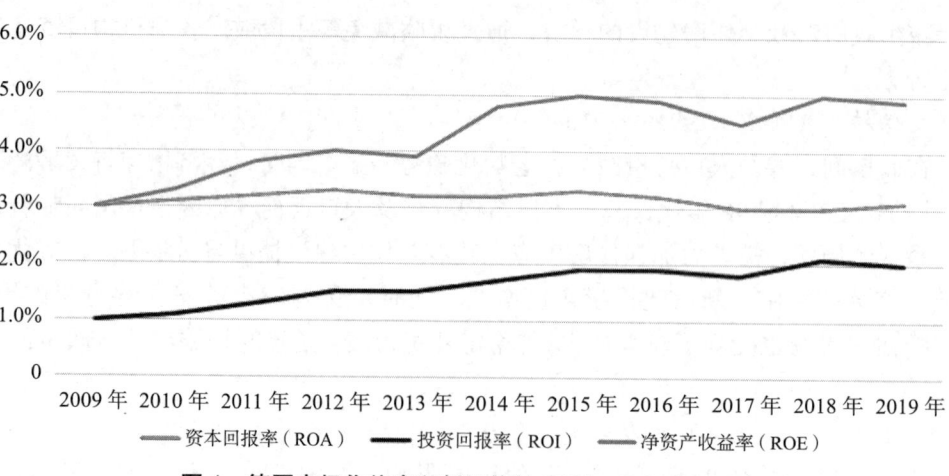

图1 德国市场化住房租赁机构的 ROA、ROI 与 ROE

高层建筑中,242.3 万套住房位于小住宅中(独栋、双拼、联排)。同时,2 室户占比 32.51%,3 室户占比 37.34%,二者之和为 69.85%,是租赁住房市场的户型主流。

4. 德国租房人群多为已退休者、白领、蓝领以及失业人员

德国住房平均套内使用面积为 94.7m^2,户均人口 2.1 人,人均住房套内使用面积为 45.1m^2;同时,德国目前房屋拥有者平均年龄为 59.1 岁,且 39.4% 为已退休者,购房的主要目的是为退休提供保障和投资。与之相比,租房人群多为已退休者、白领、蓝领以及失业人员。

二、德国住房租赁市场的管理特点

德国住房租赁市场的发达得益于诸多方面的原因,政府充分发挥了对住房租赁市场的调节作用;同时,住房合作社是德国住房租赁市场的重要组成部分,接受政府支持并受法律与章程保护。

(一)政府充分发挥对租赁市场的调节作用

德国在建立"单一制"租赁住房体系之初便采取政府积极干预及政府与市场整合的方式,在保证租金稳定的同时,有效平衡租房质量供给并调动供给主体的积极性。相对于欧洲其他发达国家,德国联邦政府对自有住房的补贴力度低,通过政策鼓励私人和开发商投资建造或更新旧房用于出租,同时德国政府还通过立法规范房东和租户的行为,保证租赁关系的稳定和租金在合理范围内调节,进而保证房东和租户的利益。

(二)完善的住房租赁管理政策法规是德国住房租赁市场发展的根本与基础

德国住房租赁市场法律法规是非常完善的,《住房保障法》《住房租金补助法》《住

房租赁法》以及《私人住房补助金法》被称为德国住房政策的"四大支柱",分别从社会保障性住房供给、中低收入家庭的房租补贴、住房租赁市场的规范和私有住房租金管理等角度为住房租赁提供了重要的法律依据,有力地维护了住房租赁市场的稳定,有效地保护了承租人的利益,使得租房者可以获得较高的居住安全感。

(三)住房合作社承担了为中低收入群体提供住房的职能

住房合作社(housing cooperatives)是德国租赁住房市场的重要组成部分,据统计,德国每年合作建房在所有新建租赁住宅中占比超过30%,其接受政府支持并受法律与章程保护,成为市民以低成本获得稳定生活的重要选择。住房合作社起到了积极的社会功能,它扩大了社会住房在住房存量中的占比,进而通过调节住房与租房需求以维持房价与租金的稳定。住房合作社呈现以下四方面特征:

(1)住房合作社的租金低于市场租金;

(2)住房合作社所建住宅的产权归其所有,但社员对合作社住房享有终生使用权,且使用权可以继承;

(3)住房合作社出租对象灵活;

(4)住房合作社收取的房租,在扣除建房贷款本息及房屋日常运营费用后,分配给社员。

(四)积极鼓励扩大租赁住房供应,保障住房租赁市场结构稳定

1. 大力兴建公共租赁住房

二战后,由于大量移民和难民的涌入造成了严重的住房短缺,为解决住房危机,德国政府在20世纪50—70年代采取了一系列措施,大力推进公共租赁住房建设。但德国政府并不直接建设公租房,而是向投资企业提供长达30~35年的无息住房建设贷款,由其开发建设,建成后在一定期限内,由政府将该部分房屋以低于市场价格的租金出租。租金与市场的差额由政府补贴给投资企业,企业还清贷款后可按市场价格对该部分房屋进行出租或出售。

2. 鼓励私人投资建设租赁住房

德国政府通过住房政策性金融工具激励私人投资租赁住房。政府会对投资者建设租赁住房予以免税或直接补贴,相较于建设出售性房屋,建设租赁住房可以享受更多的税收优惠。此外,政府或其他非盈利组织会为租赁住房投资提供长期的低息或无息贷款,这些措施促进了租赁住房的大量建设,使得德国租赁房源充足。

三、德国住房租赁市场价格管理体系及租金管理

(一)严格的租金和租约管控制度是德国住房租赁市场的有力保障

德国租赁住房法律体系通过保护租户权益(尤其是租金与租约的稳定性)来维护

住房租赁权和住房租赁市场的稳定性,这是德国租赁住房管理制度的核心指导思想。其租金管理制度包括:

1. 租金管制

德国实行房租指导价格制度,严格规范租金定价,各城市政府每年出台当地租金基准价格,限制租金涨幅。租金管制的目的是为了避免低收入人口在住宅需求较大的地区流离失所,这是符合公共利益的合法目标。近年来,德国政府积极推行的租金管制制度成功地减缓了不断加速的租金增长趋势。其实施的租金管理政策包括:

(1)《民法典》:德国现行租赁住房领域最重要的法律是《民法典》(BGB)中的《租赁住房合同法》(《民法典》第535至580a条,2020年修订),规定针对住房紧张的市场中未来5年的租金设定上限;同时,现有租约的租金上限不可超过3年内当地平均租金的20%;超过20%被视为违法行为,房客有权将房东告上法庭;超过50%的,房东被认为赚取暴利,可判入狱3年。

(2)《租金上涨和阶梯式租金(Staffelmiete)》:在德国,房屋租赁协议需列出有关未来租金上涨的相关条款。包括房东要上调租金,须满足租金15个月未变且目标租金不超过市政当局或其他城市的大小、设施、质量、地段等条件相当的同类型住房的租金标准。租金在3年内涨幅不得超过20%;在市政府判定的住房供应严峻的特殊区域,不得超过15%,新签订租赁合同的租金不得超过租金标准的1.1倍,特殊限制期最长5年。此外,若房东向租客收取"阶梯式租金",后续将不允许额外增加租金。

(3)《柏林议案》:该项议案于2020年2月正式实施,对2013年之前建造的公寓设置租金上限,并在5年内冻结柏林150万套公寓的租金,将每平方米9.8欧元作为租金上限,以控制市民的租房成本。

2. 租约管制

严格限制租赁解约,对房屋租赁合同解除权的严格限制是德国住房租赁法律控制的核心手段。在德国住房租赁合同默认为无固定期限合同。房东若要签订固定期限合同,必须在出租时就向租客书面说明自己在租约到期时对住房另有所用,合理用途仅限于:①希望将房屋用于自住或供其他家庭成员居住;②合理的拆除、改建或修复住房的需求,如果继续出租将给这些举措带来巨大困难;③有义务将房屋租赁给其他需要服务的人。否则房东不得随意解除租约,政府提供强有力的解约保护,充分保障了租客居住权益的稳定性。

(二)租金补贴与金融支持双管齐下是德国推动住房租赁市场持续健康发展的关键

1. 租金补贴制度

住房租金补贴是目前德国对低收入家庭住房保障的主要方式。为保证每个德国家庭都能有能力支付房租,政府根据家庭人口、收入和房租支出情况给予居民一定的补贴。《住宅补贴法》规定，低收入家庭实际缴纳的租金与可负担的租金之间的差额，由政府补贴。具体补贴形式为："热租"[①] - 月收入 × 补贴系数。示例：50m² 住房的"热租"为 350 欧元，居民月收入为 1000 欧元，则每月可获得 50 欧元的租金补贴（350 欧元—1000 欧元 × 30%）。总体而言，租金补贴不得超过"热租"的一半。

2. 金融支持政策

德国租金收益率较高，同时利用税收和金融手段，促进租赁住房供应。德国住宅租金收益率稳定在 3%～5% 的较高水平，远超德国 10 年期政府债券的收益率，房主主动出租房屋意愿强。

（三）住房租金评估特点

1. 租金的定义及分类

德国住房租金的结构分为"热租"和"冷租"。[②]

"热租"（Karmmiete）：包括建筑的服务费用，有时还包括公用事业费，如煤气、电力、服务费用、互联网和电话费等。

"冷租"（Kaltmiete）：仅限租金，不包括杂费，即水费、暖气费、房屋维修保养费用等。其中，"净冷租"：指不含所有运营成本的每平方米居住空间的月租金，具体为：

①不包括集体供暖和热水供应的成本；②没有所谓的"冷"运营成本；③无任何装修和转租附加费；④无因非住宅用途使用生活空间而产生的任何附加费。

简而言之，"冷租"对应的是我国不含水电费等运营成本的"纯租金"，"热租"对应的是我国含运营成本的租金。

2. 住房租金体系与租金价格

德国住房租金体系编制制度是德国租赁管制制度的核心基础支撑和管理依据。一方面，德国住房租金的编制可以为承租方、租赁方提供定价参考；另一方面，德国的住房租金指数也为房屋租金价格调整及住房租赁市场政府监管提供基础。

德国住房租金指数体系核心组成部分为租金价格一览表，通常由市镇或者出租人与承租人的利益代表人共同制定，主要包括两部分：一是说明租金价值的数值部分，反映当地对比性租金；二是说明性的正文部分，包括试用时间范围、试用空间范围、房屋如何按特定表格分类、如何运用特定的房屋价值特征以及如何估算意外产生的附加费说明等。同时，法律上认可两种调整方法，居民消费价格指数（CPI）的调整或借助抽样调查的修改。优先选择何种方法取决于当地房屋市场变化且由租金价格一览表的制定者决定。

租金价格一览表也被称为"租金明镜"（Mietspiegel），它显示了一个地方同类住

---

① "热租"定义详见下文"租金的定义及分类"。
② "热租"与"冷租"的定义出自《Berliner Mietspiegel》（2021 年版）。

房平均、最低、最高租金的租金参照表，由专门机构参照该地区前四年的"冷租"水平制定，每两年调整并向全社会发布一次，对已有租房合同以及新租房合同的租金水平均有非常细致的规定。其修订通常参考住房的地理位置、房屋面积、修建年代等基础信息，以及房屋内装材料、设备、给水排水情况、采暖结构等信息，试图准确地反映当地房租水平，以与市场相符合为依据，对住房的旧约租金和新约租金及加租和减租的方式、程序和要求进行具体规定。

"租金明镜"对信息采集的具体标准设定如下。①

1）位置

对住宅位置分类是基于科学原理创建的住宅位置确定模型，通过编制广泛的统计指标，在数据模型中进行处理，并检查其合理性，在此基础上进行住宅区位分类。以柏林为例，其住宅位置分为三类：简单，中等和良好。

2）面积

以"平方米"为单位的面积作为确定面积的标准。

3）设备

公寓中的设备是租金评估非常重要的参考因素；公寓设备一般由出租人提供。基于设备考虑的租金类别有：带集体供暖的公寓、自带浴室和卫生间的公寓。

同时，设备功能应考虑以下因素：

浴室是一个独立房间，并配有浴缸（或淋浴）、炉灶、即热式热水器、足够大的热水箱。热水的供应可通过中央系统完成；集体供暖系统被理解为包含所有类型的供暖，其中热量和其他能量从中央位置产生。地板采暖或家庭供暖（燃气、油、电供暖）可充分加热至所有的生活空间，相当于集体供暖。同时，应评估其他特殊功能的设备及其质量。

4）公寓状况

公寓的状况在"租金明镜"中按年代（占用/建筑年代）来区分。因不同公寓的基本状况本质上是由特定时期内习惯性的建造方法所决定的。原则上，公寓分为建筑年代和/或建筑建造年份。现代化的建筑物通常是按照建筑物准备入住的原始年份进行分类，包括重建、修复、现有建筑的扩建、创建或改变居住空间。

为了评估不同时期的不同建造方法，对公寓进行了分类：旧公寓与新公寓、只有西部地区不含西斯塔肯的新公寓，以及仅限东部地区和西斯塔肯的新公寓。

5）住宅建筑的能源状况

在评估租金时，供暖和热水供应系统的成本对租户来说尤为重要。能源消耗越低，住房的价值相应增加；能源消耗越多，住房价值相应减少。

"租金明镜"的评估标准：

增加或减少住房价值的特征可以影响当地的住宅租金：基于平均值正或负——

---

① "租金明镜"对信息采集的具体标准设定出自《Berliner Mietspiegel》（2021年版）。

以下特征组各占 20%：

浴室 / 卫生间 20%；

厨房 20%；

公寓 20%；

建筑物 20%；

居住环境 20%。

在"浴室 / 卫生间""厨房""公寓""建筑物"和"居住环境"五个特征组中，住宅价值会相应增加或减少。根据这些特征的累积，租金低于或高于平均水平。具体地说，如果增加住宅价值的特征在一组特征中占主导地位，则租客有理由支付平均值和上限值之间差额 20% 的附加费。如果降低住宅价值的特征在特征组中占主导地位，则扣除该范围的平均值和低估值之间差额的 20% 是合适的。在此基础上，必须首先根据指导计算显示的平均值与计算范围值之间的差异（表1、表2）。

住房价值特征在"租金明镜"中的分类与应用示意　　表1

Merkmalgruppe	es überwiegen	daher +/−
1. Bad/WC	wohnwerterhöhende Merkmale	+20%
2. Küche	wohnwerterhöhende Merkmale	+20%
3. Wohnung	wohnwerterhöhende Merkmale	+20%
4. Gebäude	wohnwertmindernde Merkmale	−20%
5. Wohnumfeld	wohnwertmindernde Merkmale	−20%
	Ergebnis	+20%

"租金明镜"部分表格示意　　表2

Bezugsfertigkeit			1918年	1919—1949年	1950—1964年	1965—1972年	1973—1990年 West[2]	1973—1990年 Ost[12]	1991—2002年	2003—2017年
Ausstattung			Mit Bad，Sammelheizung und Innen-WC							
Wohn-fläche	Wohn-lage		1	2	3	4	5	6	7	8
40m² 以下	einfach	A	799 556~1311	789* 607~878	650 560~913	687 606~893	765* 751~895	722 693~806	—	—
	mittel	B	852 679~1237	774* 651~864	693 571~915	664 595~833	782** 539~825	701 652~731	—	—
	gut	C	1157* 661~1439	758** 651~958	755 643~941	900 824~986	840** 755~1020	721 677~883	—	—
40~60m²	einfach	D	682 532~1005	647 548~828	607 544~809	594 511~709	754 627~875	608 578~662	845 779~1031	1174* 981~1528

续表

Bezugsfertigkeit			1918年	1919—1949年	1950—1964年	1965—1972年	1973—1990年 West[2]	1973—1990年 Ost[1][2]	1991—2002年	2003—2017年
Ausstattung			Mit Bad，Sammelheizung und Innen-WC							
Wohn-fläche	Wohn-lage		1	2	3	4	5	6	7	8
40~60m^2	mittel	E	751 547~1036	681 569~785	618 545~772	605 549~702	782 643~887	602 546~677	827 751~927	996 736~1264
	gut	F	813 606~1109	698 608~924	659 571~794	721 535~1011	851* 746~932	608 589~704	986 823~1124	999 784~1211
60~90m^2	einfach	G	640 488~1011	593 512~735	564 488~688	551 494~615	735 615~910	533 504~579	780 630~868	1303 858~1499
	mittel	H	684 489~1011	631 515~740	607 534~716	577 514~647	809 576~921	533 465~582	799 680~913	1020 901~1233
	gut	I	757 568~1104	718 598~925	661 556~846	672 526~840	841 668~995	563 517~636	919 753~1114	1033 894~1289
90m^{2}以上	einfach	J	630 484~924	620* 520~724	—	553 494~612	727 589~837	529 483~554	805 671~942	1208 861~1392
	mittel	K	684 493~991	608 516~860	684** 568~1154	546 512~621	772 604~876	531 466~562	828 729~964	1019 890~1287
	gut	L	741 554~1060	676 575~903	832 676~940	839 762~899	910 714~1207	538 514~600	991 826~1183	1163 944~1384

以柏林为例，根据柏林市政府的介绍，对柏林"租金明镜"制定的具体流程如下：

（1）柏林市政府从政府的大数据系统中抽样12万户租赁户（约占总租赁住房的0.8%，主要是租客），委托专业研究机构发信，询问是否愿意接受租金调查。一般会有效回收1.5万封左右；

（2）专业研究机构根据租客意愿，上门进行调查，详细了解住房租金、房屋装修等具体情况；

（3）专业研究机构对收集的市场租金数据进行统计汇总，区分区域、房屋质量、户型结构、房屋装修等不同因素，列出租金统计结果（图2）；

（4）市政府根据统计结果，确定一个取值范围（例如取统计数据平均值的3/4或3/5），提出新的租金标准方案；

（5）为保证租金指数合理公正，兼顾各方利益，政府会组织三个房东组织代表（州房东联合会、别墅和建筑用地联合会、柏林建房联合会等）、三个租客代表（租客联盟、租客联合会、租客协会等），共同对新的租金标准进行磋商，最终由政府部门确定新的租金标准，提交法院审计后（主要审租金指数确定的程序），向社会公布。

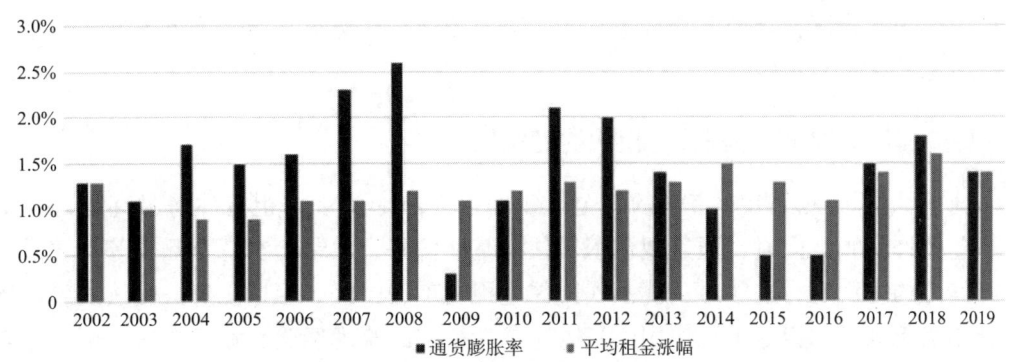

图2 德国住房租赁（公寓）平均租金涨幅与通货膨胀率对比

通过上图可以看出，德国住房租赁市场租金走势多年来一直保持稳定，涨幅与通货膨胀率基本持平，这反映出德国住房租赁市场在一系列政策引导下，租金走势平稳，管理成效显著。

四、参考意义与借鉴

德国住房租赁市场的发达离不开其相对完善又长期稳定的法律法规、政策条例，德国联邦政府在制定规划的过程中，会考虑居民的新增购房需求以确定每年住房供应的总量，同时考虑居民的收入差距，对高端、中端和低档房屋的结构作出明确规定，确定住房的结构供应，针对社会福利住房的差价对开发商提供补贴；对于低收入人群，德国各地政府会根据人口结构来调整社会福利房的比例，提供了大量的廉价保障性住房和保障性租赁住房。

同时，德国政府充分发挥了对租赁市场调节的积极作用；租金控制依托市场机制，运用能真实反映一个地区市场租金水平的"租金明镜"，结合法规严控租金增长；并始终瞄准"居住权"这一目标，建立优先保护租户权益的租房制度，在此基础上建立相对公平的住房租赁市场，使得租房成为德国家庭的主要居住方式。

德国成熟的住房租赁市场管理实践经验，为培育和发展我国住房租赁市场、深化住房租赁市场管理制度提供了深远的借鉴。

（一）"租购同权"政策的实施，有效保障租赁双方权益

从德国多年来不断修订完善的法律条款和实施情况来看，德国为低收入租赁市场、中高收入租赁市场以及售卖市场在住房回归消费属性上提供了供需两端的权利对等，包括供给端的住房质量对等，以及需求端的住房使用者社会身份无差别化、无歧视化。对于我国住房租赁市场的长远发展而言，"租购同权"政策的落实和实施是房地产长效机制的有力抓手，需要我们进一步规范和完善相关法规与细则，消解由政府、中介、房东、开发商或集体等不同主体供应租赁住房所产生的区域差异明显、租

房质量不一、租房权利模糊等现象，同时对承租人门槛进行一定程度的放宽，以确保租赁房源的质量与供应量。

（二）法律严格保障租金与租约的稳定性

德国为保证住房租赁市场的租金稳定，以立法形式规定租赁住房最高允许租金和租金允许涨幅。同时，通过规定租赁住房基准价格、限制房东任意涨价等具体措施保障其租约的稳定，这些对于规范我国住宅租赁市场、完善租赁住房法律法规和市场监管体系起到了一定的示范作用。我国应参考德国的管理经验，积极探索、逐步建立"稳租金"的租金管制制度和法规，有效地限定租金增长率；同时，对租赁解约实施严格限制，以保证租客居住权益的稳定。

（三）提供住房补贴及保障性住房，为住宅供应与租赁需求提供充分保障

德国有一系列帮扶租赁住房中的弱势群体的相关政策，包括鼓励各类私人机构建设更多的保障性住房（即社会住房），针对低收入家庭，可按申请者的收入水平，收取不同的租金；同时提供住房租金补贴、住房救济金以及低息无息贷款，这些对于我国的住房保障体系有着一定的参考意义。针对低收入且住房困难的家庭，我国应健全住房保障体系，积极开发保障性住房以及提供一定的住房租金补贴，这些作为解决我国低收入家庭住房困难的有效途径，应被高度重视。

（四）住房租金评估的借鉴

德国的"租金明镜"包含了装修、户型、大小、区位等主要住房价值要素，因此其很好地发挥了租金指数对于住房租金价格的指导作用。该体系对于建立我国住房租赁市场监测指标体系的借鉴意义包括：①充分考虑影响租金水平的价值要素，精细化地监测各类住宅的租赁价格变动情况；②租金指数编制过程、结果应该保持公正、合理，建立市场公信度，通过监测租赁价格变动更好地指导市场行为。

德国住房租金评估有着一套严格的制定体系与相关标准；同时，其内涵定义更是通过政策法律的严格规定与监管，有法可依，有章可循。我国也应对住房租金的评估进行多元性、体系性、细节性的规定，通过法律严格落实，积极促进住房租赁市场的稳定发展。

参考文献：

[1] 几言. 德国住房租赁市场的发展及其经验 [J]. 上海房地，2019（1）：50-57.

[2] 张昕艺，夏菁，孙斌栋. 德国社会市场模式下"单一制"租赁住房发展的经验与启示：以柏林为例 [J]. 国际城市规划，2020，35（6）：23-30.

[3] 卢求. 德国租赁住房政策与市场发展研究 [J]. 当代建筑，2021（2）：26-29.

[4] 谷彦伟. 德国房地产税制及启示 [J]. 中小企业管理与科技（下旬刊），2012（10）：75-76.

[5] Dokumentation zum berliner mietspiegel[J]. ALP Institut für Wohnen und Stadtent wicklung, 2021.

[6] Gesetz zur regelung der wohnungsvermittlung（Act to regulate the real estate brokerage）[M]. BGB1. Iat, 1971: 1745-1747.

[7] GESLEY J. Germany: constitutional court rules rent control law constitutional[J]. Library of congress, 2019.

[8] BERLINER M. Senatsverwaltung für stadtentwicklung und wohnen kommunikation[J], 2021.

[9] Berlin Senate Department for Urban Development[J]. Building and housing, 2022.

[10] HAUFE-LEXWARE. Wohnungswirtschaftliche daten und trends 2020/2021: zahlen und analysen aus der jahresstatistik des GdW. Germany[M]. 12edition. 2020.

作者联系方式

姓　　名：许　军　钱佳琦　陈　敏

单　　位：上海联城房地产评估咨询有限公司

地　　址：上海市静安区康定路979号

邮　　箱：许　军（XJ@uvaluation.com）；钱佳琦（qianjiaqi@uvaluation.com）；
　　　　　陈　敏（Chenmin@uvaluation.com）

注册号：许　军（3119970004）

英国住房租赁市场融资机制及其启示

吴 佳 江 莉

摘　要：本研究从英国租赁住房的主要供给方，即住房协会与私人租赁住房部门两个维度，对其融资方式进行比较分析。其中，住房协会的融资来源主要为非营利性金融机构与债券市场，私人租赁住房部门主要采用住房按揭、私募基金、房地产信托等方式进行融资。在融资机制方面，在"政府—企业—社会"的分析框架下，英国政府通过成立非盈利性的融资平台，重视对投资者利益的保护；企业不断提高运营能力，实现收支平衡；英国社会已构建较为完善的社会信用体系，租客、房东与中介机构的信用与授信挂钩。在三方共同作用下，英国租赁住房企业的融资成本得以降低，租赁住房市场的过度金融化问题也得到了有效解决，促进了租赁住房市场与金融市场的良性循环。通过上述研究，以期为我国租赁住房市场的融资约束提供有益的经验借鉴，促进租赁住房市场平稳健康发展。

关键词：英国；租赁住房市场；融资模式；住房协会；私人租赁住房部门

在我国，增加租赁住房供应规模，丰富租赁住房产品的供应层次，是解决大城市新市民和青年人住房问题的重要途径。规范发展住房租赁市场，加快培育专业化、规模化的住房租赁企业是租赁住房市场发展的重要内容。然而，现阶段住房租赁市场制度设计不完善、金融支持制度创新不足、创新性融资产品匮乏[1]，融资约束成为租赁企业专业化、规模化发展的掣肘。在英国，二战后凯恩斯主义经济政策思想得以延续，国家仍主要通过金融市场和房价的增长来维持经济发展[2]。房地产作为金融市场的重要资产抵押品，随着市场金融化的发展，"市场利润来源于金融产品之间的转化，而不再是来源于传统贸易和商品的制造，进一步形成了一种路径依赖"（Krippner，2005[3]）。近年来，受房价不断攀升、劳动力市场收入差距增加的影响，英国租赁住房的需求呈现增加态势；同时，针对私人业主BTL（Buy to Let）贷款产品，以及开发商的BTR（Build to Rent）模式，也为私人租赁住房部门（Private Rent Sector，PRS）的快速发展贡献了重要力量（Michael，2019[4]）。鉴于此，本文研究了英国租赁住房市场供给主体的融资方式与融资机制，以期为我国租赁企业融资渠道的拓宽形成有益的经验镜鉴。

一、英国租赁市场的发展现状

从英国整个住房市场来看,可以分为自有住房与租赁住房两部分,两者占比大致为6:4。在租赁住房方面,如图1所示,可分为私人租赁住房与社会租赁住房,近年来两者占比逐步接近,2013年后,私人租赁住房的占比已超过社会租赁住房。考虑到住房发展具有较强的路径依赖性,预计后期私人租赁住房的规模增长仍将维持在较高水平。

在社会租赁住房方面,如表1所示,自金融危机以来,住房协会在社会住房中的占比累计增加了1个百分点,与此同时,地方政府在社会住房中的占比呈现逐步减少态势。从区域情况来看,受高房价影响,英国伦敦地区的租赁市场占比高于全国水平,如表2所示,2020—2021年自有住房合计占比为50.7%,低于全国自有住房比例的64.9%。

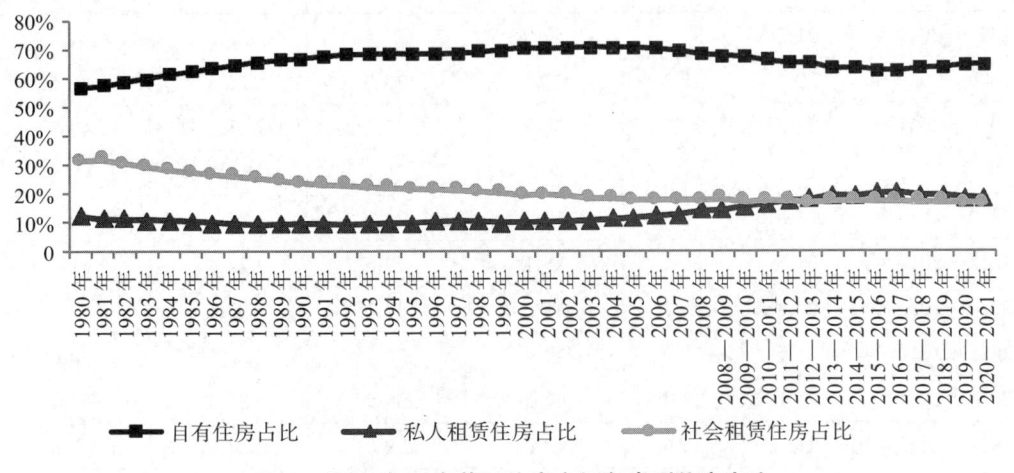

图1 1980年至今英国住房市场各类型住房占比

(资料来源:2018—2019 English Housing Survey Headline Report)

2008—2021年英国各类型住房占比(单位:%)　　　表1

年份	完全自有	贷款购房	自有住房合计	私人租赁住房	地方政府	住房协会	社会住房合计
2008—2009年	31.4	36.5	67.9	14.2	8.8	9.1	17.8
2009—2010年	31.7	35.7	67.4	15.6	8.1	9.0	17.0
2010—2011年	32.0	34.0	66.0	16.5	8.4	9.1	17.5
2011—2012年	31.7	33.5	65.3	17.4	8.1	9.2	17.3
2012—2013年	32.5	32.7	65.2	18.0	7.7	9.1	16.8
2013—2014年	32.7	30.7	63.3	19.4	7.3	10.1	17.3

续表

年份	完全自有	贷款购房	自有住房合计	私人租赁住房	地方政府	住房协会	社会住房合计
2014—2015 年	33.2	30.4	63.6	19.0	7.3	10.1	17.4
2015—2016 年	33.9	29.0	62.9	19.9	7.0	10.2	17.2
2016—2017 年	34.1	28.4	62.6	20.3	6.8	10.3	17.1
2017—2018 年	33.9	29.6	63.5	19.5	6.8	10.2	17.0
2018—2019 年	34.4	29.4	63.8	19.3	6.8	10.1	16.8
2019—2020 年	34.9	29.7	64.6	18.7	6.6	10.1	16.7
2020—2021 年	34.7	30.1	64.9	18.5	6.6	10.1	16.6

资料来源：2020—2021 English Housing Survey Headline Report。

2008—2021 年英国伦敦各类型住户占比情况（单位：%） 表 2

年份	完全自有	贷款购房	自有住房合计	私人租赁住房	社会租赁住房	租赁住房合计
2008—2009 年	21.7	31.2	52.9	21.5	25.5	47
2009—2010 年	22.1	31.4	53.5	23.0	23.5	46.5
2010—2011 年	21.5	29.2	50.7	25.4	23.9	49.3
2011—2012 年	19.6	29.7	49.3	26.1	24.7	50.8
2012—2013 年	21.8	28.9	50.7	24.1	25.2	49.3
2013—2014 年	21.5	26.6	48.1	29.6	22.3	51.9
2014—2015 年	22.8	26.7	49.5	27.2	23.3	50.5
2015—2016 年	23.4	26.0	49.4	28.1	22.5	50.6
2016—2017 年	25.1	22.4	47.5	30.0	22.4	52.4
2017—2018 年	21.7	26.6	48.3	29.0	22.6	51.6
2018—2019 年	22.8	27.1	49.9	27.4	22.7	50.1
2019—2020 年	23.4	26.2	49.6	28.1	22.2	50.3
2020—2021 年	22.2	28.5	50.7	26.8	22.5	49.3

资料来源：2020—2021 English Housing Survey Headline Report。

（一）供应主体

在供应主体方面，英国租赁住房主要来源于私人租赁住房（Private Renters）、住房协会（Housing Association）和地方政府（Local Authorities）。

私人租赁住房包含了个人租赁住房和机构租赁住房。其中，个人租赁住房主要是房东通过房屋中介机构与租客签订租赁协议；在机构租赁住房方面，除了房地产开发商在建设商品住房过程中需要配建社会住房以外，国内外投资管理公司近年来也成为了英国私人租赁住房市场的主要机构。自金融危机以来，2006—2016年，英国自有住房的市场占比减少了1.4%，同时，单身家庭的租赁住房近乎占据了整个租赁住房市场的50%。在这种情形下，私人资本公司（如Invitation Homes、Starwood Capital、Blackstone、Colony Capital）都开始涉足单身家庭租赁住房（Single-family rentals，简称SFRs）业务，并着手大力发展"建造租赁"（Build-to-Rent，BTR）模式，并引入专业运营商以提高租户的满意度，该模式改变了英国以往以个人租赁住房为主导的租赁市场结构。

住房协会（Housing Association，HA）是英国社会租赁住房的主要供应者。在20世纪80年代以前，几乎所有社会住房都是由当地政府提供。自19世纪以来，发源于慈善组织的住房协会和私人非营利机构在住房制度中发挥了独特作用，以20世纪70年代为例，住房协会主导了社区重建工作。随着公共住房私有化与地方政府存量住房的转让，住房协会成为了社会租赁住房的供应主体。尽管住房协会成立的最初目的在于供应租赁住房，成为政府可支付性住房供应的有益补充，然而由于其本质上仍是房地产集团的一个分支机构，因此，住房协会业务通常并非全部是社会租赁住房。从组织性质来看，Back & Hamnett（1985）认为住房协会是介于私人和公共组织之间"模棱两可"的状态，尽管它们接受公共基金的资助和政府监管，但是并非是公共部门[5]。在不同的政策情形下，这也为住房协会参与公共住房与私人住房市场提供了操作空间（Malpass，2000[6]）。近年来，研究者将住房协会定义为"四不像组织"，表现为非完全的私人、公共、志愿性质，但是它们又承担了多个部门的职责（Mullins，et al.，2012[7]）。

当前，由英国地方政府提供的社会租赁住房被称为市政住房（Council Housing），前期由社区与地方政府部门（Department for Communities and Local Government，DCLG）进行统筹协调，该部门于2018年更名为住房、社区与地方政府部门（Ministry of Housing，Communities and Local Government，MHCLG）。该机构的主要职责为：增加住房供应，提高住房所有权比例，推动地方政府在住房领域的发展，并且为社区提供公共服务。其中，该部门通过资金支持与资金担保，以及对地方政府住房支出提供财政预算拨款，以期增加住房供应规模。

（二）租赁需求

近年来，受金融危机和欧债危机影响，英国租赁住房需求呈现不断增长态势。一方面，社会租赁住房的新增供应在减少，住房协会等非营利性组织也开始倾向于发展私人租赁住房，导致家庭申请的轮候时间在不断加长；另一方面，近年来房价上涨明显，购房负担增加，导致了自有住房占比进一步减少。如图2所示，受金融危机影响，2008年4季度英国房屋平均价格呈现明显下跌，其他时间段均呈现稳步增长态势。以2020年3季度为例，受政府推出的印花税减免政策、消费复苏和住房置换需求的增加影响，英国住房价格较前一季度上涨了12%。

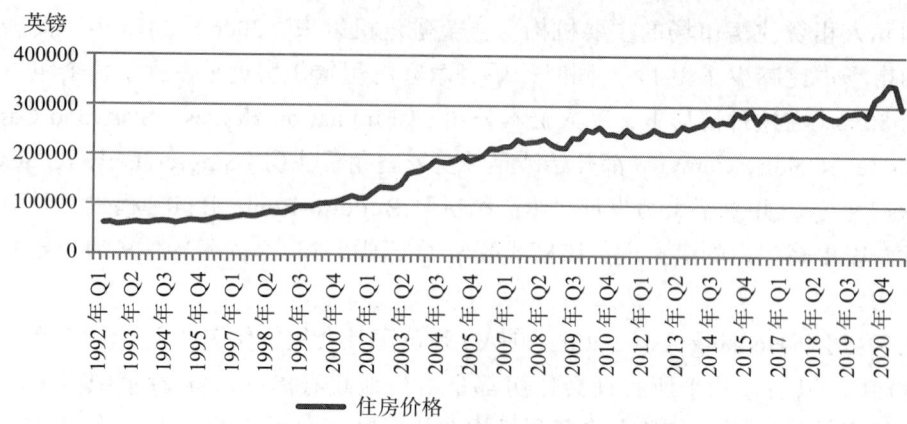

图 2　1992—2021 年 3 季度英国住房价格变化情况

（资料来源：https://www.ons.gov.uk/economy/inflationandpriceindices/bulletins/housepriceindex/march2020/pdf）

从租客的年龄段来看，如图 3 所示，34 岁以下的英国青年大多需要偿还助学贷款，同时受信贷政策收紧、教育年限延长与结婚年龄推迟等因素影响[8]，此类人群大多选择租赁住房。由于社会租赁住房的申请存在门槛，英国青年更多地选择了私人租赁住房。

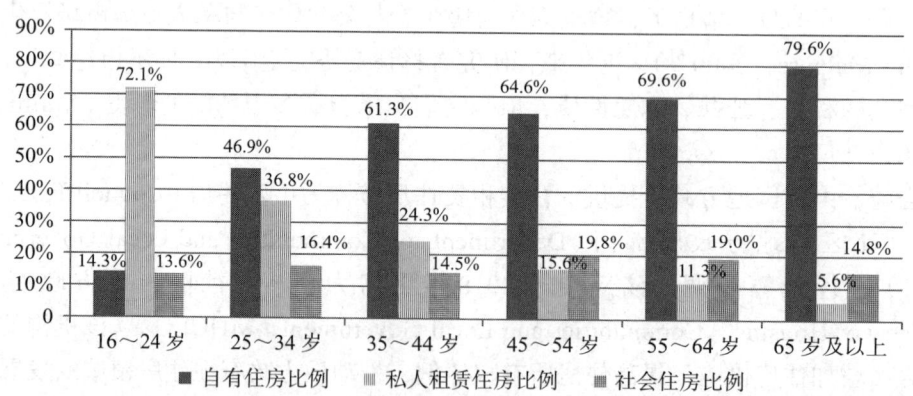

图 3　2020—2021 年英国各年龄段住房类型

（资料来源：2020—2021 English Housing Survey Headline Report）

从租金角度来看，在租金管控的作用下，近年来租金水平总体较为稳定。如表 3 所示，2017—2018 年周单位租金水平在 50.10 英镑，占总支出的 6%，占住房消费支出的 27%。对于符合要求的家庭，当地政府将会提供租金补贴，如果将这部分补贴考虑在内，租金可支付性水平将进一步提高，家庭租赁住房消费也将进一步降低。近年来，英国私人租赁住房租金涨幅反而明显低于社会租赁住房。根据住宅业主协会（Residential landlord Association）的报告，2017—2018 年私人租赁住房的租金收入占比已经从 2010—2011 年的 35.4% 下降为 32.9%，社会租赁住房的租金收入则从 26.7% 增加到 28%。2008—2018 年的十年间，私人租赁住房的租金涨幅普遍少于社会租赁住房，以伦敦地区为例，私人租赁住房的租金涨幅为34%，而社会福利租金增加则为55%。然而，租金管控的负面作用也正在逐步显现。随着租金税率的抬高，私人租赁部门供应租赁住房的意愿进一步降低。

2015—2018年英国租金可支付性水平　　　　　表3

	2015—2016年			2016—2017年			2017—2018年		
	每周租金（英镑）	占总支出的比例（%）	占住房消费支出的比例（%）	每周租金（英镑）	占总支出的比例（%）	占住房消费支出的比例（%）	每周租金（英镑）	占总支出的比例（%）	占住房消费支出的比例（%）
租金	48.30	7	29	47.10	6	27	50.10	6	27
其中：接受补贴租金价格	15.90	2	10	14.30	2	8	14.00	2	8
净租金支出	32.50	4	20	32.80	4	19	36.10	4	19

资料来源：《2017/2018年度英国住房调查数据报告》。

二、住房协会的融资方式

（一）融资阶段

受住房政策、财政预算与住房法案影响，住房协会的融资方式大致可分为两个阶段，以20世纪80年代为界，前期为政府主导阶段，绝大多数社会住房（包含于可支付性住房）的建设运营资金来源于地方政府；后期，随着金融创新和金融危机后财政支出压力的增加，住房协会的融资渠道更为多元化，更多地依赖资本市场。

20世纪80年代前，社会租赁住房的供应以地方政府为主体，采用政府主导的方式，以财政补贴为主。在1980年以前，英国作为世界上第一个工业化国家，住房短缺问题始终存在。自第二次世界大战以来，随着福利国家的问世，住房问题持续在社会政策中起到一个引领作用[9]。当时，中央政府也通过政府补贴对地方政府的租金设置施加影响；地方政府也启动了住房租金池制度，即建设住房的过程中与他人形成债务共担。

20世纪80年代后，社会租赁住房的供应以住房协会为主体，采用多元化融资方式，财政补贴减少、市场化融资增加。1980年，撒切尔政府推出了"购买权"（Rightto Buy）计划，鼓励家庭购买房屋居住，并且提供资金补贴。通过该计划，地方政府在社会租赁住房市场中的供应主体地位逐渐被住房协会所取代。在法律配套方面，《1988年住房法案》的颁布意味着政府资金对住房协会的补贴额度降低，住房协会的风险自担也决定了其经营自主性的提高。此外，为了鼓励私人资本参与社会住房的建设运营，该法案还规定了私人资本对于住房协会的资产享有第一受偿权。至此，住房协会的资金来源进一步拓宽，在政府补贴以外，更多地转向了市场融资。

(二)融资体系的供应主体与产品内容

1. 融资供应主体

住房协会通过银行、非营利性金融组织以及资本市场进行融资。其中,非营利性金融机构包含了建筑社与住房金融公司。

建筑社(building society)可追溯至18世纪,由当地机构建立,会员设立资金池用于建造住房、购买土地,一旦成员的住房与土地购买计划达成,建筑社将会被解散。最早的建筑社于1775年在伯明翰成立,名为"理查德·凯特利"(Richard Ketley)。建筑社本质上可总结为一种互助组织,提供银行、抵押贷款和其他金融服务。相较于银行,建筑社作为互助组织,不受股东压力的驱动,不需要追求利润最大化,也不需要派发股息。因此,与竞争对手相比,建筑社能够提供更高的储蓄利率,并提供更为廉价的抵押贷款。

住房金融公司(The Housing Finance Corporation,简称THFC)于1987年成立,作为一家独立的非营利性机构,致力于负责协调可支付性住房(包含社会租赁住房)的资金筹措。长期以来,该公司与英国政府、欧洲投资银行、家庭和社区机构、国家住房联盟和其他主要金融机构保持合作关系。随着国家福利政策的变化,住房协会面临信用评级下调的风险。至今,这些住房协会是信用中性或者财务良好、经营状况稳定,且有较高的信用评级。住房金融公司作为投融资的中介机构,将私人资本引入社会住房建设和管理过程。2019年,根据机构年报显示,THFC的基金规模已经达到了74.54亿英镑,税后年利润达到了338.7万英镑。此外,可支付性住房金融(Affordable Housing Finance,AHF)、英国租赁(UK Rents)、住房金融资本公司(THFC Capital)、Blend Funding先后成立,成为THFC集团的成员,可发行债券、中期票据、基金,为住房协会提供了多元化的融资渠道。

尽管住房协会的融资渠道较为广泛,融资成本也相对较低,但是通常情况下,只有大规模、资金实力强的住房协会才有可能获得资本市场的融资。这些大型住房协会符合投资者对资产和收入的要求,一些小规模的住房协会通常只能依靠银行和建筑社进行融资[10],或者与大型住房协会合并,进而获得其他融资,以扩大资产规模,形成规模效益。

2. 融资产品

在金融创新的"大爆炸"时期,随着更多机构可以参与低利率的银行间市场,大型零售银行(high street banks)开始关注住房协会的融资需求,将住房协会作为介于住房按揭市场和商业贷款之间的一块细分市场。它们将住房协会名下的公共住房作为固定资产进行抵押贷款,贷款期限大约为25~30年。随着政府将一部分公共住房转到住房协会名下,在20世纪90年代末和21世纪初,大量银行资金进入该市场,形成了多样化的贷款组合方式,成为社会住房的重要融资方式。

自金融危机以来,为了弥补国家补贴和新住房需求之间的资金缺口,英国住房协会债券市场开始迅速发展。从债券定价依据来看，主要涉及政府福利政策的变化、房租收缴情况、债券及时还款情况等内容。从融资方式来看，债券发行人会在使用聚合器（aggregator）①、定向筹集、"自有品牌"、提款工具（draw facility）之间进行选择。从融资流程来看，待债券发行人选择适宜融资方式后，住房协会将会联络专业的金融服务机构，如大型零售银行或投资银行，负责安排相关交易、获得债券评级、落实法律文书等。此后，银行会进行债券定价和寻找潜在投资者，由住房协会的管理人进行宣传，整个流程一般耗时在3个月。一般情况下，保险公司是此类债券的主要购买方[11]。

皮博迪集团（Peabody Group）是英国规模最大的住房协会，自二战后以来已经有150年的发展历史，在伦敦和英国东南部地区负责管理6.6万套住宅，拥有17500个客户。在业务构成方面，主要为住房租赁与住房销售，其中，该协会收入的76%来自社会租赁住房，18%来自住房销售，其他经营活动约为总收入的6%。2019年，该协会的经营利润为1.97亿英镑，资产负债率为36%，整体资产价值达到了80亿英镑。该公司的融资方式主要采用银行信贷与债券，72%的借贷产品利息是固定的，28%的借贷产品利息是浮动的，平均利息为3.9%②，如表4所示，银行和建筑社、公共债券是主要资金来源。

融资产品构成 表4

资金提供者	融资金额（百万英镑）	比例（%）
银行和建筑社	2258	56
公共债券	1080	27
私人债券	425	11
其他	252	6

资料来源：《皮博迪2020年公司报告》。

（三）市场融资对住房协会的影响

自金融危机以来，国家财政补贴力度下降，私人资本市场参与程度加深，导致了住房协会性质中私人、公共与志愿者之间的界限变得日益模糊[12]。面临不断增加的社会租赁住房申请者，住房协会开始将更多的精力投入私人租赁住房领域，面向中等收入以上家庭提供租赁住房，并开始涉足海外住房租赁市场。同时，一部分住房协会通过整合合并，优化财务状况，以进一步提高资本市场的吸引力[13]。

---

① 债券聚合器（bond aggregator），类似于债券组合，通过持续从债券市场聚集和获取大量资金，以便向为低收入家庭开发住房的非营利性社区住房提供商（CHPs）提供利率较低的长期贷款。
② 皮博迪2020年公司报告[R/OL]. https://www.peabody.org.uk/documents/annual-report2020/Peabody_AR20v2.pdf.

受资本市场影响，住房协会近年来对社会租赁住房的投入逐步减少，开始将公司发展业务聚焦于"资产管理、估值和风险评估"[14]。Manzi, Morrison（2017）将住房协会分为两类，一类是利用市场影响力来获取回报，处于市场有利地位，积极参与资本市场；另一类是处于市场不利地位，参与资本市场的程度也较小[15]。在住房协会的金融化进程中，协会的管理者通过传播积极正面的消息来迎合信用评级机构、市场观察人士和股东[16]，债务规模也从2006年的233亿英镑增加到2015年的634亿英镑，蕴藏了一定程度的金融风险。

三、私人租赁住房部门的融资方式

近期，受税收影响，私人租赁部门的出租意愿正在降低，但是总体上仍呈现快速发展态势。一直以来，英国政府对于私人房地产开发领域的金融市场直接干预较少，通常采用利率和资金流动性的调整来控制整体融资规模。私人租赁部门主要采用住房按揭、私募基金、房地产信托等方式进行资本市场融资。

在住房按揭方面，英国住房租赁经纪人协会（ARLA）在20世纪90年代中期推动并发展了购房出租抵押贷款（Buy-to-let，BTL）。该抵押贷款是一种专门面向那些以投资而非居住为目的购买房产的投资个人。BTL抵押贷款利率比一般性抵押贷款利率要高，而且要求存款占贷款金额的25%～40%，主要采用"分期支付利息＋一次性偿还本金"，即当期只需要支付利息，业主通常用部分月租金收入进行支付，而抵押贷款的本金在约定期限结束时进行支付。

在基金投资方面，私人租赁市场成为资本市场寻求固定安全收益的一种投资标的，以基金和信托为主。在基金投资方面，以英国物业管理机构"人本建筑"（Places for People）资本为例。2018年5月，该机构与英国大学退休金计划（Universities Superannuation Scheme，简称USS）形成了合资公司，投资英国的私人租赁部门，投资标的主要集中于小型公寓楼，以迎合租赁群体的住房消费偏好。此外，专业投资公司Sigma Capital在未来五年也拟投资超过2万套的新建租赁住房，成立专门投资私人租赁住房信托，该信托成立初期吸收地方政府的养老基金、私人财富管理公司、全球金融机构与英国政府直接投资资金。

此外，英国政府为了增加租赁住房的供给，也通过设立政府担保债权的方式，进一步拓宽私人租赁住房部门的融资渠道。2012年9月，英国政府计划提供100亿英镑的债务担保，其中35亿英镑分配给私人租赁部门，由ARA Venn公司负责建立和管理该计划，负责贷款的发起、承销和运营。2014年12月，Venn Partners公司成立了专门租赁运营公司，确保机构投资建造属于私人租赁部门的住房，为符合相关资质的个体或者机构房东提供一系列小额贷款。

四、英国租赁住房市场的融资机制设计

在融资机制方面,在"政府—企业—社会"的分析框架下,英国政府通过搭建融资平台、注重对投资者利益的保护,吸引私人资本的参与;企业形成了成熟的运营模式,实现了收支平衡;社会构建了较为完善的信用体系,将租客、房东与中介机构的信用与授信挂钩。通过政府、企业、社会的合力作用,降低了租赁住房企业的融资成本,促进了金融市场与租赁住房市场的健康、循环发展。

从政府角度来看,通过成立非营利性融资平台,拓宽资金来源。依托政府信用及平台本身的资金运作能力[17],成立建筑社和住房金融公司,根据各家住房协会的资产与经营情况,提供多元化的金融产品。一方面,吸引资本市场的资金,拓宽资金来源,为住房协会的建设运营提供资金支持,降低资金使用成本;另一方面,通过专业平台运作,使得住房协会不用直接面向机构投资者和私人投资者,缓减住房协会的盈利压力。同时,英国政府注重保障投资者的利益,以提高私人资本的吸引力。以THFC 为例,每家发行债券公司的贷款人都可从公司资产的浮动抵押利率中受益。每个发行公司的股票、债券和贷款的评级都是同等的,并且受到负抵押的保护。这种形式的证券旨在使投资者能够将风险分散到金融工具和借款人的投资组合中。同时,THFC 公司及其子公司作为融资平台,向投资者提供的资产担保仅限于该公司的资产,集团公司不承担连带担保责任,使各公司风险相对独立、风险相互隔离,将风险控制在一定的范围内。

从住房协会角度来看,经历了百年多的发展已形成了成熟的运营模式和管理经验,大多实现了"以收定支"、收支平衡。在社会租赁住房的租金定价方面,采用盈亏平衡的原则,政府将租金补贴直接支付给住房协会,在一定程度上保障了住房协会租金收缴的稳定性。同时,与其他住房协会合并,形成了规模效应,增强了对资本市场的吸引力。20 世纪 90 年代,地方政府实施"购房权"计划、房屋拆迁和存量房转让等一系列措施后,公共住房进一步转到了住房协会名下,至此,固定资产保障也成为资本市场进行融资产品设计的重要基础。受资本市场与评级机构的影响,住房协会发展社会住房的供应量呈现逐步减少态势,市场化租赁住房与商品住房的供应规模在明显增加。对此,近年来政府将保险资金、养老基金等项目投入住房市场领域,进一步降低了住房市场的融资成本,以期减轻住房协会的盈利压力,平衡社会住房与私人租赁住房的关系。

从社会角度来看,健全的租赁市场信用体系,为租赁住房市场的发展形成了有力支撑。经过上百年发展,英国已经构建了比较完善的社会信用体系,成为"征信国家"。在住房租赁市场信用体系中,搭建了以市场化征信、评信、授信数据为基础,全面记录个人信用为导向的信用体系基本框架[18]。在信用激励与失信惩戒互动机制作用下,英国租客、房东与中介机构的信用状况较为清晰,将信用状况与授信挂钩,

较高的信用等级意味着授信度较高。此外,英国租赁住房市场陆续推出了合租房许可制度、押金第三方托管、房屋地址与公共服务捆绑等一系列改革措施,促进了租赁住房市场的健康发展,形成了租赁住房市场与资本市场的良性循环。

五、结语

英国租赁住房市场经过了近百年的发展。起初,政府在战后重建中是公共住房的主导力量,随着政治意识形态、全球宏观环境、经济和社会结构的变迁,住房协会成为了社会公共租赁住房的供应主体。近年来,租赁住房供需缺口逐步扩大,在资本市场的作用下,私人租赁部门发展呈现迅速增长态势。从政府主导到政府引导,基于国家的制度框架、政治意识形态与金融市场建设对住房市场的重要影响,住房市场的价格波动也将会对上述内容形成反馈机制。英国租赁住房市场中住房协会与私人租赁住房部门作为供应主体,其融资方式与作用机制,对我国发展规模化、专业化的租赁住房企业具有重要启示意义。国家的住房体制具有较强的路径依赖性,为了促进我国租赁住房市场的平稳健康发展,解决大城市新市民、青年人住房问题,中央政府应加快顶层制度设计,充分发挥政策性银行在租赁住房市场融资方面的先行先试作用。地方政府应积极搭建平台,完善租赁住房企业融资的配套制度设计,提高财政奖补资金的使用效率。应积极探索房地产 REITs 的扩募机制,完善资本市场信息披露机制,规范租赁住房金融市场的投资行为[19]。租赁住房企业,应当以强化企业经营管理能力与拓展服务增值作为发展重心,注重可持续化发展,丰富产品的供应层次,避免过度依赖资本市场,谨防租赁住房市场发展起步阶段的过度金融化问题。

参考文献:

[1] 吴宾,赵灵芝.住房租赁研究述评及前景展望[J].北京交通大学学报(社会科学版),2021,78(4):100-112.

[2] ANNELORE H,ALBERS M B. A finance and real estate-driven regime in the United Kingdom [J]. Geoforum,2019(100):89-100.

[3] KRIPPNER G. The financialization of the American economy[J]. Socio-Econ,2005,3(2):173-208.

[4] MICHAEL B. Generation rent and the financialization of housing:a comparative exploration of the growth of the private rental sector in Ireland,the UK and Spain[J]. Housing studies,2019,35(4):743-765.

[5] BACK G,HAMNETT C. State housing policy formation and the changing role of housing associations in Britain [J]. Policy and Politics,1985,13(4):393-412.

[6] OLECHNOWICZ R. Housing associations and housing policy:a historical perspective by Peter Malpass [J]. Albion:a quarterly journal concerned with British studies,2001,33(3):

526-528.

[7] MULLINS D，CZISCHKE D，BORTEL G V. Exploring the meaning of hybridity and social enterprise in housing organisations[J]. Housing studies，2012，27（4）：405–417.

[8] 李罡，聂晨. 英国是如何解决青年住房问题的 [J]. 当代世界，2016（11）：66-69.

[9] 马克·斯蒂芬斯，满燕云. 公共住房的未来：东西方的现状与趋势 [M]. 陈杰，译. 北京：中信出版社，2015.

[10] GREGORY L. Financing social housing in the United Kingdom [J].Housing policy debate，1995，6（4）：849-865.

[11] T. 维恩怀特，G. 曼维尔. 英国住房协会债券市场发展 [J]. 方晓，译. 债券，2017（12）：74-77.

[12] BILLIS D. Towards a theory of hybrid organizations[J]. Public administration，2010，23（2）：526-527.

[13] CROOK A D H，KEMP P A .In search of profit：housing association investment in private rental housing[J]. Housing studies，2018：1-22.

[14] WAINWRIGHT T，MANVILLE G. Financialization and the third sector：innovation in social housing bond markets[J]. Environment & planning，2017，49（4）：819-838.

[15] MANZI T，MORRISON N. Risk, commercialism and social purpose：repositioning the English housing sectors[J]. Urban studies，2017（55）：1924–1942.

[16] FROUD J，JOHAL S，LEAVER A，et al. Financialisation and strategy：narrative and numbers[M]. London：Routledge，2006.

[17] 杜丽群. 英国住房租赁市场信用机制分析与中国借鉴 [J]. 人民论坛·学术前沿，2018（19）：70-78.

[18] 臧崇晓，刘洪玉，徐玉勇. 英国可支付住房的投融资体系及其经验借鉴 [J]. 现代城市研究，2012，27（10）：88-93.

[19] 邵林. 我国住房租赁市场金融支持问题解决及国际借鉴 [J]. 理论探讨，2018，202（3）：115-119.

作者联系方式

姓　　名：吴　佳　江　莉
单　　位：上海市房地产科学研究院
地　　址：上海市徐汇区复兴西路 193 号
邮　　箱：吴　佳（569334297@qq.com）

我国住房租赁市场发展之德国经验借鉴探讨

胡永强

摘　要：随着我国城市化进程的加速，住房租赁市场也越来越受到重视。作为住房租赁行业的先驱，德国住房租赁市场拥有丰富的经验和成功的案例，对于我国住房租赁市场的发展具有很大的借鉴意义。本文将从德国住房租赁行业的发展历程、市场结构、法律法规等方面，探讨德国住房租赁行业对于中国住房租赁市场发展的经验借鉴。

关键词：德国；住房租赁；市场结构；法律法规；经验借鉴

一、德国住房租赁行业的发展历程

20世纪初，德国政府开始推动住房租赁市场的发展，通过采取一系列政策和措施，促进了住房租赁市场的规模扩大和市场化程度的提高。二战后，德国住房租赁市场出现了较大的变化，政府开始采取大力支持住房建设和租赁市场的政策，以满足不断增长的住房需求。

自德国经济开始复苏以来，住房租赁市场一直是该国房地产行业的重要组成部分。在20世纪50年代和60年代，德国房地产市场经历了高速增长。然而，由于供应过剩和房价波动，该市场在20世纪70年代经历了一次重大危机。为了解决这个问题，德国政府制定了一系列政策，以支持住房租赁市场的发展。德国政府出台了一系列住房租赁市场相关政策，如限制租金涨幅、禁止房东单方面终止合同、加强住房维修等，促进了住房租赁市场的健康发展。此后，德国住房租赁市场逐渐趋于稳定和成熟，租赁市场和购房市场之间的比重也开始逐步转移，住房租赁市场成为德国房地产市场中不可或缺的一部分。

目前，德国家庭住房自有率仅为40%，60%的家庭是租房居住，并且接近80%的年轻人都属于"租房族"。

总之，德国住房租赁市场的历史和发展是一个复杂的过程。尽管市场经历了许多波动和挑战，但政府的干预和支持仍然是该市场的重要组成部分，保证了租户的权益并促进了市场的可持续发展。

二、德国住房租赁市场的市场结构

德国住房租赁市场的市场结构可以分为三类：公共住房、私人房东和专业房地产公司。其中，公共住房主要由政府或政府部门出资兴建和管理，租金相对较低，主要面向低收入人群。私人房东主要是个人房东，占据了住房租赁市场的大部分份额，但租赁市场的规模和服务水平相对不稳定。专业房地产公司则是以经营住房租赁为主要业务的公司，其在租房市场中的份额较小，但是提供了高质量的租赁服务和优质的租赁物业。

德国住房租赁市场中的公共住房由政府或政府部门出资兴建和管理，主要面向低收入人群，租金较低。政府在住房租赁市场中的角色主要体现在公共住房的建设和管理方面，政府通过对公共住房的兴建和管理，实现了对低收入人群的住房保障。德国政府对于住房租赁市场的管理和监管也非常重视，严格控制房屋出租价格、房屋出租面积和房屋租约的签订，确保住房租赁市场的公平和规范。

私人房东是德国住房租赁市场中的主要力量，但租赁市场的规模和服务水平相对不稳定。德国的房东群体相对分散，其投资主要集中在较小的住房单位，通常是个人或家庭投资，房东的租金收益也相对较低。另外，由于私人房东的管理水平不够专业，往往存在一些管理不善、服务不到位等问题，这些问题在某种程度上对住房租赁市场的发展形成了一定的制约。

专业房地产公司在德国住房租赁市场中的份额虽然较少，但却提供了高质量的租赁服务和优质的租赁物业。专业房地产公司在住房租赁市场中具有一定的优势，其拥有较大的资本优势、技术优势和管理优势，可以提供更加优质的住房租赁服务和更加高端的租赁物业，受到高收入人群的青睐。

虽然德国住房租赁市场的竞争激烈，但政府的干预和支持仍然是市场的重要组成部分。政府的政策和措施可以帮助确保住房租赁市场的稳定，以满足租户的需求，并帮助专业房地产公司和私人房东提供价格合理的住房。总之，市场结构和政府的干预和支持是德国住房租赁市场成功的关键因素之一。

三、德国住房租赁市场的法律法规

德国的住房租赁市场法律法规十分完善，主要涉及租金、租约和房屋维修等方面的规定。

德国的《民法典》是住房政策的法律基础。它规定了居住权是公民权利的重要组成部分，明确了德国联邦与各州政府在住宅建设与住宅保障方面的职责，在解除租赁合同和提高房租价格方面都有很严格的条件，以法律的形式保障公民的基本居住条件。除此之外，德国的住房法律还有《住房租赁法》《住宅促进法》《租金水平法》

《租金刹车法》以及各州政府制定的住宅相关法规，对德国住房租赁政策进行了拓展和补充。

原始租金限制规定：

《租金刹车法》规定，自 2015 年 6 月起，德国在住房租金方面试点引入"租金刹车"制度，这是德国近年来的核心住房政策。根据"租金刹车"制度，出租人和承租人订立住房租赁合同时，约定的租金不得超过地区一般租金的 10%，但是对新建住房和重新装修的住房可以例外。

2022 年 7 月 1 日之前在德国 200 多个大城市中，有 80 多个没有有效的租金指数。而如果没有租金指数，"租金刹车"制度实际上就是无效的。因此，2022 年 7 月 1 日生效的《租金指数法改革法》规定：居民超过 50000 人的城市今后必须制定一个租金指数。这些租金指数将由市政当局发布，以更好地保护租户免受租金过度上涨的影响。此法实施后，5 万人口以上的城市将强制实施"租金刹车"制度。

租金上涨限制规定：

《租金水平法》规定，德国各州政府制定住房租赁市场的"价格参照表"。该表具有法律效力，如果出租人的房租超过"合理价格"的 20%，那么就构成犯罪；超过 50%，将面临牢狱之灾。同时，3 年之内，不允许房租涨幅超过 20%。在合理的涨幅内，租金上涨也要提前和租户商量。严格的法律约束，保证了长期以来德国住房租赁市场的租金价格始终保持平稳。

合同终止限制规定：

《住房租赁法》规定，如果租房合同的任意一方想要终止合同，必须提前 3 个月通知对方；如果租期超过 5 年，则必须提前半年通知对方；租期超过 8 年，需提前 9 个月；如果租期达到 10 年，则需要提前 1 年。且房东只有在租户较长时间拖欠房租，或者有充分理由需要自用时，才能解除租赁合同。严苛的法律规定，稳定了租赁双方的心理预期，维护了长期稳定的租赁合同的有效性。

此外，德国政府还对房屋的维修和保养进行了规定，房东需要定期对房屋进行检查和维修，确保住房的安全和卫生。它们为规范住房租赁市场提供了重要法律依据，为维护住房租赁市场的稳定和保障租户的权益提供了强有力的支持，从而使得德国居民尤其是年轻人乐于租房生活。

四、德国住房租赁市场对中国住房租赁市场的借鉴意义

（一）政府在住房租赁市场中的角色

德国政府在住房租赁市场中的角色主要体现在公共住房的建设和管理方面，政府通过对公共住房的兴建和管理，实现了对低收入人群的住房保障。我国政府在住房租赁市场中的角色也越来越重要，可以通过扶持公共住房建设和加强监管等措施，实现对低收入人群的住房保障，同时也可以促进住房租赁市场的规范和发展。

另外，应加强租赁市场的法制建设。德国的租赁市场法制比较健全，政府制定了一系列的政策来保障租户的权益。在我国，租赁市场的法制建设相对滞后，政府应加强租赁市场的法制建设，制定一系列的政策来保障租户的权益，促进住房租赁市场的健康发展。

（二）严格的租赁市场管理和监管

德国政府对于住房租赁市场的管理和监管非常重视，严格控制房屋出租价格、房屋出租面积和房屋租约的签订，确保住房租赁市场的公平和规范。我国可以借鉴，通过加强对住房租赁市场的监管，严格控制租金和租约的签订以及租金的涨幅和合同终止等事项，加强对房屋质量和安全的监管，确保住房租赁市场的公平和规范。

（三）专业化的住房租赁公司

德国的专业房地产公司在住房租赁市场中提供了高质量的租赁服务和优质的租赁物业，其拥有较大的资本和技术优势。我国的住房租赁市场中，专业化的住房租赁机构还比较少，政府可以鼓励和扶持一些有实力的房地产公司进入住房租赁市场，提供更加优质的租赁服务。尤其是在金融市场上的扶持对助力其发展效果更佳，现今我国已经将保障性租赁住房纳入公募REITs范围，并成功发行多单保租房公募REITs，为其发展提供实质帮助；同时，我们也建议将商品房性质的长租公寓纳入公募REITs范围，拓宽除CMBS和类REITs以外的资产证券化市场，助力住房租赁消费，为其在CMBS和类REITs市场中提供有效的退出渠道。

住房租赁公司自身也需要加强自身的发展，创新租赁模式，提高服务质量，满足租户和房东的需求。在此基础上，住房租赁公司可以逐步提高市场份额，形成规模优势，进一步促进住房租赁市场的健康发展。

（四）租赁市场的公平和规范

德国的住房租赁市场规模相对较小，但是租赁市场的公平和规范程度较高，这得益于德国政府和相关部门的严格监管和房东、租户之间的合作和信任。我国的住房租赁市场规模较大，但是公平和规范程度相对来说较低，政府可以加强对住房租赁市场的监督和管理，引导房东和租户之间的合作和信任，促进住房租赁市场的公平和规范。

（五）住房租赁市场的创新和多样化

德国的住房租赁市场在保持公平和规范的前提下，也在租赁模式和服务方面进行了不断的创新和多样化，满足了不同租户的需求。我国的住房租赁市场可以借鉴德国的经验，注重租赁市场的创新和多样化，提供更加个性化和差异化的住房租赁服务，满足不同层次租户的租房需求，促进住房租赁市场的多样化发展。

(六)完善的租赁市场信息平台

德国的租赁市场信息透明度比较高，租户和房东可以通过各种途径获取租赁市场上的信息。在我国，租赁市场信息透明度相对较低，政府可借鉴并建立完善的租赁市场信息平台，促进租户和房东之间的信息交流，增强市场的透明度。

除此之外，在德国，租赁市场上的中介机构相对较少，得益于其租赁市场的信息透明度比较高，租户和房东可以通过各种途径获取租赁市场上的信息。在我国，租赁市场上的中介机构相对较多，政府应加强对租赁市场上的中介机构的监管，规范中介机构的行为，保护租户和房东的利益。

(七)住房租赁市场的可持续发展

德国政府在对住房租赁市场的监管中，比较注重住房租赁市场的可持续发展，其不仅考虑短期的经济效益，还要考虑长期的社会效益和环境效益。我国的住房租赁市场也应该注重可持续发展，通过加强环保和节能措施，降低能耗和污染，推广绿色建筑，助力实现双碳目标，实现住房租赁市场的可持续发展。

总之，德国的住房租赁市场在政府的重视和管理下，实现了公平、规范、创新和可持续发展，这对于我国住房租赁市场的发展具有很大的借鉴意义。我国政府和相关部门可以从德国的经验中学习，加强对住房租赁市场的监管，促进住房租赁市场的发展，实现住房租赁市场的公平、规范、创新和可持续发展。同时，我国的房地产企业也可以借鉴德国专业房地产公司的模式，提高自身的专业化水平和服务质量，为住房租赁市场的发展作出更大的贡献。

参考文献：

[1] 高荣伟.德国：完善的房屋租赁市场法规 [J].检察风云，2017(24)：13-14.

[2] 王德强，张灿迎.德国社会住房制度对中国发展保障性租赁住房的启示 [J].城乡建设，2023(2)：74-76.

作者联系方式

姓　　名：胡永强

单　　位：深圳市世联土地房地产评估有限公司

地　　址：北京市朝阳区西大望路15号外企大厦B座13层

邮　　箱：huyq@ruiunion.com.cn